ACCESO GRATIS *a la Lectura en la Nube*

Para visualizar el libro electrónico en la nube de lectura envíe junto a su nombre y apellidos una fotografía del código de barras situado en la contraportada del libro y otra del ticket de compra a la dirección:

ebooktirant@tirant.com

En un máximo de 72 horas laborables le enviaremos el código de acceso con sus instrucciones.

La visualización del libro en **NUBE DE LECTURA** excluye los usos bibliotecarios y públicos que puedan poner el archivo electrónico a disposición de una comunidad de lectores. Se permite tan solo un uso individual y privado.

LA FORMACIÓN PERMANENTE EN EL ÁMBITO LABORAL: CUESTIONES DE ACTUALIDAD

LA FORMACIÓN PERMANENTE EN EL ÁMBITO LABORAL: CUESTIONES DE ACTUALIDAD

Directores
FERNANDO FITA ORTEGA
ÓSCAR REQUENA MONTES

Edición
TALITA CORRÊA GOMES CARDIM

tirant lo blanch
Valencia, 2025

En caso de erratas y actualizaciones, la Editorial Tirant lo Blanch publicará la pertinente corrección en la página web www.tirant.com.

Proyecto de investigación "La regulación de la formación para el empleo ante el reto de la transición digital, ecológica, territorial y hacia la igualdad en la diversidad" (CIGE/2022/171), financiado por la Conselleria de Educación, Universidades y Empleo de la Generalitat Valenciana.

© TIRANT LO BLANCH
EDITA: TIRANT LO BLANCH
C/ Artes Gráficas, 14 - 46010 - Valencia
TELFS.: 96/361 00 48 - 50
FAX: 96/369 41 51
Email: tlb@tirant.com
www.tirant.com
Librería virtual: www.tirant.es
DEPÓSITO LEGAL: V-4751-2024
ISBN: 978-84-1095-264-5

Si tiene alguna queja o sugerencia, envíenos un mail a: *atencioncliente@tirant.com*. En caso de no ser atendida su sugerencia, por favor, lea en *www.tirant.net/index.php/empresa/politicas-de-empresa* nuestro procedimiento de quejas.

Responsabilidad Social Corporativa: http://www.tirant.net/Docs/RSCTirant.pdf

Índice

PARTE II. LA FORMACIÓN COMO POLÍTICA DE EMPLEO, CONTRATOS FORMATIVOS Y PRÁCTICAS

PARTE III. FORMACIÓN, DIGITALIZACIÓN, GÉNERO Y SISTEMA UNIVERSITARIO

Introducción

FERNANDO FITA ORTEGA
Profesor T.U. de Derecho del Trabajo y de la Seguridad Social
Universitat de València

ÓSCAR REQUENA MONTES
Profesor Permanente Laboral de Derecho del Trabajo y de la Seguridad Social
Universitat de València

La obra que el/la lector/a tiene en sus manos, dirigida por quienes firman la presente introducción, es resultado del Proyecto de investigación "La regulación de la formación para el empleo ante el reto de la transición digital, ecológica, territorial y hacia la igualdad en la diversidad" (CIGE/2022/171), financiado durante los años 2023 y 2024 por la Conselleria de Educación, Universidades y Empleo de la Generalitat Valenciana, cuyo Investigador Principal es Óscar Requena Montes. De la relación de autoras/es, son miembros del equipo de investigación, además: Fernando Fita, María José Aradilla, María José Asquerino, Guilherme Feliciano y Stefano Bini. Las demás personas que integran este libro han colaborado con el proyecto como miembros del equipo de trabajo.

Ahora bien, en el marco del mencionado proyecto y del Grupo de Investigación de la Universitat de València TRADECEN, enfocado en "Trabajo decente y transiciones justas", liderado por el profesor Fernando Fita, se han llevado a cabo previamente otras actividades como, por ejemplo, dos coordinaciones de números de revista o la organización de dos Congresos Internacionales sobre formación permanente y nuevas tecnologías, que han enriquecido considerablemente el debate en torno a esta cuestión.

El objetivo de la publicación de esta obra colectiva es el de dar a conocer las conclusiones alcanzadas y nuestras propuestas de mejora de la regulación relativa a la formación de las personas trabajadoras, agradeciendo a todas las instituciones y personas que han colaborado para el buen fin de la misma. Quienes la han dirigido son conscientes de que su contenido no agota todas las cuestiones que afectan a la materia, ni siquiera recoge en su plenitud las más relevantes y de actualidad, pero al respecto quieren poner de manifiesto, por si resulta de interés a los/las lectores/as, que algunas de esas cuestiones ya han sido abordadas dentro del proyecto de investigación y publicadas anteriormente en otros foros, tales como, por ejemplo, los números 46 y 49 de *Lan Harremanak: Revista de Relaciones Laborales* o como capítulos incluidos en otros libros de autoría colectiva.

Aun así, a lo largo de las siguientes páginas se desarrolla una obra elaborada por un equipo conformado por sociólogos y juristas de reconocido prestigio nacional e internacional, estructurada en tres bloques. En el primero podría decirse, a grandes rasgos, que a lo largo de sus ocho capítulos se da buena cuenta de la evolución socio-jurídica y las implicaciones de la naturaleza del derecho y deber a la formación profesional de los trabajadores, prestando especial atención a las últimas novedades legales y jurisprudenciales. En cambio, los siguientes cinco capítulos, que integran la segunda parte, versan sobre la formación como política de empleo y, en consecuencia, sobre los principales mecanismos de formación -inicial- vinculada al ámbito laboral. La última parte recoge otros ocho capítulos que combinan los elementos de formación y digitalización: los cuatro primeros dotados de una evidente perspectiva de género y los tres últimos capítulos vinculando tales elementos con la educación superior y/o de contenido jurídico.

A continuación, se resume con mayor detalle el contenido de cada uno de los capítulos. Así, en el primero de ellos, desde una perspectiva sociológica, el experto en la materia, Oriol

Homs, describe la evolución de la formación profesional durante las últimas décadas con la finalidad de adaptarse a las necesidades y retos que plantea la transformación de la sociedad en su conjunto y en todas sus manifestaciones, especialmente en la vertiente laboral, a su vez afectada por múltiples factores que se analizan en los diferentes capítulos de la presente obra. En este sentido, el autor destaca que "el nuevo mapa de las profesiones se asemeja más a un mapa de constelaciones relacionadas entre sí que a una jerarquización de compartimentos estancos", así como que "el nuevo modelo que se está configurando especialmente a partir de la superación de la crisis del 2008, se basa en una concepción dinámica del proceso de profesionalización con un recorrido a lo largo de la vida del trabajador", por lo que, si bien "la formación dual se ha contemplado hasta ahora, en los países en los que se ha desarrollado este régimen formativo, como un modelo apropiado básicamente para la formación inicial", "en la actualidad debe considerarse como una pieza inicial de un proceso formativo que debe extenderse a lo largo de la vida laboral de las personas", instándose a que dicha transición se implemente a través del diálogo social. Este capítulo contiene, además y entre otras cuestiones resaltables, interesantes reflexiones y propuestas sobre la integración de la formación profesional en las empresas considerando su diferente dimensión.

Ya desde un enfoque jurídico, Ferran Camas analiza los cambios más significativos de la última reforma del sistema de formación profesional, reparando en los motivos de la sustitución de la noción de "cualificación profesional" por la de "competencia profesional" y vinculándola con la nueva Ley de empleo. En ese contexto, además de mostrar las tendencias de la formación de demanda o en materia de acreditación de competencias, se centra en delimitar el concepto actual de *formación en el trabajo,* abordando las distintas iniciativas que quedan encuadradas bajo este término y destacando como pilar fundamental su configuración como servicio "garantizado" a las personas usuarias de los servicios de empleo.

Efectivamente, dos de las tendencias más claras de la reordenación del sistema de formación profesional son la unicidad del sistema y, en relación con ello, la "atomización" o modulación del aprendizaje, dado que ello favorece la permeabilidad y las múltiples transiciones que se producen entre -y dentro de- el sistema educativo y el laboral, conforme a la idea de la acumulabilidad de acreditaciones parciales y en clara sintonía con las cuentas individuales de aprendizaje. En este orden de cosas, Julia Dormido mantiene que la implementación de las microcredenciales está transcurriendo a dos velocidades, estando mucho más presentes en el sistema universitario que en el de la Formación Profesional. Pues bien, como afirma la autora, las microcredenciales pueden resultar de utilidad para regularizar la situación de los trabajadores inmigrantes, así como coadyuvar al perfeccionamiento y el reciclaje continuo de los trabajadores, sobre todo de aquellos considerados "atípicos", de forma que puedan mantener su empleo u optar a nuevos empleos o sectores. Se trata, por lo tanto, de un mecanismo de especial interés en determinadas parcelas de las políticas de empleo, considerándose "idóneo" para los trabajadores que han sido incorporados a los planes de reestructuración empresarial, porque en cada proceso de reestructuración se habrá de diseñar una actividad formativa de duración relativa corta, recordando el carácter imperativo de la misma, lo cual engarza con el siguiente capítulo.

Y es que, en lo relativo a la formación en el trabajo, partiendo de la configuración jurídica de la formación como derecho-deber de las personas trabajadoras, Fernando Fita incide de manera exhaustiva en la segunda dimensión, es decir, en la obligación formativa del trabajador -aunque también de la empresa-, su tipología, la justificación, su desarrollo jurídico y las consecuencias que puede acarrear su incumplimiento. Entre ellas, el autor discurre entre diferentes medidas disciplinarias, causas de extinción del contrato (al respecto, véanse los capítulos de Raquel Poquet y Paula López) y contraprestaciones económicas. En este último sentido, y tras una detenida argumentación, alcanza la conclusión de que "resultaría posible exigir dicha responsabilidad por daños a los trabajadores que, de forma dolosa, o concurriendo culpa grave, dejasen de asistir a los cursos de formación costeados por el empresario, pudiendo dicha conducta ser susceptible, de forma concurrente, de sanción disciplinaria", "de la misma forma que el incumplimiento de las obligaciones formativas (activas o de mera facilitación) que recaen sobre la empresa puede generar responsabilidad por daños para la misma".

Como complemento perfecto del capítulo precedente y sucesivo, tanto Raquel Poquet como Paula López escogen dos causas objetivas de extinción del contrato de trabajo con el fin de averiguar cuál es la naturaleza de la formación -o de los títulos acreditativos de la misma- en el marco del despido por falta de adaptación a las modificaciones técnicas operadas en el puesto de trabajo y en el despido por ineptitud, respectivamente. Ambas autoras analizan pormenorizadamente su régimen jurídico ofreciendo interpretaciones y soluciones alternativas.

Seguidamente, Olga Lenzi y Óscar Requena hallan en el tiempo de trabajo y el elemento formativo dos variables con una estrechísima relación que da lugar a no pocas cuestiones problemáticas. Así sucede, por ejemplo, con la propia redacción de varios derechos y deberes de formación regulados en el Estatuto de los Trabajadores o en otras normas legales o convencionales. A tales controversias se intenta dar solución con apoyo en la legislación, la doctrina, la jurisprudencia y la negociación colectiva, principalmente.

En fin, para clausurar este primer bloque, con gran capacidad de síntesis y desde un punto de vista jurídico y sociológico se analiza por parte de Pamela Martínez Martínez y Soledad Bravo Salgado el derecho a la formación continua en el sistema normativo chileno. En el capítulo puede leerse acerca de su evolución, las instituciones que lo sostienen y la crítica de las autoras a la falta de reconocimiento explícito del derecho a la formación continua hacia las personas trabajadoras, a la clara tendencia hacia los intereses empresariales en su regulación y al modelo subsidiario y descentralizado que ha imperado hasta la fecha.

Como se indicaba, en un segundo bloque se encuadran los capítulos más vinculados a la política de empleo juvenil y a la tendencia jurídico-laboral y de protección social de las principales modalidades de contratos formativos, tanto laborales como de aquellos que carecen de dicha condición, tales como las becas y las prácticas académicas.

La formación como política activa de empleo para las personas jóvenes es el título del capítulo firmado por Francisca Bernal. La autora, partiendo del Plan de Recuperación, Transformación y Resiliencia (PRTR), consigue explicar la política comunitaria y nacional de empleo juvenil apoyándose en algunas de las acciones y programas más relevantes: desde la Garantía Juvenil hasta medidas más concretas como el Plan Investigo o el Programa "Cheque Capacitación Digital en el Transporte". En efecto, dentro de las políticas activas de empleo, en esencia se centra en los aspectos formativos dirigidos a capacitar a las personas jóvenes en la doble transición, esto es, para incorporarlos al mercado laboral como agentes de transformación digital ecológica y digital. Ello justifica que, más adelante, en el mismo capítulo, se examinen las políticas de empleo conectadas con el contrato formativo, ya que si bien la finalidad principal del contrato no es la inserción laboral y tampoco es un contrato exclusivamente dirigido a las personas jóvenes (Asquerino Lamparero, 2024), sí ha solido celebrarse las personas que se encontraban en las primeras fases de su vida profesional.

En el mismo bloque, pero comenzando el análisis de los contratos formativos regulados en el artículo 11 del Estatuto de los Trabajadores, Pilar Fernández ofrece datos estadísticos que reflejan el escaso uso, tanto antes como después de la reforma laboral de 2021, del contrato -laboral- de formación en alternancia (antes *contrato para la formación y el aprendizaje*), observándose tan solo un repunte con motivo de la contratación de personas precisamente menos jóvenes -sin que ello desvirtúe lo afirmado en esta obra por Francisca Bernal-, favorecida por la eliminación casi absoluta del límite de edad. Ante tal "aparente fracaso", la autora se plantea diversos interrogantes, del mismo modo que pone de manifiesto la duda en torno a la vigencia de ciertas normas reglamentarias que han venido completando el régimen jurídico de tal modalidad contractual. A continuación, se presenta un análisis -dotado de un intenso recurso a fuentes legislativas, doctrinales y judiciales- de las reglas que rigen la misma, resaltando los puntos más controvertidos y la tendencia de las últimas modificaciones legislativas laborales y de formación profesional, en cuyo desarrollo reglamentario se deposita la esperanza de un mayor y mejor empleo del contrato de formación en alternancia.

La segunda de las modalidades contractuales recogidas en el citado artículo 11, es decir, el contrato para la obtención de la práctica profesional, se aborda por María José Asquerino, quien, como la profesora Fernández Artiach, reclama una aclaración del marco reglamentario del contrato y denuncia, al igual que Francisca Bernal y la gran mayoría de la doctrina, la competencia "desleal" y/o desigual que suponen -para el contrato formativo- las becas y demás prácticas no laborales, observando igualmente en el Estatuto del Becario una oportunidad de remediar o reducir tal brecha. En el capítulo se discurre por las diversas condiciones laborales que atañen al contrato para la obtención de la práctica profesional, deteniéndose, por ejemplo, en el plan formativo individual, en los requisitos de la persona tutora, en la crítica a ciertas exclusiones para su celebración o, en fin, en la retribución, sobre la cual, atendiendo al modo en que se regula por parte del Estatuto de los Trabajadores, se alcanza razonadamente la conclusión de que "sería perfectamente posible (y lícito) que fuera más favorable para el empleado que no se previera nada con relación al salario específico de los trabajadores en prácticas".

Desde el punto de vista del Derecho de la Seguridad Social, María José Aradilla comienza exponiendo ordenadamente la evolución normativa de la protección de los y las estudiantes en prácticas en dicho campo, permitiendo comprender mejor la finalidad, el ámbito de aplicación y el contenido de la vigente Disposición Adicional 52ª de la Ley General de la Seguridad Social, sobre la inclusión en el sistema de Seguridad Social de alumnos que realicen prácticas formativas o prácticas académicas externas incluidas en programas de formación. En relación al sistema vigente, la autora critica tanto la falta de claridad en cuanto al ámbito de aplicación actual del RD 1493/2011 como, sobre todo, la bifurcación de dos regímenes de protección -uno para las prácticas remuneradas y otro aplicable a las no remuneradas- porque esa contraprestación "puede ser ínfima y es absolutamente intrascendente", concluyendo que lo que necesita el colectivo es un tratamiento legal firme y homogéneo, que podría llegar con la regulación definitiva del que se ha dado a conocer como el "Estatuto del Becario".

En fin, este bloque se cierra transcendiendo las fronteras de nuestro ordenamiento jurídico, a partir de un estudio de Derecho comparado elaborado por la profesora, de la Universidad de Padua, Giuseppina Pensabene. En ese capítulo encontramos un análisis crítico de los principales contratos formativos en Italia: el *tirocinio* (equiparable *grosso modo* a nuestras prácticas curriculares y extracurriculares), el aprendizaje (contrato laboral de diversa tipología y con un alcance teóricamente amplísimo, pese a su más intensa relación con la edad) y, en fin, la alternancia escuela-trabajo (ahora denominada PCTO, "*percorsi per le competenze trasversali e per l'orientamento*"), institución

-esta última- que se examina también en comparación con los modelos francés, español y alemán. Sin embargo, de la lectura del capítulo se desprende, asimismo, una cierta huida de la "laboralidad", en primer lugar, porque en Italia la "Garantía Juvenil" ha convertido los *tirocinios* extracurriculares en el principal instrumento para aumentar las posibilidades de empleo de los jóvenes en Italia y, en segundo lugar, porque los *PCTO* están basados en convenios entre empresas, centros de formación y estudiantes, por lo que también allí parece postergarse la laboralización de la formación dual.

En el último bloque, referido principalmente a la conjugación de *digitalización, formación* y *género,* Mª de los Reyes Martínez comienza acertadamente subrayando el papel protagonista que han cosechado las competencias digitales en el acervo comunitario, para a *posteriori* manifestar que "[e]n cuanto al índice europeo, España sale especialmente reforzada en los aspectos relacionados con el acceso a internet, tipologías de acceso y uso de medidas de seguridad, pero obtiene valores por debajo de la media europea en los ámbitos relacionados con el cambio cultural en las empresas, capacitación (presencia de especialistas y formación en tecnologías) y productos y servicios". En paralelo, "es posible apreciar una estrecha relación entre la posesión de competencias y habilidades digitales (y, por ende, de cualificaciones profesionales) y el grado de empleabilidad", lo cual coloca a las mujeres, en general y habida cuenta de la brecha digital de género, en peor posición que a los hombres (sobre esta realidad en Brasil, véase el capítulo firmado en esta obra por la profesora Fabíola Marques). En esa línea, la formación profesional emerge como una "herramienta contra la segregación", especialmente en el contexto de la doble transición digital y ecológica. Atenta a esta finalidad, la autora insiste en la relevancia del rol de la negociación colectiva, hasta el punto de dedicar un subapartado a analizar críticamente las cláusulas convencionales orientadas a garantizar la capacitación profesional en materia digital.

Ahora bien, tan importante como la negociación colectiva se entiende la propia oferta formativa dentro del sistema de formación profesional para el empleo, de ahí que Alicia Fernández-Peinado se detenga a analizar la misma en el marco espacio-temporal de la Comunidad Valenciana, tomando como referencia la actividad desarrollada por LABORA (Servicio Valenciano de Ocupación y Formación) durante la última década, aquí con un doble objetivo: "a) identificar la actividad formativa destinada a obtener competencias transversales en sectores de actividad como el tecnológico y el grado de participación femenina; b) determinar cómo se han implementado las nuevas tecnologías en el desarrollo de la propia actividad docente y cuál ha sido su posible repercusión". Se constata que la segregación sexual patente en el mercado de trabajo se reproduce en el sistema de formación para el empleo, pero se atisba un posible cambio de tendencia ante la extensión de la formación en modalidad virtual, donde las mujeres presentan mayor grado de participación, quizás promovido por su compatibilidad con el trabajo reproductivo.

Y precisamente en lo tocante al trabajo reproductivo, la doctoranda italiana, Angela Salmaso, delimita brevemente el ámbito del feminizado *trabajo de cuidados*, entendido este como un nicho de empleo siempre que se avance en su profesionalización, encontrando uno de los obstáculos para ello en la falta de reconocimiento de las cualificaciones necesarias para desarrollar muchas de estas actividades. De entre las propuestas en esa línea que se desprenden del texto se puede extraer, por ejemplo, el reconocimiento de la formación informal y no formal como mejora de la empleabilidad de las personas trabajadoras del sector de cuidados o la promoción de proyectos de trabajo asociativos, como el cooperativismo.

Asimismo, la abogada Fabíola Marques termina abordando la compatibilidad del trabajo reproductivo y el teletrabajo, igualmente con perspectiva de género pero enfocándose en la realidad brasileña, donde la manifestación de la brecha digital consistente en una falta o escasez de recursos es mucho más acentuada que en el común de los casos conocidos en España.

Siguiendo con el teletrabajo, pero centrándose en el binomio *digitalización-formación* y respecto de un colectivo que podríamos situar *en las antípodas* del que se refiere la profesora brasileña, Esperanza Macarena Sierra contextualiza el estado actual del *trabajo remoto* para hablarnos de los requisitos exigidos a los nómadas digitales y a los teletrabajadores internacionales, concluyendo: por un lado, que la cualificación no es el único ni quizás el más importante para acreditar el *talento,* toda vez que puede suplirse con experiencia y recursos económicos, entre otros; y, por otro lado, que "en el momento en que el nómada digital obtiene la residencia permanente deja de ser nómada digital, para pasar a la categoría de teletrabajador internacional propiamente dicho". A continuación, tras enriquecer su aportación con datos estadísticos basados en la realidad estadounidense y ensalzar la privilegiada posición que ocupa España, por sus datos técnicos y su clima, para atraer el talento de los nómadas digitales, confía en la consecución de los objetivos de la Ley 28/2022, de fomento de ecosistemas emergentes, pero señala que estamos ante un personal con competencias digitales cuya instrucción implica el desarrollo de las *hard skills* y las *soft skills,* lo cual "coloca a la empresa como proveedora idónea de la formación".

En todo caso, actúe la empresa como entidad formativa, como proveedora de formación o, en cambio, como facilitadora de la misma, lo cierto es que la formación *online* está postulándose, especialmente tras la crisis sanitaria provocado por la COVID-19, como una de las modalidades de impartición de la formación preferida por -algunos de- los usuarios. Sobre ello escribe, haciendo gala de su experiencia profesional como Directora del Grado en Derecho y Profesora de Derecho del Trabajo y de la Seguridad Social en la Universidad Internacional de Valencia, Ana Nieves Escribá. La autora expone detenidamente las numerosas ventajas de la formación universitaria *online* en los estudios de Derecho, resaltando como uno de sus convenientes más importantes el de la llamada *brecha digital*. Con la finalidad de reducirla, alude "al Derecho Internacional de los Derechos Humanos de donde se desprende que los Estados son los responsables principales obligados a proporcionar los recursos necesarios para que el derecho general de educación sea un derecho real para todos ya que es la base del desarrollo humano".

Tanto la profesora como el profesor y magistrado brasileño Guilherme Feliciano parecen coincidir en, al menos, dos preocupaciones. Por un lado, la escasa calidad que puede ir unida a la proliferación -con ocasión de un proceso de mercantilización- de entidades formadoras en el ámbito de la educación superior. Y, por otro lado, "la falta de conexión entre la formación académica y las necesidades del mercado". De entre los muy interesantes datos (cursos de *tecnólogo jurídico*, la figura de los "residentes jurídicos", la discriminación por sobrecualificación, etc.) y reflexiones ofrecidas al respecto por el profesor de la Universidade de São Paulo, cabe anticipar aquí la de la obsolescencia de las herramientas empleadas en la enseñanza del Derecho, postulándose a favor de las tecnologías de la información y la comunicación (TIC), lo que "incluye el manejo de bases de datos jurídicas, plataformas de gestión de casos y la comprensión de los desafíos legales en el entorno digital" y de una formación más práctica, que apueste más firmemente por las clínicas jurídicas, las simulaciones de juicios y las pasantías obligatorias. Y en la misma línea apunta en lo relativo a la formación inicial y continua de nuevos/as jueces/zas.

Por último, aprovechando la oportunidad de la publicación de la Ley Orgánica 2/2023, de 22 de marzo, del Sistema Universitario (LOSU), Stefano Bini presenta sucintamente algunas de las principales novedades contenidas en la misma -no perdiendo la ocasión de resaltar también ciertos indicios de mercantilización del sistema universitario- para, prontamente, aterrizar en la formación del profesorado de universidad. De este modo, comienza diferenciando entre su formación inicial y su formación continua, apuntando directamente, en lo que se refiere a la primera, hacia la formación del Profesorado Ayudante Doctor (PAD), habida cuenta de la insistencia de la norma en resaltar el carácter formativo de esta fase de la carrera académica. Aunque ello sirve al autor como argumento para negar la posibilidad de una reversión o degradación profesional -voluntaria- hacia la figura del PAD, no duda en poner de manifiesto que el derecho y la obligación de formarse está presente, no solo en dichas fases iniciales, sino en todas y cada una de las etapas profesionales de la llamada "carrera académica". Para terminar, el profesor emplea como ejemplo práctico de reglamentación propia de la formación continua -haciendo uso de la autonomía universitaria- el caso de la Universidad de Córdoba, que combina la formación "generalista" (competencias transversales e instrumentales, tales como las competencias digitales y el plurilingüismo) y la formación "específica" para cada Centro.

En definitiva, estamos ante una obra que aborda una misma materia en sus diferentes manifestaciones y desde diversas perspectivas en lo que se refiere a la especialización y procedencia de la persona autora o la amplitud o concreción del asunto abordado en cada capítulo, pero habiéndose logrado encajar todos ellos de tal manera que permite leer la obra en su conjunto de manera *continua* y coherente, gracias a un hilo conductor *permanente*.

PARTE I.
EVOLUCIÓN SOCIO-JURÍDICA E IMPLICACIONES DE LA NATURALEZA DE DERECHO Y DEBER DE LA FORMACIÓN PROFESIONAL DE LAS PERSONAS TRABAJADORAS

La relación formación-empresa y los procesos de profesionalización: una perspectiva sociológica

ORIOL HOMS I FERRET
Sociólogo
Investigador independiente

La Ley Orgánica 3/2022 de Ordenación e Integración de la Formación Profesional ha supuesto un cambio importante en la relación del sistema de formación profesional con el sistema productivo al establecer la dualización de toda la formación profesional. Este cambio obedece a la necesidad de adecuar el sistema de formación a las nuevas necesidades de cualificación y profesionalización de las empresas ante las profundas transformaciones tecnológicas, medioambientales, globales, sociales y demográficas en curso.

Para comprender su significado es necesario analizar la evolución de los modelos de cualificación vigentes en las últimas décadas en España.

1. CAMBIOS DE LOS MODELOS DE CUALIFICACIÓN EN LAS EMPRESAS ESPAÑOLAS

La crisis financiera del 2008 constituyó un punto de inflexión del modelo de cualificación en las empresas españolas. El esfuerzo de las empresas para superar los efectos de la crisis contribuyó a acelerar su adaptación a las condiciones de competitividad que se estaban imponiendo en el mercado global.

Hasta entonces el modelo de cualificación vigente era fruto de la evolución del modelo que se construyó con la superación de la crisis del petróleo de los años 70 del siglo pasado que obligó a una profunda restructuración del tejido productivo español. En aquellos años se inició una tendencia hacia una mayor exigencia de profesionalización de las plantillas de las empresas. Desde entonces se fue consolidando un modelo de cualificación que se caracterizó por 1) un mercado de trabajo excedentario, con elevadas tasas de paro; 2) una demanda creciente de personal con una titulación de formación profesional, pero aún minoritaria en el conjunto de las plantillas; 3) una utilización descompensada de la cualificación de los trabajadores, en unos casos con sobrecualificación y en otros con infracualificación.

Desde el 2008, y especialmente desde el impacto de la pandemia de la Covid, el tránsito hacia la sociedad digital y del conocimiento, ha acelerado las transformaciones de la organización del trabajo debido a una mayor automatización de los procesos con la incorporación de las nuevas oleadas tecnológicas (inteligencia artificial, internet de las cosas, robótica colaborativa, impresión aditiva, nanotecnología, realidad virtual, realidad aumentada, *cloud computing, big data…*), y a los cambios en la dimensión global de la actividad económica, a los impactos de la emergencia climática y a los cambios en las estructuras demográficas. Todo ello unido a los cambios en las perspectivas y los valores de una sociedad más desarrollada con niveles elevados de educación y bienestar que están impactando en el comportamiento de la población y en la configuración de nuevos modelos de cualificación y gestión de las plantillas en las empresas. Esos cambios son desiguales según sectores, tamaños, tipos de procesos productivos y de servicios, pero anuncian la consolidación de un nuevo modelo de referencia para la cualificación de la población.

Las principales dimensiones del nuevo modelo de cualificación son las siguientes:

- *Eje de relación con la tecnología.* Los avances en la digitalización y automatización de procesos, tanto en la producción industrial como en los servicios, define una relación diferente del trabajador en relación con las máquinas y/o herramientas de trabajo. El papel del trabajador respecto a la tecnología con la cual interactúa tiende a concentrarse en las funciones de organización, programación, control y gestión debido al elevado grado de autonomía del proceso automatizado. La integración de todo el proceso productivo requiere un conocimiento más global de toda la cadena de valor y de sus interacciones. La típica relación persona máquina definida en un puesto de trabajo está transitando hacia una relación persona proceso definida más bien como una función que como un puesto de trabajo fijo.
- *Eje de gestión de la información.* Toda tarea requiere la gestión de un determinado nivel de información. La digitalización de los procesos productivos y de los servicios comporta un incremento importante del volumen y de las metodologías de tratamiento de la información que el trabajador debe gestionar. El proceso productivo adquiere cada vez mayor capacidad de generar información que el trabajador ha de saber gestionar para mejorar la productividad del resultado final. Ello requiere una mayor capacidad analítica.
- *Eje polivalencia-especialización.* La mayor complejidad de las organizaciones y el nuevo rol del trabajo humano en relación con las tareas automatizadas conlleva una nueva combinación entre grados de especialización y de polivalencia en perfiles profesionales claves en los procesos productivos. La disyuntiva entre polivalencia y especialización se resuelva con la integración de ambas. Se requieren amplias polivalencias de base para que el trabajador pueda adaptarse lo más rápidamente posible a las diferentes especializaciones que deberá ejercer en

la organización y que deberá ejecutar de forma profesional, es decir con calidad, rapidez y seguridad.

- *Eje competencias técnicas-competencias "soft"*. Las exigencias de calidad y eficacia, así como la mayor interacción entre equipos, y el tipo de decisiones a tomar, incorporan un nuevo equilibrio entre capacidades técnicas y capacidades transversales de tipo "soft" en un gran número de perfiles profesionales. Las competencias "soft" ganan terreno, pero sin olvidar que la base sigue configurada por las competencias técnicas, sin las cuales el trabajador no puede movilizar sus competencias "soft".
- *Eje autonomía-dependencia.* Cada vez más se requiere un mayor grado de autonomía en la toma de decisiones en todos los niveles de la jerarquía productiva para atender eficazmente las incidencias del proceso productivo y al mismo tiempo es necesario un sometimiento a protocolos de actuación más sofisticados para cubrir las eventualidades que se puedan presentar y una mejor coordinación entre los actores implicados en un proceso productivo o un servicio.

Así pues, el nuevo modelo de cualificación perfila un nuevo tipo de trabajador/a cuya relación con la tecnología prioriza la función de gestión del proceso productivo con el cual interactúa, con una mayor capacidad de diagnóstico y análisis de la información que le proporciona el mismo proceso, con una elevada polivalencia de base de los fundamentos de su actividad profesional y al mismo tiempo con un elevado grado de especialización en las funciones que tiene asignadas, con un mayor desarrollo de las competencias "soft", y con un mayor grado de autonomía para la toma de decisiones. Ese tipo genérico de trabajador/a difiere del típico de la sociedad industrial, que se correspondía con una producción estandarizada, cuyo papel se centraba en la repetición de protocolos de actuación de las tareas, con poca autonomía y un elevado grado de especialización.

La automatización digital facilita la integración de procesos de la cadena de valor, combinando elevados grados de estandarización con la personalización a las necesidades del cliente o del usuario, lo que requiere mayores grados de autonomía del personal, mayor importancia de la gestión de los procesos, mayor coordinación e interacción entre equipos, mayor variabilidad de situaciones, y mayor capacidad de análisis y resolución de problemas.

Aparentemente esos cambios pueden parecer poco radicales, porque mantienen muchas similitudes con las características de situaciones anteriores, pero de hecho adquieren una elevada significación, tal como sucede, en general, en los sistemas complejos, en los que una pequeña variación en los factores intervinientes, o en su relación, produce variaciones importantes en el resultado final.

Cada vez más un mayor número de trabajadores interactúan con sistemas automatizados y esta interacción también gana terreno en el conjunto de las tareas que deben realizar. El tipo estándar de trabajador se aleja cada vez más del típico de la era industrial. Ello no significa que tiendan a desaparecer muchas de las características del trabajador de la era industrial, sino que básicamente está cambiando la combinación de competencias y habilidades que todo trabajador debe disponer.

Es cierto que esas "nuevas" características del modelo de cualificación han estado siempre presentes en los niveles de elevada cualificación. El buen profesional cualificado siempre se ha caracterizado por sus competencias "soft", por su capacidad de resolución de problemas, por su capacidad de interrelación en el seno de los equipos de trabajo, por su capacidad analítica, por su capacidad de adaptación polivalente, por su capacidad de autonomía... Pero esas capacidades diferenciaban los profesionales de gestión y coordinación de los de mera ejecución. Eran más propios de los niveles de mandos intermedios y superiores en las empresas.

Lo que aparece en las observaciones actuales es una mayor exigencia de esas competencias y habilidades en los niveles intermedios y elevados de la jerarquía, pero también su incorporación a las funciones de ejecución. En ese sentido se puede hablar de una mayor exigencia de cualificación y de profesionalización para el conjunto de la fuerza de trabajo.

En base a ello se puede afirmar que el resultado final del nuevo modelo de cualificación difiere suficientemente del modelo anterior para poder considerar que se está consolidando un modelo de cualificación diferente.

Ello está impactando en la configuración de los perfiles de la mayoría de los oficios y profesiones, cuyos contenidos competenciales están variando, generando un nuevo mapa profesional, en el que más que nuevas profesiones se observa una porosidad e hibridación de las fronteras de las profesiones ya conocidas dibujando nuevos campos profesionales interrelacionados entre si a través de múltiples nodos en torno a los cuales se reorganizan los perfiles profesionales. El nuevo mapa de las profesiones se asemeja más a un mapa de constelaciones relacionadas entre sí que a una jerarquización de compartimentos estancos.

El nuevo modelo de cualificación incorpora también novedades en el proceso de profesionalización. En el modelo anterior a los años 80 del siglo pasado, en España, la profesionalidad se adquiría principalmente en la empresa, ya sea directamente a través del trabajo o a través de los centros de formación de aprendices de algunas grandes empresas. Pocos trabajadores se incorporaban al empleo con una formación profesional previa y un título de formación profesional. Aunque los que lo hacían eran altamente valorados.

De ahí se pasó, a partir de los años 80, a un modelo que pretendía generalizar una formación inicial de tipo profesional adquirida principalmente en los centros de formación profesional con un corto periodo de prácticas en las empresas impulsado desde la Ley General de Educación (1970) y especialmente por la LOGSE (1990). En este modelo, en transformación en la actualidad, de hecho, el proceso de profesionalización continuaba basándose en el acceso al empleo en el seno de la empresa, para una mayoría de la población, pero con una diferencia importante respecto al modelo anterior: se parte de un nivel y de una capacidad de aprendizaje superior configurada por el título profesional adquirido que aporta las bases conceptuales del ejercicio profesional.

Gráfico 1. Población ocupada por niveles de formación alcanzados

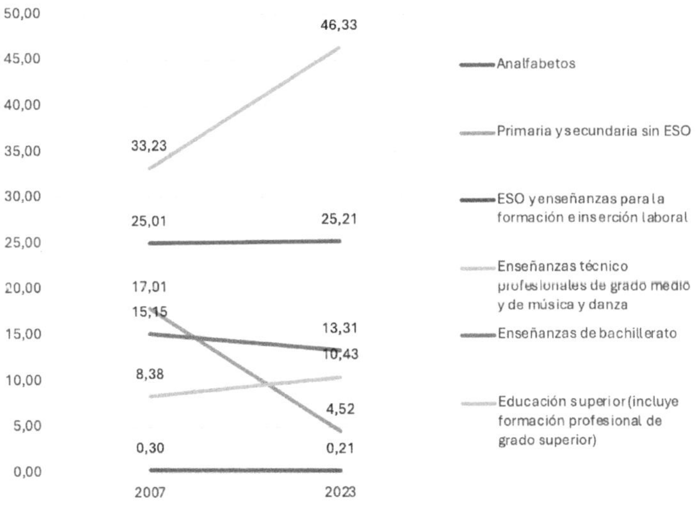

Fuente: *EPA-INE*

Ello se evidencia ya a nivel estadístico en la composición del empleo por niveles de formación, pero no será hasta el año 2013 que la mayoría de la población ocupada (50,7%) dispone de una titulación de formación profesional o universitaria.

Hasta entonces la mayoría de la población accedía al empleo con un nivel de educación general, en ascenso, pero sin una especialización profesional. Como se observa en el gráfico 1 en las últimas décadas se consolida el incremento de los ocupados con algún título de formación profesional o universitario y decae el peso de los niveles genéricos de educación.

Este modelo, a pesar del importante salto conseguido en el nivel de cualificación, presenta serias deficiencias en el proceso de profesionalización. Las dificultades de casar la oferta formativa con las necesidades del sistema productivo y las características del mercado de trabajo español han dado un resultado que, a pesar del gran avance conseguido, no responde a las nuevas necesidades del cambio impulsado por la digitalización de las actividades económicas.

Las empresas, por un lado, necesitan acortar la curva de aprendizaje del trabajador hasta el dominio de las competencias profesionales necesarias para ejercer de forma eficiente sus tareas para afrontar les exigencias de una competitividad en aumento a escala global. Y por otro, necesitan unas cualificaciones mucho más adaptadas a sus necesidades, que están en evolución en función de la situación que se hallen en su transformación hacia una producción o unos servicios mucho más automatizados y digitalizados.

Hasta que no se estabilicen los nuevos sistemas digitalizados las empresas requerirán unas cualificaciones basadas en una combinación flexible de polivalencia y especialización para adaptar las plantillas a los requerimientos cambiantes y en rápida evolución de los mercados.

Por ello el proceso de profesionalización dominante hasta ahora basado en una primera fase formativa y luego un largo periodo de entrenamiento en la empresa para adquirir el pleno dominio de las destrezas de la profesión, es demasiado largo y poco eficiente.

Las consecuencias de este modelo tanto para las empresas como para los mismos trabajadores, de poca valorización de su trabajo, del retraso en el acceso al mercado de trabajo y a una situación estable en el empleo, está lastrando el incremento de productividad de las empresas y el bienestar de la población.

El nuevo modelo que se está configurando especialmente a partir de la superación de la crisis del 2008, se basa en una concepción dinámica del proceso de profesionalización con un recorrido a lo largo de la vida del trabajador.

Desde esa perspectiva la profesionalización es entendida como la capacidad de resolver eficientemente los retos de una profesión en un proceso que se estructura con varios elementos: los conocimientos básicos de aprendizaje (educación general), los conocimientos sobre los conceptos profesionales, la experiencia laboral y la reflexión sobre la experiencia laboral. Todos esos elementos se combinan entre si reforzándose mutuamente e incrementando el nivel de cualificación.

Ello implica combinar desde el primer momento todos esos elementos e iniciar el proceso de profesionalización desde el primer día de la formación profesional combinando la formación en el centro de formación y el aprendizaje en el centro de trabajo, para acortar el proceso de dominio de la profesión y flexibilizarlo en función de las necesidades específicas de la empresa.

La separación del proceso formativo en el centro de formación del aprendizaje en el centro de trabajo dificulta la reflexibilidad sobre lo aprendido que es la clave para una profesionalización cualificante.

Ese nuevo modelo recibió un primer impulso en 2012 con la introducción de la formación profesional dual en España, que ha tenido una fase que puede calificarse de experimental hasta la propuesta de la nueva Ley Orgánica de Ordenación e Integración de la Formación Profesional de 2022, que propone la universalización del modelo dual a toda la formación profesional.

Durante la fase experimental se llegó a implementar la formación dual en el 4,4% de los estudiantes de formación profesional, porcentaje reducido pero que ha permitido situar el nuevo modelo como referente en el sistema e identificar los retos y dificultades que plantea el cambio de dicho modelo.

La nueva ley pone las bases para impulsar el cambio de modelo de cualificación que ya se percibía en las empresas desde la crisis del 2008, especialmente entre las más conectadas con la competencia a escala global, y que se ha reflejado en el amplio consenso conseguido entre todos los actores y agentes sociales en la aprobación de la ley.

La dualización de toda la formación profesional no es meramente un cambio de modalidad formativa, sino que es una pieza básica del engranaje de un nuevo modelo de cualificación y de profesionalización que tiene importantes repercusiones tanto en el sistema de formación como en las empresas en la gestión de sus recursos humanos.

Alcanzar los objetivos que plantea la Ley 3/2022 de generalizar el carácter dual de toda la formación profesional a la finalización del período transitorio en 2028 significa una reforma de calado de todo el sistema de formación profesional, y requiere un importante esfuerzo de transformación y de superación de las inercias del pasado con impactos no solamente en el sector formativo, sino también en el laboral y en el conjunto del sistema productivo. Se pueden identificar varios tipos de retos que habrá que afrontar: jurídicos, organizativos, curriculares, culturales, en los centros, en las empresas, respecto a los jóvenes y en relación con las administraciones públicas.

Las barreras a su extensión se hallan tanto en los aspectos regulatorios como en las estructuras del tejido productivo, en la dinámica del mercado de trabajo y en las culturas de incorporación de los jóvenes al empleo por parte de los mismos jóvenes, sus familias y las empresas.

Todos estos retos no pueden abordarse simplemente con la aplicación mecánica de la nueva ley, sino que requieren un plan de gestión del cambio que basado en el consenso de todos los actores que intervienen en el sistema defina las estrategias a seguir, aporte los recursos y contemple las formas de sortear las dificultades y resistencias.

La diversidad de actores, administraciones públicas, centros de formación, docentes, jóvenes y sus familias, empresas, agentes sociales y económicos, trabajadores, organizaciones intermedias... que están involucrados en la formación dual implica una amplia capacidad de liderazgo, colaboración y consenso para alinear las actuaciones y decisiones de cada uno de ellos y para prever y solventar las dificultades que plantea un proceso de cambio de dicha envergadura. La capacidad de consenso que se ha conseguido en torno a la Ley Orgánica es un buen augurio para extender su influencia en todo el proceso de su aplicación.

La etapa abierta por la nueva Ley de ordenación e integración de la formación profesional plantea un modelo de profesionalización híbrido basado en la colaboración entre el sistema formativo y el productivo para construir conjuntamente el itinerario de profesionalización a lo largo de toda la trayectoria profesional de los trabajadores y empleados. Se trata de optimizar el proceso de profesionalización con una mejor colaboración entre centros y empresas que de forma flexible permita adaptar mejor la oferta y la demanda de cualificación y unas mejores expectativas profesionales para los trabajadores, ante la evidencia que cada sistema por separado no tiene la capacidad de obtener un resultado óptimo.

Ese nuevo tipo de colaboración supone un cambio radical en la concepción del papel del centro y de la empresa en la formación de los aprendices. En el anterior modelo, el centro era el responsable de la formación teórica y práctica, y la empresa era un colaborador del centro ofreciendo un lugar para profundizar en la práctica de lo que se había aprendido en el centro.

En el nuevo modelo ambos, centro y empresa, son corresponsables de la formación dividiéndose su papel formativo según el criterio de que algunas unidades de aprendizaje es mejor que se aprendan en el centro y que otras es mejor que se aprendan en el centro de trabajo. La función de la empresa ya no es un mero soporte al centro, sino que asume un papel formativo clave, y el centro debe compartir su responsabilidad con la empresa, aunque se mantiene la responsabilidad final del otorgamiento de la certificación o acreditación final del proceso de formación-aprendizaje.

El análisis del periodo experimental de implantación de este nuevo modelo de cualificación permite detectar cuáles son los principales problemas que habrá que afrontar en su generalización. De forma sintética se pueden mencionar los siguientes aspectos relevantes para tener en cuenta en la nueva etapa:

- *La actitud de la empresa*: Desde la posición de las empresas, las prácticas de formación en centros de trabajo (FCT) se han consolidado, hasta ahora, como un buen canal para la selección de personal y la provisión de las necesidades de mano de obra en ocupaciones elementales y cualificadas. El salto a una concepción dual de coparticipación de las empresas en la formación de los aprendices ha dependido de varios factores: el tamaño de la empresa, el sector, las condiciones de la organización del trabajo y de las relaciones laborales, la cultura de gestión de los recursos humanos, la experiencia y la trayectoria personal de sus directivos, los vínculos con los centros de formación, del cálculo del coste-beneficio, de las facilidades y apoyos que se les brinde, del clima y la relación con los sindicatos o la representación de los trabajadores y la plantilla, los modelos de cualificación de las plantillas, la opinión y los intereses de las gestorías en las pequeñas empresas....Todos estos factores deberán tenerse en cuenta en la nueva etapa para pasar de la organización de FCT a la modalidad dual de alternancia de formación en el centro y en la empresa.

- *La actitud de los jóvenes y de sus familias*: La presión familiar para alargar al máximo la escolarización de los jóvenes, las altas tasas de paro juvenil, las dificultades de la transición al mundo laboral, las concepciones sobre el mundo laboral de tutores y docentes, la experiencia laboral transmitida entre iguales, la experiencia de las FCT, la creciente presión del mercado de trabajo para proveer mano de obra en algunos sectores, la remuneración de la estancia en la empresa, la perspectiva de estudios superiores... han influido también en la posición de los jóvenes respecto a la formación dual generando adhesiones y resistencias.
- *La actitud de los docentes*: La organización de la formación dual ha significado una complejidad para la organización de los centros (aulas, horarios, dedicación de los docentes, utilización de los recursos, adaptación de los currículos, procedimientos administrativos...) que se suman al posicionamiento personal de cada docente, a la elevada movilidad de los docentes en los centros, a su trayectoria profesional en el sector, al grado de actualización de sus competencias profesionales, a los apoyos a su labor como tutores, al reconocimiento de su dedicación,.... Todos esos elementos están presentes en las diferentes experiencias llevadas a cabo.
- *La capacidad de liderazgo de los equipos directivos de los centros*: El grado de cohesión y estabilidad de los equipos directivos, el clima de relación en el claustro de docentes,

su relación con la inspección y los servicios centrales de las Consejerías de Educación de las Comunidades Autonómicas, el compromiso y capacidad de innovación y gestión del equipo directivo..., son aspectos que aparecen de forma reiterativa en las buenas prácticas analizadas.

- *El papel de los tutores de empresa*: La propensión a ejecutar la función de tutores o formadores por parte de la plantilla, su formación, el reconocimiento a su labor, la experiencia de relación con los tutores del centro de formación, el clima de las relaciones laborales, han facilitado o entorpecido su labor y han influido en la calidad de la acción formativa en la empresa.
- *El apoyo de las administraciones*: La asunción de las Comunidades Autónomas del objetivo de promover la formación dual y aplicar planes específicos para desarrollarla ha dependido de factores diversos, desde los estrictamente políticos, hasta los organizativos, y los relacionados con la capacidad de liderazgo para movilizar los diferentes actores de la comunidad formativa y de los agentes sociales. El papel de las administraciones autonómicas ha sido clave para impulsar las experiencias de mayor interés en el período.
- *El papel de los agentes sociales*: La posición de los agentes económicos y sociales ha tenido también un papel protagonista en las experiencias impulsadas, tanto a nivel de su participación en el diálogo social a nivel territorial, como en la negociación colectiva, como a nivel de empresa y sectorial. Algunas de las experiencias de interés han sido desarrolladas por organizaciones profesionales sectoriales.
- *El papel de las organizaciones intermedias*: Una de las evidencias más claras del período ha sido el papel impulsor de las organizaciones intermedias que han promovido

proyectos específicos, o han apoyado a empresas y centros o han divulgado con multitud de eventos y campañas en los medios de comunicación los atractivos de la formación dual. El reconocimiento de esta labor ha sido incorporado en la Ley Orgánica y constituirá una de las piezas claves en el nuevo período.

- *El papel de las Administraciones Locales*: Algunas buenas prácticas testimonian el papel impulsor e intermediario que pueden jugar las administraciones locales. Su papel se verá reforzado por su incorporación en la nueva Ley como agente colaborador.
- *El papel de los medios de comunicación*: La visibilización en los últimos tiempos de la formación profesional en los medios de comunicación y en las redes sociales ha contribuido a valorizar esa vía formativa y su papel de éxito en la inserción profesional.

El conjunto de todos esos factores que han intervenido en el periodo experimental de implementación de la formación dual dibuja una constelación compleja de interrelaciones que requiere que sea tenida en cuenta en la nueva etapa. El análisis del período anterior pone de manifiesto la necesidad de planes específicos que contemplen el conjunto de factores detectados para lograr los objetivos de la nueva ley.

2. IMPACTOS EN EL SISTEMA DE FORMACIÓN

La introducción de la formación profesional dual durante el período experimental fue posible porque en algunos centros concurrieron toda una serie de factores que contribuyeron a hacer posible el cambio de modelo. Su generalización a todo el sistema de formación va a requerir cambios importantes en toda la configuración del sistema.

Esos cambios afectan a los centros de formación, a la gestión educativa de las Comunidades Autonómicas y a su relación con el Ministerio estatal. Se pueden prever algunos de los impactos más significativos:

a) *La flexibilización de la oferta.* Articular las necesidades de las empresas con la oferta formativa para superar las distancias actuales supondrá un importante esfuerzo de flexibilización en toda la cadena organizativa desde el Ministerio de Educación y Formación Profesional, hasta las administraciones competentes en la materia en las Comunidades Autonómicas y los centros de formación. Ello exigirá la actualización ágil de los contenidos, nuevas combinaciones modulares de los títulos y su planificación territorial para que cada empresa pueda tener en su entorno territorial una oferta de cualificaciones adaptada a sus necesidades. Una de las claves para ello será la interpretación del concepto de las enseñanzas mínimas del currículo básico establecido en la Ley, para poder dejar en manos de los centros la capacidad de complementar dichas enseñanzas en función de los compromisos formativos del tejido productivo del territorio con combinaciones *ad hoc* de módulos, unidades de competencias o cursos de especialización que definan itinerarios profesionales atractivos para los jóvenes y adaptados a las necesidades de las empresas.

b) *La autonomía de los centros.* Para hacer viable la generalización de la formación dual será necesario dotar de mayor autonomía a los centros para que puedan consolidar una relación directa con las empresas y ofrecer los servicios formativos que necesitan y al mismo tiempo configurar los itinerarios formativos que cumplan con las expectativas de los jóvenes. La Ley otorga una gran importancia a los centros formativos otorgándoles una multiplicidad de funciones para las que deberán prepararse ganando tamaño y especializándose en la formación dual como centros integrados. Seguramente no podrán asumir ese papel solos y necesitarán incorporarse en ecosistemas locales en los que las administraciones locales pueden jugar un papel muy activo de coordinación. Al mismo tiempo necesitarán estabilizar sus equipos y especialmente los tutores que adquieren un rol clave acumulando un capital relacional vital para el centro que no puede estar a merced de continuos traslados. Los tutores deberán convertirse en verdaderos especialistas y conocedores de las necesidades de cualificación de las empresas para poder diseñar los itinerarios formativos más adecuados en cada caso. Esas medidas deberían ir acompañadas de unos programas amplios de formación de los docentes y especialmente de la potenciación de las estancias en empresas para actualizar el conocimiento de las condiciones del ejercicio profesional. La autonomía en la contratación de docentes especialistas entre los profesionales de las empresas colaboradoras contribuiría a consolidar también las relaciones entre los centros y las empresas.

c) *Los organismos intermedios.* La experiencia en la etapa anterior ha demostrado la eficacia de las acciones desarrolladas por los organismos intermedios, ya sean entidades no lucrativas, organizaciones profesionales, Cámaras de Comercio, agentes económicos y sociales que cuentan con la confianza de las empresas para apoyarlas en la implantación de la formación dual. Esa función debería potenciarse en la nueva etapa estableciendo una red de entidades colaboradoras, bien asentadas en el territorio y en los diversos sectores con unas funciones bien delimitadas y con compromisos de resultados para asegurar un impacto real.

d) *La orientación profesional.* La orientación profesional debe articular las expectativas de los jóvenes con las dinámicas del mercado de trabajo y acompañar a los jóvenes en su proceso de profesionalización. Una orientación profesional efectiva que ponga de relieve las ventajas profesionales de la formación dual es necesaria para su generalización exitosa. Un plan de inserción laboral personalizado para cada persona que finalice sus estudios de formación profesional en el que se detallen los pasos a seguir para su incorporación al empleo ayudaría enormemente a ofrecer seguridad y perspectivas a los jóvenes ante las inseguridades actuales de la transición al mundo laboral, y además contribuiría a cumplir con los compromisos adquiridos en la UE en el marco de la Iniciativa de Garantía Juvenil. La formación profesional dual ha de convertirse en el itinerario seguro para la inserción laboral de los jóvenes con compromisos por parte de las empresas de contratación una vez finalizada con éxito la formación. Esta vía que ya están siguiendo algunas empresas innovadoras debería generalizarse porque beneficia a ambas partes, ofreciendo a las empresas la vía para conseguir mano de obra cualificada y a los jóvenes porque les asegura una iniciación profesional con perspectivas de futuro. Esas medidas, complementadas con una política de becas a todos los estudiantes de formación profesional permitirían trastocar radicalmente las condiciones actuales del proceso de emancipación de las nuevas generaciones con un impacto positivo en toda la sociedad.

e) *La responsabilidad de las Comunidades Autonómicas.* Conseguir la generalización de la formación dual va a recaer fundamentalmente en la responsabilidad de las Comunidades Autonómicas. De la misma forma que se ha propuesto una planificación de la gestión del cambio a nivel estatal, es necesario que esta planificación se base en planes autonómicos específicos de despliegue de la Ley. Los cambios por realizar afectarán a casi todas las direcciones generales y unidades de la organización de los respectivos departamentos de educación. Ello exigirá fuerte dosis de coordinación, de planificación y gestión que puede requerir unidades específicas de gestión del cambio. El diseño de estrategias adecuadas con proyectos piloto a nivel territorial y sectorial, evaluados convenientemente para escalarlos posteriormente pueden resultar útiles para graduar la implantación con pasos seguros de éxito apoyados por todos los actores del proceso. El salto que se ha dado de la integración del Sistema a nivel estatal debe también trasladarse al nivel autonómico. Varias comunidades ya han consolidado dicho proceso, ya sea con Viceconsejerías en los departamentos de Educación o creando Agencias de FP, esos modelos u otros deberían extenderse al resto para consolidar la integración global de todo el Sistema. Las redes de centros de excelencia que se han constituido a nivel estatal y en algunas Comunidades Autonómicas han demostrado su valor. La articulación de esas redes entre el nivel estatal y el nivel autonómico mejoraría su eficacia y constituiría una de las palancas de cambio más efectivas. Por otra parte, la experiencia de *TKnika* en el País Vasco ha demostrado el potencial de un centro de innovación especializado en la formación profesional. Este ejemplo podría extenderse a otras Autonomías. Las nuevas tecnologías abren un abanico de potencialidades en el ámbito de la formación profesional para articular de forma digital y virtual las aulas y talleres de los centros que requieren estructuras específicas para su impulso y desarrollo.

Como todas las reformas importantes de los sistemas formativos, ésta también requerirá un proceso largo que exigirá constancia y determinación, pero los beneficios para todos los actores implicados son evidentes. La formación profesional dual constituirá uno de los pilares básicos para asegurar la competitividad de las empresas y las expectativas profesionales de las nuevas generaciones.

La coincidencia de la propuesta del nuevo modelo de formación profesional con el proceso de cambio hacia una sociedad digital y del conocimiento, introduce un nuevo alcance y oportunidad de configuración de los mecanismos y del papel que ha de jugar la formación a lo largo de la vida laboral de toda la población.

3. IMPACTOS EN LAS RELACIONES LABORALES

Los impactos no solamente afectan a los centros de formación y al conjunto del sistema educativo, sino que también afectan a las empresas y por ende a las relaciones laborales.

En el modelo anterior las empresas básicamente esperaban de los centros de formación que les proporcionaran jóvenes con buena disposición para aprender y con buenas capacidades de aprendizaje con la expectativa de poder seleccionar a los mejores durante el período de prácticas entendidas como un periodo de aterrizaje en el contexto singular de la empresa. Pero seguía, y aún sigue, dominando la cultura de que la formación real en el puesto de trabajo se inicia posteriormente a la contratación del joven una vez titulado. Las empresas en situación de crecimiento o con un proceso de renovación de plantillas o como complemento a los sistemas de contratación de personal temporal a través de las ETT son las que han colaborado más con los centros en la etapa anterior.

El papel formativo de la empresa después de la contratación se concentraba principalmente en un proceso de adaptación y adiestramiento a un puesto de trabajo específico, que se realizaba de una manera no formal e informal. Ese procedimiento da como resultado una profesionalización estrecha, poco reflexiva que requiere un largo recorrido profesional para adquirir un grado de cualificación suficiente para afrontar la variabilidad de las situaciones profesionales y los cambios e innovaciones que se producen a lo largo del tiempo.

El reto que plantean los cambios en el modelo de cualificación es la necesidad de reducir las curvas de aprendizaje de las nuevas situaciones y de los procesos de adaptación de las personas que se incorporan a la organización ya sea de nueva entrada o de profesionales provenientes de otras empresas o sectores y conseguir así cuanto antes una cualificación lo más amplia posible.

Afrontar este proceso requiere desarrollar nuevas formas de adquisición de la profesionalidad que van más allá de la formación profesional dual inicial para abarcar cómo se gestiona el talento o la cualificación durante todo el itinerario de la relación del trabajador con la empresa.

Las empresas más avanzadas están desarrollando nuevas estrategias de gestión del talento de sus plantillas cualificadas para mantenerlas permanentemente actualizadas y activas. Un nuevo concepto se abre paso: el entrenamiento constante de la plantilla, entendido como el conjunto de actividades dirigidas a incrementar la capacidad de las personas trabajadoras para resolver de forma más eficiente los problemas que surgen en la actividad productiva y que va más allá del concepto conocido de formación. Además de adquirir nuevas competencias se trata de situarlas en el contexto productivo específico para ensayar las combinaciones más adecuadas en cada caso que incrementen la productividad de los procesos y resultados.

El entrenamiento ya no es una actividad no formal o informal de aprendizaje, sino que requiere una planificación, unas técnicas determinadas y unos protocolos que lo hagan posible y no se reduce a participar de tanto en tanto a un curso. Es una actividad periódica que afecta a toda la plantilla.

La corresponsabilidad de las empresas en la formación profesional pasa a ser una actividad planificada juntamente con el centro con una programación específica para conseguir los resultados de aprendizaje de algunas unidades de competencias previstas en el currículo formativo a lo largo de toda la vida laboral del trabajador en la empresa. Eso significa un cambio en profundidad en la forma en que la empresa ha abordado hasta ahora la profesionalización de sus trabajadores. Pero ese cambio no será posible, tal como se ha señalado en el apartado anterior, si no se flexibiliza el currículo formativo para que pueda adaptarse a las circunstancias concretas de cada empresa.

El concepto de entrenamiento constante de la plantilla no se circunscribe solamente a los trabajadores noveles en la empresa, sino que se incorpora a toda la plantilla, para activar permanentemente sus capacidades para hacer frente a los cambios en los procesos productivos o en la organización de los servicios.

La formación dual se ha contemplado hasta ahora, en los países en los que se ha desarrollado este régimen formativo, como un modelo apropiado básicamente para la formación inicial. Pero en la actualidad debe considerarse como una pieza inicial de un proceso formativo que debe extenderse a lo largo de la vida laboral de las personas. Esa perspectiva introduce otra mirada sobre los procesos de profesionalización y sobre los mecanismos de desarrollo de las competencias profesionales en las empresas.

La regulación laboral de la formación dual amplía la temática de la formación en las empresas y su papel en las relaciones laborales. Por ello, la extensión de la formación dual constituye una oportunidad para replantear el papel y la regulación de la formación en las trayectorias profesionales y en el seno de la empresa. Hay que hacer más atractivo y fácil que todos/as los/las trabajadores/as puedan alternar en su vida laboral trabajo y formación, de forma que se entrenen constantemente las competencias adquiridas o se adquieran nuevas.

Ese concepto de entrenamiento permanente de las competencias debería incorporarse en el marco jurídico de las relaciones laborales a través del diálogo social. Desde esta perspectiva la formación y el entrenamiento de las competencias deberían incorporarse al objeto de la relación laboral de forma que el acuerdo entre un trabajador y un empresario en torno a un contrato debería suponer la prestación de una actividad laboral y de una actividad formativa en unas condiciones de trabajo determinadas a cambio de una remuneración. La formación y el entrenamiento de las competencias profesionales pasarían a ser considerados como un derecho y una obligación por ambas partes.

La concreción de una cláusula de este tipo debería ser objeto del diálogo social y puede haber diferentes fórmulas para ello. Por ejemplo, incorporando en el objeto del contrato de trabajo el acuerdo de dedicar un minuto de entrenamiento/ formación por cada hora de trabajo contratada. Así la formación dual inicial constituiría el primer eslabón de un itinerario profesional en constante progresión. La regulación desde esa perspectiva de la relación laboral-formativa complementaría y facilitaría el objetivo de implantar de forma generalizada la formación dual en el modelo formativo y de relaciones laborales del país.

El cambio en el modelo de cualificación afecta de forma diferente a las empresas según su tamaño. La capacidad de asumir la corresponsabilización formativa en la formación dual es diferente según se trate de una gran empresa o una pequeña empresa. La organización formal de los procesos formativos no representa un esfuerzo significativo, ni en términos económicos ni técnicos o humanos para una empresa de tamaño grande. La mayor parte de las empresas de ese tipo tienen departamentos de formación que pueden asumir la nueva regulación de la formación dual y beneficiarse de los impactos positivos en los procesos de profesionalización de sus plantillas.

Pero en el caso de las pequeñas empresas y especialmente de las microempresas, la situación es diferente. Las empresas de este tipo tienen más dificultades para poder dedicar tiempo de su personal a las tareas formativas y su coste tiene un impacto más significativo en el coste total de la actividad. Además, la especialidad de su actividad reduce el ámbito de aprendizaje.

Esa cuestión pasa a ser de crucial importancia para la generalización de la formación dual, dada la característica del tejido económico español totalmente dominado por pequeñas y microempresas.

En este aspecto las grandes empresas pueden jugar un papel importante al asumir la formación dual más allá de los intereses específicos de su empresa para abarcar toda la cadena de valor que integra sus proveedores y sus clientes. De la misma forma que las empresas grandes suelen imponer protocolos de calidad o normas de producción a sus proveedores o criterios de utilización a sus clientes, también podrían ofrecer a la cadena de valor estándares de cualificación asumiendo el proceso formativo.

Otras fórmulas como las de los tutores compartidos de formación, reconocidos en la normativa, también pueden facilitar la implementación de la formación dual en las pequeñas y microempresas.

La realización de un análisis riguroso coste-beneficio según tamaño de la empresa ayudaría a hacer visibles las ventajas de la formación dual para las empresas y facilitaría identificar y cuantificar los costes añadidos para las pequeñas y microempresas. Con los resultados de un estudio de dichas características se podría plantear en la mesa de diálogo social un apoyo económico directo a las pequeñas empresas de forma modulada en el tiempo para compensar los costes que se puedan producir en el inicio que no reciben compensación hasta los resultados positivos al final del proceso de profesionalización.

Teniendo en cuenta algunas de las fórmulas que se han ensayado en la etapa experimental, el apoyo a las pequeñas y microempresas podría vehicularse ya sea en forma de desgravaciones, o pagos directamente a los tutores o a los aprendices.

Se trata de facilitar el cambio del modelo de cualificación y la implementación de la formación dual, para que los aspectos económicos y organizativos no sean una barrera o una dificultad añadida al esfuerzo que deberán realizar las empresas para adaptarse al nuevo modelo de cualificación y profesionalización.

La rapidez y la profundidad de la adaptación de las empresas al nuevo modelo de cualificación también marcará diferencias competitivas entre ellas, posicionándose en la atracción del talento entre sus recursos humanos. Las empresas que ofrezcan mejores condiciones de profesionalización podrán seleccionar mejor los candidatos y tendrán un mejor retorno en términos de productividad y competitividad.

Desde esta perspectiva la formación profesional dual adquiere una vital importancia como elemento clave en la consolidación del nuevo modelo de cualificación que requieren las transformaciones en curso hacia una sociedad y una economía digital.

REFERENCIAS BIBLIOGRÁFICAS

Barrientos Sánchez, Daniel (2022). *La relación entre formación y empleo en la FP dual. Implicaciones para la transición escuela–Trabajo.* UAB.

Cámara de Comercio de España (2021). *Análisis de la opinión empresarial sobre necesidades de formación.* Cámara de Comercio de España.

CEDEFOP (2021). *Digital, greener and more resilient. Insights from Cedefop's European skills forecast.* Publications Office of the European Union.

CES (2018). *El futuro del trabajo. Informe 03.* Consejo Económico y Social España.

CES (2020). *Jóvenes y mercado de trabajo en España.* Consejo Económico y Social España.

Fundación Bertelsmann (2021). *Buenas prácticas en formación profesional dual en España. 14 indicadores europeos de calidad. 102 ejemplos autonómicos.* Fundación Bertelsmann.

Gamboa, Juan Pablo; Moso, Mónica (dir.) (2023). *Observatorio de la Formación Profesional en España. Informe 2023. La Formación Profesional ante los retos sociales.* CaixaBank Dualiza.

Homs, Oriol (2024). *Los retos 2030 de la Formación Dual en España.* Fundación Bertelsmann.

Homs, Oriol (2024). *La formación dual, oportunidad para un cambio en la relación formación empresa.* Fundación CIFE.

Homs, Oriol (2022). *Cambios en los perfiles profesionales y necesidades de Formación Profesional en España. Perspectiva 2030.* CaixaBank Dualiza.

Homs, Oriol (2008). *La formación profesional en España. Hacia la sociedad del conocimiento.* Obra Social Fundación "La Caixa".

Homs, Oriol, Kruse, Wilfried, Ordovás, Rafael y Pries, Ludgar (1987). *Cambios de cualificación en las empresas españolas.* Fundación IESA.

Kruse, Wilfried; Strauß, Jürgen; Braun, Frank; Müller, Matthias (2009). *Rahmenbedingungen der Weiterentwicklung des Dualen Systems beruflicher Bildung,* Hans-Böckler-Stiftung.

Kruse, Wilfried (2012). Wechselfälle der Arbeit. Beruflichkeit als Risiko? in: Bolder, Axel (Hrsg.); Dobischat, Rolf (Hrsg.); Kutscha, Günter (Hrsg.); Reutter, Gerhard (Hrsg.). Beruflichkeit zwischen institutionellem Wandel und biographischem Projekt. Springer VS

Morin, Edgar (2003). *Introducción al Pensamiento Complejo.* Instituto Piaget.

Mühlemann, Samuel, Wolter, Stefan C. (2019). *Los aspectos económicos de la FP Dual. Siete lecciones aprendidas a partir de estudios y simulaciones de coste-beneficio.* Fundación Bertelsmann.

Tenorth, Heinz.El Mar (1988). "Profesiones y profesionalización. Un marco de referencia para el análisis histórico del enseñante y sus organizaciones". *Revista de Educación,* 285, 17-92.

La política de formación profesional: una atención especial a la formación en el trabajo

FERRAN CAMAS RODA

Catedrático de Derecho del Trabajo y Seguridad Social y Director de la Cátedra de Inmigración, Derechos y Ciudadanía. Universidad de Girona

INTRODUCCIÓN

La política de formación profesional entendida en sentido amplio, es decir, tanto la que tradicionalmente ha correspondido al sistema educativo, como la conocida como continua o propia del ámbito laboral, ha de pasar a ser prioritaria por los retos a los que se enfrenta la sociedad española. Entre ellos, la necesidad de impulsar que la población obtenga cualificación en niveles intermedios (como al efecto decían las diferentes memorias que llevaron a la aprobación de la actual legislación de formación profesional); la promoción de la realización de formación permanente o a lo largo de la vida; la potenciación de la recualificación de las personas trabajadoras ante la transición ecológica y digital, sin olvidar las transformaciones que van a derivar del cambio climático; la cobertura de las necesidades que va a poner al descubierto, si no lo está haciendo ya, el proceso de envejecimiento demográfico; todo ello, condimentado con una mayor oferta de acción formativa ante las nuevas competencias que se van a exigir, más agilidad en la acreditación por las personas de las ya adquiridas para favorecer su transmisibilidad en la obtención de las correspondientes cualificaciones, o la implicación de todos los agentes sociales y públicos en apostar por esta política, incluyendo su coordinación y naturalmente mayor financiación a la hasta ahora llevada a cabo (sobre la necesidad de mayor coordinación de las estructuras implicadas en la política de formación, véase Hierro, 2019, p. 146).

Afrontar la reconversión de la política de formación ante esos retos y necesidades para el conjunto de personas, a lo largo de toda su vida, en aras a sus propios intereses de desarrollo personal como de la cobertura de las necesidades del tejido productivo y del mercado de trabajo, ya está siendo una realidad, al menos desde un punto de vista normativo.

Desde la aprobación en el año 2022 de la *Ley Orgánica 3/2022, de 31 de marzo, de ordenación e integración de la Formación Profesional* hasta este mismo primer semestre del 2024, en el que también se han adoptado normas en el ámbito del empleo pero con profunda afectación en relación a la formación, se han aprobado una serie de regulaciones que están modificando el objeto y la gobernanza del sistema de formación en general, con nuevos organismos públicos y con específicas involucraciones del ámbito privado, sobre todo en relación a la formación realizada en la empresa o formación dual.

El objeto de este trabajo es exponer desde un punto de vista crítico las principales claves de estas normativas y la delimitación entre organismos públicos en relación a la formación profesional, prestando una especial atención a la denominada como formación en el trabajo impulsada por la última legislación de empleo.

1. NUEVAS BASES JURÍDICAS PARA LA POLÍTICA DE FORMACIÓN PROFESIONAL

La *Ley Orgánica 3/2022, de 31 de marzo, de ordenación e integración de la Formación Profesional* (en adelante, LOIFP), constituye el punto de partida de una reforma del sistema de formación en España (para un estudio de esta ley, véase Camas Roda, 2022), considerado de forma general, que va a tener también otro pilar en otra norma, la *Ley 3/2023, de 28 de febrero, de Empleo* (en adelante, LEM: también un comentario de las líneas generales de esta ley tomando como referencia la empleabilidad de las personas, en Camas Roda, 2023, pp. 49 y ss.).

La LOIFP, al seguir su propio título, el de ordenación de las enseñanzas de formación profesional ofertadas en cualquier ámbito, así como de integración de éstos en una misma estructura orgánica y administrativa, debería haber incluido en su denominación el de unicidad, ya que ese también es su objeto a tenor de su art. 1, que le atribuye la constitución y ordenación de un sistema "único" e integrado de formación profesional. Se debería entender así que la ley persigue unificar la formación profesional en un único sistema, bajo unas mismas reglas uniformes aplicables a cualquier oferta formativa. Con posterioridad, se verá que este objetivo queda matizado, sin perjuicio del esfuerzo normativo para establecer complementariedades o pasarelas entre el sistema de formación profesional y el de formación en el trabajo abierto por la LEM.

En todo caso, la búsqueda de ese objetivo de crear un único sistema de formación profesional por la LOIFP se puso de manifiesto en el momento de su aprobación con la derogación de la *Ley Orgánica 5/2002, de 19 de junio, de las Cualificaciones y de la Formación Profesional.* Esta norma había mantenido, vinculándolos a través de algunos instrumentos pero respetando la autogestión de cada uno de ellos, los dos sistemas de formación profesional tradicionalmente existentes, uno propio del ámbito educativo o también conocido como formación profesional reglada, cuya característica a destacar ha sido su carácter "inicial" a través de la realización de sus ciclos formativos (pensando así en el seguimiento de una línea de continuidad posterior con la formación dispensada en el campo laboral), y cuya superación da lugar de forma general a los correspondientes títulos de técnico del perfil profesional correspondiente (véase la regulación prevista en la *Ley Orgánica 2/2006, de 3 de mayo, de Educación*); y el otro, el relativo al ámbito del empleo y de la formación continua, que incluyen acciones formativas dispensadas por las administraciones y las empresas y cuya finalización con éxito conduce a la obtención de los correspondientes certificados de profesionalidad (su régimen legal vigente parte de lo dispuesto principalmente por la *Ley 30/2015, de 9 de septiembre, por la que se regula el Sistema de Formación Profesional para el empleo en el ámbito laboral*, que se mantienen en vigor en lo que no se oponga a la LOIFP).

Al afectar a la Ley 5/2002, la LOIFP trastoca de forma importante la noción básica de aquella, la de cualificación. De hecho, en la exposición de motivos de la LOIFP se expresa la creación de un "Catálogo Nacional de Estándares de Competencias Profesionales" (que modifica o sustituye con los plazos y requisitos transicionales que expresa la propia norma al Catálogo Nacional de Cualificaciones Profesionales). En todo caso, la LOIFP busca despojar a la noción de cualificación como referente del sistema de formación profesional en favor del instrumento que ya aparecía como tapado desde la Ley Orgánica 5/2002 y que ahora pasa a ser la clave de bóveda de la formación profesional, el de competencia profesional. Se puede afirmar que el alcance de la noción de "cualificación profesional" pierde referencia en el sentido de que las ofertas de formación profesional, y por tanto las iniciativas formativas que tome una persona, ya no han de tomar como referencia las cualificaciones previamente catalogadas, sino las competencias profesionales que asuma el sistema. La noción prioritaria pasa a ser la de competencia profesional, ya que, entre otras características, las competencias recogidas en estándares profesionales servirán para el diseño de cualquier oferta de formación profesional, es decir, cualquier actividad formativa deberá tener como referente los estándares de competencia profesional destinados a cubrir las exigencias de empleo y productivas. De hecho, la LOIFP recuerda cómo los estándares de competencia ordenados en el Catálogo Nacional de Estándares de Competencias profesionales servirán a las empresas para la búsqueda y definición de perfiles profesionales que requieran en cada momento (art. 9.4).

Respaldando esa configuración se aprobó el *Real Decreto 659/2023, de 18 de julio, por el que se desarrolla la ordenación del Sistema de Formación Profesional, que desarrolla la Ley Orgánica 3/2022, de 31 de marzo, de Ordenación e integración de la formación profesional.* Conforme al Consejo Económico y Social, esta norma reglamentaria representa la pieza fundamental para la puesta en funcionamiento de un nuevo marco de la formación profesional que, entre otros avances y novedades, pretende alcanzar la organización de toda esta con el carácter de formación dual, así como lograr una mejor integración de la formación del sistema educativo y de la formación en el trabajo (anteriormente formación para el empleo en el ámbito laboral), y que en sí mismo ha contado con un importante grado de consenso político y de los interlocutores sociales (CES, 2024, p. 222)

Junto a la LOIFP, la otra palanca en materia de formación profesional ha sido la LEM. Esta ley adoptada casi un año después de la LOIFP, hace de la formación de las personas trabajadoras una de sus claves, ya sea como objetivo de las políticas de empleo en general, ya sea como medida de política activa de empleo, o bien como servicio garantizado a las personas demandantes de los servicios de empleo: así, su art. 56, que regula el catálogo de servicios garantizados a personas demandantes de servicios de empleo, incluye como tal el de “formación en el trabajo” (letra d). De hecho, el precepto delimita el ámbito de actuación de la formación en el trabajo expresando que este servicio debe permitir “la adquisición efectiva o el incremento sensible de competencias que redunden en una mayor capacidad de inserción laboral”.

En efecto, el art. 33 de la LEM dedica un precepto, el art. 33, a regular "el sistema de formación en el trabajo". Ante ese epígrafe, cuya regulación se pasa a estudiar en el siguiente apartado, no cabe otra cosa que preguntarse si se proclama a la formación en el trabajo como un sistema diferenciado y no subordinado al Sistema de Formación Profesional proclamado por la LOIFP, o bien nos encontramos con un único sistema, pero de rasgos compartidos en el que uno sirve al otro.

2. EL SISTEMA DE FORMACIÓN EN EL TRABAJO CONFORME A LA LEY DE EMPLEO

El art. 33 de la LEM tiene por objeto la regulación del "Sistema de formación en el trabajo", dentro del Título III de la ley, atinente a *Políticas activas de empleo.* Lo primero que llama la atención del precepto es que introduce la palabra "sistema" en el epígrafe del precepto, aunque posteriormente, en el articulado, no lo vuelva a mencionar. En todo caso, aun partiendo de la base de que se trata de una medida de política activa de empleo, no se define lo que es formación en el trabajo, más allá de lo ya visto en el art. 56 al incluirla como un servicio garantizado para las personas demandantes de servicios de empleo.

Para localizar su alcance, un antecedente previo lo tenemos en la LOIFP, en cuya Disposición adicional cuarta se regula que lo dispuesto en dicha ley, "se entiende sin perjuicio de las competencias del Ministerio de Trabajo y Economía Social respecto de la formación en el trabajo, la orientación para el empleo y la regulación de la cuota de formación profesional y su afectación, que se regulará de acuerdo con su normativa específica". Es decir, en la Ley de Formación Profesional ya se hacía referencia directa a la "formación en el trabajo" sin tampoco definirla, aunque se entendiese que con dicha noción se hacía referencia a las competencias que en materia de formación tiene el MTES.

En todo caso, conforme al art. 33.2 se atribuye a la formación en el trabajo (sin hablar de sistema al contrario que su propio epígrafe) una serie de fines, algunos de ellos extraídos de los que también asume la formación profesional para el empleo en el ámbito laboral según la Ley 30/2015, como podría ser favorecer la formación a lo largo de la vida de las personas trabajadoras ocupadas y desempleadas tanto del sector público como privado, así como también el de mejorar las competencias profesionales de las personas trabajadoras y sus itinerarios de empleo y formación, especialmente las competencias digitales y de sostenibilidad, que inciden en su desarrollo profesional y personal. La diferencia de la LEM con la de formación profesional para el empleo en el ámbito laboral (*ex* Ley 30/2015) es que mientras en esta última se unifican dichos objetivos de forma que la formación a lo largo de la vida tiene por objeto mejorar las competencias profesionales de las personas, en la LEM son dos finalidades diferentes o no conectadas necesariamente. Posiblemente, si se atiende a que la formación a lo largo de la vida según la evolución de las tesis en el ámbito europeo sobre su alcance no solo tiene que ver con dotar a las personas de aprendizaje profesionalizantes sino de interés para su desarrollo personal, la redacción de la LEM es idónea. Además, en esta ley, al hablar de mejorar las competencias profesionales, se incide en las de carácter digital y de sostenibilidad.

La LEM también asume otras finalidades que hasta ahora vienen recogida en la legislación relativa a la formación profesional para el empleo en el ámbito laboral como la de contribuir a la mejora de la productividad y competitividad de las empresas o mejorar la empleabilidad de las personas trabajadoras, especialmente de las que tienen mayores dificultades de mantenimiento del empleo o de inserción laboral.

Una específica acción asumida en la LEM que pasa a incluirse dentro del -sistema- de la formación en el trabajo es el derecho a la formación y el derecho a la promoción profesional de los artículos 4.2.b) y 23 del texto refundido de la Ley del Estatuto de los Trabajadores y entre ellos, como al efecto declara de forma expresa al art. 33 de la LEM, el desarrollo del ejercicio del permiso de veinte horas anuales de formación, acumulables por un período de hasta cinco años, así como cualquier otro permiso de formación que pudiera acordarse. Según el Consejo Económico y Social, el ejercicio del derecho a la formación previsto en dichos preceptos de la Ley del Estatuto de los Trabajadores, "se verá facilitado por una mayor integración del sistema de formación profesional comprensiva de la formación en el sistema educativo (inicial) y de la formación en el trabajo (formación programada por las empresas y formación de oferta a personas ocupadas-planes sectoriales)" (CES, 2024, p. 309).

También, se incorporan como fines de la formación en el trabajo las siguientes: en primer lugar, promover que las competencias profesionales adquiridas por las personas trabajadoras, tanto a través de procesos formativos como de procesos de aprendizaje informales, sean objeto de un proceso de valoración en el marco de la formación en el trabajo, que aporte valor profesional y curricular a la persona trabajadora, pactado en el seno de la negociación colectiva.

El proceso de valoración de las competencias profesionales adquiridas por las personas trabajadoras "en el marco de la formación en el trabajo" se ha de entender diferente a la regulación que la LOIFP hace de un procedimiento específico de acreditación y reconocimiento de competencias profesionales: partiendo del hecho de que el art. 6 LOIFP prevé como objetivo del Sistema de Formación Profesional la facilitación de la acreditación y el reconocimiento de las competencias profesionales vinculadas al Catálogo Nacional de Estándares de Competencias Profesionales, adquiridas mediante la experiencia laboral u otras vías no formales o informales, cuestión que se plasma posteriormente en el art. 22.3 de dicha norma al abrir la posibilidad de que las ofertas de carácter no formal sean objeto de un procedimiento de acreditación si están asociadas a estándares de competencia, en los términos que reglamentariamente se han establecido en los arts. 175 y ss. del Real Decreto 650/2023. En el marco de la LOIFP, es su título VI, que se inicia con el art. 90, el que se encarga de regular el procedimiento de acreditación de competencias profesionales adquiridas por experiencia laboral u otras vías no formales o informales. En este sentido, el art. 90 establece que las competencias profesionales adquiridas por experiencia laboral u otras vías no formales o informales podrán ser identificadas, evaluadas y acreditadas oficialmente a través del procedimiento previsto en la propia ley, añadiendo que la acreditación obtenida tendrá como referente el Catálogo Nacional de Estándares de Competencias Profesionales y deberá facilitar itinerarios formativos conducentes a una mayor cualificación. En todo caso, especifica el apartado 3 del art. 93 que "la acreditación de un estándar de competencia adquirido por experiencia laboral u otras vías no formales o informales tendrá la condición de "acreditación parcial acumulable", a efectos, en su caso, de acreditar y de completar la formación conducente a la obtención del correspondiente título o certificado profesional. La acreditación obtenida a través de este procedimiento estará incluida en el Registro Estatal de Acreditaciones de Competencias Profesionales Adquiridas por Experiencia Laboral o Vías No Formales e Informales, el cual, dice la LOIFP, deberá estar debidamente conectado con el Registro Estatal de Formación Profesional, ya que la acreditación obtenida deberá constar en el informe formativo-profesional de cada persona que podrá obtenerse de este último. A este efecto, el art. 17 dispone que la ciudadanía tendrá derecho a solicitar y obtener del Registro un informe sobre los estándares de competencia acreditados mediante este procedimiento, actualizado a la fecha de descarga.

En todo caso, reitero que, a mi modo de entender, este procedimiento, vía LOIFP, de acreditación de competencias profesionales adquiridas por experiencia laboral u otras vías no formales o informales, en el marco del sistema de formación profesional para el empleo, es diferente del hecho de que las competencias profesionales adquiridas por las personas trabajadoras, tanto a través de procesos formativos como de procesos de aprendizaje informales, sean objeto de un "proceso de valoración" en el marco de la formación en el trabajo. En particular, de ese proceso de valoración es desde donde puede partir la activación del procedimiento de acreditación correspondiente al sistema de formación profesional ya visto.

Siguiendo con los fines de la LEM en materia de formación en el trabajo, esta norma también establece la necesidad de facilitar la transición hacia un empleo de calidad y la movilidad laboral. Este fin es importante en el marco de lo que dice el *Informe España 2050* sobre la naturaleza del tejido productivo español, en el que abundan los empleos que no exigen una capacitación técnica elevada. En el Informe se expresa que resulta particularmente significativo el hecho de que haya comunidades autónomas con tasas muy por encima de la media nacional en abandono educativo que, sin embargo, tienen una baja tasa de paro, lo que evidencia la falta de exigencia por parte del empresariado de una formación adecuada y suficiente (Gobierno de España, 2021, p. 487).

Por otra parte, la LEM también señala como fin impulsar la formación programada por las empresas, con la participación de la representación legal de las personas trabajadoras, como vía ágil y flexible de responder a las necesidades específicas de formación más inmediatas y cercanas a empresas y personas trabajadoras. En este punto se ha de reseñar diversos déficits que se están detectando en materia de formación de demanda o también denominada *in company*, especialmente la reducción de las horas dedicadas a la formación, con lo que supone ello de disminución de los conocimientos y las habilidades adquiridas. Así, si en 2007 la duración media fue de 22 horas en las grandes empresas y de 29 en las de tamaño medio, en 2019 fue de 11 y 13, respectivamente. La explicación que se ofrece es que muchas empresas están haciendo extensivas sus ofertas formativas a cada vez más miembros de su plantilla, pero reduciendo la duración y, probablemente, la calidad de las mismas. Además, las personas ocupadas de más de 45 años se forman en una menor proporción que la resultante de su participación en el empleo mientras que casi el 50% de los formados en 2015 tenían estudios universitarios y un tercio eran directivos, mandos intermedios o técnicos (Lope Andreu, 2018, pp. 260 y ss.). En conclusión, estos factores, unidos a la baja financiación y a los altos niveles de temporalidad y precariedad propios del mercado laboral español, hacen que en nuestro país la formación *in-company* sea, por lo general, insuficiente, y que los trabajadores aprendan menos en su puesto de trabajo que sus homólogos de la UE-8.

Siguiendo con otros fines de la formación en el trabajo, pero no menos importantes que los anteriores, se encuentran el de acompañar los procesos de transformación digital y ecológica y favorecer la cohesión social y territorial, así como la igualdad de género. De hecho, la "igualdad de género" no solo es vista como fin en la formación frente a los procesos de transformación digital y ecológica, sino que también es acogido como fin específico el de garantizar que todo el contenido formativo impartido en la formación en el trabajo esté realizado con "perspectiva de género".

La impronta de esta legislación se habría hecho notar en el nuevo Acuerdo para el Empleo y la Negociación Colectiva (V AENC) de mayo de 2023, firmado por las organizaciones sindicales CCOO y UGT y las confederaciones empresariales CEOE y CEPYME (un comentario en CES, p. XXIV).

En este V ANEC se incluye un pacto sobre formación y cualificación profesional, las organizaciones signatarias consideran fundamental contribuir, a través de la negociación colectiva, a potenciar la formación a lo largo de la vida laboral como elemento estratégico para la mejora de la empleabilidad de las personas trabajadoras y de la competitividad de las empresas, entre otros aspectos, mediante criterios o medidas dirigidos a: garantizar la igualdad de acceso de las personas trabajadoras a la formación; fortalecer la formación destinada a facilitar la transición digital y ecológica de las empresas y de las personas trabajadoras; fomentar la formación dual en las empresas, adaptada a las características del tejido productivo y a las necesidades formativas de las personas trabajadoras; promover la corresponsabilidad de las empresas y las personas trabajadoras en los procesos de formación; e impulsar los instrumentos bipartitos sectoriales e intersectoriales en la definición y desarrollo de la formación.

En todo caso, en mi opinión, lo que es fundamental en la LEM respecto de la formación en el trabajo es, en particular, su calificación como servicio incluido en el catálogo garantizado a personas demandantes de servicios de empleo a tenor del art. 56 como al efecto ya se ha hecho referencia anteriormente. Es a esta cuestión a la que se dedica el siguiente apartado.

3. LA FORMACIÓN EN EL TRABAJO COMO SERVICIO GARANTIZADO PARA LAS PERSONAS DEMANDANTES DE SERVICIOS DE EMPLEO

En el art. 1 de la LEM se establece que tiene por objetivo "promover y desarrollar la planificación, coordinación y ejecución de la política de empleo y garantizar el ejercicio de los servicios garantizados y la oferta de una adecuada cartera de servicios a las personas o entidades demandantes de los servicios públicos de empleo, a fin de contribuir a la creación de empleo y reducción del desempleo, mejorar la empleabilidad, reducir las brechas estructurales de género e impulsar la cohesión social y territorial". Como se ha comprobado de su lectura, el precepto ya se marca como objetivo el de "garantizar el ejercicio de servicios garantizados", una anáfora que enfatiza el deber de los poderes públicos de dotar de unos servicios determinados a los demandantes de empleo, quienes a su vez deben tenerlos disponibles para su ejercicio.

Con posterioridad a la LEM, se adoptó el Plan Anual para el Fomento del Empleo Digno (adoptado por *Resolución de 29 de mayo de 2023, de la Secretaría de Estado de Empleo y Economía Social*), que es un instrumento que junto a la Estrategia Española de Apoyo Activo al Empleo 2021-2024, cuyos objetivos se incorporan al propio Plan, tiene por objeto establecer un marco para la planificación y coordinación y ejecución de las políticas de activación para el empleo en toda España, a partir de la cual los servicios públicos de empleo deben diseñar y gestionar sus propias políticas. En este Plan Anual para el Fomento del Empleo Digno, se expresa que contiene elementos innovadores, entre otros, que en desarrollo de la LEM se incluye como servicios comunes [entiendo que con ello se refiere a la Cartera Común de Servicios del Sistema Nacional de Empleo], a los servicios garantizados regulados en aquella norma. Así, en su Anexo IV, en concreto en su apartado 2 sobre los "Conceptos básicos de la cartera común de servicios", se incluye el concepto de servicios garantizados, como aquellos que la Agencia Española de Empleo y los servicios públicos de empleo de las Comunidades Autónomas deben garantizar a las personas demandantes de servicios de empleo, a las personas, empresas y demás entidades empleadoras en todo el territorio nacional, y a continuación se listan conforme a los parámetros de la LEM. Además de ello, dicho Anexo IV incorpora también un apartado, el tercero, sobre los "Conceptos básicos del sistema de formación profesional para el empleo", en el que resumen los caracteres de su regulación en la Ley 30/2015, de 9 de septiembre, por la que se regula el Sistema de Formación Profesional para el empleo en el ámbito laboral, y el Real Decreto 694/2017, de 3 de julio, de desarrollo de la misma, aunque no se habla en el Plan del sistema de formación en el trabajo (al margen de que identifique a la formación en el trabajo como un servicio garantizado o como objetivo de la Estrategia Española de Apoyo Activo al Empleo 2021-2024).

3.1. Campo de juego de la Formación en el trabajo respecto del sistema de formación profesional

Para que estos servicios garantizados sean objeto de desarrollo y regulación específica hay que esperar, por tanto, a la adopción del *Real Decreto 438/2024, de 30 de abril, por el que se desarrollan la Cartera Común de Servicios del SNE y los servicios garantizados establecidos en la Ley 3/2023, de 28 de febrero, de Empleo.*

Ya en su propio preámbulo avanza que la Cartera Común de Servicios del Sistema Nacional de Empleo, estará integrada, entre otros servicios, por el de formación en el trabajo, y añade que para cada uno de ellos se establece su objeto y las actividades que contempla, que deberán prestarse como mínimo para las personas usuarias de los servicios públicos de empleo, desempleadas u ocupadas, así como las empresas independientemente de su forma jurídica. En dicha exposición de motivos se enfatiza que las personas usuarias de los servicios públicos de empleo tienen derecho a recibir los servicios que se establezcan legalmente mediante una atención personalizada y adaptada a sus necesidades, de acuerdo con los requisitos de acceso establecidos, y añade que "la articulación de un itinerario personalizado para el empleo se configura como un derecho para las personas desempleadas y una obligación para los servicios públicos de empleo, para lo cual se podrá establecer la coordinación oportuna con otros sistemas de formación existentes". Por tanto, ya de entrada es necesario recalcar que en dicho itinerario personalizado a una persona usuaria de un servicio público de empleo se incluye, a mi modo de ver, la obligación de ofrecer la realización de acciones de formación en el trabajo, pero también la posibilidad de realizar lo mismo con las derivadas del sistema de formación profesional. De hecho, como después dice el art. 24 del Real Decreto 438/2024, los servicios públicos de empleo proporcionarán una formación en el trabajo acorde a las necesidades de las personas, empresas y entidades usuarias y contemplada en el Catálogo de Especialidades Formativas en los términos establecidos, que comprenderá las iniciativas que responden con eficacia al ejercicio del derecho a la formación y a las necesidades de adquisición, mejora y actualización permanente de las competencias profesionales de las personas trabajadoras, así como a la mejora de la competitividad de las empresas. Añade el precepto que cuando estas necesidades sean objeto de desarrollo por otras acciones formativas no dependientes de la formación en el trabajo, los servicios de empleo se coordinarán para la derivación de la persona usuaria a la oferta más idónea.

En todo caso, respecto de los servicios de empleo de ofrecer formación en el trabajo, debe recordarse que conforme al art. 23 del Real Decreto 438/2024, precepto relativo al objeto y finalidad de los servicios de formación en el trabajo, señala en su apartado 6 que dicha formación se rige por lo establecido en el artículo 33 de la LEM (y no, por tanto, de lo establecido en la LOIFP, la cual deja al margen de su regulación las competencias del Ministerio de Trabajo y Economía Social respecto de la formación en el trabajo, la orientación para el empleo y la regulación de la cuota de formación profesional y su afectación, que se regulará de acuerdo con su normativa específica).

De hecho, uno de los elementos clave de la nueva LEM ha sido rediseñar el modelo de formación en el ámbito de competencias entre los organismos públicos implicados en la formación profesional. La tendencia en estos últimos años ha sido la de depositar las políticas tanto de la formación profesional del sistema educativo como del empleo en el Ministerio de Educación y Formación Profesional (véase el artículo 8 del Real Decreto 2/2020, de 12 de enero, por el que se reestructuran los Departamentos ministeriales; el artículo 7 del, de 28 de enero, por el que se establece la estructura orgánica básica de los departamentos ministeriales y el Real Decreto 498/2020, de 28 de abril, por el que se desarrolla la estructura orgánica básica del Ministerio de Educación y Formación Profesional). Como estableció el artículo 8 del Real Decreto 2/2020, de 12 de enero, "corresponde al Ministerio de Educación y Formación Profesional la propuesta y ejecución de la política del Gobierno en materia educativa y de formación profesional del sistema educativo y para el empleo". De hecho, estas reformas administrativas han tenido como derivada la importancia de la Formación Profesional en su conjunto, ya que el Ministerio de Educación ha pasado a tener una Secretaría General de Formación Profesional, con rango de Subsecretaría, quedando suprimida la Dirección General de Formación Profesional.

El siguiente paso de gigante en esta evolución lo da la LOIFP en cuyo art. 114 atribuía al Ministerio de Educación y Formación Profesional elaborar los proyectos de establecimiento y ordenación de los contenidos, instrumentos y mecanismos básicos del sistema de Formación Profesional previstos en su propio art. 7, añadiendo la ley que también debía velar por la efectividad de aquellos. En el Ministerio de Educación pasaban a residir así, entre otros elementos, los catálogos: el Catálogo Nacional de Estándares de Competencias Profesionales, el Catálogo Modular de Formación Profesional y el Catálogo Nacional de Ofertas de Formación Profesional. Focalizando la lente analítica en el primero de ellos, se ha de tener en cuenta que la propia LOIFP lo crea sustituyendo el tradicional Catálogo Nacional de Cualificaciones Profesionales que venía definido en la Ley Orgánica 5/2002).

No obstante, con la LEM esta evolución habría tenido una primera frontera: la delimitación de las competencias entre el Ministerio de Educación y el Ministerio de Trabajo, y esa delimitación se encuentra justamente en la formación en el trabajo. De hecho, en relación estricta a los servicios de formación en el trabajo, el art. 23 establece lo que en mi opinión es verdaderamente el campo de juego de dos sistemas, el de la formación profesional, y el de la formación en el trabajo como servicio garantizado de empleo: dice en este sentido que "los servicios de formación en el trabajo tienen por finalidad promover la adquisición efectiva o el incremento sensible de competencias complementarias no incluidas en el Catálogo Nacional de Estándares de Competencias profesionales, que redunden en una mayor capacidad de inserción laboral o mejora de empleo, teniendo en cuenta el perfil individualizado de la persona demandante de los servicios de empleo". De interés es la asunción como servicio garantizado de la dotación de competencias complementarias que favorezcan la mejora de la inserción laboral, de las cuales se dice únicamente que no corresponden al Catálogo Nacional de Estándares, aunque sí se ha de prever que puedan estar previstas en el Catálogo de Especialidades formativas.

En lo que hace referencia a que para considerarse formación en el trabajo la acción tendente a la adquisición de competencias complementarias no debe estar incluida en el Catálogo Nacional de Competencias Profesionales, nos encontramos con un factor decisivo en la delimitación del sistema de formación profesional respecto de la formación en el trabajo. Dicho Catálogo (ex Catálogo Nacional de Cualificaciones Profesionales) disponía como instrumentos de acreditación oficial de las cualificaciones (o estándares ahora) que se obtenían en el marco de la formación profesional para el empleo en el ámbito laboral a los denominados certificados de profesionalidad. De hecho, la Disposición Adicional Sexta de la LOIFP dice que quienes estén en posesión de un Certificado de profesionalidad tendrán acreditados los estándares de competencia profesional del nuevo Catálogo Nacional de Estándares de Competencias profesionales declarados equivalentes a las unidades de competencia incluidas en dicho certificado. En todo caso, esos certificados de profesionalidad venían siendo expedidos por el Servicio Público de Empleo Estatal y los órganos competentes de las Comunidades Autónomas (véase el ya extinto *Real Decreto*

34/2008, de 18 de enero, por el que se regulan los certificados de profesionalidad, a través del acto derogatorio efectuado por el Real Decreto 659/2023, del que salva solo su Anexo IV). La nueva regulación del sistema de formación profesional ha llevado a que resida en el Ministerio de Educación y Formación Profesional, no en el antiguo SEPE -o Agencia Española de Empleo- la concesión de esos certificados de profesionalidad sea cual sea la iniciativa formativa de la que trajeran razón. El SEPE o Agencia Española de Empleo se quedaría así con la competencia de gestión de la formación no acreditable con certificados de profesionalidad, es decir principalmente la oferta de formación profesional no formal.

Hay que traer a colación según la *Orden TMS/283/2019, de 12 de marzo, por la que se regula el Catálogo de Especialidades Formativas en el marco del sistema de formación profesional para el empleo en el ámbito laboral*, se entiende por oferta de formación no formal la constituida por especialidades formativas del Catálogo correspondiente no dirigidas a la obtención de los certificados de profesionalidad (art. 2). Entre otras acciones formativas no formales incluidas en este marco, se puede señalar aquellas dispensadas, por ejemplo, por entidades sociales o de formación privadas, con una carga menor de tiempo de formación a la que venía siendo exigida por un certificado de profesionalidad o con unos contenidos transversales diferentes a lo requerido para obtenerlo, y con la posibilidad de que se lleven a cabo al margen de la cobertura o subvenciones para formación que ofrece el sistema de formación profesional para el empleo, con el objetivo último de facilitar el acceso al mercado de trabajo de la persona formada.

Considero que la formación que puedan dar empresas en el marco de la formación no acreditable con certificados de profesionalidad, pero ligadas al catálogo de especialidades formativas abre una interesante vía de intervención a la Agencia Española de Empleo. En particular, las convocatorias de formación de oferta para ocupados cuando estas acciones formativas no estén ligadas a los certificados de profesionalidad y estén vinculadas al catálogo de acciones formativas del Servicio Público de Empleo Estatal Agencia Española de Empleo- puede ser una acción formativa emergente en el futuro.

Prosigue el precepto señalando que "la formación impartida, cuya oferta no podrá solaparse con la del sistema de formación profesional", colmará las lagunas detectadas en el proceso de diagnóstico de la persona demandante de los servicios de empleo y atenderá a los requerimientos y demandas del mercado de trabajo, con recurso a los servicios más eficaces en función del perfil individualizado.

Por otra parte, en el apartado 3 del precepto, se prevé que la prestación de estos servicios requerirá mecanismos de detección permanente de las necesidades formativas de las empresas que configuran el tejido productivo, de tal forma que sea posible determinar el grado de ajuste entre las demandas del mercado laboral y las de las personas trabajadoras, así como, entre otras medidas, el desarrollo de una oferta de formación en el trabajo adecuada y de calidad, el Catálogo de Especialidades Formativas, un mapa de la programación formativa disponible en cada momento y del expediente laboral personalizado, así como los resultados de la gestión de la formación en el trabajo en el marco del Sistema Público Integrado de Información de los Servicios de Empleo (SISPE).

De especial interés es la regulación del Catálogo de Especialidades Formativas ya que este debe recoger el conjunto de todas las ofertas formativas de la formación en el trabajo, sin que las mismas puedan estar asociadas a cualificaciones profesionales ni duplicadas con las contempladas en el Catálogo Nacional de Ofertas de Formación Profesional del sistema de formación profesional.

La importancia del Catálogo de Especialidades Formativas en el marco de la formación en el trabajo va a verse a continuación.

3.2. Iniciativas de formación en el trabajo

El Real Decreto 438/2024 establece las iniciativas de formación en el trabajo, recordemos que dentro de la subsección 3ª sobre "Servicios de formación en el trabajo", de la Sección 1ª sobre "Cartera Común de Servicios del Sistema Nacional de Empleo" del capítulo III de la norma, relativo a Servicios garantizados y complementarios y compromisos en el ámbito del Sistema Nacional de Empleo.

Así, según el art. 24, deben ser consideradas como acciones de formación en el trabajo las siguientes: en primer lugar, "la formación programada por las empresas para sus trabajadoras y trabajadores". Sigue así la estela contemplada aún de forma literal en el art. 8 y ss. de la Ley 30/2015, de 9 de septiembre, por la que se regula el Sistema de Formación Profesional para el empleo en el ámbito laboral y, principalmente, en el art. 9 y ss. del Real Decreto 694/2017, que la desarrolla.

En segundo lugar, siguiendo con esa estela normativa pre-LOIFP, pero también pre-LEM, también se considera como acción de formación en el trabajo "la oferta formativa no vinculada al Catálogo Nacional de Estándares de Competencias Profesionales de las administraciones competentes para personas trabajadoras ocupadas, constituida por los programas de formación sectoriales y los programas de formación transversales". Como factor diferencial con la Ley 30/2015, se exige que la oferta formativa no esté vinculada al Catálogo citado, y, por otra parte, en la nueva normativa no se incluyen como ofertas de formación en el trabajo los programas de cualificación y reconocimiento profesional, que sí lo están en aquella ley.

En relación a la cuestión de los programas de cualificación y reconocimiento profesional, no contemplados por el Real Decreto 438/2024, están regulados en todo caso por el art. 22 del Real Decreto 694/2017. Según este precepto, a través de los programas de cualificación y reconocimiento profesional, las Administraciones Públicas competentes favorecerán que los trabajadores ocupados y desempleados avancen y completen la cualificación profesional mediante procedimientos "que evalúen y acrediten las competencias profesionales adquiridas por la experiencia laboral y que combinen el reconocimiento de dichas competencias, de acuerdo con lo establecido en el Real Decreto 1224/2009, de 17 de julio, de reconocimiento de las competencias profesionales adquiridas por experiencia laboral [se ha de tener presente que esta disposición está derogada], con una oferta de formación modular para la obtención de certificados de profesionalidad". En este sentido, la falta de inclusión de los programas de cualificación y reconocimiento profesional como acción de formación en el trabajo interpreto que deviene porqué ha pasado a formar parte del sistema de formación profesional, lo que significa extramuros de la competencia del Ministerio de Trabajo.

En tercer término, también reitera el Real Decreto 438/2024 que se incluye como oferta de formación en el trabajo la acción formativa no vinculada al Catálogo Nacional de Estándares de Competencias Profesionales de las administraciones competentes para personas trabajadoras desempleadas, que incluye los programas de formación dirigidos a cubrir las necesidades detectadas por los servicios públicos de empleo, ajenas y complementarias al sistema de formación profesional o universitario, los programas específicos de formación y los programas formativos con compromisos de contratación. La novedad respecto a la Ley 30/2015 se encuentra en la frase que las ofertas formativas detectadas por los servicios públicos de empleo sean "ajenas y complementarias al sistema de formación profesional o universitario".

En cuarto lugar, son ofertas de formación en el trabajo otras iniciativas de formación relativas a los "permisos individuales de formación", a la "formación en alternancia con el empleo" a través de programas públicos mixtos de empleo y formación y del contrato formativo y a la "formación del personal público", en el marco competencial de la formación en el trabajo. No se incluye lo que hasta ahora venía previsto en la Ley 30/2015 de que se considere como (formación profesional para el empleo, ahora formación en el trabajo) la formación no financiada con fondos públicos desarrollada por centros y entidades de iniciativa privada destinada a la obtención de certificados de profesionalidad.

En quinto lugar, el Real Decreto 438/2024 considera iniciativas de formación en el trabajo las relativas a la formación de las personas en situación de privación de libertad y a la formación de los militares de tropa y marinería que mantienen una relación de carácter temporal con las Fuerzas Armadas, siempre que todas ellas (cuestión novedosa respecto a la Ley 30/2015) se refieran a ofertas formativas contempladas en el Catálogo de Especialidades Formativas de la formación en el trabajo, previa suscripción de los correspondientes convenios entre las instituciones públicas competentes.,

Finalmente, la norma reglamentaria deja la puerta abierta a incluir como ofertas de formación en el trabajo otras "iniciativas de formación en el trabajo", añadiendo en todo caso, que las iniciativas de formación en el trabajo podrán dirigirse a las personas trabajadoras autónomas y de la economía social, a las personas trabajadoras de pymes y microempresas y a las personas trabajadoras ocupadas que respondan a necesidades estratégicas vinculadas a cambios de modelos productivos más sostenibles, reconversión o reestructuración de sectores, nuevos perfiles profesionales, situaciones de crisis, transformaciones tecnológicas u otro tipo de necesidades sociales o económicas que se detecten en el marco de la planificación estratégica, prospección y detección de necesidades formativas, sin solapamientos con las necesidades cubiertas e incorporadas en el Catálogo Nacional de Estándares de Competencias Profesionales y el Catálogo Nacional de Ofertas de Formación Profesional.

3.3. Otras cuestiones de interés sobre formación en el trabajo

El art. 24.7 del Real Decreto 438/2024 establece quiénes pueden impartir acciones de formación en el trabajo, incluyendo expresamente y en primer lugar, conforme a su letra a), las entidades de formación y empresas públicas o privadas, inscritas en el "registro estatal de entidades de formación en el trabajo" correspondiente o agrupaciones por ellas constituidas, que cuenten con los recursos adecuados para impartir las iniciativas de formación en el trabajo. Dicho registro está regulado por la *Orden TMS/369/2019, de 28 de marzo, por la que se regula el Registro Estatal de Entidades de Formación del sistema de formación profesional para el empleo en el ámbito laboral, así como los procesos comunes de acreditación e inscripción de las entidades de formación para impartir especialidades formativas incluidas en el Catálogo de Especialidades Formativas.*

En segundo lugar, y ya en la letra b) del art. 24.7, se permite que ofrezcan acciones formativas las empresas que desarrollen acciones formativas de formación en el trabajo para las propias personas trabajadoras de la empresa, así como para su grupo de empresas. En el caso de que dichas empresas formen a personas desempleadas añade el precepto que deberá ser con compromiso de contratación u otro acuerdo con los servicios públicos de empleo. Respecto de los programas con compromiso de contratación se ha de tener presente el art. 28 del Real Decreto 694/2017 establece que aquellos programas que podrán ser objeto de financiación al amparo de dicha norma las acciones formativas dirigidas a trabajadores desempleados que incluyan compromisos de contratación, mediante subvenciones concedidas en régimen de concurrencia competitiva por la Administración Pública competente a las empresas o entidades que adquieran para sí mismas el citado compromiso de contratación. En todo caso, el art. 24.7 del Real Decreto 438/2024 añade que para llevar a cabo estos programas las empresas interesadas podrán utilizar sus propios medios o bien recurrir a su contratación con las entidades, empresas o agrupaciones que se ha citado anteriormente correspondientes al art. 24.7.a) de dicha norma reglamentaria.

En tercer y último lugar, el art. 24.7.c) del Real Decreto 438/2024 incluye también para la impartición de ofertas de formación en el trabajo a las administraciones públicas competentes en materia de formación en el trabajo, bien a través de centros propios adecuados para impartir formación, que deberán estar inscritos en el registro correspondiente, o bien mediante convenios o conciertos con universidades y con entidades, empresas o agrupaciones de las previstas en la letra a) del art. 24.7 anteriormente mencionado.

Según el Real Decreto 438/2014, la programación de las ofertas de formación en el trabajo debe ser adecuada, "para facilitar a las personas usuarias la adquisición de competencias profesionales en función del perfil individualizado, de las necesidades de formación identificadas y de la cobertura de las competencias profesionales y de las competencias transversales para el empleo". En este ámbito, se ha de señalar que el precepto trata de vincular el perfil individualizado de la persona usuaria (que es un servicio garantizado específico por los servicios de empleo) con la formación que se le ha de dotar, así como la cobertura de competencias profesionales y transversales al margen de lo que el sistema de formación profesional (no el de formación en el trabajo) pueda ofrecer en ese sentido. Por tanto, la norma reglamentaria que estamos estudiando atiende a una formación básicamente en atención a la persona, pero también de las necesidades de competencia para el empleo a cubrir. De hecho, el precepto señala que, en el específico caso de la formación ofertada por las Administraciones públicas, con anterioridad a la programación será necesario tener en cuenta los resultados de la detección de necesidades formativas de las empresas, los sectores productivos y las personas, elaborando los instrumentos necesarios para su planificación, gestión y seguimiento.

En esto no se diferenciaría sustancialmente (dejando al margen el énfasis de la actual normativa de atender al perfil de la persona usuaria) de lo regulado actualmente por el art. 3.5 del Real Decreto 694/2017, que señala que a efectos de la programación formativa se debía atender a áreas prioritarias que cubriesen necesidades de cualificación del sistema productivo.

Con posterioridad, el precepto señala los mecanismos de selección de las personas participantes en las ofertas formativas señalando que los servicios públicos de empleo colaborarán con las entidades de formación facilitando una propuesta de personas preseleccionadas cuyo perfil individualizado se corresponda con la formación propuesta y que reúnan los requisitos de acceso a la formación y se ajusten a los criterios de prioridad establecidos.

Finalmente, del precepto que nos ocupa, el art. 24, en particular su apartado 6, debe destacarse que la formación en el trabajo podrá impartirse mediante las modalidades presencial, incluida el aula virtual, teleformación o mediante el uso combinado de ambas. Esta cuestión aparece regulada por el art. 4 del Real Decreto 694/2017, que establece que las acciones formativas podrán impartirse en "modalidad presencial, teleformación y mixta". Con el Real Decreto 438/2024 se incluye expresamente, dentro de la presencial, la que denomino como submodalidad virtual. Añade el art. 24.6 que la formación impartida mediante el aula virtual es aquella en la que el proceso de aprendizaje garantice, utilizando medios tecnológicos de carácter síncrono, una comunicación concurrente, directa, bidireccional y en tiempo real entre la persona formadora y las personas participantes en la acción formativa. Además, regula que el aula virtual, podrá emplearse para desarrollar el proceso formativo en la impartición de la totalidad de la especialidad formativa, pero no será de aplicación para impartir aquellos contenidos o especialidades formativas que requieran la utilización de espacios, instalaciones y/o equipamiento para la adquisición o evaluación de destrezas prácticas que precisen la presencia física del alumnado.

A MODO DE CODA

En este trabajo he querido poner de manifiesto que, ante el sistema de formación profesional diseñado por la LOIFP, que podría calificar como marco o de integración, se ha alzado otro sistema más delimitado en su alcance material, que no en el número de personas a las que puede servir, que es el de formación en el trabajo.

La formación en el trabajo, cuyas competencias están residenciadas en el Ministerio de Trabajo y no en el de Educación (donde sí está todo lo relativo al sistema integrado de formación profesional), pasa a tener un objeto y unos fines que lo hacen aparecer como un sistema de oferta formativa, particularmente la que está dirigida a disponer de formación profesional no formal.

En el marco de esta formación en el trabajo, es su configuración como un servicio "garantizado" a las personas usuarias de los servicios de empleo la que está llamada a ser pilar fundamental en la oferta de acciones formativas a las personas ocupadas o desempleadas.

Ahora bien, no debe ni puede existir una ruptura entre los campos del sistema de formación profesional y de la formación en el trabajo, sobre todo cuando desde la primera también se potencia la transmisibilidad en cuanto a los títulos, cualificaciones y competencias que debe perseguir la formación profesional, tanto educativa como laboral. De hecho, como servicio garantizado, la formación en el empleo debe ofrecer a cada persona la realización de acciones de formación en el trabajo, así como la posibilidad de realizar acciones de formación profesional que le lleven a la obtención de las competencias profesionales o transversales que sean oportunas.

Considero que la complementariedad entre ambas ofertas de formación es necesaria, para lo cual la coordinación entre las administraciones implicadas es clave, superando así un déficit que ha sido objeto de crítica hasta ahora.

Especialmente importante en la gobernanza de las acciones de formación serán los Catálogos regulados por la LOIFP y por la normativa de empleo a los que ajustar las ofertas formativas y las correspondientes acreditaciones de la formación realizada, en especial en el ámbito de empleo, el Catálogo de Especialidades formativas, verdadero eje de las ofertas formativas en el ámbito laboral.

REFERENCIAS BIBLIOGRÁFICAS

Camas Roda, Ferran (2022). "La nueva Ley de Formación Profesional: en búsqueda de la simbiosis entre lo educativo y lo laboral", en *Trabajo y Derecho: nueva revista de actualidad y relaciones laborales*, núm. 94.

Camas Roda, Ferran (2023). "Empleabilidad-formación tras la Ley 3/2023, de 28 de febrero de empleo", en AA.VV.: *Empleo y protección social. XXXIII Congreso Anual de la Asociación Española de Derecho del Trabajo y de la Seguridad Social.*

CES. Consejo Económico y Social (2024). *Memoria sobre la situación socioeconómica y laboral de España 2023*, publicada en la página web: https://www.ces.es/documents/10180/5311931/Memoria_CES_2023-Web.pdf/32a72521-03b6-abe7-9f51-f7f3710af68b

Gobierno de España (2021). *España 2050: Fundamentos y propuestas para una Estrategia Nacional de Largo Plazo.* Publicación en la página web: https://www.lamoncloa.gob.es/presidente/actividades/Documents/2021/200521-Estrategia_Espana_2050.pdf

Hierro Hierro, Francisco Javier (2019). *Jóvenes, desempleo y formación: ¿apuestas desenfocadas?*, Aranzadi.

Lope, Andreu (2018). "Limitaciones de la formación a personas ocupadas para adecuar sus capacidades a los cambios en el empleo." En

Fausto Miguélez (coord.) *La revolución digital en España. Impacto y retos sobre el mercado de trabajo y el bienestar.* Bellaterra. UAB: https://ddd.uab.cat/record/190326

La acreditación de competencias: las microcredenciales

JULIA DORMIDO ABRIL[1]
Profesora Ayudante Doctora de Derecho del Trabajo y de la Seguridad Social
Universidad Complutense de Madrid

1. LA EDUCACIÓN Y LA FORMACIÓN: UNA FIRME APUESTA DE TODOS LOS PODERES PÚBLICOS

La educación es un derecho fundamental de los ciudadanos y una prioridad dentro de las líneas de actuación de los poderes públicos, por cuanto que gracias a ésta se podrá dar respuesta a los cambios en las necesidades tanto de la sociedad en su conjunto como del tejido empresarial en particular. Sin duda, se trata de un instrumento que sirve para mejorar la vida del individuo y de los grupos en los que se integra, por lo que ocupa un lugar preferente en todos los órdenes.

A la formación se le puede considerar como un "pasaporte" para la mejora en las condiciones personales y laborales de una persona, por cuanto que la apuesta que ésta realiza por la actividad formativa, entendiéndose por tal la cualificación y la adquisición de una serie de competencias y conocimientos, le conducirá, qué duda cabe, a la progresión en su carrera profesional, lo cual se encuentra intrínsecamente relacionado con la vida privada. En tal sentido, se podría afirmar que cuanto

---

1 Investigación realizada en el marco del proyecto de investigación I+D+I PID2022-141201OB-100, "La huida del mercado de trabajo y la legislación social en España" (TRABEXIT), financiado por el MICIU/AEI/10.13039/501100011033 y por FEDER, UE.

más alto sea el nivel formativo del trabajador, más oportunidades tendrá de conseguir un empleo de calidad.

Tales afirmaciones constituyen un mantra para los poderes públicos, tanto nacionales como europeos o internacionales. De ahí, que con independencia de que se trate de una disposición legal o de un programa de actuación, se haya puesto el foco de atención en la educación y en la formación.

Al respecto, basta recordar las normas de carácter internacional en las que se contempla el derecho a la educación, cuyo conjunto está constituido, principalmente, por el art. 26.1 y 2 de la Declaración Universal de Derechos Humanos, de 10 de noviembre de 1948 y el art. 13.1 del Pacto Internacional de Derechos Económicos, Sociales y Culturales, de 19 de diciembre de 1966[2].

---

2 "Art. 26.1. Toda persona tiene derecho a la educación. ... La instrucción técnica y profesional habrá de ser generalizada; el acceso a los estudios superiores será igual para todos, en función de los méritos respectivos. 2. La educación tendrá por objeto el pleno desarrollo de la personalidad humana y el fortalecimiento del respeto a los derechos humanos y a las libertades fundamentales; favorecerá la comprensión, la tolerancia y la amistad entre todas las naciones y todos los grupos étnicos o religiosos, y promoverá el desarrollo de las actividades de las Naciones Unidas para el mantenimiento de la paz." La Adoptado por la Asamblea General de las Naciones Unidas en su Resolución 217 A (III), el 10 de diciembre de 1948, en París.
"Art. 13.1. Los Estados Parte en el presente Pacto reconocen el derecho de toda persona a la educación. Convienen en que la educación debe orientarse hacia el pleno desarrollo de la personalidad humana y del sentido de su dignidad, y debe fortalecer el respeto por los derechos humanos y las libertades fundamentales. Convienen, asimismo, en que la educación debe capacitar a todas las personas para participar efectivamente en una sociedad libre, favorecer la comprensión, la tolerancia y la amistad entre todas las naciones y entre todos los grupos raciales, étnicos o religiosos, y promover las actividades de las Naciones Unidas en pro del mantenimiento de la

Asimismo, podemos destacar lo dispuesto en el Convenio sobre la orientación y la formación profesionales en el desarrollo de los recursos humanos, 1975 (núm. 142) de la Organización Internacional del Trabajo –en adelante, OIT–[3]. En éste se insta a los Estados miembros a adoptar y llevar a la práctica políticas y programas completos y coordinados en el campo de la orientación y formación profesionales, los cuales deben tener como objetivo la mejora de la aptitud de la persona trabajadora para su completa adaptación al puesto de trabajo y a las funciones que tenga asignadas, así como deberán alentar y ayudar a todas las personas, en pie de igualdad y sin que pueda darse discriminación alguna, a desarrollar y utilizar sus aptitudes para el desempeño de la actividad laboral en su propio interés y de acuerdo con sus aspiraciones, teniendo presentes al mismo tiempo las necesidades de la sociedad. Para ello, la OIT considera que se deben crear sistemas abiertos, flexibles y complementarios de enseñanza general técnica y profesional, lo que encaja a la perfección con la definición de microcredenciales que más adelante se dará, sobre todo si se tiene en cuenta que aquellos pueden estar integrados en la educación reglada o al margen de la misma.

Aunque enfocado en el ámbito de la relación de trabajo, el Convenio relativo a la licencia pagada de estudios, 1974 (número 140), es sumamente interesante, en tanto que se hace eco de la necesidad de educación y formación permanentes en relación con el desarrollo científico y técnico. Por ello, en la norma

---

paz." Instrumento de Ratificación de España del Pacto Internacional de Derechos Económicos, Sociales y Culturales, hecho en Nueva York el 19 de diciembre de 1966, BOE núm. 103, de 30/04/1977.

3 Instrumento de ratificación de España del Convenio número 142 de la Organización Internacional del Trabajo sobre la orientación y la formación profesionales en el desarrollo de los recursos humanos, adoptado el 23 de junio de 1975, BOE núm. 110, de 9 de mayo de 1978.

se considera necesaria la concesión de un permiso al trabajador para que pueda formarse y dar respuesta a los nuevos objetivos, aspiraciones y necesidades de carácter social, económico, tecnológico y cultural que vayan surgiendo[4]. Éste ha de disfrutarse, según la OIT, durante las horas de trabajo y con el pago de las prestaciones económicas adecuadas, o lo que es lo mismo, a través del salario o de un subsidio, y ha de estar relacionado con la formación profesional, la educación en general o la educación sindical. En atención a la actividad formativa, la licencia tendrá un objetivo u otro y, de conformidad con lo dispuesto en el art. 3 del citado Convenio, se corresponderá con la adquisición, desarrollo y adaptación de las calificaciones profesionales y funcionales y al fomento del empleo y de la seguridad en el trabajo, teniendo en cuenta el desarrollo científico y técnico y los posibles cambios económico y estructural; la participación activa y competente de los trabajadores y de sus representantes en la vida de la empresa y de la comunidad; la promoción humana, social y cultural de los trabajadores, y el favorecimiento de una educación y una formación permanentes y apropiadas que faciliten la adaptación de los trabajadores a las exigencias de la vida actual (Amorós Pérez, 2019). Lo cierto es que lo dispuesto en el citado Convenio podría considerarse integrado en el sistema de fuentes laboral, entre otros preceptos, en el art. 23 del Real Decreto Legislativo 2/2015, de 23 de octubre, por el que se aprueba el texto refundido de la Ley del Estatuto de los Trabajadores –en adelante, ET–[5].

De igual modo, esta apuesta se encuentra en los cimientos de la Unión Europea y así se constata en una lectura de su

---

4 Instrumento de ratificación del Convenio número 140 de la OIT relativo a la licencia pagada de estudios, del 24 de junio de 1974, BOE núm. 261, de 31/10/1979. Dicha norma se acompaña de la Recomendación, del mismo nombre, de la OIT núm. 148 de 1974.

5 BOE núm. 255, de 24/10/2015.

Tratado de Funcionamiento[6]. Ello, pese a que la UE no cuenta con competencias legislativas en dicho aspecto. De hecho, el art. 156 TFUE, enmarcado en el T. X, relativo a la política social, establece un fomento de la colaboración de la Comisión con Estados miembros de manera que se facilite la coordinación de sus acciones en los ámbitos de la política social en materias como el empleo, el Derecho del trabajo y las condiciones de trabajo y la formación y perfeccionamiento profesionales.

A lo que acabamos de presentar, se debe incorporar el art. 162 TFUE, debido a que éste prevé que mediante la formación los trabajadores puedan mejorar sus oportunidades de empleo, adaptarse a las transformaciones industriales y a los cambios de los sistemas de producción, especialmente mediante la formación, que es justamente lo que se pretende desarrollar a través del Fondo Social Europeo Plus 2021-2027. En consonancia con esto se encuentran los apartados 4, que pretende garantizar una educación inclusiva, equitativa y de calidad y promover oportunidades de aprendizaje durante toda la vida para todos, y el objetivo 8, relativo a la promoción del crecimiento económico inclusivo y sostenible, el empleo y el trabajo decente para todos, de la Agenda 2030 para el Desarrollo Sostenible 2030 (Dormido Abril, 2024: 657).

Ahora bien, si volvemos al TFUE, el Título XII, relativo a la educación, formación profesional, juventud y deporte, el derecho a la educación de calidad se regula en el art. 165, mientras que, el art. 166 se ocupa de la formación profesional. En el mismo sentido, encontramos los arts. 14 y 15 de la Carta de los Derechos Fundamentales de la Unión Europea[7].

---

6 DOUE núm. 83, de 30/03/2010.

7 "Art. 14.1 Toda persona tiene derecho a la educación y al acceso a la formación profesional y permanente", DOCE núm. 364, de 18/12/2000.

De nuevo, en el ámbito europeo, destacan la Agenda de Capacidades Europea para la competitividad sostenible, la equidad social y la resiliencia junto con la Recomendación del Consejo sobre la educación y formación profesionales (EFP) para la competitividad sostenible, la equidad social y la resiliencia, la Comunicación de la Comisión titulada «Hacer realidad el Espacio Europeo de Educación en 2025» y la Comunicación de la Comisión titulada «Plan de Acción de Educación Digital 2021-2027». Se trata de instrumentos centrados en adaptar la educación y la formación a la era digital, así como en la importancia de la formación continuada de los trabajadores (Lozano Lares, 2018: 108)[8]. La recualificación de los trabajadores dirigida hacia la obtención de competencias sobre tales materias puede frenar la destrucción del empleo que podría originar la irrupción de las nuevas tecnologías en aquellos sectores cuyos sistemas de producción siguen siendo los tradicionales. De ahí, que todos los esfuerzos se hayan reconducido a la alfabetización digital de la población, en general, y de los trabajadores, en particular.

---

8 Resolución del Parlamento Europeo, de 11 de febrero de 2021, sobre la Comunicación de la Comisión al Parlamento Europeo, al Consejo, al Comité Económico y Social Europeo y al Comité de las Regiones titulada «Agenda de Capacidades Europea para la competitividad sostenible, la equidad social y la resiliencia» (2020/2818(RSP); Propuesta de Recomendación del Consejo sobre la educación y formación profesionales (EFP) para la competitividad sostenible, la equidad social y la resiliencia, COM/2020/275 final; Comunicación de la Comisión al Parlamento Europeo, al Consejo, al Comité Económico y Social Europeo y al Comité de las Regiones relativa a la consecución del Espacio Europeo de Educación de aquí a 2025, COM/2020/625 final; Comunicación de la Comisión al Parlamento Europeo, al Consejo, al Comité Económico y Social Europeo y al Comité de las Regiones Plan de Acción de Educación Digital 2021-2027 Adaptar la educación y la formación a la era digital, COM/2020/624 final.

Por otra parte, el marco normativo sobre la educación y la formación en España se completa con la Ley Orgánica 2/2006, de 3 de mayo, de Educación –en adelante, LOE–, de la que parte todo el sistema educativo para, a continuación, segregarse en dos normas[9]. De un lado, tenemos a la educación superior, desarrollada en la Ley Orgánica 2/2023, de 22 de marzo, del Sistema Universitario –LOSU, en lo que sigue–[10]. De otro, se halla la Ley Orgánica 3/2022, de 31 de marzo, de Ordenación e Integración de la Formación Profesional –LOFP, en lo sucesivo–, en la que configura una organización del Sistema de formación Profesional dividido en varios catálogos, tal y como es el Catálogo Nacional de Estándares de Competencias Profesionales, el Catálogo Modular de Formación Profesional y el Catálogo Nacional de Ofertas de Formación Profesional de los que más adelante hablaremos[11].

2. UNA BREVE REFERENCIA A LA ACREDITACIÓN DE COMPETENCIAS

La libre elección de profesión u oficio, así como la promoción a través del trabajo, contempladas en el art. 35 de nuestra Constitución española –en adelante, CE– son derechos pertenecientes a todos los españoles y a los extranjeros, ya se trate de

---

9 BOE núm. 106, de 04/05/2006.

10 BOE núm. 70, de 23/03/2023.

11 BOE núm. 78, de 01/04/2022.
A su vez, dicha norma se completa con el Reglamento de desarrollo, el Real Decreto 694/2017, de 3 de julio, por el que se desarrolla la Ley 30/2015, de 9 de septiembre, por la que se regula el Sistema de Formación Profesional para el Empleo en el ámbito laboral (RDSF-PE) y en la que se incluye la formación profesional para el empleo, la formación programada por las empresas, la oferta formativa para trabajadores ocupados y desempleados.

ciudadanos de la Unión Europea o de terceros países titulares de una autorización de residencia y trabajo. Cualquier persona los podrá ejercitar, según sus capacidades y competencias personales, sociales y profesionales, lo cual, en determinadas ocasiones, puede resultar una tarea compleja.

Es posible que la persona trabajadora no cuente con la titulación o con las competencias exigidas para la actividad laboral o profesional que pretenda llevar a cabo. De hecho, son múltiples las variables que han incidido en esta realidad, como, por ejemplo, el elevado desempleo estructural, el fuerte abandono escolar –que se suele producir a edades tempranas– o los sesgos, ya sea por razón de género, edad, discapacidad o nacionalidad, tal y como explica la Exposición de Motivos de la LOFP[12].

Además de lo anterior, conviene recordar que la población activa se enfrenta actualmente al reto de la modernización del sistema económico, motivado por el cambio tecnológico y la nueva economía verde y azul, o lo que es lo mismo, por la transición ecológica. Ello, constituye una exigencia de adaptación muy elevada por parte de las personas trabajadoras a la digitalización (Merino Pareja y Pérez Amorós, 2024: 161-174).

Si bien, uno de los problemas principales a los que tienen que enfrentarse muchas personas es el relativo a la imposibilidad de acreditar que se encuentran en disposición de los conocimientos y de las habilidades profesionales que se requieren para un determinado puesto de trabajo o para la realización de una actividad, debido a que éstas han sido obtenidas a través de la experiencia laboral. Esta situación se produce de manera reiterada en determinados sectores, tal y como puede ser la hostelería, la construcción y el agrario, entre otros, aunque lo cierto es que afecta a un buen porcentaje de la población activa

---

12 BOE núm. 78, de 01/04/2022.

española (Martín Puebla, 2011: 13-42). En estos la transmisión de conocimientos de generación en generación es habitual, siendo inusual que los trabajadores de dichos sectores cuenten con una titulación, sobre todo si es de nivel universitario.

Sin duda, carecer de una acreditación constituye un límite al desarrollo profesional y cómo no al personal, puesto que, como indica –nuevamente– el art. 35 CE, la remuneración que se percibe por el trabajo cubre o debe cubrir las necesidades de la persona y las de su familia en el caso de que la tenga. Por ello, si no es posible acreditar unos conocimientos o unas capacidades qué duda cabe de que la progresión laboral y también económica quizá no llegue a producirse. Esta circunstancia tendría una incidencia directa en el salario a percibir, por lo que cabría pensar que no se estaría cumpliendo con el mandato constitucional anteriormente citado.

La acreditación de competencias se encuentra estrechamente relacionada con el derecho a la educación garantizado en nuestra norma suprema, en concreto en el art. 27 CE, sobre todo cuando éste tiene por objeto el pleno desarrollo de la personalidad humana en el respeto a los principios democráticos de convivencia y a los derechos y libertades fundamentales, lo que resulta de aplicación al ámbito laboral. Asimismo, el citado precepto obliga a los poderes públicos a garantizar el derecho de todos a la educación, mediante una programación general de la enseñanza que, a su vez, cuente con la participación efectiva de todos los sectores afectados y con la creación de centros docentes. Esta idea conectaría con el previsible desarrollo normativo de las microcredenciales, a efectos de ordenar dicha actividad formativa.

A mayor abundamiento, el art. 40.2 CE insta a los poderes públicos a que fomenten una política que garantice la formación y la readaptación profesionales. Tanto una como otra se consiguen a través de la realización de actividades formativas de muy diferente intensidad, duración y nivel, pues se pueden corresponder con las enseñanzas previstas en el diseño del sistema educativo –en cualquiera de sus niveles– y en la configuración de la formación para el empleo.

A su vez, la acreditación del aprendizaje puede clasificarse en formal, no formal e informal. En el caso del aprendizaje formal, el resultado será una acreditación o certificación oficial. El segundo, es aquel que no deriva en una acreditación o certificación oficial, mientras que el tercero, proviene de la práctica –entendiéndose que ésta es repetida– de una actividad sin que, a su vez, guarde ningún tipo de conexión con la realización de una formación.

De este modo, en lo que respecta a la acreditación formal de competencias, tendríamos que señalar que ésta puede producirse a través de dos sistemas diferentes de enseñanza, la universitaria y la formación profesional, así como a través de la formación para el empleo.

De un lado, en la LOSU se contempla la acreditación formal de competencias a través de la obtención de cualquiera de los títulos universitarios oficiales que se imparten en nuestro país, que cuentan con validez y eficacia en todo el territorio (Asquerino Lamparero, 2021: 196). De esta forma, en el ámbito de las Universidades se impartirán los títulos oficiales de Grado, Máster Universitario y Doctorado.

A su vez, cabe la posibilidad de que las Universidades puedan impartir otras enseñanzas diferentes, tal y como son aquellas conducentes a la obtención de títulos propios, los másteres propios o los títulos de experto. De igual modo, en consonancia con lo dispuesto en el art. 7 LOSU, tales instituciones pueden llevar a cabo lo que se ha denominado como la "formación a lo largo de la vida", en concreto, se trata de las microcredenciales, los micromódulos u otros programas de corta duración. Lo cierto es que este formato de enseñanza no es nuevo, por el contrario lleva asentado en la cultura universitaria un largo periodo de tiempo con la diferencia de que antes de última renovación de los estudios universitarios, dichos cursos se enmarcaban dentro de la oferta de la libre elección por parte del alumnado[13]. Como sabemos, la libre configuración estaba constituida por asignaturas de muy diversa índole que no tenían por qué formar parte de la malla curricular establecida en la memoria de verificación del título en cuestión, sino que podía ser elegida por el estudiante en función de sus intereses.

En todo caso, las microcredenciales tan solo han sido nombradas en la LOSU, sin que hayan llegado a desarrollarse a nivel legislativo con una mayor profundidad. Por ello, al carecer hasta la fecha de una norma que regule los límites mínimos y máximos del contenido de las microcredenciales, desconocemos qué ha de entenderse por este tipo de actividad formativa, pues podría comprender tanto a los cursos de 10 horas o 10 créditos ECTS como a los de 30, pero en ningún caso podrá superar los 60[14]. Sin embargo, esto no ha sido un óbice para que

---

13 Real Decreto 1497/1987, de 27 de noviembre, por el que se establecen las Directrices Generales Comunes de los Planes de Estudios de los Títulos Universitarios de carácter oficial y validez en todo el territorio nacional, modificado por el Real Decreto 1267/1994, de 10 de junio, y posteriormente por el Real Decreto 2347/1996, de 8 de noviembre y el Real Decreto 614/1997, de 25 de abril, establece que "La Universidad incluirá en el Plan de Estudios un porcentaje en créditos sobre la carga lectiva total del mismo, que el estudiante aplicará a las cargas, materias, seminarios u otras actividades académicas que libremente escoja entre las ofertadas por la propia Universidad o por otra Universidad con la que establezca el convenio oportuno".

14 Sistema Europeo de Transferencia y Acumulación de Créditos (ECTS). European Commission, Directorate-General for Education, Youth, Sport and Culture, ECTS users' guide 2015, Publications Office of the European Union, 2015, https://data.europa.eu/doi/10.2766/87192
Como aclaración, 60 créditos ECTS equivalen a un año completo de estudios o trabajo, los cuales (generalmente) suelen estar divididos

multitud de universidades españolas hayan puesto en marcha su programa de microcredenciales[15].

De otro lado, el legislador en la LOFP ha diseñado un sistema de reconocimiento y acreditación de competencias, partiendo de una clasificación del aprendizaje en formal, no formal e informal, tal y como hemos anticipado unos párrafos más arriba. Ello, sin perjuicio de que hoy en día, cualquier conocimiento o competencia ser objeto de una acreditación.

Por otra parte, las competencias, que pueden ser básicas o profesionales, se podrían definir como los conocimientos que la persona tiene, así como las destrezas que ha adquirido, para la realización de una actividad. En todo caso, conviene advertir un cambio legislativo significativo, tal y como es la sustitución del término "cualificación" por el de "estándares de competencia", que equivale a las unidades de competencia contenidas en las hasta ahora cualificaciones profesionales (Fernández Martínez, 2023: 23-64). A mayor abundamiento, según lo dispuesto en el art 9.1.c LOFP, los estándares de competencia

---

en módulos (o asignaturas) más pequeños. Generalmente, una «titulación de ciclo corto» típica tiene entre 90 y 120 créditos ECTS; mientras que una titulación de «primer ciclo» (grado) consiste en 180 o 240 créditos ECTS. De otro lado, una titulación de «segundo ciclo» (máster) equivale a 90 o 120 créditos ECTS. En cambio, en el «tercer ciclo» (doctorado) el uso del sistema ECTS varía e, incluso, en determinadas Universidades estos estudios no se conforman en créditos, sino que cuentan con programas específicos.

15 Basta con citar algunos ejemplos, tal y como constituyen las Universidades, de Cádiz (https://formacion.fueca.es/?page_id=3810), de Cantabria (https://competencias-digitales.unican.es/), Complutense de Madrid (https://www.ucm.es/cfp/microcredenciales), Pablo de Olavide de Sevilla (https://www.upo.es/formacionpermanente/microcredenciales/), de Valencia (https://www.uv.es/uvweb/servicio-formacion-permanente-innovacion-educativa/es/otras-formaciones/microcredenciales-1286300500932.html) o de Vigo (https://cpfp.uvigo.gal/es/estudios/microcredenciales/)

constituyen la unidad básica para el diseño de la formación y para la acreditación de competencias profesionales adquiridas por experiencia laboral u otras vías no formales o informales.

De esta forma, la persona interesada en acreditar sus competencias se encuentra con una difícil tarea, como es la de identificar el nivel, dentro del sistema educativo, con el que se corresponden las competencias con las que cuenta.

En tal sentido, el Sistema de Formación Profesional que se ha configurado en la LOPF se basa en una formación que pueda ser constatable, o lo que es lo mismo, acreditable. Además, debe ser acumulable y, en términos de la propia norma, "capacitable". Dicho sistema va "de menos a más" en lo que hace al resultado del aprendizaje, de tal forma que un único resultado de aprendizaje –elemento básico del currículo que describe lo que se espera que un estudiante conozca, comprenda y sea capaz de hacer, asociado a un elemento de competencia y que orienta al resto de elementos curriculares– se corresponderá con los grados descriptivos y de competencia profesional más bajos de la oferta formativa. Esto sería lo que se correspondería con las microformaciones (grado A), mientras que, varios módulos profesionales tendrían su relación con los grados descriptivos y las competencias profesionales intermedias. Por último, un paquete completo de módulos profesionales, lo haría con los más altos.

Todo ello se encuentra definido en el Catálogo Nacional de Estándares de Competencias Profesionales, que tiene por finalidad la evaluación y acreditación de las competencias profesionales que se adquieren por la experiencia laboral o la formación[16]. Asimismo, incorpora las cualificaciones profesionales más significativas del sistema productivo, teniendo en cuenta

---

16 Anteriormente, Catálogo Nacional de Cualificaciones Profesionales, de conformidad con la derogada Ley Orgánica 5/2002, de 19

que cada unidad de competencia lleva asociado un módulo con especificaciones de la formación, el cual, a su vez, sirve de base para el diseño del plan de estudio de los diferentes títulos que componen la formación profesional.

En este orden, el Catálogo Nacional de Ofertas de Formación Profesional es el instrumento del Sistema Nacional de Formación Profesional que incorpora todas las ofertas de formación profesional reconocidas y acreditables en el marco del sistema, de conformidad con lo dispuesto en el art. 9 LOFP. Dicho Catálogo se estructurará en una dimensión vertical definitoria, de forma escalonada, de la serie ascendente de Grados descriptiva de la amplitud de cada oferta formativa diseñada a partir del Catálogo Nacional de Estándares de Competencias Profesionales y el Catálogo Modular de Formación Profesional, la cual se organiza en torno a los grados A, B, C, D, E. A continuación, se completa el esquema con la asignación de niveles 1, 2 y 3, que son estándares de competencias asignados según criterios acordes con los comúnmente establecidos a escala europea y que se corresponden con los conocimientos, la iniciativa, la autonomía, la responsabilidad y la complejidad de las tareas.

A diferencia de lo que ha ocurrido en el ámbito universitario, donde sí se ha puesto en marcha la oferta de microcredenciales, en la formación profesional todavía no hemos encontrado ninguna experiencia que pueda servir de modelo. Posiblemente, esto se deba al reciente cambio en la legislación y que aún se esté tratando de adecuar lo dispuesto en la LOFP a los diferentes niveles. Por tanto, habrá que esperar un poco más hasta comprobar si se trata de una medida exitosa o si, como se prevé, se limitará su empleo únicamente a las Universidades.

---

de junio, de las Cualificaciones y de la Formación Profesional, BOE núm. 147, de 20/06/2002.

3. EL CONCEPTO Y EL CONTEXTO DE LAS MICROCREDENCIALES

A mediados del año 2022 en el ámbito de la Unión Europea comenzó a resonar un término que inicialmente resultaba ser sumamente novedoso, como es el de las microcredenciales. Si bien, a través de su análisis se puede comprobar y constatar que este tipo de actividad ha sido utilizada por distintas entidades, aunque bajo otra denominación –excesivamente coloquial–: "curso".

Aquellas constituyen un tipo de formación que, como su propio nombre indica, se centra en la adquisición de una serie de competencias en un breve periodo de tiempo. Para que pueda resultar más comprensible, el concepto de microcredencial puede estar relacionado con la realización de una acción formativa de corta duración.

A su vez, se trata de un tipo de certificación por medio de la cual se lleva a cabo el registro de los resultados del aprendizaje de la persona que la ha realizado. De esta forma, se constata cuáles son las competencias con las que cuenta el "aprendiente" –así se le conoce en el ámbito de la Unión Europea–.

El momento en el que comienzan a promocionarse las microcredenciales no es baladí, sino que el interés sobre las mismas se sitúa en dos circunstancias claramente diferenciadas. La primera, se centra en la superación del periodo de pandemia causado por el covid-19. La segunda, está relacionada con el desarrollo tecnológico, la transición verde y el reto demográfico que están transformando las actividades económicas y los puestos de trabajo. Sin duda, la incorporación de las nuevas herramientas tecnológicas, entre ellas, la utilización de la inteligencia artificial y su incorporación en la organización del trabajo comporta que los trabajadores tengan que adaptarse a numerosos cambios de forma rápida.

De ahí, que la Recomendación del Consejo, de 16 de junio de 2022, relativa a un enfoque europeo de las microcredenciales para el aprendizaje permanente y la empleabilidad, señale que tal acción formativa está pensada para que las personas que pretendan actualizar y mejorar sus conocimientos, sus capacidades y sus competencias puedan hacerlo. Asimismo, contribuyen a reducir la brecha entre su educación y formación formales y las necesidades actuales de la sociedad y del mercado de trabajo. Ello, es de suma importancia si se tiene en cuenta el contexto actual en el que es necesario que los trabajadores cuenten con conocimientos digitales, con motivo de la utilización de la inteligencia artificial en todos los aspectos de nuestra vida.

Por ello, el objetivo de la microformación es el de proporcionar a la persona que la realiza la actividad formativa una serie de conocimientos, capacidades y competencias específicos, que respondan a las necesidades sociales, personales, culturales o del mercado de trabajo. A mayor abundamiento, las microcredenciales coadyuvan al perfeccionamiento y el reciclaje continuo de los trabajadores, de forma que puedan optar a nuevos empleos o sectores.

Sin duda, pueden resultar sumamente beneficiosas para el reciclaje profesional de determinados trabajadores que, de no realizarlas, pueden ser apartados del mercado laboral. Este es el caso, por ejemplo, de los trabajadores de edad avanzada que han sido incorporados a un expediente de regulación de empleo o en un despido colectivo o, incluso, para aquellos supuestos en los que para adaptar el puesto de trabajo a la persona, deba recibir previamente una formación (Requena Montes, 2021: 1-4). Es por ello que, se han incorporado las microcredenciales al concepto de aprendizaje permanente, puesto que garantizan a las personas que realizan la actividad formativa, la adquisición de conocimientos, capacidades y las competencias que necesitan para prosperar en la sociedad, en el mercado de trabajo y en su vida personal.

En otro orden de ideas, las microcredenciales tratan de complementar las cualificaciones existentes, pues se incorporan a la oferta formativa en cualquiera de los niveles que componen el sistema educativo y la formación.

El impulso de las microcredenciales se ha dado en diferentes programas de actuación de diferentes instituciones, tal y como se constata en el Plan de Acción del Pilar de Derechos Sociales, en el cual éstas han sido configuradas como un instrumento innovador que puede facilitar "los itinerarios educativos flexibles y apoyar a los trabajadores en su trabajo o durante las transiciones profesionales"[17]. De hecho, dicho plan tiene tres objetivos claros y de suma importancia a conseguir de manera progresiva hasta el año 2030, tal y como son: uno, que, al menos, el 78% de la población de entre 20 y 64 años tenga un empleo. Dos, que, al menos, el 60% de los adultos participe en actividades de formación y tres, que el número de personas en riesgo de exclusión social o pobreza se reduzca considerablemente[18].

Lo cierto es que las expectativas puestas en este tipo de formación son muy elevadas, pues la Unión Europea pretende que a través de ésta se puedan ampliar las oportunidades de aprendizaje, sobre todo en aquellos estudiantes considerados "atípicos", lo que redundaría en una demanda por parte del mercado de trabajo de nuevas capacidades que tendría un buen número de personas. Asimismo, se pretende que el aprendizaje se lleve a cabo de una forma más flexible y a través de módulos, lo cual tiene sentido si se tiene en cuenta que el

---

17 https://ec.europa.eu/social/main.jsp?catId=1226&langId=es https://ec.europa.eu/social/main.jsp?catId=1607&langId=es

18 Tal y como se expuso en la Cumbre Social de Oporto, de 7 de mayo de 2021, y en el Consejo Europeo en las reuniones mantenidas los días 24 y 25 de junio de 2021. https://www.consilium.europa.eu/es/meetings/european-council/2021/05/07/social-summit/

exceso de información con el que convive la sociedad dificulta la concentración.

Se ha considerado que la adquisición de conocimientos a través de formaciones breves puede permitir a los estudiantes/ trabajadores el acceso a las enseñanzas universitarias.

Esto puede favorecer la inclusión de determinados colectivos en riesgo o con serias dificultades para incorporarse o mantenerse en el mercado laboral, pues la educación se convertiría en algo accesible y, por qué no decirlo, atractivo, pues hemos de entender que la oferta sería más variada e incorporaría acciones diferentes a aquellas que están consolidadas en el sistema educativo.

Asimismo, pueden apoyar el desarrollo profesional y la movilidad de los trabajadores, incluidas las personas con formas de trabajo atípicas, como es la prestación de servicios a través de las plataformas digitales donde, sin duda, las personas que trabajan en ellas pueden encontrar mayores dificultades para acceder a la formación debido a su –precaria– situación profesional. Del mismo modo, podría ser beneficioso para la incorporación al mercado laboral de aquellos que hayan visto extinguida su relación de trabajo por decisiones empresariales adoptadas y relacionadas con la utilización de los algoritmos en la gestión empresarial.

Una de las cuestiones que se considera que tiene mayor interés con respecto a las microcredenciales es el hecho de que son independientes con respecto a otras microformaciones, pero también que se pueden acumular con credenciales más amplias. Por tanto, la realización de estos estudios puede dar lugar a que si, posteriormente, la persona que los ha cursado decide realizar otra actividad formativa más que se encuentre en la línea de la anterior, puedan sumarse y combinarse ambos títulos. Para ello, entendemos que se ha de desarrollar una titulación completa, compuesta de pequeñas microcredenciales. Si bien, esta cuestión actualmente está por definir, pues no contamos aún con una malla curricular que haya previsto la certificación de una titulación a través de microcredenciales.

El marco normativo de las microcredenciales es escaso en el sentido de que tan solo se ha previsto de forma expresa en las actuaciones programáticas de los órganos de gobierno de la Unión Europea. Como ejemplo, sirven el Plan de Acción del Pilar de Derechos Sociales y de la Agenda de Capacidades Europea. Ésta última se refiere a las microcredenciales como un instrumento innovador que puede «facilitar los itinerarios educativos flexibles y apoyar a los trabajadores en su trabajo o durante las transiciones profesionales». Habrá que esperar hasta comprobar si, tal y como sucede con los estudios universitarios, este tipo de actividad formativa puede ser reconocido en otros países de la Unión Europea diferentes a aquel en el que se ha expedido la certificación.

En la Cumbre Social de Oporto, celebrada en mayo de 2021, se adoptó la Recomendación del Consejo relativa a las cuentas de aprendizaje individuales para impulsar la formación de los adultos en edad laboral, en la que se pretende dar un impulso del aprendizaje individual a través de lo que en el propio texto se consideran "cuentas", entendiéndose por tales las horas que la persona destina a realizar los estudios. Ello, está estrechamente vinculado con la propia configuración de la microformación, pues el objeto de dicho instrumento se centra en permitir a los interesados participar en formaciones adecuadas para permanecer o incorporarse al mercado laboral. De lo establecido en la Cumbre cabría la duda acerca de si un menor de dieciocho años, pero con capacidad para trabajar, podría realizar dicha acción de formación, puesto que aún no ha alcanzado la categoría de "adulto" al que se refiere el Consejo. Desde aquí, consideramos que sí, que podrían los menores de dieciocho y mayores de dieciséis cursar una microcredencial, por cuanto que pueden acceder a la formación para el empleo y la formación profesional. De hecho, se trata de un colectivo que forma parte de las políticas prioritarias de empleo, de conformidad con la Ley 3/2023, de 28 de febrero, de Empleo[19].

A su vez, las microcredenciales engarzan con el Plan de Acción de Educación Digital 2021-27 para ayudar a ofrecer oportunidades de aprendizaje flexibles y accesibles en materia de capacidades digitales, pues se trata de que los trabajadores adquieran las competencias que el mercado de trabajo actualmente demanda. De ahí, que entre los objetivos marcados en el Plan Brújula Digital 2030 de la Comisión se encuentre esta cuestión, la cual engarza, a su vez, con el Pacto Verde Europeo que es una estrategia orientada a transformar la economía y la sociedad europea en sostenible.

En España, llama la atención que el V Acuerdo para el Empleo y la Negociación Colectiva haya dejado pasar la oportunidad de incorporar las microcredenciales en su hoja de ruta. Ello, pese a que, nuevamente, insiste sobre la formación a lo largo de la vida laboral como elemento estratégico para la mejora de la empleabilidad de las personas trabajadoras y de la competitividad de las empresas (Cavas Martínez, 2023)[20]. Por ello, consideramos que habría sido conveniente que se hubiese tenido en cuenta lo dispuesto en la Recomendación y haber incorporado las microcredenciales, al menos, como fórmula para cualificar o recualificar a los trabajadores que son incorporados a los procesos de reestructuración empresarial.

---

19 BOE núm. 51, de 01/03/2023.

20 Resolución de 19 de mayo de 2023, de la Dirección General de Trabajo, por la que se registra y publica el V Acuerdo para el Empleo y la Negociación Colectiva, BOE núm. 129, de 31/05/2023.

4. EL CONTENIDO NECESARIO DE LAS MICROCREDENCIALES

La Recomendación parte de la idea de que los conocimientos que se adquieren a través de las microcredenciables deben ser acumulables y que, además, se pueden exportar, lo que significa que la acción formativa deberá de contar con un contenido claro y predeterminado. En tal sentido, el propio texto, en su objetivo 5, establece una especie de contenido necesario que ha de ser desarrollado por las instituciones o entidades en las que tal microformación se vaya a impartir.

Así pues, el programa de las microcredenciales se compone de: la definición de microcredencial, los elementos tipo europeos para describir una microcredencial y los principios europeos para el diseño y la expedición de microcredenciales. En el caso de los elementos, al menos, deberá figurar en la descripción de la acción formativa, de un lado, la identificación del aprendiente, que no deja claro en el texto si se refiere a los requisitos generales que ha de reunir la persona que la pretenda realizar o los particulares del aprendiente. Entendemos que la culminación de la microcredencial derivará en una acreditación, lo que significa que en la oferta formativa aparecerán las características que han de reunir aquellos que la quieran realizar, mientras que cuando haya finalizado con éxito el programa, el certificado incorporará la mención individualizada. De otro, contendrá el título de la citada acción de formación; el país o región de expedición, teniendo en cuenta que pueden ser varios; la entidad o entidades que expiden la microcredencial; la fecha de expedición; los resultados del aprendizaje; la carga de trabajo teórica necesaria para obtener los resultados del aprendizaje –si la microformación se imparte en el ámbito universitario o en otro diferente, pero incorporado en el Sistema Europeo de Transferencia y Acumulación de Créditos, la carga vendrá expresada en créditos ECTS–; el nivel (y ciclo, si procede) de la experiencia de aprendizaje que da lugar a la microcredencial, dentro del Marco Europeo de Cualificaciones o marcos de cualificaciones del Espacio Europeo de Educación Superior, en su caso; el tipo de evaluación; la forma de participación en la actividad de aprendizaje y, por último el tipo de garantía de calidad utilizado para respaldar la microcredencial.

Nuevamente, parece que esta tipología formativa se incardina únicamente en el ámbito universitario y como muestra se ha seguido la estela de lo comentado anteriormente sobre las asignaturas de libre elección, incorporadas en los antiguos planes de estudio de diplomatura y licenciatura.

5. LAS ENTIDADES FORMANTES

La Recomendación del Consejo Europeo contempla la posibilidad de que cualquier institución educativa y de formación pueda impartir microcredenciales, por lo que cualquier institución de educación superior como son las Universidades, los centros de educación y formación profesionales y los proveedores de aprendizaje de adultos están facultados para ello. Sin duda, esto conectaría con lo visto anteriormente sobre la acreditación de competencias, pues al haber una correspondencia entre la microformación y las diferentes acreditaciones de competencias, se trataría de la impartición por parte de la misma institución.

Del mismo modo, se ha previsto que las empresas, ya sea de forma directa o a través de la colaboración con otras entidades, también puedan hacerlo. Ello, se encuentra en consonancia con lo dispuesto en la formación para el empleo, pues no cabe duda de que en el ámbito de organización de las empresas se puede llevar a cabo una actividad formativa.

Sin embargo, esta idea se encuentra aún en un estado embrionario, pues la Recomendación no ha tenido en cuenta una serie de limitaciones. En tal sentido, contamos con un número elevado de empresas que ni ofrecen una formación a su plantilla ni financian ninguna actividad formativa. Esto se aprecia de forma más clara cuando nos referimos a aquellas que están relacionadas con las plataformas digitales, para cuyos trabajadores el acceso a la formación es escaso.

Asimismo, otro de los problemas que pueden surgir relacionado con la asunción por parte de la empresa de la actividad formativa, es el relativo al control del ámbito subjetivo de ésta. Esto es, habrá que establecer los mecanismos oportunos para evitar que las microcredenciales sólo se reciban por un determinado grupo de trabajadores, como son aquellos que se encuentren en activo en la empresa, puesto que pueden "quedarse fuera" algunos otros, tal y como son las personas que se encuentren en una situación de incapacidad temporal o de disfrute de determinados permisos y licencias. Este podría ser el caso, por ejemplo, de aquellos que hayan suspendido su contrato de trabajo o hayan solicitado su excedencia, por cualquiera de los motivos contemplados en los arts. 45 y 48 ET. En todo caso, la impartición de microcredenciales por parte de las empresas se podría encuadrar con lo dispuesto en el art. 50 LOFP, en el que se permite a las mismas, cuando hayan sido pertinentemente autorizadas por las administraciones educativas, que impartan acciones formativas destinadas a facilitar a sus personas trabajadoras mayores de 16 años la obtención de un título de formación profesional (Fernández Martínez, 2023: 85).

Por otra parte, la citada Recomendación hace partícipes de la impartición de las microcredencales a un buen número de instituciones y organizaciones, pues hasta los interlocutores sociales, los empleadores y la industria, además de los servicios públicos de empleo y las autoridades –tanto regionales como nacionales– pueden desarrollar microcredenciales. Estos pueden diseñar, impartir y expedir microcredenciales para el aprendizaje formal, no formal e informal.

Ahora bien, la impartición de las microcredenciales puede suponer un coste añadido para cualquiera de las entidades formantes, las cuales podrán ser beneficiarias de subvenciones y ayudas públicas. Sin embargo, éstas no tienen por qué haber previsto que la cuantía otorgada deba cubrir las formaciones conexas a las titulaciones o los cursos ofertados. Ello, sin perjuicio de lo dispuesto en el Pilar Europeo de Derechos Sociales, el cual establece en su cuarto principio que toda persona tiene derecho a recibir asistencia personalizada y oportuna a fin de mejorar sus perspectivas de empleo o trabajo autónomo, por lo que se entiende que los poderes públicos deberán prever los mecanismos oportunos para que la realización de las acciones formativas no sea repercutida, o al menos lo haga en menor medida, sobre la economía del "aprendiente".

Por ello, lo idóneo sería que se otorgue una financiación pública que pueda coadyuvar a los formantes en lo que respecta a la impartición de las microcredenciales. Corresponderá, por tanto, a las partes implicadas negociar y establecer si tal línea de intervención económica sufragará el total de los costes o tan solo una parte de la puesta en marcha de las microcredenciales.

Sin duda, esta es una cuestión de interés que, además, tiene una repercusión en el ámbito legislativo, pues lo cierto es que al no estar las microcredenciales desarrolladas plenamente en la normativa educativa y formativa, actualmente pueden estar quedándose fuera del reparto de fondos por parte de las Administraciones públicas.

6. LA MICROCREDENCIALES Y LA MEJORA DEL EMPLEO

La Recomendación sobre microcredenciales aboga por que éstas se incluyan en las políticas de empleo y que, por tanto, estén previstas en las actuaciones de los servicios de empleo, en el apoyo a la formación y en los incentivos al empleo que se concedan a las empresas.

De esta forma, las microcredenciales podrían ser de utilidad en determinadas parcelas de las políticas de empleo, las cuales, a su vez, incorporan a determinados colectivos o grupos que pueden sufrir riesgo de exclusión. Por ello, nos vamos a centrar en dos líneas concretas para las que consideramos que el uso de la microformación sería idóneo. De un lado, servirían como mecanismo para regularizar la situación de los trabajadores inmigrantes, en concreto, de aquellos que carezcan de una autorización de residencia y trabajo. De otro, nos ocuparemos de la actividad formativa que deben realizar los trabajadores que han sido incorporados a los planes de reestructuración empresarial.

En lo que respecta al primero de los grupos, conviene recordar que el legislador se ha mostrado preocupado por las condiciones en las que se encuentra una gran parte de la población migrante de nuestro país, pues contamos con un buen número de trabajadores que realizan una actividad laboral o profesional en la economía sumergida, sin que se les haya expedido para tales efectos, una autorización de residencia y trabajo (Elorza Guerrero, 2018: 57). Se trata de una circunstancia contemplada a grandes rasgos en el art. 31.1 de Ley Orgánica 4/2000, de 11 de enero, sobre derechos y libertades de los extranjeros en España y su integración social -LOEXIS, en lo sucesivo-, por medio de la cual se puede conceder a los extranjeros –irregulares– una autorización de residencia temporal por situación de arraigo, así como por razones humanitarias, de colaboración con la Justicia u otras circunstancias excepcionales[21].

[21] BOE núm. 10, de 12/01/2000 (en adelante, LOEXIS).

En un desarrollo normativo posterior efectuado por medio del art. 124.4 del Real Decreto 557/2011, de 20 de abril, por el que se aprueba el Reglamento de la Ley Orgánica 4/2000, sobre derechos y libertades de los extranjeros en España y su integración social –en adelante, RLOEX– se ha previsto la concesión de la autorización de residencia por causas excepcionales para la realización de una formación[22]. Por ello, se podrá conceder el arraigo para la formación cuando la persona extranjera se encuentre en situación irregular en nuestro país durante un periodo mínimo de doce meses y que pretenda realizar una actividad formativa. Además, se concederá siempre que se cumplan con otro requisito más, tal y como es que no cuente con antecedentes penales.

Esta posibilidad ha sido incorporada al RLOEX gracias a la última de las reformas legales en materia de extranjería, en concreto, a través del Real Decreto 629/2022. La modificación se centra en la concesión temporal de la autorización de residencia a cambio del compromiso de matriculación en un plazo de tres meses –desde la concesión de la autorización–, por parte del extranjero, en una actividad formativa para su posterior realización[23]. Una vez que la formación haya sido superada, el extranjero obtendrá "la otra parte" del permiso, tal y como la autorización para trabajar.

Lo importante para lo analizado en el presente capítulo es determinar si las microcredenciales pueden formar parte de la actividad formativa que la persona solicitante del arraigo reali-

---

22 BOE núm. 103, de 30/04/2011 (en adelante, RLOEX).

23 Real Decreto 629/2022, de 26 de julio, por el que se modifica el Reglamento de la Ley Orgánica 4/2000, sobre derechos y libertades de los extranjeros en España y su integración social, tras su reforma por Ley Orgánica 2/2009, aprobado por el Real Decreto 557/2011, de 20 de abril, BOE núm. 179, de 27/07/2022 (en adelante, RD 692/2022).

ce. El art. 124. 4, b RLOEX establece que, a tales efectos, el extranjero podrá "realizar una formación reglada para el empleo o a obtener un certificado de profesionalidad, o una formación conducente a la obtención de la certificación de aptitud técnica o habilitación profesional necesaria para el ejercicio de una ocupación específica o una promovida por los Servicios Públicos de Empleo y orientada al desempeño de ocupaciones incluidas en el Catálogo al que se refiere el art. 65.1, o bien, en el ámbito de la formación permanente de las universidades, comprometerse a la realización de cursos de ampliación o actualización de competencias y habilidades formativas o profesionales así como de otras enseñanzas propias de formación permanente", por lo que, aunque no se diga de forma expresa, las microcredenciales sí que podrían formar parte de este amplio listado en base a lo determinado anteriormente con respecto a la acreditación de competencias.

De hecho, la Instrucciones SEM 1/2022 sobre el arraigo para la formación y otras cuestiones comunes a las autorizaciones de residencia temporal por motivos de arraigo previstas en el artículo 124 del Reglamento de Extranjería, carente de vinculación jurídica para los ciudadanos, ha incorporado de forma expresa a las citadas microformaciones[24]. Lo cierto es que por medio de las mismas el extranjero podría adquirir de forma rápida un certificado en el que se acrediten sus competencias, por lo que el trabajador se podría entender que se ha formado en alguna especialidad y que, gracias a ello, podrá formalizar un contrato de trabajo. De esta forma se podrán corregir los desajustes del mercado de trabajo español asociados a la escasez de mano de obra, o lo que es lo mismo, con la formación o recualificación de los extranjeros se podrán cubrir

---

24 https://www.inclusion.gob.es/documents/410169/2181659/221010_InstruccionesArraigoFormacionOtras.pdf/ca93f07d-583a-af91-e252-dfbdf4766347?t=1677241707601

las necesidades de determinados sectores o ramas de actividad que demandan trabajadores. Así, al pasar los trabajadores del empleo irregular al formal, se ganará en afiliaciones y altas a la Seguridad Social, además de contar con personal especializados en las actividades que se lleven a cabo (Dormido Abril, 2023: 597).

De otro lado, consideramos que las microcredenciales pueden ser muy útiles en los procesos de reestructuración empresarial en los que la norma laboral haya previsto que las empresas desarrollen una acción formativa, con el objeto de recualificar y recolocar a determinados colectivos de trabajadores que puedan verse seriamente agravados por la adopción de las medidas empresariales. Dicho en otras palabras, se trataría de formar a los trabajadores de manera que se favorezca su empleabilidad y mantenimiento en el empleo.

De esta forma, encontramos en el ET dos preceptos en los que se podría poner en práctica las microcredenciales, tal y como son el art. 47, relativo a los expedientes de regulación de empleo –en adelante, ERTE/s– y el art. 51 sobre los despidos colectivos. Tanto en uno como en otro, el legislador ha establecido la obligación por parte de la empresa de llevar a cabo actividades formativas para los trabajadores incluidos en tales medidas, aunque con las peculiaridades que a continuación se indicarán en el caso de los ERTEs. La finalidad de tal requerimiento es la de garantizar al trabajador incluido en cualquiera de estos dos procesos, una formación que facilite al trabajador su (re)incorporación al mercado de trabajo, en el supuesto de un despido, o a la propia empresa en el caso del ERTE (Martínez Rodríguez, 2023: 160).

En tal sentido, en el Real Decreto 1483/2012, de 29 de octubre, por el que se aprueba el Reglamento de los procedimientos de despido colectivo y de suspensión de contratos y reducción de jornada, en los arts. 7, 8, 9 y 50 se incorporan las acciones de formación o el reciclaje profesional entre las medidas sociales de acompañamiento para evitar o reducir los despidos colectivos y para atenuar las consecuencias en los trabajadores afectados, así como dentro del plan de recolocación, por cuanto que éstas pueden contribuir a la continuidad del proyecto empresarial[25].

Para ello, resulta imprescindible que durante el periodo de consultas se negocie con los representantes de los trabajadores, a los que se refiere el art. 51 ET en su remisión al art. 41.4 ET, las actividades formativas que se puedan llevar a cabo. Situación que es trasladable a la suspensión del contrato de trabajo y a la reducción de la jornada, contempladas en el ERTE ocasionado por causas económicas, técnicas, organizativas o de la producción –en adelante, ETOP–, así como las de fuerza mayor.

Ahora bien, pese a que en los ERTEs no es obligatoria la incorporación de un plan formativo para los trabajadores afectados por esta medida cuando no se obtengan beneficios a la Seguridad Social, la empresa sí que queda constreñida a definir una acción formativa para cada uno de los trabajadores afectados cuando se beneficien voluntariamente de las exenciones a las que se refiere el artículo 153 bis del Real Decreto Legislativo 8/2015, de 30 de octubre, por el que se aprueba el texto refundido de la Ley General de la Seguridad Social –LGSS, en lo sucesivo– que deberán desarrollar estas acciones formativas, de conformidad con lo dispuesto en el art. 50 del citado RD 1483/2012[26].

En todo caso, la formación a la que parece hacer referencia la norma debe estar orientada a atender las necesidades o carencias de la empresa en cuestión con respecto a las cualificaciones con las que cuentan, o justamente lo contrario, carecen,

---

25 BOE núm. 261, de 30/10/2012.

26 BOE núm. 261, de 31/10/2015.

sus trabajadores. Qué duda cabe que hoy en día las competencias que más demandan las organizaciones, tal y como apunta el legislador, son las digitales, por lo que la puesta en marcha de microcredenciales que tengan por objeto esta materia serían más que bienvenidas, además de estar en consonancia con todos los programas y planes de acción, tanto nacionales como europeos, citados anteriormente.

A mayor abundamiento, la norma hace referencia a la recualificación de los trabajadores, aunque la actividad formativa no parezca tener una interrelación con la actividad empresarial, por lo que tampoco puede descartarse la formulación de un programa innovador con respecto al objeto social de la empresa. En todo caso, la formación se ha de llevar a cabo en los términos establecidos en la legislación positiva, tal y como es la LOFP y en la LOSU, pese a que en una –simple– y primera lectura del Reglamento sobre despidos colectivos, suspensiones de contratos y reducciones de jornada, el legislador parece que pudiera estar obviando un tipo concreto de formación: las microcredenciales.

Si bien, éstas se encuentran dispersas en las normas enumeradas en el párrafo anterior, o lo que es lo mismo, han sido contempladas de forma más o menos explícita cuando el legislador ha hecho referencia a microformaciones, como puede apreciarse en la exposición de motivos de la LOFP. Sin embargo, ni el propio cuerpo de la citada disposición, ni mucho menos una norma creada *ex profeso* han desarrollado la materia. Esta idea es la que engarza con determinadas formaciones contempladas en la LOFP, tal y como es lo que antes conocíamos como formación profesional de grado básico, que ahora se correspondería con el grado A, la cual según el art. 28 y siguiente de dicha norma se traduciría en una acreditación parcial de competencia.

Esto, nos lleva a pensar que las empresas podrían acudir a las microcredenciales para desarrollar la actividad formativa a la que se refiere el RD 1483/2012, pudiendo beneficiarse del derecho a un incremento de crédito para la financiación de acciones en el ámbito de la formación programada, en los términos previstos en el artículo 9.7 LOFP, así como de las exoneraciones en la cotización a la Seguridad Social sobre la aportación empresarial por contingencias comunes y por conceptos de recaudación conjunta del art. 153 bis TRLGSS. Ello, con independencia del número de horas que pueda suponer la formación, pues no podemos obviar el dato de que una microformación no es más que eso, un pequeño módulo de aprendizaje a través del cual el trabajador acredita que ha adquirido una o unas determinadas competencias, como ya se haya indicado. Luego, no puede tratarse de una actividad formativa excesivamente extensa.

Por tanto, el problema se situaría en la delimitación de la microcredencial, o lo que es lo mismo, en la determinación del número de horas que pueden ser consideradas válidas para que la empresa cumpla con la exigencia legal en lo que se refiere a esta cuestión y que, además, le otorgará otra serie de beneficios, como es el de la exoneración en el ámbito de las cotizaciones. Asimismo, nos cuestionamos si la empresa puede asumir el papel de formadora, es decir, si puede ser quién imparta la formación o si, por el contrario, debe acudir a una entidad ajena o externa. La respuesta a esta cuestión entendemos que ser positiva en el sentido de que la empresa puede ser una entidad formante, pues así lo ha contemplado la propia Recomendación.

No obstante, en el caso de que sea la empresa la que imparta la microcredencial con motivo de los procesos de reestructuración, nos planteamos si el trabajador puede acumular esta acción formativa con otras. Esto es, si, de nuevo, de conformidad con la Recomendación, la persona que realiza la actividad formativa puede almacenar y exportar la acreditación, se puede entender que se podrían sumar las horas del curso con las de otro que realice. Por tanto, si cabe la "portabilidad" de las microcredenciales, entonces un trabajador que ya ha recibido una formación, debido a que ha sido incorporado en un ERTE o en proceso de despido colectivo, podría hacer lo siguiente. Uno, sumar esta formación con otra que haya realizado o que realice, de forma que la acreditación pueda subir de categoría. Dos, podría estar exento de volver a realizar otra microformación por contar ya con dicha acreditación. En nuestra opinión, hasta tanto no haya un pronunciamiento normativo sobre la materia, consideramos que, pese a que la Recomendación hable de "portabilidad" y "acumulación", la obligación establecida por el legislador español en el art. 47 ET, en el caso del beneficio de la exoneración de las cotizaciones, y en el art. 51 ET constituye una cuestión de orden público, o lo que es lo mismo, que no está disponible y que, por ende, se ha de cumplir. En definitiva, que en cada proceso de reestructuración se habrá de diseñar una actividad formativa, a la vez que deberá ser realizada por el trabajador de forma imperativa.

7. VALORACIONES FINALES

La incorporación de las microcredenciales al sistema educativo, con independencia de su nivel, y al sistema de relaciones laborales puede dar como resultado una serie de ventajas, entre las que destaca la recualificación de los trabajadores y la adaptación de estos a los nuevos desafíos que se presentan en el ámbito del Derecho del Trabajo.

Sin embargo, todavía no han sido desarrolladas suficientemente como para otorgar una seguridad –jurídica– a los aprendientes. De hecho, a medida que se profundiza en su concepto comienzan a surgir más dudas a las que esperamos que el legislador dé respuestas.

Lo cierto es que las microcredenciales cuentan con una serie de limitaciones, sobre todo cuando en la definición de las mismas aparecen las características de portabilidad y acumulabilidad. En tal sentido, consideramos que será difícil que la persona que las haya cursado pueda transmitirlas a un ente de su elección sin que tal circunstancia haya sido prevista e incorporada al programa de estudios.

A mayor abundamiento, la norma permite con respecto a la microformación que ésta sea trasladable entre sectores de la educación y la formación y, al mismo tiempo, dentro de ellos, en el mercado de trabajo y entre países. Esto, sin duda, comporta una complejidad añadida, pues tendríamos que contar con órganos a nivel estatal y autonómicos –sobre todo del segundo tipo por ser una competencia transferida a las Comunidades autónomas– con capacidad para reconocer la validez de tales acciones formativas. Dicho en otras palabras, se precisará contar con órganos especializados que se ocupen de la homologación de las microcredenciales.

Lo mismo sucede cuando se habla de la acumulación de competencias, pues los programas de estudio deberán de estar (pre)definidos de manera que se puedan sumar diferentes certificaciones, dando lugar a la consecución de un título completo. Al igual que ocurre con la portabilidad, tiene que ser la Administración correspondiente y competente la que decida si, efectivamente, las credenciales son acumulables o no.

A su vez, tendrá que definirse en qué supuestos se podrá conceder a la persona que realice la microcredencial una ayuda o una beca o si, por el contrario, se trata de acciones formativas no financiables. Del mismo modo, se podrá definir que, pese a que el "aprendiente" no sea el perceptor directo de la subvención, sí que pueda serlo la entidad formadora, de manera resulte una formación gratuita para quien la curse.

Por todo ello, debemos esperar un poco más para ver si éstas tienen un resultado positivo y sobre todo si lo tienen en un ámbito diferente al universitario, donde parece que han tenido una buena acogida. Quizá, y sólo quizá, por asemejarse a otras ofertas en materia de formación existentes en los diferentes planes de estudios de las titulaciones de diplomatura y licenciatura ya extinguidos.

REFERENCIAS BIBLIOGRÁFICAS

Asquerino Lamparero, María José (2021). "La formación dual universitaria: Impresiones iniciales", *Temas laborales: Revista andaluza de trabajo y bienestar social*, 156, 187-216.

Cavas Martínez, Faustino (2023). "El V Acuerdo para el empleo y la negociación colectiva (V AENC)", *Briefs AEDTSS*, 36. https://www.aedtss.com/el-v-acuerdo-para-el-empleo-y-la-negociacion-colectiva-v-aenc/

Dormido Abril, Julia (2023). "El arraigo por formación: la regularización de la situación laboral del extranjero", Estudios sobre la estabilidad en el empleo: una perspectiva jurídica: homenaje al profesor Félix Salvador Pérez, 581-613.

Dormido Abril, Julia (2024). "La formación en el Sector Agrario con especial consideración de la Comunidad Autónoma Andaluza", El trabajo en el sector agrario, 551-678.

Elorza Guerrero, Fernando (2018). Migration Law in Spain, Ed. Wolters Kluwer.

European Commission, Directorate-General for Education, Youth, Sport and Culture, ECTS users' guide 2015, Publications Office of the European Union, 2015, https://data.europa.eu/doi/10.2766/87192

Fernández Martínez, Silvia (2023). "Sobre la acreditación de competencias profesionales adquiridas por vías no formales e informales y su relevancia en el contrato de trabajo", *Revista española de derecho del trabajo*, 264, 23-64.

Fernández Martínez, Silvia (2023). "El papel de la empresa en el sistema de formación profesional español tras las últimas reformas", *Revista Internacional y Comparada de Relaciones Laborales y Derecho del Empleo*, 11, Núm. 4, 81-99.

Lozano Lares, Francisco (2023). "Educación, formación y aprendizaje permanente: agenda de capacidades europea", *Temas Laborales*, 168, 103- 130.

Martín Puebla, Eduardo (2011). "Reconocimiento y acreditación de las competencias profesionales adquiridas a través de la experiencia laboral", *Temas Laborales*, 110, 13-42.

Martínez Rodríguez, María Olaya (2023). "Cambios normativos en los expedientes de regulación temporal de empleo y refuerzo de formación y empleabilidad", Empleo y protección social. Comunicaciones del XXXIII Congreso Nacional de la Asociación Española de Derecho del Trabajo y de la Seguridad Social. Cuenca, 25 y 26 de mayo de 2023, 145-162.

Merino Pareja, Rafael; Pérez Amorós, Francisco, (2024). "Impacto de la digitalización en el empleo y las cualificaciones: el caso de la logística", *Cuadernos de Relaciones Laborales*, 42, Núm. 1, 161-174.

Pérez Amorós, Francisco (2019). "Convenio sobre la licencia pagada de estudios 1974 (núm. 140)", *Revista Internacional y Comparada de Relaciones Laborales y Derecho del Empleo*, 7, Núm. Extra. 0, 1104-1119.

Requena Montes, Óscar (2021). "La prioridad de los trabajadores afectados por ERTE en el acceso a la formación profesional para el empleo", *Noticias CIELO*, 2, 1-4.

La obligación de formación de las personas trabajadoras: consecuencias de su incumplimiento[1]

FERNANDO FITA ORTEGA
Profesor T.U. de Derecho del Trabajo y de la Seguridad Social
Universitat de València

1. LA FORMACIÓN COMO OBLIGACIÓN DERIVADA DEL CONTRATO DE TRABAJO

1.1. La triple finalidad de las obligaciones formativas previstas en la normativa laboral

La regulación de la formación en la normativa laboral persigue una triple finalidad. En efecto, por una parte, la formación se contempla como una herramienta indispensable para la tutela de la salud y seguridad de las personas trabajadoras. Por otra, la formación se configura como el instrumento clave para el mantenimiento del empleo, protegiendo la "empleabilidad" del trabajador. Finalmente, las obligaciones formativas previstas en el seno de una relación laboral tienen por objeto la defensa de la eficiencia productiva de las empresas.

---

1 Texto publicado en el marco del Proyecto de investigación "La regulación de la formación para el empleo ante el reto de la transición digital, ecológica, territorial y hacia la igualdad en la diversidad" (CIGE/2022/171), financiado por la Conselleria de Educación, Universidades y Empleo de la Generalitat Valenciana.

Por lo que se refiere a la formación dirigida a la protección de la salud y seguridad de las personas trabajadoras, en tanto que desarrollo del derecho a su integridad física, así como a una adecuada política de prevención de riesgos laborales (art. 4.2.d E.T.) la obligación formativa se encuentra prevista, de forma general, en el artículo 19 E.T.[2], debiendo desarrollarse en los términos establecidos en la Ley 31/1995, de 8 de noviembre, de Prevención de Riesgos Laborales.

En cuanto a las obligaciones formativas con objeto de proteger la situación de la persona dentro del mercado de trabajo, potenciando su "empleabilidad", éstas se reconocen expresamente, como derecho del trabajador, entre otros, en el art. 4.2.b. del E.T., cuando establece el derecho del trabajador a la *promoción y formación profesional en el trabajo, incluida la dirigida a su adaptación a las modificaciones operadas en el puesto de trabajo, así como al desarrollo de planes y acciones formativas tendentes a favorecer su mayor empleabilidad.* Una perspectiva parcialmente coincidente se puede apreciar en el artículo 6.4 del E.T., si bien como un derecho a no mermar las posibilidades formativas de los menores de edad, cuando condiciona la participación de los menores de dieciséis años en espectáculos públicos a que ello no suponga peligro para su salud ni para su formación profesional y humana.

Junto a los anteriores, las obligaciones formativas con esta finalidad tuitiva de la potencialidad de la persona trabajadora en el mercado de trabajo se contemplan igualmente en el artículo 23 del Estatuto de los Trabajadores. En esta disposición

---

2 Más allá de las previsiones específicas contenidas en normas como el artículo 3 del Real Decreto 216/1999, de 5 de febrero, sobre disposiciones mínimas de seguridad y salud en el trabajo en el ámbito de las empresas de trabajo temporal o el artículo 10 de la Ley 32/2006, de 18 de octubre, reguladora de la subcontratación en el Sector de la Construcción.

se contienen tanto una serie de obligaciones instrumentales que recaen sobre la empresa, establecidas con la finalidad de facilitar la formación de las personas trabajadoras[3], como obligaciones formativas que pudieran ser calificadas como *activas,* resultando que aquellas que persiguen procurar facilitar el incremento de las capacidades del personal resultan meramente *pasivas*[4]. Dentro de las disposiciones reguladoras de obligaciones formativas *activas* tendentes a preservar la empleabilidad de las personas trabajadoras, cabe hacer referencia a las propias de los contratos formativos contempladas en el artículo 11 del E.T., así como, en la Ley 32/2006, de 18 de octubre, reguladora de la subcontratación en el Sector de la Construcción, tras su modificación en 2021 en virtud del Real Decreto-ley 32/2021, de 28 de diciembre.

Por último, respecto de las obligaciones formativas previstas en defensa de la buena marcha de la empresa, éstas se derivan de la obligación que el apartado e) del artículo quinto del E.T. impone a las personas trabajadoras, donde se establece su deber de contribuir a la mejora de la productividad de la empresa, cuya omisión podría motivar la extinción del contrato de trabajo, y a la que el empresario debe participar facilitando aquella que resulte necesaria para favorecer la adaptación a las innovaciones técnicas introducidas (arts. 23.1.d E.T. y 52.b ET). De alguna manera esta finalidad conecta con la referida anteriormente, toda vez que las obligaciones formativas destinadas a este fin persiguen, indirectamente, proteger la situación de la persona dentro del mercado de trabajo, potenciando su "em-

---

3 Consistentes, básicamente, en los permisos, las preferencias de turno, la adaptación de jornada o en el acceso al trabajo a distancia.

4 Puede distinguirse, pues, una obligación empresarial *activa* respecto de la formación, frente a las obligaciones de formación *pasivas* (dirigidas a no impedir o facilitar a formación de los trabajadores)

pleabilidad" en su faceta dirigida a procurar la conservación de su empleo.

1.2 La doble vertiente obligacional de la formación en el contrato de trabajo

La normativa laboral aborda la cuestión de los derechos de formación de las personas trabajadoras desde una doble perspectiva. Por un lado, como obligación del empresario y, por otro, como obligación de las personas trabajadoras. De este modo, la formación en el seno de la relación laboral se regula no sólo como un derecho de quienes prestan sus servicios en la empresa, sino también como una obligación que recae sobre los mismos, limitando la perspectiva según la cual el derecho a la formación es un derecho de libertad de la persona (Requena Montes, 2020, p. 146). Esta doble vertiente de las obligaciones en materia de formación contenidas en la normativa laboral aparece expresamente formulada, en alguna ocasión, de forma simultánea en los institutos jurídicos que las regulan. Sucede de esta manera con las medidas formativas dirigidas a garantizar la seguridad y salud en el trabajo, e igualmente con aquellas cuya finalidad consiste en proteger la eficiencia productiva de las empresas. De este modo, en tales casos, a la par que se establece en la normativa una obligación formativa dirigida a la empresa, se contempla, en contrapartida, el deber -directo o indirecto- de la persona trabajadora de formarse. Viceversa, cuando la norma laboral impone obligaciones formativas a las personas trabajadoras, a su vez exige a la empresa la necesidad de facilitarles formación. Esta doble vertiente parece ir dirigida a garantizar que se alcancen los objetivos perseguidos al imponer semejantes obligaciones formativas, recayendo sobre ambas partes del contrato de trabajo la necesidad de intervenir activamente en la materia.

Así sucede, por lo que se refiere a las obligaciones de formación con objeto de garantizar la seguridad y salud en el trabajo, con el artículo 19 del Estatuto de los Trabajadores que establece, en primer término, la obligación empresarial de garantizar que cada persona trabajadora reciba *una formación teórica y práctica, suficiente y adecuada, en materia preventiva tanto en el momento de su contratación, cualquiera que sea la modalidad o duración de esta, como cuando se produzcan cambios en las funciones que desempeñe o se introduzcan nuevas tecnologías o cambios en los equipos de trabajo.* A continuación, el mismo precepto establece una recíproca obligación de la persona trabajadora a *seguir la formación y a realizar las prácticas.*

En similares términos, respecto de la obligación de formación dirigida a procurar el mantenimiento de la persona trabajadora en su empleo, el artículo 52.b del Estatuto de los Trabajadores impone, de forma indirecta, la obligación de las personas trabajadoras de actualizar sus competencias so pena de ser afectados con un despido por causas objetivas. También en este caso la norma prevé una contrapartida, en este caso sobre la vertiente empresarial, consistente en la necesidad de proporcionar una formación adecuada a las innovaciones técnicas introducidas en el puesto de trabajo. Esto mismo ocurre respecto de las obligaciones de formación *pasiva* que recaen sobre el empresario, toda vez que la falta de la más mínima diligencia u observancia del deber de buena fe por parte de la persona trabajadora podría acarrearle consecuencias jurídicas que, no obstante, no van a ser objeto de tratamiento particular en este texto.

Por lo que respecta a la finalidad de la obligación formativa que recae sobre quienes prestan servicios retribuidos y por cuenta ajena, ésta es variada. De una parte, cabe apreciar la necesidad de garantizar la eficacia de las normas relativas a la prevención de riesgos. Junto a la anterior, puede encontrarse el interés del empresario en mantener la eficiencia productiva de la empresa o el interés en que se observe la finalidad de los tiempos invertidos en la formación por parte de las personas trabajadoras, suscitándose la cuestión del aprovechamiento de los cursos de formación seguidos (Aspecto éste -referido a los derechos de formación de las personas trabajadoras contenido en el art. 23 ET- que se desarrolla ampliamente en Requena Montes, 2019, pp. 87 y ss.).

Desde esta perspectiva, la inobservancia del deber de obligación de formación por parte de las personas trabajadoras puede dar lugar a diversas consecuencias jurídicas, pudiendo llegar a la extinción del contrato de trabajo por diversos motivos. El análisis de estas consecuencias constituye el eje del estudio que se presenta en este trabajo.

2. EL INCUMPLIMIENTO DEL DEBER DE FORMACIÓN POR PARTE DE LAS PERSONAS TRABAJADORAS

La consecuencia más grave que se deriva del incumplimiento de las obligaciones formativas por parte de los trabajadores consistiría en la extinción del contrato de trabajo, ya sea por causas objetivas o bien por razones disciplinarias, planteándose la cuestión de la posible exigencia de la devolución de los importes invertidos por parte de la empresa en la formación -desaprovechada- de las personas trabajadoras.

2.1. Las posibles consecuencias económicas del incumplimiento del deber de formación que pesa sobre las personas trabajadoras

Descartada la posibilidad de imponer multas de haber a las personas trabajadoras como consecuencia de sus incumplimientos laborales, por estar expresamente prohibidas en el artículo 58.3 del Estatuto de los Trabajadores, cabe analizar la posible exigencia del abono de los gastos de formación invertidos por la empresa en sus personas trabajadoras cuando éstas incumplan con la correspondiente obligación de formarse.

Efectos de este tipo, relacionados con las obligaciones de formación de la plantilla, se prevén expresamente en el Estatuto de los Trabajadores cuando regula el pacto de permanencia en la empresa. Sin embargo, como es sabido, la norma no contempla la obligación de devolución de los importes invertidos en la especialización profesional obtenida con cargo a la empresa como consecuencia de la no obtención del nivel de conocimiento deseado, sino como consecuencia de quebrar el pacto de permanencia, impidiendo así que la empresa que ha sufragado tales gastos se beneficie de los frutos de la formación facilitada. En tales casos, el inciso final del art. 21.4 ET reconoce a la empresa el derecho a una indemnización de daños y perjuicios.

La cuestión que procede plantearse estriba, por consiguiente, en la posibilidad -o no- de exigir una indemnización de daños y perjuicios a las personas trabajadoras que incumplan sus obligaciones formativas derivadas de cursos de especialización o formación costeados por las empresas. A este respecto, lo primero que conviene dilucidar consiste en determinar cuál sea la obligación que asumen las personas trabajadoras cuyas empresas invierten en formación. Sobre el particular, los tribunales laborales han asentado la doctrina según la cual las faltas de asistencia y puntualidad a los cursos de formación son equiparables a las que se produzcan respecto de la actividad productiva, derivándose la necesidad de que se atiendan con regularidad y puntualidad a las sesiones formativas, manteniendo una conducta acorde con los dictados derivados del principio de buena fe contractual para considerar satisfecha su obligación formativa. De este modo, son numerosas las sentencias que reconocen una responsabilidad, sancionable disciplinariamente, cuando las personas trabajadoras incurran en faltas de asistencia o puntualidad a estos cursos de formación, dado que las faltas de asistencia a las enseñanzas a las que debe atenderse son equiparables a las faltas de asistencia al trabajo que el artículo 54.2.a) del Estatuto de los Trabajadores sanciona con despido cuando alcanzan las notas de gravedad y culpabilidad exigibles para imponer la máxima sanción disciplinaria[5], siendo recogida expresamente esta equiparación en la graduación de las faltas laborales por parte de algunos convenios colectivos[6].

Por otra parte, la superación de la formación impartida a cargo de la empresa también puede quedar incluida dentro de las obligaciones formativas de las personas trabajadoras, toda vez que su no superación podría dar lugar a la extinción del contrato al poder ser entendido este hecho como causa de despido objetivo (ya sea ineptitud o falta de adaptación a las innovaciones técnicas) o, en caso de mediar una actuación dolosa o negligente, y siempre que se aprecie la gravedad suficiente, como causa de despido disciplinario por quebranto de la buena fe contractual[7].

En cuanto a la posibilidad de reclamar, en concepto de daños y perjuicios, los importes de la formación no seguida, cabe señalar que ni la doctrina laboralista (Alfonso Mellado, 1994, p. 82 y nota 175) ni los tribunales laborales, cuestionan, con carácter general, la existencia de una responsabilidad por daños derivada de los incumplimientos contractuales por parte

---

5 Entre otras, STSJ de Castilla y León Valladolid (Sala de lo Social) 12 marzo 2001 (rec. de Suplicación nº. 272/2001) o STSJ Madrid de 3 junio 2015 (TOL 5.200.569).

6 Cuestión esta que se contempla, entre otras, en la STSJ de Islas Canarias, Las Palmas (Sala de lo Social) de 15 octubre 2007 (TOL 7.365.494).

7 De no darse las circunstancias que posibilitasen una extinción por causas objetivas o un despido disciplinario, aquello que procedería es la repetición del curso de formación en el plazo más breve posible, o bien la imposición de una sanción menos grave que la consistente en el despido. En este sentido, STSJ de Islas Canarias, Las Palmas de 24 febrero 2022 (TOL 9.057.765).

de las personas trabajadoras siempre que cupiera apreciar la concurrencia de dolo o negligencia por su parte[8]. Tampoco lo han venido cuestionando los tribunales de la jurisdicción civil cuando admitieron su competencia sobre las reclamaciones. Así ha sucedido, por ejemplo, al reconocer responsabilidad extracontractual en los casos de competencia desleal[9] o accidentes de trabajo[10].

Sin embargo, existen voces discrepantes que consideran que, salvo excepciones derivadas del hecho de que la reclamación pudiera estar fundamentada en un título jurídico distinto[11] o ajeno[12] al contrato de trabajo, o cuando los daños se imputen a conductas anteriores al nacimiento del contrato de

---

8 SSTS de 14 noviembre 2007 (TOL 1.214.260) o de 30 noviembre 2011 (TOL 2.338.412) En todo caso, la STS de 23 de noviembre de 1989 (RJ\1989\8243) podría servir de fundamento para excluir, en determinados supuestos, la responsabilidad por daños en casos de actuaciones negligentes de las personas trabajadoras, toda vez que en ella se valora la inexistencia de una culpabilidad exclusiva del trabajador demandado en la causación del daño atendiendo, entre otros criterios, a que *la existencia en la empresa de un profesional técnico no libera a la misma de las facultades de dirección y vigilancia que le son inherentes y de cuyo ejercicio no puede quedar liberada, precisamente, en mérito a la naturaleza laboral del contrato que le vincula con dicho trabajador técnico.*

9 STS de 11 de febrero de 2011 (TOL 2.054.734) o la Sentencia de la Audiencia Provincial de Madrid de 5 mayo 2017 (TOL 6.190.035).

10 Audiencia Provincial de Zaragoza de 22 noviembre 2010 (TOL 2.029.422).

11 Como sucedería, por ejemplo, en caso de comisión de una conducta delictiva.

12 Caso de los daños derivados de un accidente de circulación mientras se conduce un vehículo por razón del contrato de trabajo.

trabajo[13], o posteriores a éste[14], no cabría dicha responsabilidad (Díaz de Rábago, 2008, p. 3).

Se argumenta que el ordenamiento laboral solamente contempla el régimen disciplinario para sancionar los incumplimientos laborales, lo que *se corresponde con un elemento esencial del contrato de trabajo, como es la ajenidad, en cuanto supone que el empresario asume los riesgos derivados de la prestación de servicios a la que el trabajador se obliga.* Además, se deja constancia del hecho de que cuando el legislador ha querido imponer esta responsabilidad, lo ha hecho expresamente[15], por lo que *no parece razonable que si la ordenación singular del contrato de trabajo resultara compatible con el deber indemnizatorio propio de la regulación civil (esto es, vinculada al mero incumplimiento culpable o doloso de una obligación contractual), exista un precepto singular que lo reitera, en el concreto caso de incumplimiento del mencionado pacto.* Se alega, en tercer lugar, los antecedentes legislativos de la norma dado que en la normativa laboral anterior al Estatuto de los Trabajadores se contemplaba un mayor número de casos en los que se recogía la responsabilidad indemnizatoria de las personas trabajadoras[16], resultando que éstos supuestos desaparecieron con la promulgación del Estatuto de los Trabajadores.

---

13 Por ejemplo, por incumplimiento de precontrato.

14 Como pudiera ser el caso de incumplimientos del plazo de preaviso convenido colectiva o individualmente, del pacto de permanencia o del pacto de no concurrencia postcontractual.

15 Así, por ejemplo, en el art. 21 E.T., o art. 8 Real Decreto 1382/1985, de 1 de agosto, por el que se regula la relación laboral de carácter especial del personal de alta dirección.

16 Arts. 63. 71, 72 y 81 de la Ley de Contrato de Trabajo de 1944 referidos, respectivamente, a las actuaciones culpables que ocasionaren perjuicios en los locales, materiales, máquinas e instrumentos de trabajo; ocasionados por cualquier incumplimiento laboral a causa de sobornos; los causados por el trabajador facultado por su empresario para concluir negocios en su nombre cuando lo hacía perci-

Por último, se alega que de admitir el fundamento jurídico que se invoca para sustentar la pretensión indemnizatoria (esto es, el art. 1101 del Código Civil), que la vincula a cualquier incumplimiento de las obligaciones contractuales de carácter negligente o doloso, no cabrían ya matices, al margen de los previstos en el art. 1.103 del Código Civil[17], por lo que ello impondría que, *por ejemplo, el trabajador que no acudiera injustificadamente a trabajar un día habría de indemnizar a su empresario los daños y perjuicios causados por su ausencia (por ejemplo, el mayor importe que le ha supuesto tener que pagar horas extraordinarias para sustituirle; la pérdida de ventas ocasionada en el comercio que dicho empleado atendía y que no se ha podido abrir por su ausencia, etc.), y todo ello con independencia de que sea objeto de sanción por ese incumplimiento laboral.* Considerando que la conclusión repugna, pues *el trabajador, por una misma conducta, es objeto de sanción y ha de indemnizar a su empresario (¡que es quien asume el «riesgo»!)* (Díaz de Rábago, 2008).

Desde mi punto de vista, tales argumentos no servirían para eliminar la exigencia de una responsabilidad por daños y perjuicios de las personas trabajadoras. En primer lugar, por cuanto el artículo 1.102 del Código Civil establece que la responsabilidad procedente del dolo es exigible en todas las obligaciones, sin que resulte válida la renuncia de la acción para hacerla efectiva. Por lo que se refiere al último de los argumentos esgrimidos, ciertamente con una misma conducta puede incurrirse en diversas responsabilidades, sancionables por motivos distintos (vulneración de las obligaciones contractuales -sancionable a través del ejercicio del poder disciplinario- y la

---

biendo gratificación de terceros; o los derivados de que el trabajador no hubiera cumplido con la duración pactada para el contrato.

17 Precepto en el que se dispone que *la responsabilidad que proceda de negligencia es igualmente exigible en el cumplimiento de toda clase de obligaciones; pero podrá moderarse por los Tribunales según los casos.*

reparación del daño causado) sin que ello suponga, por consiguiente, incurrir en vulneración del principio *non bis in idem* (en este mismo sentido, Alfonso Mellado, 1994, p. 83) teniendo en cuenta que en la valoración del daño el artículo 1.103 del Código Civil remite al tribunal juzgador la competencia para moderar la responsabilidad, por lo que en los ejemplos proporcionados para sustentar este argumento resultaría difícilmente entendible la ausencia de semejante moderación. Por otra parte, si bien es cierto que es el empleador o empresario quien asume el riesgo en la relación laboral, dicho riesgo se refiere a los resultados económicos de la actividad productiva, no al de los eventuales perjuicios ocasionados por conductas de los trabajadores.

En cuanto a los argumentos recogidos en segundo y tercer lugar (cuando el legislador laboral ha querido contemplar una responsabilidad por daños lo ha hecho expresamente, y los antecedentes legislativos) cabe indicar que la normativa laboral contiene innúmeras referencias expresas a consecuencias jurídicas que resultan redundantes y que, precisamente por ese motivo y la conveniencia de reducirlas, cabría entender la desaparición de los supuestos de responsabilidad por daños previstos en la normativa laboral anterior al Estatuto de los Trabajadores.

Así pues, en definitiva, desde mi punto de vista sí resultaría posible exigir dicha responsabilidad por daños a los trabajadores que, de forma dolosa, o concurriendo culpa grave, dejasen de asistir a los cursos de formación costeados por el empresario[18], pudiendo dicha conducta ser susceptible, de for-

---

18 De la misma forma que el incumplimiento de las obligaciones formativas (activas o de mera facilitación) que recaen sobre la empresa puede generar responsabilidad por daños para la misma. Por todas, STSJ Castilla y León, Burgos, de 21 diciembre 2021 (TOL 8.751.264) o STSJ de Madrid de 28 marzo 2019 (TOL 7.251.773).

ma concurrente, de sanción disciplinaria. En todo caso, es una competencia de los tribunales moderar dicha responsabilidad, tal y como se ha recordado.

2.2. Extinción del contrato de trabajo mediante despido objetivo

Junto a la posibilidad de exigir una indemnización por daños en el caso de incumplimiento de las obligaciones formativas por parte de las personas trabajadoras, procede valorar los efectos extintivos que, simultánea o alternativamente, puede conllevar esta circunstancia.

Desde esta perspectiva, la primera de las cuestiones a estudiar son las opciones extintivas que por despido objetivo cabría aplicar. Debe tenerse en cuenta, en este sentido, que la formación guarda una relación estrecha con la ineptitud como causa de extinción del contrato de trabajo, al incluirse dentro de este concepto la falta de actualización de los conocimientos profesionales necesarios para el desarrollo de las funciones esenciales objeto del contrato, formando parte del *implícito deber del trabajador al perfeccionamiento profesional* al que se ha referido la doctrina en relación con la causa extintiva del contrato de trabajo por falta de adaptación del trabajador a los cambios técnicos operados en su puesto de trabajo (Alzaga Ruiz, 2023, p. 109), y que tiene su plasmación legal en el artículo 5.e del E.T. al referirse al deber de las personas trabajadoras de contribuir a la mejora de la productividad.

La normativa laboral no contempla una definición de lo que deba entenderse por ineptitud, habiendo sido la doctrina científica y judicial la que han identificado este concepto jurídico indeterminado que, a la postre, vincula la ineptitud a la falta de capacidad para prestar los servicios objeto del contrato de trabajo y que se materializa en la producción de un rendimiento defectuoso, ya sea cualitativamente o cuantitativamente (Fita Ortega, 1997, pp. 15 a 18) habiéndose definido por la doctrina científica como la *"incapacidad para realizar determinada labor"*. Por otra parte, para que la ineptitud sea causa extintiva, ésta debe repercutir en el rendimiento del trabajador, ya sea imposibilitándolo por completo o reduciéndolo de forma notable, debiendo afectar las tareas esenciales del trabajador[19] y revistiendo efectos no circunstanciales (Rivero Lamas, 1992, p. 5492), no limitados en el tiempo, cuando menos presumiblemente (González Ortega, 1980 p. 214), pese a lo cual, en determinados casos, las pérdidas temporales de aptitud se han reconducido a esta causa extintiva (Fita Ortega, 1997, p. 77)[20].

Además, existe un extenso consenso a la hora de incluir dentro del concepto de ineptitud al que se refiere el artículo 52.a del E.T. los casos de pérdida de los requisitos legales necesarios para el desempeño de la actividad contratada, así como los casos de no obtención de aquellos que se requieran de forma sobrevenida, a pesar de que de la lectura de la STS de 2 mayo 1990 (TOL 2.074.287) pudiera deducirse otra cosa, pues en ella se señala textualmente que *no se incluyen dentro del concepto de ineptitud los supuestos, como el presente, de imposibilidad legal de desarrollo de un trabajo.* En todo caso, debe tenerse en cuenta que en el supuesto analizado en esta sentencia se plantea la necesidad de reconducir una baja laboral por aplicación del régimen de incompatibilidades previsto en la Ley 53/1984, de 26 de diciembre, de Incompatibilidades del personal al servicio de las Administraciones Públicas, supuestos tradicionalmente excluidos del concepto de ineptitud (Fita Ortega, 1997, p. 77).

---

19 Véase, en este sentido, la STSJ de Galicia de 17 de diciembre de 2013 (TOL 4.082.197) o la STSJ de Cataluña de 5 de octubre de 2004 (TOL 536.118).

20 Así ha sucedido, entre otros, en los supuestos de retirada temporal de los permisos habilitantes para el desempeño de la actividad profesional.

Así pues, puede concluirse que *la ineptitud, ha de ser -para producir los efectos resolutorios del contrato de trabajo- permanente y no meramente circunstancial, imputable al trabajador y no achacables a defectuosos medios de trabajo, verdadera y no disimulada ya que ésta se integraría en otro tipo de falta general o sea referida al conjunto o por lo menos a la principal de las tareas encomendadas, de suficiente entidad es decir una aptitud apreciablemente inferior a la media normal, y sobre todo independiente de la voluntad, no debida a un actuar deliberado y consciente del sujeto, aunque así en ocasiones a abulia o descuido* (STS número 342, de 14 de julio de 1982) criterio este último que se vino manteniendo sobre todo antes de la entrada en vigor del E.T., pero que posteriormente debe ser reconducida al despido disciplinario, por cuanto la culpabilidad de los incumplimientos contractuales que justifican el despido disciplinario no es únicamente la dolosa, sino también la derivada de negligencia (Fita Ortega, 1997, pp. 42 y 43).

De este modo, la definición de ineptitud avanzada en el punto primero de este texto podría concretarse algo más, entendiendo que la ineptitud se refiere a una *inhabilidad o carencia de facultades profesionales, que tiene su origen en la persona del trabajador, bien por falta de preparación o de actualización de sus conocimientos, bien por deterioro o pérdida de sus recursos de trabajo* (Oteros Valcarce, 2010, p. 5 y Monereo Pérez, p. 21)[21], teniendo presente que esta situación puede producirse igualmente por pérdida de los títulos habitantes para el ejercicio de la profesión, o la no obtención de aquellos que, de forma sobrevenida, se exijan.

---

21 Este último autor añade, a los motivos estrictamente psicológicos, biológicos o fisiológicos, y a los motivos de carácter administrativo, los motivos de carácter ideológico (incompatibilidad sobrevenida de las creencias del trabajador con el ideario de la empresa «de tendencia» (p. 22)

Más problemática resulta la admisión de la posibilidad extintiva por ineptitud como consecuencia de la falta de titulación el caso en el que ésta no venga exigida legalmente, sino que sea consecuencia de las previsiones contenidas en el contrato de trabajo, convenio colectivo aplicable o pliego de condiciones de contratas o concesiones administrativas. En tales casos, resultaría más oportuno el establecimiento de una condición resolutoria para dar cabida a las opciones extintivas[22]. Sin embargo, la STS de 25 de abril de 2023 (rec. nº. 1931/2022), valida la decisión extintiva -invocando ineptitud sobrevenida- de la empresa que se subroga en la prestación de unos servicios, como consecuencia de la constatación de falta de titulación requerida en el pliego de condiciones para el desempeño del puesto de trabajo.

Sobre esta cuestión, cabe indicar que si bien los convenios colectivos (y, por analogía, los pliegos de condiciones de contratas y concesiones) podrían llegar a concretar cuándo concurre causa de ineptitud, no resultaría suficiente con que el convenio estableciera o decidiera qué supuestos constituyen causa de ineptitud y, por tanto, de resolución del contrato de trabajo, resultando necesario, por lo demás, que se probara que tal causa de ineptitud impide el normal desarrollo de la prestación laboral convenida (Sánchez Trigueros, 1998, p. 5). Dejar en manos de los pliegos de condiciones la fijación de criterios de ineptitud no exigidos legalmente podría suponer conceder amplias facultades para que el adjudicatario/concesionario determine qué contratos quedarían vinculados por la obligación de subrogación y cuáles no. En este sentido, además, al igual que la no ostentación del título exigido en el convenio colectivo no produce otro efecto que el de impedir la consolidación

---

22 Es el caso, entre otras, de la sentencia núm. 527/2019 de 11 de diciembre de 2019 del Juzgado de lo Social núm. 1 de Sevilla (procedimiento 984/2018).

del puesto de trabajo que se ocupa, sin afectar a la vigencia de la relación laboral ni a la retribución a percibir, carece de sentido atribuir naturaleza extintiva a un supuesto en el que la titulación viene exigida, no por una norma legal sino por un pliego de condiciones, de forma sobrevenida mientras está vigente la prestación de servicios, sin que se hubiera apreciado defecto alguno en el rendimiento alcanzado[23].

Por otra parte, debe tenerse en cuenta que la ineptitud por falta de formación o de mantenimiento de las capacidades profesionales no solamente es reconducible al artículo 52.a E.T., sino que, por lo que se refiere a las aptitudes técnicas, encuentra su referente en el apartado b) de este mismo precepto, cuando recoge, como causa de extinción del contrato, la falta de adaptación a las modificaciones técnicas operadas en el puesto de trabajo, cuando dichos cambios sean razonables. De este modo, la pérdida de aptitud para el desempeño de las actividades contratadas tiene un doble régimen en nuestro ordenamiento: uno, el contemplado en el apartado b), específico para el caso de falta de adaptación a modificaciones técnicas; y otro, general, cuando la pérdida de capacidad por motivos formativos no tenga relación con la introducción de modificaciones técnicas, sino que se deba a otras circunstancias (falta de obtención de títulos habilitantes exigidos de forma sobre-

---

[23] Como sostiene Ballester Pastor, ello no impide reconocer que el pliego de condiciones de una contrata pueda establecer cambios en los requisitos exigidos para la prestación de un servicio, afectando la subrogación de los trabajadores en la empresa entrante, así por ejemplo, *si la actividad que se presta cambia y ahora se dirige a otro tipo de colectivo y/o se requiere otro personal, de forma que ello exige una reducción de la contrata impuesta por el pliego, dado que este contrato vincularía sólo a la Administración y al adjudicatario, pues el pliego tiene naturaleza contractual* (Ballester Pastor, 2023).

venida o pérdida de los requisitos legales, o pericia, para el desempeño de la actividad contratada)[24].

El régimen jurídico de estas causas extintivas presenta similitudes y, obviamente, diferencias. Entre las primeras cabe destacar la identidad en el procedimiento a seguir por el empresario al invocar estas causas de extinción del contrato de trabajo, pues el artículo 53 E.T. no contempla particularidad alguna respecto de estos supuestos, a diferencia de lo que sucede con las causas previstas en el apartado c) del artículo 52 (causas económicas, técnicas, organizativas o de producción), supuesto para el que se prevé la obligación de entregar copia del escrito de preaviso a la representación legal de los trabajadores para su conocimiento y, en el caso de causas económicas, la posibilidad de retrasar la puesta a disposición de la indemnización siempre que la situación económica de la empresa impidiera su entrega junto con el preaviso. Además, y puesto que la ineptitud ha de venir puesta en relación con las aptitudes requeridas para la actividad contratada, el artículo 39 del E.T. precisa, en su apartado tercero, que, en ningún caso, cabrá acudir a estas dos modalidades de ineptitud en aquellos supuestos en los que la falta de aptitud se produzca como consecuencia de una movilidad funcional a instancias del empresario. Por otra parte, pese a que no se contempla igual referencia en el art. 24 E.T., por el que se regula el régimen legal de los ascensos, los tribunales laborales han considerado que la no superación del periodo de prueba en el nuevo puesto no implicaría la ex-

---

24 Pese que se ha sugerido que la causa extintiva del art. 52.b guarda mayor relación con las previstas en el apartado 52.c que con la ineptitud regulada en el apartado 52.a (en este sentido, Monereo Pérez, 2017. p. 33) considero que existe una gran diferencia entre las causas de los apartados b y c, pues mientras la extinción por falta de adaptación no persigue amortización de los puestos de trabajo -al igual que sucede con la ineptitud sobrevenida del art. 52.a)- las causas del apartado c) tienen en común dicha amortización.

tinción del contrato, sino el regreso a las funciones desempeñadas con anterioridad. En uno y otro caso, esta limitación del juego de las causas extintivas analizadas solamente resultaría de aplicación en tanto no se haya consolidado el desempeño de las nuevas funciones, pasando las mismas a considerarse las funciones habituales de la persona trabajadora (Fita Ortega, 1997, p. 25)

En cuanto a las diferencias, considero que la más notable se refiere a la obligación empresarial de formar a la plantilla, así como de esperar un tiempo de adaptación, presente en la regulación de extinción por falta de adaptación a las innovaciones técnicas, que no se encuentra presente en los casos del artículo 52.a. Así considerado, podría concluirse que en el caso de la ineptitud del art. 52.a existe una obligación de quien presta sus servicios por mantenerse actualizado, mientras que en el segundo dicha obligación vendría matizada por la obligación del empresario de ofrecer una formación de adaptación y facilitar un período de transición.

Ahora bien, como ha destacado la doctrina (Quesada Segura, 1989, p. 56) en el caso de desaparición sobrevenida de las aptitudes técnicas (por ejemplo, en los casos de exigencia de una nueva titulación para el desempeño de la actividad profesional) lo razonable sería exigir una cierta permisividad a la empresa, concediendo un tiempo para la obtención de dicha titulación[25]. Sin embargo, no parece que los tribunales los tribunales laborales estén exigiendo ese plazo al margen de los casos en los que la propia normativa lo establezca, sin que

[25] Es el caso de la STJ de Cataluña, de 28 de abril de 2017 (rec. 1330/2017) en cuyos hechos probados se indica que la empresa concedió un plazo de seis meses para la obtención de la homologación de la especialidad, declarando la procedencia del despido por ineptitud al no haberse acreditado dicho extremo en el plazo convenido.

se contemple la posibilidad de prorrogar el contrato más allá del momento en el que el requisito administrativo sea efectivamente requerido para prestar la actividad[26].

En todo caso, cabe plantearse la cuestión del deslinde entre las causas extintivas reguladas en los apartados a) y b) del artículo 52, que deriva de la identificación de aquello que constituyan *modificaciones técnicas operadas en el puesto de trabajo* -reconducibles al art. 52.b)- y la ineptitud técnica, resultado de la falta de acreditación de los conocimientos profesionales por parte de la persona trabajadora[27]. Teniendo en cuenta la definición de causas técnicas empleada por la jurisprudencia del Tribunal Supremo e incorporada por el legislador en el E.T., donde se definen las causas técnicas en relación con los cambios, entre otros, en el ámbito de los medios o instrumentos de producción (arts. 47, 51 y 82 E.T.) y considerando la teleología del precepto, debe concluirse que en la ineptitud por razones técnicas no interviene la voluntad empresarial, cosa que sí acontece en la falta de adaptación a las innovaciones técnicas *introducidas* -por el empresario- *en el puesto de trabajo,* siendo claro que el ámbito en el que opera en este caso la falta de adaptación lo constituye el puesto de trabajo, y no la falta de aptitudes técnicas que operen en la esfera de la profesión desempeñada por la persona trabajadora.

A este último supuesto cabría reconducir, de no tener una regulación propia, los casos de extinción del contrato indefinido por motivos inherentes a la persona trabajadora en el sector de la construcción, como consecuencia de la inadecuación de la capacidad del trabajador a las nuevas obras que tenga la empresa, *incluso tras un proceso de formación o recualificación.* El régi-

---

26 Entre otras, STSJ de Madrid de 1 de octubre de 1998 (rec. núm. 4000/1998)

27 Supuesto que se aprecia en la STSJ de Galicia de 30 de noviembre de 2001 (rec. nº. 5188/2001)

men aplicable a estos supuestos (Disposición adicional tercera de la Ley 32/2006, de 18 de octubre) impone, efectivamente, la obligación para la empresa de efectuar una propuesta de recolocación, previo desarrollo, de ser preciso, de un proceso de formación, a quienes afecte la finalización de la obra en la que prestan servicios, de modo solamente cabrá la extinción a instancias del empresario cuando, bien la cualificación de la persona afectada no resulte adecuada a las nuevas obras que tenga la empresa en la misma provincia, incluso tras un proceso de formación o recualificación; o no resulte posible su integración en estas, por existir un exceso de personas con la cualificación necesaria para desarrollar sus mismas funciones; o bien no existan obras de la empresa acordes a su cualificación profesional, nivel, función y grupo profesional en la provincia en la que esté contratada la persona trabajadora. En estos casos, la normativa aplicable prevé la necesidad de preavisar a los afectados con una antelación de siete días a la efectividad del cese y el abono de una indemnización del siete por ciento calculada sobre los conceptos salariales establecidos en las tablas del convenio colectivo que resulte de aplicación y que hayan sido devengados durante toda la vigencia del contrato, o la superior establecida por el Convenio General del Sector de la Construcción.

La configuración legal de esta causa extintiva se acerca al *licenziamento per giustificato motivo soggettivo* italiano, dentro del cual se incluyen los supuestos de ineptitud sobrevenida al comprender los casos en los que el empresario retiene que la persona trabajadora haya dejado de ser idónea para desarrollar las funciones contratadas, lo que en nuestro ordenamiento constituye una causa de despido por motivos objetivos (defensa de la productividad de la empresa). Posiblemente, esta aproximación se deba porque en el supuesto extintivo previsto en la Ley 32/2006 el presupuesto objetivo de la extinción concurre desde el momento en que finaliza la obra o servicio a la cual se encuentre adscrito el contrato de trabajo del personal afectado por la extinción.

Para concluir con este apartado, cabría señalar que en estos casos de despido por causas objetivas no sería posible reconocer una indemnización por daños y perjuicios en favor de la empresa, dado que la ausencia de dolo o negligencia impediría reconocer la existencia del título generador de la misma. Por el contrario, el despido disciplinario por omisión de las obligaciones formativas, que se aborda a continuación, sí que podría generar responsabilidad por daños.

2.3. Extinción del contrato de trabajo por despido disciplinario

Junto a la posibilidad de extinguir el contrato de trabajo por despido objetivo como consecuencia de la no superación de la formación exigida a la persona trabajadora, procede adentrarse en el estudio de la posibilidad de proceder a un despido disciplinario relacionado con las obligaciones de formación[28].

En realidad, el despido disciplinario aparejado al deber de formación que incumbe a las personas trabajadoras siempre será posible cuando quepa reconducirlo a alguna de las causas recogidas en la lista cerrada (aunque configuradas de forma abierta) contenida en el artículo 54 del Estatuto de los Trabajadores, dado que los tiempos dedicados a la formación impartida por el empresario son considerados, como es conocido y ya se ha anticipado al hacer referencia a las faltas de asistencia o puntualidad, como tiempos de trabajo a los efectos de valorar la concurrencia de infracciones laborales. De este modo, las obligaciones que se imponen a las personas trabajadoras en la

---

[28] En cualquier caso, conviene recordar que la sanción con despido no agota el abanico de opciones en el ejercicio del poder disciplinario por parte de la empresa.

ejecución de la actividad productiva contratada se extienden, igualmente, sobre estos tiempos dedicados a la formación, constituyendo su omisión incumplimientos contractuales, que deben ser valorados conforme a los conocidos criterios de proporcionalidad, aplicando la doctrina gradualista en la valoración de la gravedad de las infracciones cometidas.

De todas las conductas constitutivas de infracción laboral previstas, resulta especialmente interesante detenerse en la indisciplina o desobediencia como causa extintiva[29]. El motivo para considerarlo así radica en las posibilidades que podrían argumentar las personas trabajadoras para negarse a realizar una formación exigida por la empresa con objeto de mantener o mejorar su competitividad.

Como punto de partida, resulta innegable que las empresas pueden imponer a sus plantillas el seguimiento de procesos de formación con objeto de mantener o mejorar su posición en el mercado, protegiéndose de este modo la eficiencia productiva de las empresas, las cuales se verían abocadas a una pérdida de la misma en caso de no poder adoptar medidas ante plantillas que no mantuviesen sus aptitudes y conocimientos profesionales. Como consecuencia, una negativa de las personas trabajadoras compelidas a su actualizar su formación podría conducir a la aplicación del régimen disciplinario.

Sin embargo, cabría plantearse la posibilidad de que la persona trabajadora esgrima otros intereses en juego que pudieran justificar su negativa. La doctrina del *solve et repete* que rige dentro del poder de organización y dirección empresarial, y por la cual se considera que no resulta factible acudir a la vía de hecho de autotutela del propio derecho, desatendiendo las

---

[29] Causa extintiva que, a menudo, aparece juntamente con la relativa a las faltas de asistencia o puntualidad. Así, por ejemplo, STSJ de Murcia de 12 marzo 2007 (rec. de Suplicación núm. 213/2007)

órdenes empresariales, sino que, si la persona trabajadora estima conculcados sus derechos, lo que debe hacer es ejercitar las acciones legales pertinentes[30], tiene, como es sabido, una excepción en la que se reconoce el *ius resistentiae.* Se trata de los casos en los que la persona trabajadora se encuentre frente a una orden ilegal, con impacto en derechos constitucionales, que excepcionalmente entra en juego cuando la orden recibida atente a la dignidad de la persona trabajadora, o resulte ilegal, abusiva o contraria a las exigencias laborales[31] y resulte, por consiguiente, carente de justificación[32].

Uno de los supuestos en los que podría apreciarse el derecho de oposición a la decisión empresarial sería el caso en el que la actividad formativa afectase a los derechos de conciliación entre vida laboral y personal, supuesto respecto del que la doctrina judicial ha reconocido el derecho a una compensación por daños morales tratándose de trabajadora con jornada reducida por cuidado de hijo menor que se vio obligada a acudir, durante varios días, a un curso de formación presencial fuera de la localidad del centro de trabajo, desatendiendo con ello a su hijo[33]. En estos casos, por lo demás, deberían seguirse actualmente las previsiones que el artículo 34.8 del Estatuto de los Trabajadores contempla para conciliar los intereses de empresa y personas trabajadoras, cuya inobservancia podría redundar en un aval al ejercicio del derecho de resistencia.

---

[30] Por todas, STSJ de Castilla La Mancha de 21 julio 2022 (rec. de Suplicación núm. 1003/2022)

[31] Abusiva *en extremo* o bien *totalmente* contraria a las mismas exigencias laborales, matiza la STSJ de la Comunidad Valenciana de 15 de septiembre de 2005 (rec. de Suplicación núm 1632/2005)

[32] Entre otras, STSJ de Extremadura de 29 abril 2019 (rec. de Suplicación núm.194/2019)

[33] STSJ de Asturias de 3 octubre de 2017 (rec. de Suplicación núm. 1938/2017).

Desde luego, por otra parte, una eventual valoración por parte de la persona trabajadora acerca de la innecesariedad, falta de justificación, o exigencia desproporcionada de la formación exigida, no resultaría encuadrable en el marco que exceptúa el deber de obediencia a la empresa, pues supondría ignorar el poder directivo empresarial derivado del principio constitucional de libertad de empresa. Otra cuestión es que pudieran tomarse en consideración tales circunstancias para, sin reconocer un derecho de resistencia, pero en aplicación de la doctrina gradualista, declarar improcedente un despido disciplinario fruto de la negativa de la persona trabajadora a realizar un curso de formación o especialización[34]. Así, la sentencia número 149/2017 del Juzgado de lo Social de Santander de 21 abril 2018 (procedimiento 105/2017) declara la improcedencia del despido por considerar que la reticencia -en la sentencia se insiste en que no hubo una pertinaz negativa- a participar en un curso de formación, encontrándose la persona trabajadora disfrutando de período vacacional y afectando a unos cometidos distintos a los que habitualmente venía desempeñando -aunque también desempeñados de forma ocasional- no justificarían la imposición de la más graves de las sanciones posibles teniendo en cuenta, además, otras circunstancias, como la constituida por el hecho que el trabajador despedido -varón- careciese de antecedentes disciplinarios pese a llevar 13 años prestando servicios para la empresa, y que no se hubiese constatado perjuicio material o económico en el patrimonio de ésta.

Sin embargo, existe un supuesto en el que, desde mi punto de vista, resulta cuestionable la obligación formativa impuesta por la empresa. Se trata de aquellos casos en los que la empresa tiene un interés efectivo en que se complete una determinada

---

[34] Frente a la declaración de nulidad del despido que procedería en caso de que el derecho de resistencia se reconociese por afectar la orden empresarial a algún derecho fundamental.

formación y que, con objeto de evitar no poder beneficiarse de dicha formación como consecuencia de una extinción del contrato a instancias de la persona trabajadora, se establezca un compromiso de permanencia en la empresa. Más aún cuando esa exigencia formativa, vinculada a pactos de permanencia, se reiteren en espacios breves de tiempo, lo que vendría a impedir, o cuando menos obstaculizar, el derecho a la libre elección de la profesión u oficio previsto en el art. 35 de la Constitución.

Podría considerarse, desde mi punto de vista, que en tales casos el pacto de permanencia se habría suscrito en una situación donde la voluntad de la parte trabajadora se encontraría viciada, ante la amenaza de perder el puesto de trabajo en caso de no recibir la formación precisa para seguir desempeñando la actividad productiva, a la que podría aparejarse, en virtud del artículo 21.4 del Estatuto de los Trabajadores, un pacto de permanencia. La aceptación del pacto en estas condiciones habría supuesto, al igual que señala la STS de 26 de junio de 2001 (recud. núm. 3825/2000), una *renuncia anticipada de derechos, proscrita por el art. 3º.5 del ET y abusiva por parte de la empresa, en los términos contemplados por el art. 7º.2 del Código Civil, de todo lo cual resulta que el contrato está afecto de nulidad parcial –en cuanto a la repetida cláusula–, siendo válido en el resto de lo pactado (art. 9º.1) del ET.* Así pues, en estas situaciones que pueden encontrarse, entre otras, en empresas tecnológicas en las que se trabaje bajo pedidos o proyectos, que requieran una constante de las competencias y aptitudes profesionales de quienes prestan sus servicios, la obligación formativa resultaría válida, pudiendo considerarse abusivo el pacto de permanencia suscrito en su virtud. En cualquier caso, sería deseable una previsión específica al respecto que evitase inseguridad jurídica para las personas trabajadoras que se vean en situaciones similares[35].

---

35 Estableciendo, por ejemplo, un período de tiempo mínimo entre dos pactos de permanencia suscritos consecutivamente.

3. CONCLUSIONES

Analizada la triple finalidad de las obligaciones formativas que pesan sobre la parte contractual débil del contrato de trabajo, así como las consecuencias de su incumplimiento, cabe hacer una breve reflexión acerca de aquellas que van encaminadas a la protección de la "empleabilidad" de las personas trabajadoras y las relativas a la defensa de la eficiencia productiva de las empresas.

Como se ha sugerido en el texto, éstas últimas guardan también conexión con las dirigidas a potenciar la "empleabilidad" de las personas, procurando la conservación del empleo mediante el progreso y actualización de su capacidad profesional, lo que, por otra parte, reforzará la posición de las personas trabajadoras en el mercado de trabajo, teniendo en cuenta que el contexto tecnológico y productivo actualmente existente, en rápida evolución, exige una casi permanente revisión de las aptitudes y capacidades profesionales, para su modernización y adecuación a este entorno cambiante.

Así pues, estas medidas, junto con las que proponen la promoción de la formación de las personas trabajadoras[36], tienden, en definitiva, a facilitar un aspecto de la premisa sobre la que se asienta la política de *flexiguridad* impulsada desde la Unión Europea, que no es otra que la de garantizar la protec-

---

[36] Entre ellas, las contenidas en los art. 47bis apartado 5; apartado segundo y décimo del art. 51; disposición adicional vigesimoquinta, o, fuera de las previsiones del E.T., o lo dispuesto en la Disposición adicional tercera de la Ley 32/2006, de 18 de octubre, reguladora de la subcontratación en el Sector de la Construcción, al regular la extinción del contrato indefinido por motivos inherentes a la persona trabajadora en el sector de la construcción, en redacción dada por el Real Decreto-ley 32/2021, de 28 de diciembre, de medidas urgentes para la reforma laboral, la garantía de la estabilidad en el empleo y la transformación del mercado de trabajo.

ción del ciudadano en el mercado de trabajo, facilitando las diversas transiciones que tienen lugar en él a lo largo de la vida de las personas, esto es, las transiciones que se suponen el salto de la escuela al mercado de trabajo; las que tienen lugar dentro del mercado de trabajo, ya sea desde el desempleo a la ocupación, desde ésta al desempleo, o las producidas por la mejora de las perspectivas profesionales o económicas, sin pasar por el desempleo, suponiendo el salto de un empleo a otro; o la que pone punto final a la trayectoria activa y que conlleva la salida del mercado de trabajo.

Por este motivo, entiendo que debiera dejar de valorarse estas obligaciones formativas como "la solución pro-empresario" del conflicto de intereses que subyace en su regulación laboral -esto es, el del trabajador a mantener su empleo y el del empresario a mantener o mejorar la eficiencia productiva de su empresa- (Albiol Montesinos *et al.* 1977, p. 69) y efectuar una lectura acorde con las verdaderas aspiraciones marcadas con las políticas de *flexiguridad* impulsadas desde la Unión Europea. En este sentido, la Comunicación de la Comisión al Parlamento Europeo, al Consejo, al Comité Económico y Social Europeo y al Comité de las Regiones, *Hacia los principios comunes de la flexiguridad: más y mejor empleo mediante la flexibilidad y la seguridad,* contempla, como uno más de sus principios comunes, la implicación en su consecución no solamente de quienes contratan, solicitan empleo y las autoridades públicas, sino también de las personas trabajadoras, sustentándose la *flexiguridad* sobre el equilibrio entre los derechos y las responsabilidades de todos estos agentes (Comisión de las Comunidades Europeas, 2007, aptado. 2).

Desde semejante perspectiva, las obligaciones formativas que recaen sobre las personas trabajadoras contribuirían a que las empresas sean capaces de adaptar su mano de obra a unas condiciones productivas cambiantes, teniendo la posibilidad de contar con quienes dispongan de una mejor combinación de capacidades y que sean más productivos y adaptables, aumentando así su capacidad de innovación y su competitividad[37]. Además, tales obligaciones redundan en beneficio de los propios sujetos obligados, dado que *los ciudadanos necesitan cada vez más la seguridad del empleo, y no la del puesto de trabajo, ya que cada vez son menos los que conservan el mismo puesto de trabajo de por vida* (Comisión de las Comunidades Europeas, 2007, aptado. 1).

No es esta, por lo demás, una perspectiva desconocida en la rama social del Derecho, en la que los deberes de formación que incumben a las personas trabajadoras también se encuadran dentro de los mecanismos para facilitar la transición de la ocupación al desempleo, exigiéndose a quienes perciben prestaciones vinculadas al desempleo que, entre otras cosas, participen en los programas de empleo o en acciones de promoción, formación o reconversión profesionales que establezcan los servicios públicos de empleo (art. 299.1.f de la Ley General de Seguridad Social).

REFERENCIAS BIBLIOGRÁFICAS

Albiol Montesinos, Ignacio, Camps Ruiz, Luis Miguel, Juaniz Maya, Juan Ramón, López Gandía, Juan, Ramírez Martínez, Juan Manuel y Sala Franco, Tomás (1977) *Nueva regulación de las relaciones de trabajo,* Cosmos, Valencia.

Alfonso Mellado, Carlos Luis (1994) *Indemnizaciones entre empresarios y trabajadores antes y durante el desarrollo de la relación laboral.* Tirant Lo Blanch. Valencia.

---

[37] Favoreciéndose, de este modo, con el objetivo declarado en el preámbulo del Real Decreto-ley 32/2021, de 28 de diciembre, de medidas urgentes para la reforma laboral, la garantía de la estabilidad en el empleo y la transformación del mercado de trabajo, esto es, *que las empresas compitan sobre la base de factores como la productividad, la eficiencia y el nivel de formación y de capacitación de la mano de obra, así como de la calidad de sus bienes y servicios y su grado de innovación.*

Alzaga Ruiz, Icíar (2023) "El despido del trabajador por falta de adaptación a las modificaciones técnicas en su puesto de trabajo". *Revista de Derecho Social*, núm. 104.

Ballester Pastor, Inmaculada (2023) "Subrogación contractual vía convencional y posterior detección de la falta de titulación del trabajador requerida en el pliego de condiciones: despido procedente por ineptitud sobrevenida". *Revista de Jurisprudencia Laboral*, núm. 5.

Comisión de las Comunidades Europeas (2007) *Hacia los principios comunes de la flexiguridad: más y mejor empleo mediante la flexibilidad y la seguridad.* COM(2007) 359 final.

Díaz de Rábago Villar, Manuel (2008) "Pretensiones indemnizatorias de daños y perjuicios por los empresarios frente a sus trabajadores. (Reflexión sobre su procedencia y exposición sistemática de pronunciamientos del Tribunal Supremo y Tribunales Superiores de Justicia)", *Revista Doctrinal Aranzadi Social* núm.21 (BIB 2008\3092)

Fita Ortega, Fernando (1997) *La ineptitud como causa de extinción del contrato de trabajo.* Tirant Lo Blanch.

González Ortega, Santiago (1980) "La ineptitud como causa de despido y su relación con los supuestos de incapacidad del trabajador para realizar la prestación laboral". *Revista de Politica Social*, núm. 187.

Monereo Pérez, José Luis (2017) *Despido objetivo por ineptitud e incapacidades laborales. Estudio técnico y jurídico-crítico de su régimen jurídico,* Bomarzo. Albacete.

Oteros Valcarce, Gabriel (2010) "El despido derivado de la inhabilitación profesional". *Revista Doctrinal Aranzadi Social,* núm. 12.

Quesada Segura, Rosa (1989) "Tendencias recientes de la jurisprudencia sobre la ineptitud del trabajador como causa de despido". *Temas laborales: Revista andaluza de trabajo y bienestar social,* núm. 16.

Requena Montes, Óscar (2019) *Los derechos individuales de formación en el artículo 23 del Estatuto de los Trabajadores* Tirant Lo Blanch. Valencia.

Requena Montes, Óscar (2020) *La formación continua de los trabajadores.* Cinca, Madrid.

Rivero Lamas, Juan (1992) "La extinción del contrato de trabajo por causas objetivas: criterios jurisprudenciales", en *Revista General del Derecho,* núm. 573.

Sánchez Trigueros, Carmen (1998) "La ineptitud psicofísica como causa extintiva del contrato de trabajo". *Revista Doctrinal Aranzadi Social,* núm. 33.

La formación como elemento clave en el despido objetivo por falta de adaptación

RAQUEL POQUET CATALÁ
Profesora asociada de Derecho del Trabajo y de la Seguridad Social
Universitat de València

1. INTRODUCCIÓN

En consonancia con las líneas internacionales orientadas a la formación continua y permanente como instrumento clave del mercado laboral, el derecho a la formación se convierte en una garantía de la empleabilidad de las personas trabajadoras.

La reforma de 2012 incide en la formación de la persona trabajadora para adaptarse a los cambios operados, pasando a ser obligatoria y a cargo de la empresa, al disponer que: "previamente el empresario deberá ofrecer al trabajador un curso dirigido a facilitar la adaptación a las modificaciones operadas", y que "el tiempo dedicado a la formación se considerará en todo caso tiempo de trabajo efectivo". Se incorpora así dentro de los derechos de la persona trabajadora en la relación laboral el de la promoción y formación profesional en el trabajo, con referencia expresa a aquella dirigida a posibilitar su adaptación a las posibles modificaciones efectuadas en su puesto de trabajo, así como el relativo al desarrollo de acciones formativas para favorecer su empleabilidad.

En esta línea, se sitúa también el art. 52 b) ET que recoge la obligación empresarial de proporcionar acciones de formación dirigidas a la adaptación de las competencias y habilidades de la persona trabajadora a las modificaciones técnicas que ya han tenido lugar en su puesto de trabajo.

2. LA FALTA DE ADAPTACIÓN COMO CAUSA DE DESPIDO OBJETIVO

2.1. Conceptuación

El art. 52 b) ET señala que el contrato de trabajo se puede extinguir "por falta de adaptación del trabajador a las modificaciones técnicas operadas en su puesto de trabajo, cuando dichos cambios sean razonables".

El fundamento último de esta causa extintiva se halla en el derecho de la empresa a avanzar en el progreso técnico y la innovación tecnológica de su proceso productivo, y en el correlativo deber de la persona trabajadora de perfeccionamiento profesional (Alzaga Ruiz, 2011: 111). No cabe duda, en este sentido, de que el conflicto entre el art. 4.2 b) ET, que consagra el derecho a la promoción profesional, y el art. 5 e) ET, que impone al trabajador el deber básico de "contribuir a la mejora de la productividad", se resuelve en el art. 52 b) ET que regula la extinción del contrato de trabajo por falta de adaptación de la persona trabajadora a las modificaciones técnicas introducidas en su puesto de trabajo. Si la persona trabajadora, a pesar de cumplir con dicha obligación, no es capaz de amoldarse a las nuevas exigencias de su puesto de trabajo, entra en juego el art. 52 b) ET, posibilitando así el despido objetivo.

No debe olvidarse que esta figura jurídica es el resultado también de las orientaciones europeas que, como medidas de flexiseguridad, abogaron por la "gestión preventiva del empleo" (Fundae, 2022) con el fin de evitar posibles desajustes entre las competencias de las personas trabajadoras y los cambios que se produjeran en la forma de prestar servicios y de la organización productiva (Exposición de Motivos L 30/2015).

Según un sector doctrinal (Briones González, 1995: 181) esta causa de extinción del contrato de trabajo tiene cuerpo de despido objetivo y alma de movilidad funcional, hallándose su fundamento en la situación de excesiva onerosidad a la que se ve expuesta la empresa al mantener en su puesto de trabajo a una persona trabajadora que no puede adaptarse a las innovaciones técnicas (Arias Domínguez, 2005: 156).

Se configura, pues, como una vía para garantizar el derecho a la estabilidad en el empleo ex art. 35.1 CE para que el despido objetivo por falta de adaptación sea la última medida a tomar, ya que se está ante un conflicto entre los dos intereses diferentes: el progreso técnico por parte de la empresa y el derecho de la persona trabajadora de mantener y conservar su puesto de trabajo.

Como ejemplo de manual se halla la introducción de un nuevo programa informático, o bien, aquel cambio informático operado en el puesto de trabajo donde la persona trabajadora no llega a adaptarse[1].

2.2. Elementos configuradores

2.2.1. Modificación de carácter técnico

En primer lugar, se exige que la modificación que se produzca en el puesto de trabajo debe ser técnica. Cabe entender

---

1 STS de 21 de junio de 1988 (TOL2.360.386); SSTSJ Madrid, de 28 de enero de 2014, rec. núm. 2058/2013 (TOL4.117.331); Andalucía, de 9 de junio de 2010, rec. núm. 948/2010 (TOL2.066.896); Andalucía, de 12 de noviembre de 2002, rec. núm. 2799/2002.

también incluido aquel cambio tecnológico, pues así se recogía en la primera versión del precepto, y así cabe deducirlo de la definición que se da de causas técnicas cuando se justifica la suspensión o extinción del contrato o la inaplicación de ciertas condiciones laborales previstas en el convenio colectivo aplicable, al señalar que dichas causas concurren cuando se produzcan cambios "entre otros", en el ámbito de los medios o instrumentos de producción.

La modificación técnica ha de estar referida a los medios o instrumentos de trabajo, a los medios de producción, los cuales han quedado obsoletos o ya no cuentan con la funcionalidad que se requiere para poder seguir con la productividad empresarial.

Esta modificación ha de ser de tal entidad que obligue a la persona trabajadora a llevar a cabo un esfuerzo de adaptación, y es en ese esfuerzo cuando la persona trabajadora se ve imposibilitada para adaptarse a los cambios experimentados en el puesto de trabajo, abriéndose así la vía del art. 52 b) ET[2].

Lógicamente, la empresa deberá demostrar que existe un cambio técnico en el puesto de trabajo de la persona trabajadora frente al cual esta no ha podido adaptarse, no siendo suficiente, pues, que la empresa alegue sin más la falta de capacidad de la persona trabajadora[3].

Las modificaciones técnicas que afecten al modo de prestar el trabajo, esto es, que supongan una realización de funciones diferentes según el art. 39 ET, no entran en el ámbito de aplicación del art. 52 b) ET, pues el propio art. 39.3 ET excluye,

---

2 STCT de 28 de abril de 1981, que señala que "lo fundamental, como con acierto señaló el Magistrado, es que quede probado de manera indubitada la necesidad del cambio tecnológico".

3 STSJ País Vasco, de 30 de mayo de 2006, rec. núm. 469/2006 (TOL1.043.869).

de forma expresa, la posibilidad de "invocar como causa de despido objetivo la ineptidud sobrevenida o la falta de adaptación en los supuestos de realización de funciones distintas de las habituales como consecuencia de la movilidad funcional".

2.2.2. Modificación en el puesto de trabajo

El segundo requisito a tener en cuenta para estar ante esta causa extintiva es la referente a que las modificaciones afecten a "su puesto de trabajo". Cabe preguntarse, en primer lugar, lo que debe entenderse por puesto de trabajo. De la conjunción de los arts. 11.4 e) y 17.4 ET, se deduce que existe una cierta contraposición entre el puesto de trabajo y el grupo profesional, pues el puesto de trabajo, además del elemento de espacio físico, puede referirse a la concreta actividad o actividades que son atribuidas a la persona trabajadora.

Por otro lado, se ha planteado si la modificación debe serlo sobre el puesto de trabajo o sobre el empleo de la persona trabajadora. Un sector de la doctrina científica manifiesta que del análisis conjunto de los arts. 23.1 d), 52 b) y 4.2 ET, referidos a la formación con fines adaptativos, el citado art. 52 b) ET se refiere a su "empleo", entendiéndolo con un sentido más amplio, esto es, referido al conjunto de aspectos o condiciones que pueden influir en la conservación de la relación laboral[4]. De hecho, así debería interpretarse, cuando se entiende el derecho a la formación profesional como el derecho que tiene la persona trabajadora de tener garantizadas las condiciones adecuadas en el sentido de que se halle siempre en disposición de adaptarse a las modificaciones que puedan poner en peli-

---

4 SSTSJ Canarias, de 15 de abril de 2009, rec. núm. 977/2008 (TOL6.727.563); Madrid, de 24 de noviembre de 2014, rec. núm. 622/2014 (TOL4.641.190).

gro su continuación en la empresa o en el empleo (Requena Montés, 2019).

En definitiva, debe entenderse que, tal y como está redactada la actual normativa, el art. 52 b) ET se refiere a los cambios en el puesto de trabajo.

2.2.3. Relación de causalidad entre la introducción de la modificación técnica y la inadaptación del trabajador

En tercer lugar, se exige que la persona trabajadora no se adapte a la modificación introducida y no que pudiendo desempeñarlo correctamente no quiera hacerlo, de tal forma que se requiere la existencia de una relación de causalidad entre la inadaptación de la persona trabajadora y la introducción de una modificación tecnológica en su puesto de trabajo[5].

La no adaptación de la persona trabajadora conlleva una disminución de su rendimiento habitual o del rendimiento que resulta exigible de acuerdo con las características del puesto de trabajo, lo cual tiene su razón de ser en las modificaciones técnicas introducidas, y dicha disminución debe ser probada por la empresa[6]. Por tanto, no es que la persona trabajadora debe tener un rendimiento mayor al que tenía con anterioridad, sino que únicamente se le puede exigir el mismo que tenía con anterioridad a la modificación.

En este sentido, la doctrina judicial considera que no existe relación de causalidad cuando la empresa implanta un nuevo método multimedia a la programación lectiva de las clases de

---

5 STSJ Madrid, de 24 de enero de 2005, rec. núm. 4956/2004 (TOL691.218).

6 SSTSJ País Vasco, de 13 de octubre de 2015, rec. núm. 1667/2015 (TOL5.585.920); Madrid, de 29 de enero de 2003, rec. núm. 4958/2002.

inglés en un centro educativo y la trabajadora ya no es profesora titulada de inglés, sino que imparte clases de apoyo, actividades y lectura[7].

2.2.4. Razonabilidad del cambio

En cuarto lugar, se requiere que el cambio o modificación introducida en el puesto de trabajo ha de ser razonable, término que constituye un concepto jurídico indeterminado. No obstante, la "razonabilidad" constituye un criterio nada concreto, sino más bien abstracto, que ha de ser contextualizado en función de la finalidad de la norma y la justificación de la decisión extintiva (Rodríguez-Piñero y Bravo Ferrer, 1983: 22).

La razonabilidad se relaciona, según la doctrina (Fernández Avilés; Caballero Pérez, 2014: 33) con el cambio en sí y no del modo en que incide en la persona trabajadora o la posibilidad que esta tenga para adaptarse al mismo. Sin embargo, otra parte vincula el juicio de razonabilidad al análisis de los factores subjetivos que concurren en cada caso. De cualquier forma, lo que tiene que tenerse en cuenta es que el cambio técnico pueda ser totalmente superado con la formación de la persona trabajadora, no impidiendo que, mediante el curso de preparación durante un periodo de tiempo, la persona trabajadora no pueda adquirir las capacidades u habilidades necesarias para seguir prestando servicios.

---

7 STSJ Madrid, de 10 de octubre de 2006, rec. núm. 2760/2006 (TOL1.034.638).

2.2.5. Transcurso de dos meses desde la introducción de la modificación técnica

En quinto lugar, el art. 52 ET exige, además, que haya transcurrido un periodo de dos meses como mínimo desde que tuvo lugar la modificación técnica en el puesto de trabajo. Por tanto, la empresa deberá esperar dicho plazo para poder alegar dicha causa de despido.

Este periodo de dos meses se configura como un plazo de espera o de gracia, y se computa desde la introducción del cambio o bien desde la finalización de la formación ofrecida a la persona trabajadora ((Fernández Avilés; Caballero Pérez, 2014: 264).

El plazo de dos meses halla su razón de ser en la consideración por parte del legislador como tiempo suficiente para que la persona trabajadora se adapte al cambio técnico, pues cuando se produce una novación técnica y se incorporan nuevos métodos productivos que la persona trabajadora no conoce, debe dársele a la persona trabajadora un plazo mínimo para que pueda adaptarse a dicho cambio. Es decir, se trata de permitir y dar la oportunidad a la persona trabajadora de adaptarse a los cambios operados en su puesto de trabajo[8].

Sin embargo, otro sector (Durán López, 1978, 90) aboga por entender que el art. 52 b) ET no fija la necesidad de que transcurran como mínimo dos meses desde que se produjo el cambio, "o el tiempo necesario para que el trabajador actualice sus conocimientos y aptitudes", sino que se otorga a la persona trabajadora un plazo mínimo para que se familiarice con los nuevos cambios, sin que se obligue a la empresa a alargar el período de adaptación si la persona trabajadora no ha logrado adquirir los nuevos conocimientos requeridos para el puesto.

---

8 STSJ Cataluña, de 5 de noviembre de 2002, rec. núm. 3796/2002.

2.2.6. Realización de un curso de reconversión o perfeccionamiento profesional

Por último, y no menos importante, es la realización de un curso de perfeccionamiento o reconversión profesional por parte de la persona trabajadora. Esta previsión se relaciona con el art. 4.2 b) ET el cual reconoce que en la relación de trabajo las personas trabajadoras tienen derecho "a la promoción y formación profesional en el trabajo", así como con el art. 23.1 d) ET que regula la "promoción y formación profesional en el trabajo". Y, como no, con el art. 19 LPRL que obliga a la empresa a garantizar que cada persona trabajadora reciba una formación teórica y práctica, suficiente y adecuada, en materia preventiva.

Al respecto, cabe señalar, en primer lugar, que este curso debe ser ofrecido de forma obligatoria por parte de la empresa, a diferencia de la anterior regulación, donde no lo era. El problema se plantea en la obligatoriedad para la persona trabajadora, de tal forma que un sector considera que sí lo es, por lo que su no realización podría conducir al despido[9]. No obstante, otro sector estima que, si la persona trabajadora se niega a realizar el curso de formación, pero se adapta al cambio técnico o tecnológico introducido sin haber realizado el curso de formación, no podría ser despedida por esta causa.

En segundo lugar, cabe destacar que el curso que recibe la persona trabajadora ha de ser adecuado, pues el art. 23.1 d) ET, en conjunción con el art. 52 b) ET, se refiere a que la formación debe ser "necesaria" para que la persona trabajadora pueda adaptarse a los cambios introducidos en su puesto de trabajo.

---

9 STSJ Andalucía, de 9 de junio de 2010, rec. núm. 948/2010 (TOL2.066.896).

En tercer lugar, en cuanto a la duración del curso formativo, el actual art. 52 b) ET no prevé ninguna duración máxima de tal forma que, si el curso durara más de dos meses, cabe entender que la empresa no podrá proceder a la extinción del contrato si el curso aún no ha finalizado y la persona trabajadora no ha podido demostrar su capacidad y adaptación al cambio introducido.

En cuarto lugar, por lo que se refiere a la situación en la que se encuentra la persona trabajadora durante el periodo de realización del curso de formación, cabe entender que no se produce una suspensión del contrato de trabajo, pues pese a que de la literalidad del art. 45 ET pudiera parecerlo, debe interpretarse que dicho periodo computa como tiempo de trabajo efectivo, ya que la persona trabajadora, aunque no lleva a cabo una actividad productiva de manera directa, sí realiza actividades que están indirectamente vinculadas con su prestación de trabajo. Ello comporta, en la práctica, partiendo de que el tiempo destinado a la formación es considerado tiempo de trabajo.

Además, por último, tal y como establece el art. 52 b) ET, durante el curso, la empresa debe abonar a la persona trabajadora "el salario medio que viniera percibiendo".

3. CONCLUSIONES

El art. 52 b) ET contempla la falta de adaptación de la persona trabajadora a los cambios operados en su puesto de trabajo como una situación de disminución involuntaria, no tanto del rendimiento que habitualmente ofrecía[10], sino de aquel

---

[10] STSJ Madrid, de 24 de enero de 2005, rec. núm. 4956/2004 (TOL691.218).

que, producida la modificación técnica[11], razonablemente resulta exigible de conformidad con la naturaleza del puesto de trabajo, la intensidad del cambio y las novedades o el grado de desviación que presenta respecta del objeto del contrato, la capacidad intelectual o la habilidad media de la persona trabajadora.

La justificación última de esta causa extintiva se halla en el derecho de la empresa de incorporar los avances tecnológicos a su proceso productivo, con el objetivo de mejorar la productividad y la competitividad.

La previsión del art. 52 b) ET referente al curso de formación que debe ofrecer la empresa tiene como finalidad reconocer y garantizar el derecho de la persona trabajadora a solicitar la formación necesaria para adaptarse a la evolución de su puesto de trabajo. Ahora bien, su declaración como derecho de la persona trabajadora no significa que no cabe entenderlo como una obligación de la persona trabajadora de seguir tales acciones formativas, pues así cabe deducirlo de su íntima relación entre la prestación de trabajo acordada y los contenidos de la acción formativa.

Esta formación que debe proporcionar la empresa debe estar previamente programada y estructurada para que sea completa, no siendo suficiente con unas meras indicaciones o una simple información de los cambios introducidos.

Por todo ello, la formación permanente de las personas trabajadoras constituye un elemento clave en el actual mercado laboral, tanto como vía para mantener y garantizar la empleabilidad, como para garantizar la reconversión y la reinserción al mercado laboral en casos de estructuraciones empresariales. Por tanto, la formación actúa como instrumento de política

---

11 STSJ Cataluña, de 18 de diciembre de 2014, rec. núm. 5209/2012 (TOL4.729.718).

activa de empleo, esto es, para suplir los vacíos de la formación educativa o profesional básica, y para proteger a la persona trabajadora frente al desempleo reinsertándolo en el sistema de trabajo.

REFERENCIAS BIBLIOGRÁFICAS

Alzaga Ruiz, Iciar. (2011). "El despido del trabajador por falta de adaptación a las modificaciones técnicas en su puesto de trabajo". *RDS*, (55).

Arias Domínguez, Ángel. (2005). *El despido objetivo por causas atinentes al trabajador. Ineptitud. Falta de Adaptación y Absentismo.* Aranzadi.

Briones González, Carmen. (1995). *La extinción del contrato de trabajo por causas objetivas.* MTSS.

Durán López, Federico. (1978). "El despido por circunstancias objetivas y la nueva ordenación del despido". *Revista de Política Social*, (117).

Fernández Avilés, José Antonio; Caballero Pérez, María José. (2014). "Despido por circunstancias objetivas". *Modalidades de extinción del contrato de trabajo: análisis de su régimen jurídico.* Comares.

Fundae (2022). *Permisos Individuales de Formación (PIF).* Disponible en https://www.fundae.es/trabajadores/solicita-tiempo-a-tu-empresa-pif

Monereo Pérez, José Luis. (2017). *Despido objetivo por ineptitud e incapacidades laborales. Estudio técnico y jurídico-crítica de su régimen jurídico.* Bomarzo.

Requena Montés, Óscar. (2019). *Los Derechos Individuales de formación en el artículo 23 del Estatuto de los Trabajadores.* Tirant lo Blanch (versión on line)

Rodríguez-Piñero y Bravo Ferrer, Miguel. (1983). "La movilidad del trabajador dentro de la empresa". *DL*, (9).

Alternativas al despido objetivo por ineptitud sobrevenida ante la falta de titulación de la persona trabajadora

PAULA LÓPEZ AGUADO
Investigadora no Doctora de Derecho del Trabajo y de la Seguridad Social
Universitat de València

1. LA EXTINCIÓN DEL CONTRATO DE TRABAJO POR INEPTITUD DE LA PERSONA TRABAJADORA DEL ARTÍCULO 52.A) DEL ESTATUTO DE LOS TRABAJADORES (ET)

La posesión de una determinada titulación o habilitación administrativa es necesaria para el desempeño y la ejecución de tareas propias de diversas profesiones e incluso para ocupar ciertos puestos de trabajo. Esta circunstancia obliga a las empresas a contar únicamente con personas trabajadoras que cumplan estos requisitos. Como consecuencia, deben adaptar su plantilla cuando se promulga una nueva exigencia de titulación para el desarrollo de una tarea.

Esta situación, en muchas ocasiones, se suele canalizar por el artículo 52 ET que, en su apartado a), recoge la ineptitud conocida o sobrevenida con posterioridad a la colocación efectiva del trabajador en la empresa como una de las causas de extinción del contrato de trabajo. Especificando a continuación que la ineptitud existente con anterioridad al cumplimiento de un periodo de prueba no podrá alegarse con posterioridad a dicho cumplimiento.

No existe un concepto cerrado ni una definición legal de ineptitud, por lo que han sido la doctrina (Sánchez Trigueros, 1998; AA.VV., 2009: 544; Alzaga Ruiz, 2016[1]) y la jurisprudencia[2] quienes han perfilado su significado: ausencia de destreza para la ejecución de las tareas laborales, manifestada como la inhabilidad o falta de competencia, y que se refleja en un rendimiento o productividad persistentemente bajo que no está vinculado con una actitud dolosa de la persona empleada.

El Tribunal Supremo (TS) integra dentro del concepto de ineptitud la "ausencia o falta de una condición legal o requisito específico, como puede ser la pérdida de una autorización o título habilitante para el ejercicio de la actividad" (STS, Sala de lo Social, de 23 de febrero de 2022, rec. 3259/2020 -TOL8.882.658), independientemente de la causa por la que el trabajador carezca de esa titulación o habilitación legal (Sempere Navarro, 2016). De esta forma se supera el criterio restrictivo de la STS, Sala de lo Social, de 2 de mayo de 1990 (TOL2.074.287)[3], que consideraba que los supuestos de impo-

---

1 Alzaga Ruiz (2016) relata que "La ineptitud consiste en la carencia de las condiciones adecuadas para realizar la prestación de servicios acordada. Es sinónimo de incapacidad, incompetencia, inhabilidad, torpeza o inutilidad. Engloba los supuestos de falta de conocimiento y/o habilidad para desempeñar un trabajo, así como los casos en los que, aun teniendo el trabajador los conocimientos y la habilidad para realizarlo, no puede prestarlo correctamente por causas físicas o psicológicas. En fin, comprende también los casos en los que, aun dándose los conocimientos, habilidad y posibilidad física o psíquica de prestar el trabajo, ello no es posible por carecer el trabajador de los requisitos legales que le autoricen a ello.".

2 Por ejemplo, la Sentencia del Tribunal Supremo -STS-, Sala de lo Social, núm. 177/2022 de 23 de febrero, rec. 3259/2020 (TOL8.882.658).

3 El TS en esta sentencia determinaba que la "falta de titulación, supondría, en todo caso, un supuesto de falta de capacidad legal para

sibilidad legal de desempeño del trabajo no se encuadraban dentro del concepto de ineptitud.

Los tribunales[4] también han delimitado los requisitos para la validez de la extinción del contrato por esta causa, concretando que la ineptitud i) ha de ser verdadera y no disimulada, ii) general y no relativa a algunas funciones o tareas concretas, iii) de cierto grado y que determine una aptitud de la persona trabajadora inferior a la media normal de cada momento, lugar y profesión, iv) referida a la persona trabajadora y no a los medios materiales o de trabajo y derivada de causas ajenas a la voluntad del trabajador, v) permanente y no meramente circunstancial, y vi) que afecte a las tareas propias de la prestación laboral (Montoya Medina, 2015).

No obstante, dado que no existe un concepto legal de ineptitud, este apartado es utilizado como una especie de cajón de sastre al que se redirige cualquier incumplimiento de los requisitos de titulación. Sin embargo, a lo largo del ET se recogen numerosas medidas temporales o definitivas que plantean soluciones alternativas a la extinción contractual por ineptitud, en muchas ocasiones, de manera más adecuada.

---

trabajar en una determinada actividad, pero en modo alguno podría entenderse como una ineptitud sobrevenida".

4 Entre muchas otras por citar una antigua y una reciente, Sentencia del Tribunal Superior de Justicia (STSJ) Navarra, Social, 31 de julio de 1997, rec. 349/1997; STSJ Andalucía (Granada), Social, 14 de diciembre de 2022 rec. 1055/2022 (TOL9.398.054).

2. ALTERNATIVAS A LA INEPTITUD SOBREVENIDA SEGÚN EL MOMENTO Y LA CAUSA DE LA FALTA DE TITULACIÓN O HABILITACIÓN ADMINISTRATIVA

2.1. La carencia originaria de titulación habilitante

En ocasiones, la persona trabajadora no dispone de la titulación necesaria para desarrollar la actividad desde el inicio de la relación contractual; sin que se haya producido una pérdida de la habilitación ni la obligación de contar con determinada titulación se deba a la promulgación de nuevas exigencias.

Si el empleador contrata a la persona trabajadora considerándola adecuada para el puesto de trabajo y con completo desconocimiento de su ineptitud para el desarrollo de las funciones que le serán encomendadas, se estará ante un error sobre las aptitudes de la candidata. Esto constituye un supuesto de vicio en el consentimiento sobre un elemento esencial del contrato, ya que, de haberse conocido la falta de titulación, no hubiera sido contratada. Esto conlleva la nulidad[5] relativa del contrato (art. 9 ET) por ser nulo el consentimiento prestado por la persona empleadora (Toscani Giménez, 2009; Asquerino Lamparero, 2019).

---

[5] El TS ha declarado ajustado a derecho el cese por nulidad del contrato por error en el consentimiento en varias ocasiones (SSTS, Sala de lo Social, de 28 de abril de 1986 - TOL2.322.066-, de 15 de enero de 1987 y de 26 de enero de 1998, rec. 2535/1997 - TOL5.117.293-), doctrina que ha sido recogida por diferentes TSJ (por citar alguna, STSJ Madrid, Social, núm. 438/2010 de 21 de junio 2010, rec. 1355/2010 -TOL1.941.726-; STSJ Cantabria, Social, núm. 1064/2005 de 20 de octubre de 2005, rec. 1355/2021 -TOL1.941.726-; STSJ Sevilla, Social, núm. 2725/2018 de 3 de octubre 2018, rec. 3015/2017 -TOL6.985.596-).

En el supuesto de que el error del empresario se deba a un actuar doloso de la persona empleada, quien oculta maliciosamente su situación o proporciona información falsa[6], el empresario podría proceder al despido disciplinario por transgresión de la buena fe contractual (art. 54 d) ET). Aunque la persona trabajadora no tiene obligación de comunicar circunstancias personales, la carencia de la titulación requerida para el trabajo la convierte en notoriamente incompetente (Toscani Giménez, 2009). Por ello, conforme al deber de buena fe, debería rechazar el puesto en vez de tratar de ocultar sus defectos de aptitud.

Por el contrario, en los casos en que no hay vicio del consentimiento porque la ineptitud sea originaria y conocida por la persona empleadora en el momento de la contratación, no puede alegarse posteriormente como causa de despido[7].

En síntesis, cuando antes de la formalización del contrato el trabajador carezca de la titulación o habilitación administrativa requerida para el desempeño de su puesto de trabajo, se puede recurrir a la nulidad del contrato o al despido disciplinario de la persona trabajadora, siendo determinante el momento en que el empleador conoció de la ineptitud (Sempere Navarro y

---

6 En este sentido la STS, Sala de lo Social, de 25 de marzo de 2014, rec. 1281/2013 (TOL4.281.544) considera válida la extinción (anulando la sentencia del TSJ) por error en la empresa empleadora (AENA) porque esta actúa de buena fe y conforme el principio de confianza mutua al contratarlo pues el trabajador había manifestado que cumplía los requisitos de titulación. Se trata de un error excusable pese a que la empleadora incumple su obligación de verificar a la vista de la documentación aportada la autenticidad de los datos facilitados por el candidato. También resuelve en el mismo sentida la STSJ Cataluña, Social, de 10 de julio de 2012, rec. 1359/2012 (TOL2.626.948).

7 SSTS, Sala de lo Social, de 7 de julio de 1986 (TOL2.320.758) y de 21 de diciembre de 1987 (TOL2.371.211).

Luján Alcaraz, 1996). Es destacable que ninguna de las alternativas mencionadas confiere a la persona empleada el derecho a percibir una indemnización derivada de la extinción de la relación laboral.

2.2. La pérdida de la titulación habilitante

2.2.1. Pérdida temporal

Cuando la pérdida de la titulación o requisito administrativo es temporal, por ejemplo, la pérdida temporal del carné de conducir en conductores profesionales, se espera la recuperación de la habilitación y, en consecuencia, la reanudación de la actividad. En estos casos, la respuesta empresarial más adecuada sería la suspensión del contrato de trabajo.

Sin embargo, la pérdida de titulación habilitante no está contemplada como una de las causas de suspensión del contrato de trabajo en el artículo 45 ET. Por este motivo, no existe la obligación empresarial de suspender el contrato de trabajo en lugar de proceder a su extinción.

La doctrina (Toscani Giménez y Alegre Nueno, 2009) ha interpretado que la pérdida de la autorización para el desempeño de las funciones, cuando se deba a un comportamiento del empleado ajeno al ámbito laboral, puede considerarse fuerza mayor temporal impropia. Esta interpretación se basa en que la pérdida de la habilitación conlleva la imposibilidad de prestar el servicio por parte del empleado y es un hecho sobrevenido externo al círculo de la empresa -fuera del ámbito de acción y de la voluntad del empresario-. En virtud del artículo 45.i) ET, esto permitiría proceder a la suspensión del contrato.

La fuerza mayor no desencadena automáticamente la suspensión del contrato de trabajo; es la autoridad laboral quien debe constatar su existencia (Mercader Uguina, 2022: 604), como recogen los artículos 47.5 y 51.7 ET y sus normas de desarrollo (artículo 31 a 33 del RD 1483/2012[8]). Aunque el ET no hace distinciones y sería posible aplicar la suspensión por fuerza mayor tanto derivada de la imposibilidad de actividad del empleador como por imposibilidad de prestación por el empleado (Monereo Pérez *et al.*, 2022: 567), debe ser la autoridad laboral quien considere que se trata de un supuesto de fuerza mayor. Es precisamente el procedimiento exigido para constatar la fuerza mayor, lo que sugiere que el legislador no contemplaba la posibilidad de incluir supuestos como la pérdida temporal de los requisitos habilitantes dentro de este apartado.

No obstante lo anterior, la suspensión del contrato de trabajo es la respuesta empresarial más acorde a la pérdida temporal de la titulación habilitante. Esta suspensión se podrá llevar a cabo mediante acuerdo entre las partes, como establece el artículo 45. a) ET. Ante la falta de acuerdo y considerando que no es un supuesto subsumible en la fuerza mayor, la resolución de la situación podría llevar a la adopción de medidas definitivas como el despido objetivo del trabajador por ineptitud sobrevenida[9].

---

8 Real Decreto 1483/2012, de 29 de octubre, por el que se aprueba el Reglamento de los procedimientos de despido colectivo y de suspensión de contratos y reducción de jornada. «BOE» núm. 261, de 30/10/2012.

9 Se ha considerado ajustada a derecho la extinción por ineptitud por pérdida del carné de conducir pese a ser temporal: STSJ Valladolid, Social, 18 de febrero 2008, rec. 104/2008 (TOL6.948.149); STSJ País Vasco, Social, 29 de septiembre 2005, rec. 1918/2005 (TOL787.978); STSJ Cataluña, Social, 7 de febrero 2019, rec. 6352/2018 (TOL7.131.268). Sin embargo, en otros supuestos se considera que la ineptitud para justificar una extinción debe de ser permanente y no meramente circunstancial: STS, Sala de lo Social, de 17 de julio de 1982; STSJ Aragón, Social, 25 de abril 2006, rec. 292/2006 (TOL1.063.782); STSJ Las Palmas, Social, 24 de enero 2020, rec. 1397/2019 (TOL7.989.211)).

2.2.2. Pérdida definitiva

En el supuesto de que la pérdida o revocación de la titulación habilitante sea definitiva, podría considerarse una condición resolutoria del contrato de trabajo (STSJ Madrid, Social, núm. 213/2011 de 28 de marzo, rec. 5602/2010 -TOL2.121.694-) consignada a *sensu contrario* en la propia exigencia de titulación. Esto conllevaría la extinción de la relación laboral en aplicación del artículo 49.1.b) ET, por las causas consignadas válidamente en el contrato. Esta interpretación ha sido recogida en algunos Convenios Colectivos como el provincial de Alicante de Salas de Bingo, que contempla la resolución del contrato ante la revocación, denegación o no renovación del carné de manipulador de alimentos[10].

Sin embargo, la jurisprudencia[11] opta frecuentemente, en estos casos, por aplicar la extinción del contrato de trabajo me-

---

10 Artículo 16 del Convenio Colectivo de Sector de SALAS DE BINGO (03001115011983) de Alicante Sector Provincial en su versión vigente desde el 16 de Marzo de 2022: "16.2) Cuando a la persona trabajadora se le revoque o deniegue la renovación del carnet de manipulador de alimentos, la empresa podrá suspender su relación laboral, a todos los efectos, incluso sin computar la antigüedad, produciéndose la siguiente situación: 16.3) Cuando el carnet de manipulador de alimentos caduque y la persona trabajadora no haya solicitado su renovación, la empresa suspenderá su relación laboral con la persona trabajadora, por un período de un mes; suspensión que lo será a todos los efectos en cuanto al cómputo de antigüedad. Transcurrido dicho plazo, si la persona trabajadora no se ha reincorporado con el carné profesional en vigor, se considerará extinguido su contrato automáticamente con efectos desde que perdió vigencia su carné profesional y sin derecho a indemnización alguna. Esta causa, por su propia naturaleza, se considera consignada válidamente en el contrato de trabajo, aunque expresamente no conste en el mismo; siéndolo de extinción (art. 49.1.b ET)."

11 En este sentido, STS, Sala de lo Social, de 2 de mayo de 1990 (TOL2.074.287); STSJ Canarias (Santa Cruz de Tenerife), Social,

diante despido objetivo por ineptitud conocida o sobrevenida del trabajador, según el artículo 52.a) ET, sin entrar a valorar la causa concreta de la pérdida de titulación. De este modo, el trabajador tendrá derecho a la indemnización de veinte días de salario por año de trabajo, con un máximo de doce mensualidades. Aunque, *stricto sensu*, solamente sería correcto si la pérdida de titulación o autorización administrativa se debe al deterioro de las facultades del trabajador.

Por su parte, si la pérdida de título profesional es imputable directa o indirectamente al empresario[12], no puede alegarse como causa de despido objetivo por ineptitud, del mismo modo que ante la movilidad funcional por decisión empresarial se restringe la posibilidad del despido por ineptitud o falta de adaptación del trabajador. Aceptar esta posibilidad otorgaría un poder absoluto a los empresarios para despedir a ciertos trabajadores a bajo coste, lo que constituiría fraude de ley (Toscani Giménez y Alegre Nueno, 2009). En este sentido, el despido objetivo por ineptitud sobrevenida provocada por el empresario devendría improcedente o nulo si se prueba que la conducta empresarial tenía finalidad discriminatoria (Toscani Giménez, 2009).

2.3. La promulgación de nuevas exigencias de titulación

La modificación de los requisitos para el desempeño de una profesión, por ejemplo, una ley educativa que reordene las ti-

---

14 de febrero 2000, rec. 3/2000; STSJ Castilla y León (Valladolid), Social, 14 de febrero 2005, rec. 27/2005 (TOL588.833).

12 Por ejemplo, se ha entendido que no concurre ineptitud en el caso de un trabajador de la administración pública que carecía de titulación por la no homologación de su título por error imputable a la referida administración (STSJ Andalucía (Málaga), Social, 20 de febrero 2003, rec. 2221/2002 -TOL1.203.587-).

tulaciones exigidas para impartir determinadas enseñanzas[13], puede ocasionar que un trabajador no esté capacitado para continuar en su puesto debido a la falta de formación o requisitos que la nueva normativa requiere.

En puridad, el profesional no ha perdido la capacidad para desempeñar su puesto de trabajo; sigue siendo igual de hábil, idóneo y con la misma preparación que en el instante anterior a la promulgación de la norma, lo que difícilmente encaja con el concepto de ineptitud sobrevenida. En estos casos, la empresa puede optar por la extinción del contrato de trabajo, pero también es posible adoptar medidas como la suspensión del contrato o el ofrecimiento de formación al trabajador para que obtenga la nueva titulación.

El artículo 23 ET recoge una serie de derechos individuales de formación del trabajador -por ejemplo, el derecho del trabajador a la adaptación de la jornada para la asistencia a cursos de formación profesional o el derecho a la concesión de los permisos oportunos de formación con reserva del puesto de trabajo- que permiten asistir a acciones formativas y conservar la vigencia del contrato (Requena Montes, 2019: 391). Estos derechos pueden ser una vía para que el trabajador obtenga la nueva titulación exigida, evitando así la extinción del contrato de trabajo.

Cuando se ejerce la opción de extinguir el contrato de trabajo, parte de la doctrina (Toscani Giménez y Alegre Nueno, 2009) argumenta que, ante la promulgación de estos nuevos requisitos, sería adecuado recurrir al despido objetivo por falta de adaptación del profesional del artículo 52.b) ET. Sin embar-

---

[13] Por ejemplo, el despido objetivo de una maestra que carecía del título de maestra de educación infantil exigido por la nueva normativa autonómica (STSJ Castilla-La Mancha, Social, 2 de noviembre 2010, rec. 832/2010 -TOL2.031.330-).

go, este precepto especifica que debe tratarse de una modificación técnica, lo que no encaja perfectamente con el caso de nuevas exigencias de titulación.

Ante un encaje imperfecto en la extinción por falta de adaptación y en la extinción por ineptitud sobrevenida (art. 52.a) ET), sería más recomendable utilizar el apartado b) de falta de adaptación. Esto concedería a la persona trabajadora el plazo de al menos dos meses[14] para que obtenga la nueva titulación exigida que, aunque en muchos casos resulte insuficiente, puede animarla a ejercer los derechos de formación.

En este sentido, si la persona empleada se negara a obtener el título necesario para su puesto de trabajo cuando el actuar empresarial denota la voluntad de continuar con la relación laboral, podría considerarse causa de despido disciplinario (Asquerino Lamparero, 2019).

Con todo ello, la jurisprudencia no contempla estas opciones y trata todas las carencias de titulación o de requisitos administrativos del trabajador como despido objetivo por ineptitud sobrevenida (Sempere Navarro *et al.*, 2009: 5).

3. ALTERNATIVAS A LA EXTINCIÓN CONTRACTUAL POR INEPTITUD RECOGIDAS EN LA NEGOCIACIÓN COLECTIVA

La negociación colectiva, en ocasiones, regula el procedimiento a seguir cuando la persona trabajadora carece del tí-

---

[14] El último inciso del artículo 52 b) dice que "La extinción no podrá ser acordada por el empresario hasta que hayan transcurrido, como mínimo, dos meses desde que se introdujo la modificación o desde que finalizó la formación dirigida a la adaptación".

tulo profesional o habilitación administrativa indispensables para su puesto de trabajo, la pierde o no la renueva.

Por ejemplo, para evitar el despido, el convenio colectivo puede establecer una excedencia especial con derecho a reserva del puesto, habitualmente sin derecho a remuneración, durante la pérdida del permiso de conducir cuando este es necesario para la profesión[15]; suspender el contrato de trabajo mientras dure la carencia de titulación habilitante[16]; hacer coincidir los primeros 30 días de carencia de habilitación con el disfrute de las vacaciones, incluso deduciéndolas de las futuras si ya hubiese disfrutado de las correspondientes a ese año[17]; suponer la suspensión del empleo y sueldo del trabaja-

---

15 Art. 28 del Convenio Colectivo de Sector de Industria De Panadería (05000105011981) de Ávila (BOP de 3 de febrero de 2020), art. 35 del Convenio colectivo del sector de Servicios de Ayuda a Domicilio y Afines del Principado de Asturias (BOPA 17 noviembre de 2022), art. 21 del Convenio colectivo de empresas de autoescuelas de la provincia de Guipúzcoa (BOG 18 de septiembre de 2006) y limitado a los supuestos en que al retirada del carnet de conducir es debido a conducir bajo los efectos del alcohol o de estupefacientes el art. 27 del Convenio Colectivo de Confiterías, pastelerías y venta de dulces (50000325011983) de la provincia de Zaragoza (BOP 26 febrero 2016).

16 Art. 40 del convenio colectivo de comercio alimentación (49000405011981) de la provincia de Zamora (BOA de 3 de diciembre de 2022), art. 54 del II Acuerdo general para las empresas de transporte de mercancías por carretera (99012735011900) (BOE de 29 de marzo de 2012) y art. 16 del Convenio Colectivo de Salas de Bingo (03001115011983) de la provincia de Alicante (BOP de 6 de junio de 2022) entre otros.

17 Art. 40 del convenio colectivo de comercio alimentación (49000405011981) de la provincia de Zamora (BOA de 3 de diciembre de 2022). Aunque según mi parecer, es cuestionable la legalidad de esta medida.

dor mientras dure la inhabilitación[18], o la movilidad funcional del mismo hacia un puesto que pueda cubrir con la titulación que posee[19].

El convenio colectivo también puede determinar que sea causa de despido disciplinario[20] la pérdida de habilitación cuando esta pérdida sea consecuencia de una sanción penal o administrativa. Del mismo modo, se podría establecer como causa de despido disciplinario los supuestos en que la falta de

---

18 A modo de ejemplo, el art. 29 del Convenio colectivo para el sector de fabricación y venta de pan (29000785011983) de la provincia de Málaga (BOM de 15 de febrero de 2018) prevé que la pérdida por más de dos meses del carné de conducir y del carné de manipulador de alimentos supongan la sanción de suspensión de empleo y sueldo. Si es por un periodo inferior se producirá la movilidad del trabajador a otro puesto que pueda realizar percibiendo la remuneración correspondiente a las funciones que realice.

19 Art. 19 del Convenio colectivo para las empresas y las personas trabajadoras de transporte sanitario de enfermos/as y accidentados/as (99000305011990) (BOE de 25 de septiembre de 2020), art. 10.5.3 del Convenio Colectivo Sector Agropecuario (46000255011982) Provincia De Valencia (BOP 8 de agosto de 2018), art. 24 del Convenio Colectivo de Sector de Limpieza Pública, Riegos, Recogida De Basuras, Limpieza Y Conservación De Alcantarillado (24002855011987) de León (BOP de 22 de marzo de 2018), art. 52 del Convenio Colectivo de Sector de Comercio Textil (04000115011982) de Almería (BOP de 2 de marzo de 2023) y art. 30 del Convenio Colectivo de Sector de Derivados Del Cemento (31003105011981) de Navarra (BON de 4 de julio de 2023).

20 Cuando se revoca la habilitación de un trabajador como personal de seguridad privada debido a la comisión de un delito doloso fuera de su horario y lugar de trabajo, procede aplicar el despido disciplinario en lugar del despido objetivo por ineptitud sobrevenida puesto que este actuar está previsto como falta muy grave en el convenio colectivo estatal de empresas de seguridad (STS, Sala de lo Social, de 2 de noviembre de 2022 rec. 2513/2021 -TOL9.292.939-).

renovación, o la pérdida, sean por voluntad de la persona trabajadora (Toscani Giménez, 2009).

Se observa que la negociación colectiva recoge multitud de alternativas según las circunstancias de carencia de habilitación y características del sector de actividad en concreto tratando de evitar acudir a la extinción del contrato de trabajo.

4. CONCLUSIONES

La extinción del contrato de trabajo por ineptitud sobrevenida ante la falta de titulación habilitante del trabajador es una medida prevista en el artículo 52.a) ET. Sin embargo, se ha abusado de la utilización de esta modalidad extintiva, extendiéndola a supuestos que no necesariamente implican una pérdida de habilidades por parte del empleado o, incluso, en los que la carencia de los requisitos formales para ocupar su puesto de trabajo es consecuencia de la actuación del trabajador.

El ET es rico en posibilidades y soluciones ante la mayoría de las contingencias que pueden ocurrir en la relación laboral. En este sentido, regula alternativas que pueden resultar más adecuadas según el momento y la causa de la falta de titulación. La suspensión del contrato de trabajo o la formación del trabajador son algunas de las opciones que deben considerarse antes de optar por la extinción del contrato por ineptitud sobrevenida.

Es criticable que, por facilidad y celeridad del procedimiento, se recurra a figuras como el despido objetivo por ineptitud sobrevenida cuando no se den los requisitos y características necesarios para aplicar esta modalidad.

Por este motivo, es importante que las empresas analicen cada caso concreto y adopten la medida que mejor se ajuste a las circunstancias, considerando tanto los derechos del trabajador como las necesidades empresariales. La aplicación de medidas alternativas a la extinción del contrato puede contribuir a mantener la relación laboral y a fomentar la adaptación de los trabajadores a los nuevos requisitos legales y profesionales. Esto beneficiaría a la persona trabajadora, quien no pierde su ocupación, y a la empresa, que no incurre en los costes de buscar y formar otro profesional que lo sustituya, y es acorde con el objetivo del mantenimiento del empleo.

Asimismo, es fundamental que la negociación colectiva regule la forma de actuar ante la carencia de titulación de las personas trabajadoras de su sector, teniendo en cuenta las particularidades y oportunidades que este ofrece. Este enfoque es especialmente relevante en un contexto de creciente profesionalización de la mayoría de las tareas, donde aumenta significativamente el número de títulos y habilitaciones administrativas requeridas a las personas trabajadoras. Del mismo modo, se reputaría beneficioso que los tribunales evitaran el uso de figuras como el despido objetivo por ineptitud sobrevenida como solución generalizada.

REFERENCIAS BIBLIOGRÁFICAS

AA.VV. (2009) *Enciclopedia Laboral Básica "Alfredo Montoya Melgar"* 1.º Edición Navarra: Civitas, 544.

Alzaga Ruiz, Icíar (2016) "Reflexiones sobre el despido del trabajador por ineptitud conocida o sobrevenida". Revista española de derecho del trabajo, 187, 31-59.

Asquerino Lamparero, María José (2019) "El tratamiento judicial del despido objetivo por ineptitud sobrevenida", *Nueva Revista Española de Derecho del Trabajo*, 216.

Mercader Uguina, Jesús (2022) *Lecciones de Derecho de Trabajo.* 15a Edición. Valencia: Tirant lo Blanch, pág. 604 y ss.

Monereo Pérez, José Luis; Molina Navarrete, Cristobal; Moreno Vida, María Nieves y Vila Tierno, Francisco, (2022) *Manual de Derecho del Trabajo,* Granada: Editorial Comares. pág 567.

Montoya Medina, David (2015) "La extinción del contrato de trabajo por causas objetivas: la ineptitud del trabajador", *Revista Do Tribunal Regional Do Trabalho Da 15ª Região Campinas*. 46.

Requena Montes, Óscar (2019) *Los derechos individuales de formación en el artículo 23 del Estatuto de los trabajadores*. Valencia: Tirant lo Blanch.

Sánchez Trigueros, Carmen (1998) "La ineptitud psicofísica como causa del extintiva del contrato de trabajo: STSJ Castilla y León-Burgos 7 de enero de 1998"; AS: Aranzadi social, 1, 2479-2484.

Sempere Navarro, Antonio Vicente (2016) "Causas del despido objetivo", en AA.VV. (Coord. Goerlich Peset, José María) *Comentarios al Estatuto de los Trabajadores. Libro Homenaje a Tomás Sala Franco*. 1ª Edición. Valencia: Tirant Lo Blanch.

Sempere Navarro, Antonio Vicente; Charro Baena, Pilar; Martín Jiménez Rodrigo y San Martín Mazzucconi Carolina (2009) Comentario al artículo 52 del Estatuto de los Trabajadores. *Extinción del contrato por causas objetivas*, p. 5

Sempere Navarro, Antonio Vicente y Luján Alcaraz, José (1996) "Significado y virtualidad de la extinción por ineptitud del trabajador debida a causas físicas", *Aranzadi Social*, núm. 59.

Toscani Giménez, Daniel (2009) "Delimitación conceptual de la ineptitud sobrevenida del trabajador". *Revista Doctrinal Aranzadi Social*, V. 2 (3), pp. 81-111.

Toscani Giménez, Daniel y Alegre Nueno, Manuel (2009) *El despido por ineptitud del trabajador*. Valencia: Tirant lo Blanch.

El cómputo del tiempo dedicado a la formación como tiempo de trabajo efectivo: supuestos controvertidos[1]

OLGA LENZI

Profesora Ayudante Doctora del Departamento de Derecho del Trabajo y de la Seguridad Social de la Universitat de València

ÓSCAR REQUENA MONTES

Profesor Permanente Laboral del Departamento de Derecho del Trabajo y de la Seguridad Social de la Universitat de València

1. INTRODUCCIÓN

El encuadramiento del tiempo dedicado a la formación profesional en la jornada de trabajo es una cuestión que, en los últimos años, ha venido suscitando diversos interrogantes jurídicos. En efecto, la formación profesional se configura como un derecho-deber para la persona trabajadora, pero el límite infranqueable de su contribución lo fija la jornada legal, en cuanto ésta constituye el único espacio temporal en que el tra-

1 Investigación realizada en el marco de los proyectos de investigación "La regulación de la formación para el empleo ante el reto de la transición digital, ecológica, territorial y hacia la igualdad en la diversidad" (CIGE/2022/171) y "Tiempo de trabajo en el nuevo contexto del empleo: corresponsabilidad, desconexión digital y disponibilidad" (CIGE/2022/141), ambos financiados por la Conselleria de Educación, Universidades y Empleo de la Generalitat Valenciana.

bajador se halla contractualmente obligado a poner su tiempo a disposición de la parte empresaria[2].

Básicamente, el artículo 34 del Estatuto de los Trabajadores (en adelante, ET) es el encargado de limitar la jornada y, por consiguiente, asegurar el derecho a unos tiempos mínimos para el descanso. Conforme a su apartado primero, el tiempo máximo de puesta a disposición que la empresa puede exigirle a la persona trabajadora coincidirá con la jornada de trabajo pactada en convenio colectivo o en los contratos de trabajo, la cual nunca podrá rebasar las cuarenta horas semanales de trabajo efectivo de promedio en cómputo anual. Nótese, en todo caso, que la duración máxima de la jornada ordinaria de trabajo se fija en relación con horas de "trabajo efectivo", de forma que solo el lapso temporal que tenga dicha consideración podrá ser computado dentro de los límites máximos de la jornada de trabajo; mientras que los restantes quedarán necesariamente al margen (Basterra Hernández, 2017: 42-43).

El deslinde del concepto de tiempo de trabajo y tiempo de descanso es, sin embargo, una cuestión compleja y controvertida. Prueba de ello son las recurrentes intervenciones por parte de las más altas instancias judiciales, tanto comunitarias como nacionales, tratando de demarcarlo y distinguirlo (Rodríguez Pastor, 2022: 31-35).

Cierto es que, en nuestro ordenamiento jurídico, se pueden encontrar diversas disposiciones legales y reglamentarias que expresamente equiparan a tiempo de trabajo efectivo el tiempo destinado a la formación que, de manera obligatoria, han de recibir los trabajadores para facilitar su adaptación a las modificaciones técnicas operadas en su puesto de trabajo (arts. 23.1.d y 52 ET); el tiempo invertido por los trabajadores en recibir formación teórica y práctica en materia de prevención de riesgos

---

2 STS de 26 de junio de 2003 (TOL 348.513).

laborales (arts. 19.4 ET y 19.1 y 2 LPRL); o, la formación en materia preventiva que deben recibir los delegados de prevención de riesgos para el ejercicio de sus funciones (art. 37.2 LPRL); no obstante, la realidad resulta ser mucho más intricada, como puede comprobarse, al menos parcialmente, a través del análisis de los conflictos solucionados en sede judicial.

A la luz de lo anterior, la presente investigación pone de manifiesto una problemática que, hasta el momento y salvo error u omisión por parte de quien escribe, ha despertado poco interés entre la doctrina *iuslaboralista*, incluso entre aquella más especializada en cuestiones formativas o de tiempo trabajo. En efecto, tras la debida revisión de la doctrina judicial, el capítulo finaliza con una crítica constructiva a dos supuestos particularmente interesantes.

2. TIEMPO DE TRABAJO *VS.* TIEMPO DE DESCANSO

Antes de adentrarnos en el análisis en torno al cómputo del tiempo dedicado a la formación como tiempo de trabajo, parece oportuno delimitar los conceptos de "tiempo de trabajo" y "tiempo de descanso". A tales efectos, se hace necesario tomar como punto de partida la Directiva 2003/88/CE del Parlamento Europeo y del Consejo, de 4 de noviembre de 2003, en cuanto fija una serie de disposiciones mínimas que, en términos generales, buscan mejorar las condiciones de vida y de trabajo de los trabajadores y, en particular, promueven la mejora de su seguridad y salud mediante una armonización de las normas nacionales relativas, en este caso, a determinados aspectos de la ordenación del tiempo de trabajo.

En concreto, esta norma comunitaria dispone, en su artículo 2, que por "tiempo de trabajo" se entiende "todo período durante el cual el trabajador permanezca en el trabajo, a disposición del empresario y en ejercicio de su actividad o de sus funciones, de conformidad con las legislaciones y/o prácticas nacionales" (apdo. 1°), en tanto que, por contraposición, el "tiempo de descanso" se corresponde con "todo período que no sea tiempo de trabajo" (apdo. 2°), añadiendo el apartado 9° del mismo precepto que un descanso adecuado se corresponde con "períodos regulares de descanso de los trabajadores, cuya duración se expresa en unidades de tiempo, suficientemente largos y continuos para evitar que, debido al cansancio o a ritmos de trabajo irregulares, aquellos se produzcan lesiones a sí mismos, a sus compañeros o a terceros, y que perjudiquen su salud, a corto o a largo plazo".

Se trata, pues, de dos conceptos binarios, que se excluyen mutuamente, sin prever la opción de que exista una categoría intermedia[3]. Es esta visión polarizada la que, a lo largo de los años, ha obligado al Tribunal de Justicia de la Unión Europea (TJUE) a emprender la ardua tarea de encuadrar las distintas circunstancias temporales que puedan suscitarse durante una jornada laboral en una u otra categoría, con las correlativas consecuencias, en términos de protección o desprotección, que de ello puedan derivarse (Cabeza Pereiro, 2022: 81).

En cualquier caso, la noción de tiempo de trabajo parece erigirse sobre la base de tres parámetros (Aragón Gómez, 2021a y Carrascosa Bermejo, 2022: 144-145): en primer lugar, la permanencia de la persona trabajadora en el lugar de trabajo; en segundo lugar, su sujeción al poder de disposición de la parte empresaria; y, por último, el ejercicio de su actividad o de sus funciones. Al respecto, es importante destacar que la STJUE de 10 de septiembre de 2015 (asunto C-266/2014, TOL 5.420.447*)* clarificó el significado de estar a disposición del empresario al afirmar que "para que se pueda considerar que un trabajador está a disposición de su empresario, este trabajador debe hallarse en una situación en la que esté obligado

---

3 Por todas, STJCE de 1 de diciembre de 2005 (asunto C-14/04, TOL 4.625.383).

jurídicamente a obedecer a las instrucciones de su empresario y a ejercer su actividad por cuenta de éste". Sin embargo, como se verá a continuación, de la interpretación realizada por el TJUE se desprende que la concurrencia de los dos primeros requisitos puede ser suficiente para catalogar un determinado período como tiempo de trabajo.

En efecto, en cuanto a las guardias presenciales, esto es, guardias realizadas por la persona trabajadora en régimen de presencia física en el lugar de trabajo, las SSTJCE de 3 de octubre de 2000 (asunto C-303/98, TOL 105.544), de 9 de septiembre de 2003 (asunto C-151/02, TOL 307.652) y de 1 de diciembre de 2005 (asunto C-14/04, TOL 4.625.383), han resuelto que, aun tratándose de períodos de inactividad en los que el personal sanitario tiene permitido descansar o dormir, la presencialidad constituye un elemento determinante para identificar dicho período como tiempo de trabajo. Esto significa, por tanto, que el hecho mismo de que el trabajador o trabajadora no desarrolle ningún tipo de actividad o función profesional en este lapso temporal no implica necesariamente que estemos ante un tiempo de descanso, máxime cuando la presencia física priva a la persona trabajadora de estar en el entorno social y familiar de su voluntad y administrar su vida privada con total libertad[4].

Más compleja resulta, en cambio, la calificación del tiempo de trabajo en el supuesto de guardias no presenciales ya que -como su propio nombre indica- son espacios temporales en los que la persona trabajadora no se halla presencialmente en el lugar de trabajo, pero está permanentemente localizada a disposición de la parte empresaria. Es decir, a diferencia de las anteriores, ni hay trabajo, ni hay presencialidad, no obstante, en función de las circunstancias concurrentes, éste puede ser

---

4 STJCE de 9 de septiembre de 2003 (asunto C-151/02, TOL 307.652).

considerado tiempo de trabajo en la medida en que se trata de espacios temporales que redundan en beneficio de la empresa.

Sobre este particular, las SSTJUE de 21 de febrero de 2018 (asunto C-518/15, TOL 6.512.488), de 9 de marzo de 2021 (asunto C-580/19, TOL 8.341.707), y de 9 de marzo de 2021 (asunto C-344/19, TOL 8.341.711), entre otras, han tratado de perfilar los criterios que debieran guiar los tribunales nacionales a la hora de valorar el carácter de estas guardias, resultando ser la propia naturaleza de las limitaciones impuestas sobre la persona trabajadora para organizar su tiempo y dedicarse a sus intereses personales y sociales el factor decisivo. Junto a éste, también se deberán tener en cuenta otros factores, tales como la brevedad del plazo en el que el trabajador debe incorporarse al trabajo, la frecuencia media de las prestaciones efectivas habitualmente realizadas durante cada uno de los períodos de guardia del trabajador, o la duración de dichas intervenciones.

A la vista de lo anterior, si trasladamos los criterios mencionados al tiempo de formación continua, entendido como aquel período formativo que la persona trabajadora destina a la adquisición de competencias, capacidades y actitudes necesarias para el correcto desarrollo de su profesión (Requena Montes, 2020), se deduce que éste podrá ser computado como tiempo de trabajo siempre que se realice a petición de la parte empresaria en la medida en que implicaría que el trabajador se encuentra a su disposición, con independencia de que esté prestando o no sus habituales servicios.

En términos similares se ha pronunciado el TJUE en la reciente sentencia de 28 de octubre de 2021 (asunto C-909/19, TOL 8.629.387), cuyo litigio tiene su origen en la presentación de una demanda por parte de un trabajador rumano que presta su actividad en el servicio voluntario para las situaciones de emergencia, concretamente en calidad de jefe de departamento de prevención, para la cual, la normativa rumana, exige "la cualificación o las competencias profesionales específicas", certificada mediante un dictamen formal de la inspección provincial. Para ello, el trabajador recibió instrucciones de su empresa a fin de que realizara un curso de 160 horas de formación profesional, con la importante particularidad de que éste se impartía en la sede del proveedor de los servicios de formación y, además, fuera de su horario normal de trabajo[5].

En efecto, a pesar de que la jurisprudencia rumana negase la consideración del tiempo dedicado a la formación como tiempo de trabajo, el TJUE ha concluido que "cuando un trabajador recibe de su empresario instrucciones de cursar una formación profesional para poder ejercer las funciones que ocupa y, por lo demás, el propio empresario ha firmado el contrato de formación profesional con la empresa que debe impartir dicha formación, procede considerar que, durante los períodos de formación profesional, dicho trabajador está a disposición de su empresario, en el sentido del art. 2, punto 1, de la Directiva 2003/88".

A juicio del tribunal, carece de relevancia que la obligación de efectuar el curso de formación profesional se derive de la normativa nacional, así como el hecho de que estos períodos de formación se realicen, total o parcialmente, al margen del horario ordinario del trabajador. Tampoco tiene importancia que el trabajador, durante el desarrollo del curso de formación, no lleve a cabo su actividad ordinaria, ni que el lugar en que el trabajador desarrolla la formación no coincida con el de trabajo habitual, pues como la propia sentencia aclara, se entiende por lugar de trabajo "todo lugar en el que el trabajador deba ejercer una actividad por orden de su empresario, incluso cuando ese lugar no sea el lugar en que ejerce habitualmente su actividad profesional". En concordancia con su doctrina en materia de tiempo de trabajo, lo realmente trascendente para

---

5 Un resumen detallado de la sentencia puede encontrarse en Rojo Torrecilla (2021).

el TJUE es que el trabajador está obligado por su empleador a cursar una formación necesaria para adaptarse a las exigencias de la vida laboral, en cuanto evidencia que se encuentra, jurídicamente hablando, a disposición del empresario[6]. Circunstancia esta última que, en el fondo, denota una significativa limitación de su libertad personal.

Es más, a este planteamiento se suma la Directiva 2019/1152 del Parlamento Europeo y del Consejo, de 20 de junio de 2019, relativa a unas condiciones laborales transparentes y previsibles en la Unión Europea, en cuyo artículo 13, enteramente dedicado a la formación obligatoria, dispone que: "En caso de que la legislación nacional o de la Unión, o los convenios colectivos, requieran que el empleador proporcione formación a un trabajador para que este lleve a cabo el trabajo para el cual ha sido contratado, los Estados miembros velarán por que dicha formación se proporcione gratuitamente al trabajador, se compute como tiempo de trabajo y, a ser posible, tenga lugar durante el horario de trabajo".

3. ¿EL TIEMPO DEDICADO A LA FORMACIÓN COMPUTA COMO TIEMPO DE TRABAJO EFECTIVO?

Siendo numerosos los puntos de conexión entre la regulación de la formación profesional de las personas trabajadoras y el régimen jurídico relativo al tiempo de trabajo, en este apartado conviene centrarse en uno de los aspectos que más litigiosidad presenta en materia de formación profesional continua y permanente, dadas las relevantes consecuencias sociojurídicas

---

[6] El profesor Beltrán de Heredia Ruiz (2021) vaticina que se trata "de una resolución con una importante incidencia a nivel interno", resaltando la repercusión que sobre la cuestión puede tener la expansión de la modalidad de formación *online*.

y económicas que de ello se derivan. Nos referimos a la calificación jurídica del tiempo que las personas empleadas invierten en acciones formativas.

3.1. Supuestos "pacíficos" de acciones formativas que computan como tiempo de trabajo efectivo

En primer lugar, conforme al reseñado régimen jurídico básico de la formación continua de los trabajadores resulta sencillo detectar ejemplos de acciones formativas que, al menos desde un punto de vista teórico y abstracto, no admiten dudas en cuanto a su cómputo como tiempo de trabajo efectivo. Y ello porque así lo declara de manera expresa e imperativa el precepto que lo regula, como se puede observar en los artículos 23.1.d) y 52.b) ET, en relación con la formación necesaria para la adaptación de los trabajadores a las modificaciones operadas en el puesto de trabajo, o en el artículo 37.2 LPRL cuando regula el derecho a la formación de los delegados de prevención en materia preventiva.

Y a la misma conclusión se debe llegar en lo que respecta a la formación que deben recibir los trabajadores en materia de prevención de riesgos laborales, ya que, si bien ni el artículo 19.4 ET ni el artículo 19 LPRL indican explícitamente que la asistencia a las acciones de formación preventiva tengan dicha consideración, ello se desprende, sin lugar a dudas, de: a) la obligación impuesta a la persona empleadora en cuanto a "garantizar que cada trabajador reciba una formación teórica y práctica, suficiente y adecuada, en materia preventiva tanto en el momento de su contratación, cualquiera que sea la modalidad o duración de esta, como cuando se produzcan cambios en las funciones que desempeñe o se introduzcan nuevas tecnologías o cambios en los equipos de trabajo" (art. 19.4 ET y 19.1 LPRL); b) la preferencia por su impartición dentro de la jornada de trabajo "o, en su defecto, en otras horas pero con el descuento en aquélla del tiempo invertido en la misma", y; c) la garantía -aquí sí expresa- de que el coste de esta formación "no recaerá en ningún caso sobre los trabajadores", permitiendo a la empresa impartirla mediante medios propios o concertándola con servicios ajenos (arts. 14 y 19.2 LPRL).

De hecho, a pesar de que los citados preceptos legales se refieran a la formación requerida concretamente "en el momento de su contratación" y "cuando se produzcan cambios", ello no es óbice para que una acción formativa con contenido preventivo deba computarse como tiempo de trabajo efectivo a partir de la formalización de la relación laboral, pese a que su seguimiento y superación se produjesen con antelación a la firma del contrato laboral, en calidad de aspirante al puesto de trabajo[7].

Igualmente, con independencia del tratamiento retributivo que merezca el tiempo que dedican los trabajadores menores de dieciocho años a la formación, el artículo 34.3 ET, en virtud del cual se prohíbe realizar más de ocho horas diarias de trabajo efectivo, declara que aquél computa a efectos de controlar la referida jornada máxima diaria.

Asimismo, sobre la formación teórica recibida en el marco de los *talleres de empleo* debió pronunciarse el TSJ de Madrid, mediante sentencia de 21 de octubre de 2002 (Rec. 3084/2002), reconociendo su consideración como tiempo de trabajo efectivo porque así lo establecía expresamente el artículo 4.2 de la Orden de 9 de marzo de 1999, condenando a la empresa al abono de horas extraordinarias[8].

---

7 SAN de 23 de diciembre de 2016 (TOL 5.952.200).

8 Adviértase que esta Orden fue derogada por la Orden del Ministerio de Trabajo y Asuntos Sociales de 14 de noviembre de 2001 y esta, a su vez, por el Real Decreto 818/2021, de 28 de septiembre.

En fin, atendiendo a la dispensa de la obligación de acudir al puesto de trabajo que supone un *permiso* laboral, todo aquel que no sea recuperable no deja de afectar a la jornada laboral, por lo que en este sentido también merecen ser destacados, por ejemplo, los permisos formativos previstos en el artículo 23 ET. Especialmente, el régimen jurídico de este tiempo formativo se asemeja al del tiempo de trabajo efectivo cuando tales derechos de ausencia ostentan la naturaleza de retribuidos, como ocurre con los permisos individuales de formación[9] y con el permiso formativo de hasta veinte horas anuales -acumulables por periodos de hasta cinco años- reconocido en el artículo 23.3 ET. Ahora bien, el reconocimiento legal como "permiso" da lugar a un derecho de ausencia y, en consecuencia, no existe realmente un derecho de los trabajadores "a recibir formación con cargo a la empresa" (STS de 20 de noviembre de 2019, TOL 7.628.238), aunque entre las vías previstas para que la empresa *voluntariamente* neutralice el derecho previsto en el artículo 23.3 ET se encuentre la de ofrecer y financiar acciones formativas en el marco de un plan de formación (Requena Montes, 2019: 287 y 404).

Por último, *sensu contrario*, también encontramos actualmente preceptos que manifiestan meridianamente que el tiempo destinado a la formación, pese a su naturaleza obligatoria y el debido respeto a los porcentajes mínimos establecidos legalmente (STSJ de Extremadura, de 4 de junio de 2019, TOL 7.357.627), no es computable como tiempo de trabajo efectivo, como ocurre, por tratarse de una modalidad contractual *sui generis*, con los periodos formativos del contrato para la forma-

---

9 Su regulación principal se encuentra en el art. 29 del Real Decreto 694/2017, de 3 de julio, por el que se desarrolla la Ley 30/2015, de 9 de septiembre, por la que se regula el Sistema de Formación Profesional para el Empleo en el ámbito laboral.

ción en alternancia[10]. A la formación en este tipo de contratos formativos, y más concretamente al correspondiente a la relación laboral especial de residencia para la formación de especialistas en Ciencias de la Salud[11], parece asimilarse, salvando las distancias que pueda haber entre cada regulación nacional, la de los "médicos de hospital especialistas en formación" de Irlanda, sobre la que tuvo que pronunciarse el TJUE[12], declarando que aquellos periodos formativos no encajaban en el concepto de "tiempo de trabajo".

3.2. La interpretación judicial del tiempo invertido en "formación permanente"

Al margen de los supuestos anteriormente mencionados, desde la entrada en el siglo XXI -y previamente, de manera excepcional- los tribunales han debido pronunciarse acerca de la naturaleza jurídica del tiempo dedicado a la *formación permanente.* A continuación se presenta, conjugando al mismo tiempo el orden *cronológico, sectorial y temático,* la casuística que ha ido enriqueciendo el debate, dejando para más adelante, una vez explicada la doctrina que se ha venido asentando al respecto, el análisis crítico de la solución ofrecida en el último lustro a dos cuestiones de particular interés.

3.2.1. Un precedente judicial de interés

La asistencia a un curso de perfeccionamiento profesional debe considerarse tiempo de trabajo efectivo si así lo prevé el

---

10 Art. 11.2.i) y m) ET. Respecto de esta modalidad contractual véase, en esta misma obra, el capítulo firmado por Pilar Fernández Artiach.

11 Art. 2.1.j ET y Real Decreto 1146/2006, de 6 de octubre.

12 En sentencia de 9 de julio de 2015 (C-87/14, TOL 5.196.915).

convenio o acuerdo colectivo y se cumplen los requisitos establecidos en el mismo, con independencia de que la circular a través de la cual se ofreció el curso por la empresa indicase expresamente que el curso era voluntario y no devengarían ningún tipo de compensación. Este es el criterio, contrario a la sentencia de instancia, que acogió el TSJ del País Vasco en sentencia de 26 de noviembre de 1996 (Rec. 3537/1995).

En concreto, la trabajadora, auxiliar de clínica adscrita al Servicio de Radiodiagnóstico de un hospital del Servicio Vasco de Salud (SVS), había realizado un curso de 35 horas organizado por el hospital para Operadoras de Radiodiagnóstico Nuclear. El acuerdo colectivo preveía una ayuda por estudios de perfeccionamiento profesional, consistente en que el tiempo dedicado a este menester se considerase como trabajo efectivo, estableciendo dos requisitos para su goce: a) la vinculación directa de los estudios con la función o el puesto de trabajo -el cual entiende superado el tribunal vasco pese a que los auxiliares de clínica no tenían la capacidad profesional para el manejo de los aparatos de radiodiagnóstico-, y; b) que la asistencia a los mismos fuese a instancia del SVS. En relación con este segundo requisito y a los términos empleados por la empresa en su comunicado, dirigido a todo personal independientemente de su puesto o función, se termina apuntando en la resolución judicial que "ninguna circular de esta naturaleza puede alterar los derechos recogidos en un acuerdo o pacto colectivo". Argumento, este, que rescataremos más adelante.

En cambio, un curso de formación sobre "trato con el cliente" que la empresa comunicó a los cobradores de peaje mediante anuncio insertado en el tablón y carta personal, con una duración de 8 horas por sesión (16 horas en total) se interpretó que constituía formación voluntaria y, por lo tanto, no equiparable a tiempo de trabajo a los efectos de, conforme al convenio colectivo, gozar de un mayor número de días de descanso cuando el seguimiento de tales acciones formativas se realizase en festivo[13].

3.2.2. La formación profesional específica del personal de seguridad y vigilancia

Sin perjuicio de los aspectos novedosos y matices que aportarán otras resoluciones judiciales posteriores, si debemos destacar una sentencia en lo que se refiere a la calificación del tiempo formativo como tiempo de trabajo sería, desde luego, la dictada por el Tribunal Supremo con fecha de 25 de febrero de 2002 (TOL 163.152)[14], que pronto sentaría jurisprudencia (STS de 18 de abril de 2002, TOL 4.972.570). El conflicto radicaba en el hecho de que las empresas de seguridad no venían abonando a sus trabajadores las horas empleadas en la formación permanente, a la que se refería el artículo 57 del Reglamento de Seguridad Privada[15], cuando esa actividad se desarrollaba fuera de la jornada laboral.

---

13 STS de 26 de septiembre de 2006 (TOL 1.018.602).

14 No solo por ser la primera en la que el Alto Tribunal debía pronunciarse sobre esta concreta cuestión, sino también por la complejidad del asunto -como se reconoce en la propia sentencia-, su grado de afectación –"unos 60.000 trabajadores del Sector de Seguridad Privada"- y la creciente litigiosidad que venía observándose -véase, en este sentido, el FJ segundo de la STS de 18 de abril de 2002, TOL 4.972.570-. Asimismo, fue merecedora de, al menos, un detallado comentario doctrinal, donde se destacaba el "alto nivel sensitivo" con el que se abordan las "particulares circunstancias concurrentes" (Miñarro Yanini, 2003: 48).

15 Disponía el precepto convencional: "al objeto de mantener al día el nivel de aptitud y conocimientos necesarios para el ejercicio de las funciones atribuidas al personal de seguridad privada, las empresas de seguridad, a través de los centros de formación autorizados, habrán de garantizar la asistencia de su personal de seguridad privada a cursos, adaptados a las distintas modalidades de personal, de

A diferencia de la Audiencia Nacional, la Sala de lo Social del Tribunal Supremo resta importancia a que el artículo 12 del convenio colectivo establezca que "cuando se efectúe la actividad formativa obligatoria fuera de la jornada laboral, las horas empleadas serán abonadas al trabajador en la cuantía establecida en el punto 7 del artículo 13 del Acuerdo Nacional de Formación Continua" porque nada es indicativo, en absoluto, de que tales horas de *formación permanente* -como la titula el convenio- constituyan permisos de formación[16], ya que, como resalta el Alto Tribunal, no se advierte el carácter voluntario en una acción formativa cuyo seguimiento por los trabajadores y su *garantía* por la empresa vienen exigidos por vía legal -Ley 23/1992- y reglamentaria.

De ahí que termine acogiendo la pretensión de los trabajadores de que dicha *garantía* "comprende la compensación del tiempo invertido en formación considerándolo tiempo de trabajo si se realiza durante la jornada laboral o remunerando esa dedicación si la formación tiene lugar fuera de aquélla" porque "no estamos aquí ante un tiempo de formación que responda a la libre decisión del trabajador, ni a una relación de éste con la Administración que quede al margen de su trabajo en la empresa, sino de una formación que tiene lugar precisamente porque se está trabajando para la empresa, que ésta tiene que «garantizar» y de la que resulta beneficiada porque, aparte de cumplir con una obligación legal, le permite desarrollar su actividad con mayor seguridad y con un personal más capacitado. Es una institución que presenta identidad de razón

---

actualización en las materias que hayan experimentado modificación o evolución sustancial, o en aquéllas que resulte conveniente una mayor especialización", a lo que añadía que "para los vigilantes de seguridad, estos cursos tendrán como mínimo una duración de quince días hábiles o setenta y cinco horas lectivas, y dicho personal habrá de recibir un curso de actualización cada tres años al menos".

16 *In extenso,* léase el FJ 4º de la sentencia.

que la obligación formativa que establece a cargo de las empresas el artículo 19.2 de la Ley 31/1995 y debe tener una solución análoga a la prevista en ese precepto".

Pues bien, con base en la misma argumentación, una manifestación particular de la formación permanente necesaria dentro del sector de la vigilancia y la seguridad privada la representa, para aquellos que prestan servicios con armas o puedan hacerlo por estar en posesión de las correspondientes licencias de armas, la de realizar ejercicios o prácticas de tiro cada cierto tiempo por imperativo del artículo 84 del Reglamento de Seguridad Privada (RD 2364/94, de 9 de diciembre)[17]. Y ello a pesar de que inicialmente la Audiencia Nacional había considerado que el interés que trata de preservar tal normativa es "la aptitud inicial del vigilante de seguridad en el manejo de las armas, para lo cual se le exigió la correspondiente licencia", equiparando los ejercicios de tiro a un examen, lo cual, con dudoso criterio[18], a juicio de la propia Audiencia no permitía incluirlos en el concepto de formación a efectos de lo dispuesto en el artículo 57.2 del Reglamento de Seguridad Privada y en el artículo 12 del convenio colectivo del sector.

Al respecto, la Sala Cuarta del Tribunal Supremo señala que "aunque su valor formativo fuera mínimo o desdeñable, ello no implicaría que tales ejercicios no sean actividad formativa, pues ésta comprende no sólo las acciones directas de aprendi-

---

17 STS de 24 de mayo de 2005 (TOL 675.613).

18 Máxime cuando la Sala de lo Social del Tribunal Supremo reconocería, en relación a la formación para la renovación de la autorización para transportar mercancías peligrosas, que las actividades formativas necesarias para ello comprendían "no solo la asistencia al curso y su superación con aprovechamiento, sino también el examen sin el cual no se obtiene la correspondiente certificación", debiendo todo ese tiempo considerarse de trabajo efectivo y remunerarse como tal (STS de 11 de diciembre de 2017, TOL 6.477.981).

zaje, práctica y entrenamiento, sino las actividades de control y evaluación para medir el grado de conocimientos y habilidad", pero "lo decisivo es que el mantenimiento del nivel de aptitud en el manejo de las armas es un contenido formativo que la empresa tiene que garantizar [...] y que, con independencia de la eficacia formativa directa que puedan tener [...], estos ejercicios en cuanto suponen un control del nivel aptitud, cuyo mantenimiento debe ser objeto de la formación permanente, se incluyen en dicha formación y deben seguir su régimen".

3.2.3. La formación necesaria para conducir determinados vehículos

Dejando a un lado el sector de la seguridad privada, otro que ha concentrado buena parte de la discusión ha sido el del transporte, con motivo de la imposición legal de ciertas habilitaciones para conductores de determinados vehículos y, especialmente, del denominado "Certificado de Aptitud Profesional" (CAP).

Para comenzar, podemos referirnos a los cursos dirigidos a la obtención del carné de operador de grúas móviles autopropulsadas, acreditación que devino obligatoria desde el 27 de junio de 2005 para los trabajadores -que las venían manejando con anterioridad- por imposición del Real Decreto 837/2003, de 17 de junio. El problema litigioso surge por la discrepancia al decidir a cargo de quién corre el tiempo que los trabajadores invierten en los cursos necesarios para obtener el referido carné. Pues bien, el artículo 28 del Convenio colectivo del Transporte de Mercancías de las Islas Baleares establecía que "como consecuencia de las disposiciones legales vigentes en materia de formación continua, las empresas organizarán cursos de capacitación profesional para la adaptación de los trabajadores a las modificaciones técnicas operadas en los puestos de trabajo. El tiempo de asistencia a los cursos tendrá la consideración de tiempo de trabajo efectivo". Ante ello, el Tribunal Supremo entendió que la modificación legal era absolutamente equiparable a las modificaciones técnicas del puesto de trabajo a las que el precepto se refería, añadiendo que las empresas no podrían realizar su trabajo si ninguno de los trabajadores que venían realizándolo obtuviera la titulación necesaria[19].

Nótese que en los supuestos examinados en el subapartado anterior se declaraba -atendiendo a lo reclamado por los trabajadores- la *compensación económica* de las horas de formación invertidas *fuera de la jornada laboral*, pero no por ello necesariamente -a nuestro entender- se tenían en cuenta a efectos de comprobar si con ello se superaba la jornada de trabajo ordinaria. En cambio, en el caso de los gruistas, dicho seguimiento del curso formativo sí computará a los mencionados efectos, ya que el precepto convencional aplicable aquí no discrimina entre su realización durante o fuera de la jornada laboral, estableciendo expresamente que "[e]l tiempo de asistencia a los cursos tendrá la consideración de tiempo de trabajo efectivo". Ahora bien, la calificación jurídica de ese periodo formativo, en estos casos, no puede hacerse depender de lo acordado colectiva o individualmente[20].

De hecho, apenas unos meses antes el Tribunal Supremo -apoyándose en su sentencia de 26 de junio de 2003 (TOL 348.513), que elimina la obligatoriedad, establecida en el artículo 91 del Convenio de Iberia, de asistir fuera de la jornada laboral a cursos de formación-, había dictado la STS de 12 de

---

19 STS de 8 de julio 2008 (TOL 1.369.564), apoyándose en la -antes citada- STS de 24 de mayo de 2005 (TOL 675.613). Criterio que ha mantenido, ante un supuesto muy similar, en relación a la renovación de la autorización para el transporte de mercancías peligrosas (ADR), en la STS de 11 de diciembre de 2017 (TOL 6.477.981).

20 En este sentido, véase la STSJ de la Comunidad Valenciana, de 16 de diciembre de 2016 (TOL 5.915.304).

febrero de 2008 (TOL 1.324.777) exigiendo que los cursos de formación obligatoria por imposición legal o por decisión del empresario, seguidos a distancia y fuera de la jornada laboral, debían compensarse con días de libranza. De ese modo, ya no podríamos hablar de acciones formativas realizadas fuera de la jornada laboral, puesto que corresponde el "oportuno descuento en la jornada de trabajo", sino, en su caso, fuera del *horario de trabajo* acordado.

El mismo acertado criterio, coherente con la normativa comunitaria como se deduce de la lectura de la STJUE de 28 de octubre de 2021 (asunto C-909/19, TOL 8.629.387)[21], ha sido sostenido jurisprudencialmente a *posteriori* con ocasión de la conflictividad generada en torno a la formación continua necesaria para el mantenimiento del citado CAP por parte de determinados trabajadores.

A modo de contextualización, cabe apuntar que, como consecuencia del RD 1032/2007, que a su vez tiene su causa en la transposición al Derecho interno de la Directiva 2003/59/CE del Parlamento Europeo y del Consejo, de 15 de julio de 2003, relativa a la cualificación inicial y a la formación continua de los conductores de determinados vehículos destinados al transporte de mercancías o de viajeros por carretera, se discute si la formación continua de los conductores que ya están prestando servicios como tales en las distintas empresas -no aquí la formación inicial para obtener el CAP[22]- constituye una forma-

---

21 Comparando la tesis del tribunal europeo con la de los tribunales españoles, en un admirable ejercicio de síntesis: Aragón Gómez (2021b).

22 Aunque la sentencia excluye la aplicación de este régimen jurídico a dicha formación inicial porque sería un verdadero requisito previo para el desempeño de las funciones, véase, en contra, la STSJ de Cataluña de 9 de mayo de 2011 (TOL 2.169.402), que declara el derecho de los conductores de vehículos de transporte de viajeros aco-

ción obligatoria y, por ende, quién debe abonar las 35 horas de formación -mínimo exigido cada cinco años- y si esa actividad formativa ha de considerarse como tiempo de trabajo o no. Nuestro Alto Tribunal reitera la misma conclusión afirmativa[23] alcanzada en el supuesto de los gruistas, pero en este caso incidiendo, no tanto en que estamos ante una modificación legal que afecta al puesto de trabajo -aunque también- sino en el concreto contenido preventivo de buena parte de la formación exigida para el mantenimiento del CAP, lo que conduce a aplicar lo dispuesto en los artículos 14 y 19 de la LPRL.

Basándose en tal criterio, y específicamente en el hecho de que el coste de la formación en prevención de riesgos no puede recaer sobre los trabajadores, recientemente se ha completado dicha doctrina especificando que, con independencia de lo que disponga el convenio colectivo, la obtención de la tarjeta que acredita la superación del CAP, en cuanto necesaria para poder desarrollar las tareas productivas -pues esta formación solo es útil si va acompañada de la tarjeta administrativa que la acredite-, forma parte de la propia formación, en última instancia es la empresa la que se beneficia de la obtención de la misma y, por lo tanto, el coste de las tasas debe ser asumido por el empleador[24]. Con todo, el tribunal ha querido matizar,

---

gidos al Convenio Colectivo del sector Mecánica de Viajeros de la Provincia de Barcelona a recibir la formación a cargo de las empresas empleadoras para la obtención *inicial* y posterior del Certificado de Aptitud Profesional (CAP) establecido en el RD 1032/2007.

23 En sintonía con la SAN de 17 de octubre de 2011 (TOL 2.298.394) y como consecuencia del recurso presentado ante la misma, la STS de 11 de febrero de 2013 (TOL 3.248.383).

24 La STSJ de Castilla y León, Valladolid, de 14 de noviembre de 2012 (TOL 2.703.198), de muy recomendable lectura, asevera que "[d]icha tarjeta es equivalente a un título o acreditación pública de la formación recibida y superada y no a una licencia administrativa personal, como podría ser el permiso de conducción". Véase asimis-

obiter dicta, que se estaba resolviendo un conflicto colectivo, no un litigio individual en el que haya habido una actuación abusiva o fraudulenta por parte de quien cursa la formación y acto seguido abandona la empresa para competir con ella.

En lo que respecta al ámbito subjetivo de la protección jurídica que dispensa la citada normativa específica conforme al mencionado criterio jurisprudencial, ha debido aclararse que la misma no solo alcanza a aquellos empleados que ostenten la categoría de conductores –que sería, digamos, un criterio formal– sino a todas las personas de la empresa que vayan a conducir los vehículos que exigen el CAP –criterio material–[25], aunque sea *esporádicamente*, "siendo irrelevante a estos efectos que pueda ser voluntaria la participación en aquel listado de llamada que utiliza la empresa para recurrir al mismo por necesidades del servicio cuando le faltan conductores, puesto que lo determinante es el hecho de que estos trabajadores van a conducir igualmente camiones que exigen el CAP y la empresa se beneficia, obviamente, de la utilización de ese listado de llamadas para atender necesidades del servicio cuan-

---

mo a favor de que la empresa cargue con la tasa, la STS de 29 de abril de 2021 (TOL 8.421.705). El TSJ de Madrid había denegado el derecho porque, según su criterio: 1°) El convenio colectivo aplicable era claro: no obligaba a la empresa al abono de la tasa sino solo a sufragar el coste formativo y docente; 2°) El beneficiario de la tarjeta en cuestión es el trabajador, pues queda habilitado por cinco años para prestar servicios en cualquier empresa del sector; 3°) La formación contemplada en el artículo 19 LPRL es la referida a esa materia y no a cualquier otra.

25 *Cfr.* STSJ de Castilla y León, Burgos, de 28 de septiembre de 2011 (TOL 2.246.650): "la falta de adaptación tiene que producirse en el puesto de trabajo del trabajador afectado y no en la categoría que ostente, como tampoco en el puesto de trabajo que circunstancialmente pueda ocupar por razones de movilidad funcional, tal y como se establece en el artículo 39.3 del Estatuto de los Trabajadores".

do no dispone de suficientes trabajadores con la categoría de conductores"[26].

Ahora bien, otra cuestión peculiar, resuelta en suplicación, ha consistido en la naturaleza jurídica del tiempo de descanso del que disfrutan los trabajadores durante las actividades formativas obligatorias[27]. Efectivamente, el tenor literal del artículo 23.1.d) ET es claramente indicativo de que lo que "se considerará en todo caso tiempo de trabajo efectivo" es el "tiempo destinado a la formación", lo que, conforme a la interpretación del TSJ de Madrid, "literalmente equivale a horas docentes o lectivas", concluyéndose que el tiempo de descanso diario previsto por la entidad formativa -autoescuela, en este caso- no debe computar como tiempo de trabajo efectivo, máxime cuando los trabajadores afectados no estaban cubiertos por ningún convenio colectivo.

Ante ello, cabría plantear una doble reflexión. En primer lugar, teniendo en cuenta que la jornada de cada día del curso es prolongada, desde el punto de vista de la eficacia formativa, ¿se alcanzaría esta sin un descanso suficiente y razonable? El propio TSJ madrileño entiende legítimo que los trabajadores solicitasen al centro formativo realizar las sesiones de 7 horas de formación diaria de manera ininterrumpida, pero reconoce que ello "redundaría en perjuicio de su aprovechamiento y sería contrario a la lógica y a la propia naturaleza de las cosas"[28],

---

26 STSJ de Cataluña, de 25 de marzo de 2014 (TOL 4.342.102).

27 STSJ de Madrid, de 16 de diciembre de 2016 (TOL 5.940.874).

28 En relación con los permisos formativos y, en particular, el permiso para concurrir a exámenes, la doctrina judicial ha insistido en que el adecuado aprovechamiento de los cursos y la correcta realización de las pruebas requieren conceder a la persona trabajadora el debido descanso y el tiempo suficiente para llegar a la acción formativa (STCT de 8 marzo 1985, citada en la STSJ de Cataluña de 29 de octubre de 1996). En la misma dirección pero desde la perspectiva inversa, respecto a los "servicios sin sujeción a horario, sustituido por

lo cual neutraliza esa aparente libre organización del tiempo por parte de los trabajadores.

En segundo lugar, si el convenio colectivo previese que la conocida como "pausa del bocadillo" fuese retribuida o debiese computar como tiempo de trabajo efectivo, ¿se aplicaría de manera análoga a los cursos de formación? El TSJ de Madrid deja entrever que tampoco esa regla -cómputo de la pausa del bocadillo como tiempo de trabajo- se aplicaría a estos cursos de formación (FJ 10°), por cuanto "que la formación profesional equivalga a tiempo efectivo de trabajo no significa que mientras tal actividad se desarrolla resulten aplicables previsiones derivadas del Derecho de la Unión Europea sobre ordenación del tiempo de trabajo encaminadas a otro objeto". A nuestro entender, la aplicación análoga a los periodos de formación obligatoria o necesaria no es solo posible, sino que lo contrario constituiría un enriquecimiento injusto a favor de la persona empleadora toda vez que tales periodos formativos se asimilan *en todo caso* al tiempo de trabajo efectivo[29].

En esta dirección, de inicio conviene traer a colación parte de la construcción teórica expuesta en el Fundamento Jurídico Sexto de la STSJ de Castilla y León, Valladolid, de 14 de noviembre de 2012 (TOL 2.703.198), reiteradamente citada por

---

una exigencia de rendimiento", en sede judicial se ha propuesto, *obiter dicta*, que "al consistir la exigencia laboral en un determinado rendimiento o actividad, lo que habría de hacerse es reducir dicha exigencia o rendimiento de forma proporcional al tiempo dedicado a la formación" (FJ sexto de la STSJ de Castilla y León, Valladolid, de 14 de noviembre de 2012, TOL 2.703.198).

29 Recuérdese, además, que el artículo 52.b ET reconoce explícitamente tanto que "[e]l tiempo destinado a la formación se considerará *en todo caso* tiempo de trabajo efectivo" como que "el empresario abonará al trabajador el *salario medio que viniera percibiendo*".

la Audiencia Nacional[30]. Conforme a esta, siendo la causa del contrato de trabajo tan concreta, toda prestación accesoria a favor de la empresa debe compensarse adecuadamente. Ese es el motivo por el cual, de acuerdo con los principios generales del Derecho -en los que se detiene- y, por lo tanto, incluso aunque no estuviese positivizada la regla, la formación obligatoria por razones inherentes a la actividad empresarial siempre debería computar como tiempo de trabajo efectivo, y por lo que "[e] n tales casos existe la obligación empresarial de compensar los gastos en que por tal causa ha incurrido el trabajador (desplazamientos y dietas, comidas fuera del domicilio, pernocta en hoteles u hostales, pago de matrículas o de material, etc.)". En esta línea también parece posicionarse el Tribunal Supremo, al ponerse en cuestión quién debe pechar con el coste accesorio que constituyen las tasas administrativas cuyo pago se requiere para ostentar la acreditación necesaria para continuar desempeñando legalmente el puesto de trabajo[31].

A nuestro entender, todo ello aboca a que, contrariamente a lo apuntado por el tribunal de suplicación madrileño, si el convenio colectivo aplicable declara retribuido o asimila a tiempo de trabajo efectivo, con carácter general, el tiempo de descanso -"pausa del bocadillo"-, la misma regla debe entenderse aplicable a los periodos de descanso que razonablemente puedan determinarse por el centro formativo -sea la propia empresa o un

---

30 Entre otras: SAN de 18 de septiembre de 2017 (TOL 6.367.663) y 27 de octubre de 2017 (Proc. 246/2017).

31 En la STS de 29 de abril de 2021 (TOL 8.421.705) se indica, *obiter dicta*: "Tanto la interpretación de nuestras normas de conformidad con las exigencias del Derecho de la UE cuanto su conjunción lógica y sistemática abocan a que quien asume el coste principal de la formación (tiempo considerado como trabajo efectivo; material docente; profesorado; infraestructura; consumibles, etc.) también deba pechar con el accesorio (asociado a la emisión de la tarjeta acreditativa)".

tercero- durante las sesiones formativas de carácter obligatorio o necesario para el desempeño del puesto de trabajo.

3.2.4. El tiempo de formación en el sector aeronáutico

Continuando con el sector del *transporte*, pero ascendiendo desde la corteza terrestre al espacio *aéreo*, también ha sido objeto de conflicto el tiempo de formación de los controladores aéreos de AENA, en un ambiente ya de por sí muy singular dadas las particularidades que ha seguido la regulación de su jornada ante la escasez de estos[32].

En principio, de conformidad con lo que establecía el artículo 5 del Real Decreto 1001/2010[33], la actividad aeronáutica anual no podía exceder de 1.670 horas, sin perjuicio de la posibilidad de ser incrementada con hasta 80 horas extraordinarias anuales. Se aclaraba, asimismo, que en el cómputo de este límite anual de *actividad aeronáutica* no se tendrían en cuenta "otras actividades laborales de carácter no aeronáutico, tales como imaginarias y períodos de formación no computables como actividad aeronáutica, permisos sindicales, licencias y ausencias por incapacidad laboral".

Por su parte, la disposición adicional única del RD 1001/2010 precisaba que "a efectos de lo dispuesto en los artículos 8 y 14bis del Real Decreto 1561/1995, de 21 de septiembre, sobre jornadas especiales de trabajo, únicamente se considerará tiempo de trabajo efectivo de los controladores civiles de tránsito aéreo aquel en el que el trabajador se encuentre a

---

32 De la que da buena cuenta la propia STSJ de Cataluña, de 24 de octubre de 2013 (TOL 4.023.732).

33 De 5 de agosto, por el que se establecen normas de seguridad aeronáutica en relación con los tiempos de actividad y los requisitos de descanso de los controladores civiles de tránsito aéreo.

disposición del proveedor designado para la prestación de servicios de control de tránsito aéreo y realizando una actividad aeronáutica, así como la formación práctica de trabajo usando simuladores y las evaluaciones correspondientes, y otros trabajos auxiliares relacionados con su actividad aeronáutica", añadiendo que, por el contrario, "se considerarán tiempos de presencia, no computables a efectos de la duración máxima de la jornada ordinaria de trabajo, ni para el límite máximo de las horas extraordinarias, los tiempos de imaginaria fuera del lugar de trabajo, los reconocimientos médicos necesarios para obtener o mantener la licencia de controlador de tránsito aéreo, la formación continuada distinta de la formación práctica de trabajo prevista en el párrafo anterior u otras similares…".

El periodo controvertido, en lo que aquí interesa, se reduce a doce horas correspondientes a unos módulos de formación realizados por el trabajador y el tribunal catalán despacha el asunto subrayando que, pese a la nuclear distinción que efectúa la normativa específica entre teoría y práctica, del relato fáctico de la resolución de instancia no se desprende si la realizada por el trabajador era de uno u otro tipo, por lo que no cabe su exclusión de la jornada anual. Con ello se aprecia un cierto reproche a la representación de la empresa en lo que a esfuerzo probatorio se refiere, pues es la entidad empleadora quien debe asumir la carga de la prueba respecto a la naturaleza de las acciones formativas y, en su caso, la acreditación de haber impartido el número mínimo de horas de formación[34].

---

34 Véase, en este sentido, la STSJ de Andalucía, Sevilla, de 18 de noviembre de 2015 (Rec. 2084/2015). En cambio, ante la acusación de que la empresa obliga a realizar jornadas superiores a la convencional mediante la programación indiscriminada de programas formativos, la empleadora debe intentar demostrar lo contrario para evitar ser condenada, pero la carga de la prueba recae principalmente sobre quien presenta la demanda (SAN de 23 de abril de 2014, TOL 4.232.579).

Por su parte, el TSJ de Madrid ha conocido, en varias ocasiones[35], de un supuesto donde no se pone en cuestión principalmente si el tiempo dedicado a la formación computa como tiempo de trabajo efectivo[36], sino si la empresa -ENAIRE- puede sancionar al controlador de circulación aérea por la realización extemporánea –como también otros 41 controladores, de un total de 432– de un curso de formación *online*[37], de dos horas de duración y preceptivo para revalidar trienalmente su habilitación profesional, teniendo en cuenta que el trabajador había desobedecido durante más de dos años y en reiteradas ocasiones la orden empresarial al entender que tal acción formativa debía seguirse dentro del cuadrante mensual de servicios.

En instancia se había declarado nula la sanción, consistente en la suspensión de empleo y sueldo durante tres días, pero el tribunal de suplicación estima el recurso presentado por la empresa y revoca el fallo emitido por el juzgado de primera instancia. Entiende, así, que no se ha vulnerado el derecho a la desconexión digital del trabajador porque este derecho aplica durante los periodos de descanso, que no sería el caso cuando nos referimos a periodos de formación obligatoria, equiparables a tiempo de trabajo efectivo, cuyo cómputo no hace rebasar la jornada máxima acordada.

Al respecto, en la sentencia consta que "para justificar la ilegalidad de la formación on line debatida sería preciso acreditar que con ella se vulneraban necesariamente las normas sobre jornada (límites al tiempo de trabajo efectivo), por ejemplo si

---

35 SSTSJ de Madrid, de 4 de noviembre de 2020 (TOL 8.244.073), de 14 de enero de 2021 (Rec. 507/2020) y de 9 de julio de 2021 (TOL 8.610.895).

36 Aunque consideramos que la normativa legal era suficiente para afirmarlo, el TSJ de Madrid se apoya en la regulación convencional.

37 Sobre el régimen disciplinario, en esta obra, véase el capítulo a cargo de Fernando Fita Ortega.

no se respetasen los descansos mínimos del artículo 14 del Real Decreto 1001/2010. Esto no consta en modo alguno y ese debate no se puede abrir ex novo en suplicación prescindiendo para ello de los hechos probados. Pero además, teniendo en cuenta la duración del curso (dos horas), el periodo de tiempo durante el cual el trabajador había de realizarlo (varios meses) y que la elección del concreto momento le correspondía a él, parece perfectamente posible que lo hiciese de manera que no se vulnerasen las normas sobre descansos mínimos y jornada máxima y ello aunque hubiera de realizarlo dentro del tiempo denominado por la empresa de descanso, esto es, fuera de los cuadrantes de actividad aeronáutica". Adicionalmente, señala que, para evitar que dicha flexibilidad horaria otorgada al empleado redunde en vulneración de la normativa laboral en materia de tiempo de trabajo y descanso, la empresa debería impartir unas instrucciones claras, pero el hecho de que ello no se demuestre no convierte en ilegal la práctica empresarial.

Por otro lado, recientemente ha sido objeto de análisis por parte de la Sala de lo Social de nuestro Alto Tribunal[38] el IV Convenio colectivo de *Groundforce*, en concreto sus artículos 20 y 21, los cuales, en síntesis, preveían que "[e]l trabajador estará obligado a asistir a aquellas acciones formativas promovidas o impartidas por la empresa a fin de obtener una determinada especialización o una más amplia formación profesional", siendo que "[l]as citadas acciones formativas podrán realizarse tanto dentro como fuera de la jornada laboral, procurando, siempre que sea posible, realizarlas dentro de la jornada laboral" y "[s]i la formación obligatoria se realizara fuera de la jornada laboral se compensará por tiempo de descanso equivalente". Más allá de los cursos que el convenio denomina "de

---

38 STS de 9 de febrero de 2021 (TOL 8.329.390).

promoción profesional" y declara de carácter voluntario[39], interesa centrarse en los "cursos de adaptación profesional" definidos como "aquellos cuya necesidad está originada por innovaciones tecnológicas, modificaciones de procesos, normas o procedimientos, alteración del contenido de los puestos de trabajo u otras circunstancias que exijan reciclaje o adaptación a los puestos de trabajo", a cuya asistencia quedan obligados los trabajadores.

Básicamente, se cuestiona la legalidad de, por un lado, la impartición de formación profesional fuera de la jornada laboral y con carácter obligatorio; y, por otro lado, que solo pueda dar lugar a un descanso compensatorio similar, mientras que las horas extras son compensadas con una hora y cuarenta y cinco minutos.

En cuanto a la primera cuestión, pese a que la demanda invoca a su favor el tenor de la STS de 26 de junio de 2003 (TOL 348.513), lo cierto es que, además de que la regla general otorga preferencia a la realización de la formación dentro de la jornada laboral, al contrario de lo que sucedía en aquel supuesto, en este caso no se prevé la compensación exclusivamente económica -allí, una cantidad a tanto alzado- de aquellas horas de formación que se realicen fuera de la jornada laboral sino su compensación con descanso equivalente, sin sobrepasar el límite infranqueable de la jornada máxima ya que, como se esfuerza en aclarar la resolución judicial, es evidente la "errónea equiparación del convenio colectivo entre jornada (tiempo durante el que haya que prestar actividad a lo largo de determinada unidad cronológica como el día, la semana o el año) y horario (la distribución de ese tiempo de actividad laboral)"[40].

---

39 Como también así lo entiende la STSJ de Castilla y León, Valladolid, de 14 de noviembre de 2012 (TOL 2.703.198).

40 Similar aclaración, respecto a las "horas de trabajo", puede observarse en la SAN de 27 de octubre de 2017 (Proc. 246/2017).

En consecuencia, si siempre se compensa con descanso equivalente, esa jornada se mantiene en los parámetros pactados, de suerte que lo afectado realmente es el horario de trabajo, no así la jornada de trabajo.

Se culmina apreciando que, en puridad, la regla examinada no deja de ser una lícita manifestación del derecho a la distribución irregular de la jornada. Ello, sumado a la preferencia legislativa por compensar las horas extraordinarias en los cuatro meses siguientes, sería suficiente, a juicio de la Sala, para responder afirmativamente a la segunda cuestión planteada frente al precepto convencional, respecto a si el descanso *equivalente* es el *conveniente* y, en definitiva, si es *suficiente*[41].

Así pues, en comparación con el blindaje de la jornada, de lo expuesto hasta aquí se deduce una mayor permisibilidad en cuanto a la vulneración de la distribución de la jornada -horario-[42], pese a su estrecha relación con el derecho al descanso, a la conciliación laboral, familiar y personal y, en su caso, a la desconexión digital. No en vano, habida cuenta de la idiosincrasia de los cursos formativos, que suelen ser programados por entidades distintas a las empleadoras e ir dirigidos a trabajadores con unas condiciones sociales y laborales -especialmente, el horario- que pueden diferir, a lo que se suma la propagación de la formación *online* (Requena Montes, 2021)[43], parece en cierto modo

---

41 Similar solución se alcanza, vista la regulación convencional sobre la cuenta única flexible de horas, en las STSJ del País Vasco, de 7 de junio de 2022 (TOL 9.258.159) -*Mercedes Benz*- y en la STS de 31 de mayo de 2006 (TOL 945.590) -*AENA*-.

42 Hasta el punto de que la STSJ de Castilla y León, Valladolid, de 14 de noviembre de 2012 (TOL 2.703.198), citada frecuentemente por la Audiencia Nacional, exprese abiertamente que “ninguna ilicitud se puede apreciar en que las concretas horas dedicadas a la formación se sitúen fuera del horario habitual de trabajo”.

43 En lo que respecta a la jornada, desde la doctrina se reflexiona que: “Estos supuestos pueden ser controvertidos, pues, los parámetros

lógico y lícito que los tribunales se muestren más laxos en lo que respecta a la afectación de la distribución de la jornada, sin perjuicio de casos singulares donde se pueda evitar el perjuicio a la estabilidad horaria de la persona trabajadora.

En esta línea, el Tribunal Supremo ha afirmado con rotundidad que "resulta ajustado a Derecho que se impartan cursos formativos fuera del horario previsto (es decir, de la jornada planificada para determinada unidad cronológica) siempre que el tiempo empleado se compense con tiempo de descanso equivalente"[44]. Pero llegados a este punto convendría hacer un esfuerzo, siquiera a efectos pedagógicos, recordando e insistiendo en que, siempre que sea posible, la formación impuesta legal o convencionalmente debe tener lugar durante el horario de trabajo, como reza el reseñado artículo 13 de la Directiva 2019/1152 del Parlamento Europeo y del Consejo, de 20 de junio de 2019, relativa a unas condiciones laborales transparentes y previsibles en la Unión Europea, así como el artículo 10.5.c) de la Carta Social Europea[45].

---

de espacio/tiempo son (si me permiten la expresión) más «líquidos». Y, por consiguiente, pueden plantearse problemas para, por ejemplo, computar el tiempo de formación efectivamente invertido. dado que no hay un «horario» de clase, ¿lo medimos (cuando así esté estipulado) en función de los créditos asignados? Y, ya puestos, ¿son los créditos un indicador «fiable» del tiempo que realmente invierte el trabajador?" (Beltrán de Heredia Ruiz, 2021).

44 FJ 5º de la STS de 9 de febrero de 2021 (TOL 8.329.390).

45 Conforme al cual: "Para afianzar el ejercicio efectivo del derecho a la formación profesional, las Partes se comprometen [...] a alentar la plena utilización de los servicios previstos, y ello mediante medidas adecuadas tales como [...] la inclusión, dentro de las horas normales de trabajo, del tiempo dedicado a los cursos suplementarios de formación seguidos por el trabajador, durante su empleo, a petición de su empleador". Precepto que, sin que lo consideremos suficiente ni pertinente para justificar la pretensión de la parte demandante -consistente en un día más de descanso- en la STS de 26

4. A MODO DE CONCLUSIÓN: DOS SUPUESTOS CONTROVERTIDOS

Se ha querido dejar para el final, no solo por seguir el orden cronológico sino también por su interés, dos supuestos que merecen, a nuestro juicio, una especial revisión, a la vista de las tesis doctrinales que se han venido recogido a lo largo del capítulo. La primera se centra en la formación que debe recibir el personal encargado de asesoramiento financiero (*in extenso*: Sierra Benítez, 2019) y la segunda en la formación de la gente del mar, dirigida a la actualización de sus certificados para embarcar.

4.1. La doctrina del Tribunal Supremo ante la formación específica en el sector bancario

Tras la crisis económica de 2008 y con objeto de garantizar la protección del inversor, la Directiva 2014/65/UE[46] instaba a que, entre otras medidas, los Estados miembros exigiesen a las empresas de servicios de inversión asegurar y demostrar a las autoridades competentes "que las personas físicas que prestan asesoramiento o proporcionan información sobre instrumentos financieros, servicios de inversión o servicios auxiliares a clientes en nombre de la empresa de servicios de inversión disponen de los conocimientos y las competencias necesarios para cumplir sus obligaciones de acuerdo con el artículo 24 y el presente artículo" (art. 25 de la Directiva), siendo los pro-

---

de septiembre de 2006 (TOL 1.018.602), es interpretado, a nuestro parecer de manera restrictiva, en dicha sentencia.

46 Del Parlamento Europeo y del Consejo, de 15 de mayo de 2014, relativa a los mercados de instrumentos financieros y por la que se modifican la Directiva 2002/92/CE y la Directiva 2011/61/UE.

pios Estados miembros los responsables de publicar los criterios utilizados para evaluar los conocimientos y competencias.

Con la certeza de que en un breve periodo de tiempo *algunos* de sus trabajadores requerirían de tal cualificación para cumplir con la normativa, pronto varias entidades bancarias diseñarían y presentarían a sus empleados un programa de formación y certificación para la red comercial, de una duración superior a cien horas. Así, tomando como ejemplo el supuesto de *Bankia*[47], en el mes de diciembre de 2016 la empresa remitió a los trabajadores que *potencialmente* podían realizar tareas de información y asesoramiento sobre servicios de inversión un correo electrónico informándoles de que les habían "asignado al "Programa de Experto en Asesoramiento Financiero" que cubre los requerimientos de formación derivados de la entrada en vigor de la Directiva MIFID II", incitándoles a inscribirse en el curso ese mismo mes.

La cuestión a resolver es la de determinar si la formación que la empresa estaba ofreciendo puede entenderse incluida en el artículo 23.1.d) ET. Y la Sala de lo Social del Tribunal Supremo niega esa posibilidad porque la empresa ofrece el curso de formación cuando todavía no se encontraba obligada a justificar frente al organismo de supervisión que su personal poseía los conocimientos y competencias necesarios, ya que la trasposición de la Directiva -que, *per se*, no despliega efectos directos sobre los particulares- tuvo lugar efectivamente el 30 de septiembre de 2018, a través del RDL 14/2018, de 28 de septiembre[48]. En consecuencia, la Sala concluye que "... la

---

47 STS de 20 de febrero de 2019 (TOL 7.118.788). En muy parecidos términos, véanse las SSTS de 6 de marzo de 2019 (TOL 7.153.644) -*Banco Popular*- y de 3 de noviembre de 2020 (TOL 8.221.901) -*Kutxabank*-.

48 Por el que se modifica el texto refundido de la Ley del Mercado de Valores, aprobado por el Real Decreto Legislativo 4/2015, de 23 de

empresa está desarrollando una actividad formativa que se adelanta a los cambios que habían de avecinarse tras la Directiva 2014/65, mas sin la existencia de obligación legal alguna que impusiera la adaptación", destacando -como examinaremos más adelante- que de los hechos probados se desprendía que la oferta formativa se había enviado de manera "generalizada, sin vinculación directa a concretos puestos de trabajo y sin que de su aceptación o rechazo se haya acreditado que se extrajeran consecuencias de ningún tipo".

Desde luego, la resolución judicial está suficientemente motivada y formalmente bien construida. En principio, en el signo de la decisión parece clave el argumento consistente en la ausencia de efecto directo horizontal de la Directiva porque, además, "la cláusula legal actualmente contenida en el artículo 23.1.d) ET reconoce ampliamente un derecho de formación, (pero) no con un carácter primordialmente preventivo ante posibles modificaciones del puesto, dado que de haber sido esta la voluntad del legislador hubiese acompañado al término "operadas" por otra alternativa -por ejemplo, "o previstas"-" (Requena Montes, 2019: 334).

Sin embargo, en este punto y desde la perspectiva de la causalidad, resulta paradójico que el funcionamiento de nuestro ordenamiento jurídico pueda llegar a perjudicar a la parte más débil de la relación laboral, en beneficio de su empleadora. Por ese motivo, consideramos que se podría haber alcanzado la solución opuesta, evitando de este modo un aparente enriquecimiento injusto, habida cuenta de que, por una circunstancia ajena a la voluntad de la persona trabajadora, la empresa evitará que compute como tiempo de trabajo el tiempo invertido en una formación que prontamente vendrá impuesta a ambas partes.

---

octubre.

De un lado, deteniéndonos en los principios generales del Derecho[49], uno de los principios generales que rige en el Derecho del Trabajo es el principio de continuidad laboral, según el cual debe procurarse la estabilidad en la relación laboral y su mantenimiento en el tiempo, constituyendo una práctica plausible, por ejemplo, la preferente aplicación de mecanismos de flexibilidad interna frente a la extinción del contrato de trabajo. Y en este sentido, resulta obvio que las acciones formativas, sobre todo las de carácter obligatorio, coadyuvan al mantenimiento del empleo, puesto que entre sus objetivos está la de evitar el despido objetivo de los empleados (Blázquez Agudo, 2012: 213-214).

Pues bien, consideramos que la publicación de una regla impositiva en el Diario Oficial de la Unión Europea, aunque sea inicialmente a modo de mandato dirigido a los Estados Miembros e indirectamente a los particulares, constituye en sí misma un notable cambio en el orden de los acontecimientos, pues la fuente goza de suficiente credibilidad como para no dudar de que, con toda o mucha probabilidad y en un horizonte temporal muy próximo, tal obligación devendrá exigible a los trabajadores y, por lo tanto, ninguna trascendencia tiene -o debería tener- a efectos de su cómputo como tiempo de trabajo el hecho de que la acción formativa se oferte y desarrolle antes o después de su formal incorporación a nuestro ordenamiento jurídico (Cabeza Pereiro, 2022: 100). Máxime cuando, por una parte, conforme a la normativa comunitaria[50] resulta

---

49 Con fundamento en el artículo 1.4 del Código Civil, la STSJ de Castilla y León, Valladolid, de 14 de noviembre de 2012 (TOL 2.703.198), citada en múltiples ocasiones por la Audiencia Nacional, insiste en que "[a]unque no esté positivizada, esta obligación empresarial de compensar al trabajador por sus aportaciones no debidas deriva de principios generales del Derecho".

50 Que no resulta de aplicación según la STS de 9 de febrero de 2021 (TOL 8.329.390) por plantear "un debate que se limita a la discre-

harto complicado encajar como "tiempo de descanso" ese periodo en el que el trabajador se encuentra a disposición de su empleador siguiendo un curso que próximamente será preceptivo[51] y, por otra parte, la empresa reconoce abiertamente la relación de causalidad entre la publicación de la normativa comunitaria y su decisión de ofertar el curso.

Piénsese, por ejemplo, en el supuesto de que una empresa notificase a sus trabajadores mediante una circular que, en el plazo de cuatro años, se incorporará a la línea de producción una determinada maquinaria que afectará a algunos puestos de trabajo. Pese al referido tenor literal del precepto estatutario –"operadas"–, difícilmente podrían excluirse de la definición del artículo 23.1.d) ET o del 52.b) ET unas acciones formativas ofertadas durante los tres años siguientes a la comunicación, aun de manera generalizada pero incluyendo al personal directamente afectado y observándose un contenido claramente específico para adaptarse a la nueva maquinaria, incluso aunque finalmente la empresa no la implantase. Conforme a ello, parece que se le estaría concediendo mayor verosimilitud a una circular que a una publicación de un diario oficial con efectos relativamente inminentes[52].

De otro lado, como se ha señalado, el Tribunal Supremo comprende que la oferta formativa se había enviado de mane-

---

pancia meramente económica, no jurídica, sobre las condiciones de una actividad formativa no obligatoria".

51 STJUE de 28 de octubre de 2021 (asunto C-909/19, TOL 8.629.387).

52 Sin embargo, el Tribunal Supremo, ante las alegaciones de la representación legal de los trabajadores de *Kutxabank*, continuaba insistiendo en que: "No consta probado acto alguno de la demandada que reconozca que la formación MIFID II tiene el carácter de formación necesaria, figurando por el contrario -hecho probado séptimo- que la empresa manifestó que la formación no debe considerarse como obligatoria a los efectos del artículo 23 del ET" (STS de 3 de noviembre de 2020, TOL 8.221.901).

ra "generalizada, sin vinculación directa a concretos puestos de trabajo y sin que de su aceptación o rechazo se haya acreditado que se extrajeran consecuencias de ningún tipo". Más allá de que ninguna circular de esta naturaleza -que ni siquiera advierte que más adelante se ofertará el mismo o similar curso- puede alterar los derechos recogidos en un acuerdo colectivo[53] o norma de rango legal, lo que suscita más perplejidad es que se presuma que su rechazo no vaya a suponer un perjuicio, al menos para quienes, más pronto que tarde, tendrán que acreditar dicha cualificación so pena de ver extinguida objetivamente su relación laboral[54], especialmente en un sector como el de la banca[55].

Tampoco cabe perder de vista que si el hecho de renunciar al seguimiento de una acción formativa convocada por la empresa ya puede causar malestar en la persona empleadora, el sentimiento -y la probabilidad de represalias- podría agravar-

---

53 STSJ del País Vasco, de 26 de noviembre de 1996 (Rec. 3537/1995).

54 Conforme alegaba la representación de los trabajadores de *Kutxabank*: "la formación MIFID II es necesaria, sin que los trabajadores tengan una libertad absoluta a la hora de decidir si realizarla o no, puesto que al cabo de los cuatro años, si no la han realizado no podrán prestar servicios" (STS de 3 de noviembre de 2020, TOL 8.221.901).

55 Respecto a la Directiva MIFID II, la profesora Sierra Benítez (2019: 135) concluía que "no sabemos qué repercusión puede tener esta nueva norma, como tampoco las restantes que puedan venir, pero no tenemos la menor duda que la alta profesionalidad exigible está íntimamente relacionada con la acreditación de una formación continuada y con la necesidad de la adaptabilidad a las innovaciones tecnológicas de la Industria 4.0. Esta circunstancia, es decir, la alta profesionalidad del personal, no garantiza el mantenimiento del puesto de trabajo, sino únicamente que ese personal se pueda mantener y/o acceder al mercado de trabajo con mayor facilidad que un trabajador no cualificado o que no se haya adaptado a las nuevas circunstancias".

se en este caso, pues ésta es conocedora de que el posterior seguimiento de la acción formativa, una vez estuviese vigente la norma que transpone la Directiva, generaría un derecho a favor del trabajador y acarrearía un coste relevante, derivado de la consideración de la acción formativa -de más de 100 horas- como tiempo de trabajo efectivo.

Con todo, la propia sentencia que venimos analizando (caso *Bankia*) preveía la posibilidad de que existiesen conflictos individuales en este contexto donde sí resultase obligatoria la formación en materia de asesoramiento. Y así lo advierte en la STS de 7 de mayo de 2020 (TOL 7.972.664), en un supuesto donde el *Banco de Sabadell*, a la hora de informar a sus empleados, distingue entre: de una parte, aquellos para los que la formación queda claramente impuesta con carácter obligatorio en la medida en que se trata de personas trabajadoras cuyo puesto de trabajo requiere de esa formación, para la cual se impone la realización y superación de una prueba en un determinado plazo máximo; y de otra parte, aquellos trabajadores cuyo puesto de trabajo no requería de la prueba y, no obstante, se les daba la posibilidad de llevarla a cabo.

Como conclusión del análisis de este conjunto de sentencias, a nuestro modo de ver resulta excesiva la importancia que se le concede a los términos en los que se expresa la circular[56], tampoco se llega a entender cómo ni por qué en este último supuesto examinado pasa a un segundo plano o incluso desapercibido el motivo de denegación consistente en la fal-

---

[56] La representación legal de los trabajadores de *Kutxabank* alegaba que la empresa había "requerido a la plantilla, en un sentido amplio, para la realización de una formación de carácter necesario, a pesar de no querer reconocerlo, para no tener que compensar las horas de formación invertidas y realizadas fuera de la jornada laboral" (STS de 3 de noviembre de 2020, TOL 8.221.901).

ta de vigencia de la norma impositiva[57] y, finalmente, cabría preguntarse si la primera resolución, pese a tratarse de un conflicto colectivo, podría haber declarado el derecho a que se considerase tiempo de trabajo efectivo el periodo formativo exclusivamente de aquellas personas cuyo puesto de trabajo realmente se viese o pudiese ver afectado directamente por la imposición legal, evitando así la consecuente presentación de demandas individuales y el incremento de la actividad de un sistema -el judicial- ya de por sí saturado.

4.2. La actualización de certificados para embarcar como obligación del marino

Se ha querido terminar el análisis con una revisión de la SAN de 10 de noviembre de 2023 (TOL 9.798.277), en tanto que pudiera ir *a contracorriente* respecto de la reseñada doctrina judicial, pues entiende que los cursos de actualización de certificados de formación precisos para embarcarse es una obligación personal del marino y solo se consideraría tiempo de trabajo si se estableciese convencionalmente.

El conflicto colectivo afecta a los trabajadores del personal de Flota al servicio de Sociedad de Salvamento y Seguridad Marítima (SASEMAR), entidad pública empresarial dependiente del Ministerio de Transportes, Movilidad y Agenda Urbana. La pretensión de la demanda gira en torno a los cursos de formación que tienen que realizar los marinos para actualizar sus *certificados de suficiencia*, conforme al Convenio Internacional sobre normas de Formación, Titulación y Guardia para la Gente del Mar, 1978 (STCW) y la Resolución de 2 de febrero de 2017,

---

[57] En el supuesto de *Kutxabank* la formación se realiza en marzo de 2017 y en el de *Banco de Sabadell* la primera edición se convoca para su realización entre los meses de febrero a mayo de 2017. Es decir, en cualquier caso, antes de septiembre de 2018.

de la Dirección General de la Marina Mercante. El coste de la actividad formativa, las dietas y gastos de desplazamiento al centro formativo ya corre a cargo de SASEMAR, por lo que, de nuevo, la pretensión se centra en que se considere el tiempo empleado en su realización como tiempo efectivo de trabajo, con independencia de que la comisión paritaria acordase en un determinado momento que no computase como tal[58].

Los cursos de formación versan, entre otros contenidos, sobre temáticas relativas a cambios operados en la modernización, tan acuciante (Gorrochategui Polo, 2023: 51-52), de los buques y de los métodos de trabajo e incluye una formación básica en seguridad y una formación de nivel avanzado en lucha contra incendios y según el artículo 61.1 del RD 269/2022, de 12 de abril[59]: "Todo capitán, oficial y operador de radio que posea una tarjeta profesional conforme al Convenio STCW, y que esté prestando servicio embarcado o se proponga volver a hacerlo tras un periodo de permanencia en tierra, demostrará, a intervalos regulares que no excedan de cinco años, que sigue reuniendo las condiciones necesarias para revalidar la tarjeta profesional y poder prestar servicio a bordo".

A pesar de que la conexión de los contenidos del curso con la prevención de riesgos laborales es evidente, la Audiencia Nacional considera, sorprendentemente[60], que "estas titulaciones o certificaciones no traen causa en el deber de protección del empresario en materia preventiva", por lo que no entiende aplicable el artículo 19 LPRL. Asimismo, niega que la imposi-

---

58 Como fórmula más novedosa y específica, véase las comisiones (paritarias) de formación (Martínez Barroso, 2024: 15).

59 Por el que se regulan los títulos profesionales y de competencia de la Marina Mercante.

60 *Cfr.*, por ejemplo, el supuesto examinado en la STS de 11 de febrero de 2013 (TOL 3.248.383) o la jurisprudencia en torno al Certificado de Aptitud Profesional en el sector del transporte -*supra*-.

ción legal constituya una modificación operada en el puesto de trabajo y afirma que la obligación recae exclusivamente sobre el trabajador, y no sobre la entidad empleadora[61].

En nuestra opinión, tales conclusiones chocan frontalmente con las tesis doctrinales que se han venido manteniendo en torno a la materia y, concretamente, con los siguientes fragmentos extraídos de la jurisprudencia:

En primer lugar, respecto a la formación específica de los vigilantes de seguridad (STS de 25 de febrero de 2002, TOL 163.152):

> "... no estamos aquí ante un tiempo de formación que responda a la libre decisión del trabajador, ni a una relación de éste con la Administración que quede al margen de su trabajo en la empresa, sino de una formación que tiene lugar precisamente porque se está trabajando para la empresa, que ésta tiene que «garantizar» y de la que resulta beneficiada porque, aparte de cumplir con una obligación legal, le permite desarrollar su actividad con mayor seguridad y con un personal más capacitado. Es una institución que presenta identidad de razón que la obligación formativa que establece a cargo de las empresas el artículo 19.2 de la Ley 31/1995 y debe tener una solución análoga a la prevista en ese precepto".

En segundo lugar, de la STS de 11 de diciembre de 2017 (TOL 6.477.981), puede rescatarse lo siguiente:

> "La renovación del ADR obliga a los trabajadores a superar con aprovechamiento el curso de reciclaje, así como los exámenes correspondientes, de conformidad con lo dispuesto en el art. 28.3 RD 818/2009, por lo que nos encontramos ante una actividad formativa de la que el art. 23.1 d) del ET. señala como necesaria, y que es ineludible la renovación para que

---

61 "Estos títulos y/o certificaciones constituyen un requisito que cada marino debe colmar, obligación personal que sólo él puede cumplir superando la correspondiente prueba de idoneidad" (SAN de 10 de noviembre de 2023, TOL 9.798.277).

> los trabajadores puedan desempeñar las funciones propias de su puesto de trabajo, además de que la autorización especial caduca cada cinco años, lo que evidencia la necesidad de un reciclaje formativo contínuo (sic), que tiene su razón de ser en las características de los vehículos a conducir y mercancías peligrosas a transportar. Por lo tanto, el tiempo dedicado a estas actividades formativas, en concreto las necesarias para la renovación del ADR comprendiendo no solo la asistencia al curso y su superación con aprovechamiento, sino también el examen sin el cual no se obtiene la correspondiente certificación, han de considerarse tiempo de trabajo efectivo y ha de ser remunerado como tal, pues conforme a lo dispuesto en el art. 23.1.d) ET y el art. 42 del III Convenio las actividades formativas deben realizarse preferentemente durante la jornada de trabajo, corriendo a cargo de la empresa, cuando no sea posible impartirlas dentro de la jornada de trabajo".

Por el momento, debemos mantenernos a la espera de que este asunto llegue al Tribunal Supremo para comprobar si la interpretación de la Audiencia Nacional es correcta, debido a las circunstancias particulares del supuesto y a la posible consideración de la acreditación del marino como "una licencia administrativa personal, como podría ser el permiso de conducción"[62], no exigible por lo tanto a la empresa, o si, por el contrario, debe ser corregida.

REFERENCIAS BIBLIOGRÁFICAS

Aragón Gómez, Cristina (2021a). "La compleja delimitación del concepto "tiempo de trabajo"", *El Foro de Labos*, https://www.elforodelabos.es/2021/03/la-compleja-delimitacion-del-concepto-tiempo-de-trabajo/

Aragón Gómez, Cristina (2021b). "¿En qué supuestos el tiempo de formación profesional debe computarse como tiempo de trabajo?", *El*

62 STSJ de Castilla y León, Valladolid, de 14 de noviembre de 2012 (TOL 2.703.198).

Foro de Labos, https://www.elforodelabos.es/2021/11/en-que-supuestos-el-tiempo-de-formacion-profesional-debe-computarse-como-tiempo-de-trabajo/

Basterra Hernández, Miguel (2017). *Tiempo de trabajo y tiempo de descanso.* Tirant lo Blanch.

Beltrán de Heredia Ruiz, Ignasi (2021). "Formación profesional exigida por la empresa y tiempo de trabajo (STJUE 28/10/21, C-909/19)", https://ignasibeltran.com/2021/10/28/formacion-profesional-exigida-por-la-empresa-y-tiempo-de-trabajo-stjue-28-10-21-c-909-19/

Blázquez Agudo, Eva María (2012). *El sistema de formación profesional para el empleo: hacia la creación de un derecho laboral*, Aranzadi.

Cabeza Pereiro, Jaime (2022). "El tiempo de trabajo en su relación binaria con el tiempo de descanso". *Minerva – Revista do Estudos Laborais*, 5, 75-131.

Carrascosa Bermejo, Dolores (2022). "El tiempo de trabajo en el Derecho de la Unión Europea y su interpretación por el Tribunal de Justicia". *La reordenación del tiempo de trabajo.* Agencia Estatal Boletín Oficial del Estado. Colección de Derecho del Trabajo y Seguridad Social.

Gorrochategui Polo, María (2023). "Los retos actuales y futuros en la formación y cualificación de la gente de mar ante la digitalización y la automatización de buques", *Documentación Laboral*, núm. 129, vol. II, pp. 43-54.

Martínez Barroso, María de los Reyes (2024). "La formación continua en la negociación colectiva. Algunos ejemplos de buenas prácticas", *Oñati Socio Legal Series*, https://opo.iisj.net/index.php/osls/article/view/2039/2303

Miñarro Yanini, Margarita (2003). "La obligatoriedad de la formación como factor determinante del sujeto que ha de retribuir el tiempo empleado en la misma cuando se imparte fuera de la jornada de trabajo: la formación continua de los trabajadores de empresas de seguridad. A propósito de la Sentencia del TS 25 febrero 2002", *Tribuna Social: Revista de Seguridad Social y Laboral*, núm. 147, pp. 46-56.

Requena Montes, Óscar (2019). *Los derechos individuales de formación en el artículo 23 del Estatuto de los Trabajadores*, Tirant lo Blanch.

Requena Montes, Óscar (2020). *La formación continua de los trabajadores*, Ediciones Cinca.

Requena Montes, Óscar (2021). "La adaptación de la formación profesional para el empleo ante el impacto del COVID-19", *Revista de Tre-*

ball, *Economia i Societat*, nº 101, pp. 1-23, http://www.ces.gva.es/sites/default/files/2021-04/3%20REQUENA%20MONTES%20La%20adaptaci%C3%B3n%20de%20la%20formaci%C3%B3n%20profesional%20para%20el%20empleo%20ante%20el%20impacto%20del%20COVID-19%20.pdf

Rodríguez Pastor, Guillermo E. (2022). *Tiempo de trabajo, descansos y permisos retribuidos. Actualizado a la última jurisprudencia del TJUE y del TS y a la doctrina judicial de los TSJ*, Wolters Kluwer.

Rojo Torrecilla, Eduardo (2021). "Sobre el concepto, cada vez más amplio, de tiempo de trabajo según la jurisprudencia comunitaria (inclusión de la formación). Notas a la sentencia del TJUE de 28 de octubre de 2021 (asunto C-909/19)", http://www.eduardorojotorrecilla.es/2021/10/sobre-el-concepto-cada-vez-mas-amplio.html

Sierra Benítez, Esperanza Macarena (2019). "La incidencia de la MIFID II en la formación y en las competencias de los trabajadores de la banca", *Revista Internacional y Comparada de Relaciones Laborales y Derecho del Empleo*, Vol. 7, Núm. 1, pp. 113-141.

Aproximación al estudio del derecho a la formación continua en el sistema normativo chileno[1]

PAMELA MARTÍNEZ MARTÍNEZ
Profesora Asistente de Derecho del Trabajo y la Seguridad Social de la Universidad de Chile

SOLEDAD BRAVO SALGADO
Socióloga (Magister en Ciencias del Trabajo) por la Universidad Estatal de Milano

1. INTRODUCCIÓN

El cruce entre la educación y el trabajo es una perspectiva poco abordada por la academia laboralista chilena, los estudios se encuentran concentrados más bien en otras disciplinas relacionadas con la ciencias sociales y económicas.

Esta situación se puede explicar por la ausencia de un marco constitucional que reconozca explícitamente el derecho al trabajo, por cuanto, se discute esté reconocido, no obstante, hubo esfuerzos dogmáticos para incluirla en el siglo XX (Bulnes,1980), no obstante, en el siglo XXI se ha desarrollado su

1 Investigación realizada en el marco del proyecto "La regulación de la formación para el empleo ante el reto de la transición digital, ecológica, territorial y hacia la igualdad en la diversidad" (CIGE/2022/171), financiado por la Conselleria de Educación, Universidades y Empleo de la Generalitat Valenciana.

contenido mucho más profundamente (Rodrigo, 2021; Irureta, 2006).

Por otro lado, la filosofía de la Constitución de 1980 –promulgada en plena dictadura– refleja una visión economicista del mundo del trabajo (Walker, 2003: 209) lo que limita las posibilidades de una mirada colectiva y social sobre el mismo y deja al Estado en un rol subsidiario en este aspecto.

A pesar de lo anterior, en Chile existen antecedentes de formación y capacitación a las personas trabajadoras desde la década de los años veinte[2] del siglo XX, no obstante, es recién en la década del cincuenta del siglo pasado que se comienza a establecer programas de capacitación de manera sistemática y orgánica.

A partir de lo anterior, este capítulo realizará una aproximación sucinta al modelo de formación del sistema chileno, desde una perspectiva histórica, la recepción del derecho y la caracterización de los distintos órganos vinculados con los procesos de formación continua.

2. ASPECTOS GENERALES DEL RECONOCIMIENTO DEL DERECHO A LA FORMACIÓN CONTINUA EN EL MODELO CHILENO

En este apartado se dará cuenta de la trayectoria histórica del reconocimiento del derecho a la formación continua, para luego analizar su configuración en la actualidad.

---

2 Por medio de la Escuela Postal telegráfica del servicio de correos.

2.1. Perspectiva histórica

Desde una perspectiva histórica se puede plantear tres etapas respecto de su evolución: la ausencia de un sistema, la creación de una institucionalidad por medio de la Corporación de Fomento de la Producción y el rol directo y centralizado del Estado en las acciones de capacitación basadas en la oferta estatal, y el cambio de modelo por medio de la regulación de la Dictadura y las posteriores modificaciones que se realizaron por los gobiernos democráticos, que configuran un sistema basado en la demanda de las empresas (descentralizado) y un rol subsidiario del Estado por medio de cofinanciamiento y franquicias tributarias.

En la primera etapa se visualizan acciones de capacitación más bien aisladas, por ejemplo, la creación de la Escuela Postal Telegráfica por el Servicio de Correos y Telégrafos en 1922 o los cursos de capacitación ocupacional para adultos que empezó a implementar la Universidad Técnica del Estado en 1950[3].

La segunda etapa comienza con la firma de un Convenio de Cooperación Técnica suscrito entre Chile y los Estados Unidos en el año 1951, en virtud del cual la Corporación de Fomento de la Producción dependiente del Ministerio de Economía creó, en 1955, el Servicio de Cooperación Técnica (Martínez, 2007: 134; Posada, *et alt.*, 2013: 33). Este servicio creó en el año 1966 el Instituto Nacional de Capacitación, órgano que centralizó la formación por medio de la oferta de programas en el país. Se encuentra documentado que hacia 1976 atendía algo más de 45.000 trabajadores jóvenes y adultos de menores

---

3 Al respecto ver ESTUDIOS-SENCE. "Recuento cronológico del papel del Estado en el sistema de capacitación en Chile", 2003, p. 4. Disponible en: http://empresas.sence.cl/documentos/estudios/res_capchile_agosto2003_.pdf [consultado el 10-07-2024].

ingresos, correspondiente al 2,6% de la fuerza de trabajo de la época (Martínez, 2007: 134)

Es precisamente en el año 1976 que se dicta el Decreto Ley N° 1446 "Estatuto de Capacitación y Empleo" y se da inicio a la tercera etapa y vigente al promulgarse la primera ley de formación profesional en Chile (Martínez, 2007: 135), el estatuto a su vez crea el Servicio Nacional de Capacitación y Empleo como un organismo técnico del Estado, funcionalmente descentralizado, adscrito al Ministerio de Trabajo y Previsión Social.

En esta etapa se configura el sistema actual descentralizado y basado en las necesidades que principalmente definan las empresas, quedando el Estado relegado a las funciones de regulador y cofinanciador de las acciones de capacitación, por medio de la entrega de franquicias tributarias.

En virtud de la citada norma, el Estado cesa de ser un proveedor directo de servicios de capacitación y asume un papel de regulador, facilitador y cofinanciador de las actividades formativas en el país. Especial relevancia adquiere en el nuevo esquema el establecimiento de un subsidio a la demanda de capacitación mediante una franquicia tributaria para los gastos de capacitación de las empresas.

Esta norma ha sido modificada por diversas leyes desde su vigencia[4], no obstante, el modelo en sus aspectos esenciales no ha sido cambiado desde su aprobación por parte de la dictadura civil-militar chilena (1973/1990).

---

[4] Ley N° 18.391/1985; Ley N°18.709/1988; Decreto con Fuerza de Ley N° 1/1989; Ley N° 19.518/1997; Ley N°19.765/2001; Ley N° 19.967/2004; Ley N° 20.121/2006; Ley N° 20.124/2006; Ley N° 20.267/2008.

2.2. Configuración y reconocimiento del derecho a la formación continua en Chile

Para comenzar se realizará el análisis del derecho a la formación continua desde un punto de vista amplio, por cuanto, la formación continua y la profesional no son sinónimas, sino que complementarias o se superponen en un determinado plano (Requena, 2020: 32), para efectos de este trabajo se entiende por formación continua el constante aprendizaje que va asumiendo la persona trabajadora mientras se encuentra ocupada ya sea por cuenta propia o ajena (Requena, 2020: 28).

Ahora bien, el Código del Trabajo chileno en el Libro I Título VI regula lo que denomina la "capacitación ocupacional". La define como el proceso destinado a promover, facilitar, fomentar y desarrollar las aptitudes, habilidades o grados de conocimientos de los trabajadores, con el fin de permitirles mejores oportunidades y condiciones de vida y de trabajo; y a incrementar la productividad nacional, procurando la necesaria adaptación de los trabajadores a los procesos tecnológicos y a las modificaciones estructurales de la economía (art., 179).

Le entrega la responsabilidad de dicha capacitación a la empresa como principal responsable y de manera subsidiaria al Estado, que se encuentra regulada en la Ley N° 19.518/1997 que fija el nuevo estatuto de capacitación y empleo (en adelante el estatuto), no obstante, las capacitaciones que realice la empresa deberán ajustarse a los términos de dicho estatuto. Lo anterior se encuentra reforzado además por el mandato que le entrega a la empresa el estatuto por cuanto, a ésta le incumbe atender las necesidades de capacitación de sus trabajadores/as (art., 30 del estatuto).

Dado que es la empresa la responsable de las acciones de capacitación, esta además debe solventar el costo de ellas. La forma como el Estado participa de este proceso es a través de un mecanismo de compensación de los desembolsos por medio de franquicias tributarias que se encuentran reguladas en el estatuto.

Por otro lado, se establece una prohibición a la parte empleadora de adoptar medidas que limiten, entraben o perturben el derecho de los trabajadores seleccionados para seguir los cursos de capacitación ocupacional que cumplan con los requisitos señalados en el estatuto (art., 182 Código del Trabajo). La sanción a la vulneración de esta prohibición se remite al estatuto y consiste en multas administrativas recurribles judicialmente (art., 75 del estatuto).

El estatuto fija tres lineamientos respecto de las políticas de capacitación, en primer lugar, deberán llevarse a cabo de acuerdo con las necesidades de modernización productiva de la economía del país. En segundo lugar, en base a los requerimientos del mercado de trabajo y en tercer lugar de acuerdo a las necesidades de los trabajadores.

Desde el punto de vista de los sujetos beneficiarios, para el estatuto son los trabajadores (as) que se encuentran en actividad, los cesantes y los desempleados que buscan trabajo por primera vez. En este sentido para las personas dependientes, la obligación radica en la empresa y el Estado subsidia la capacitación vía franquicias tributarias, para las otras personas beneficiarias será el Estado directamente quién la financiará por medio del Fondo Nacional de Capacitación (FONCAP) las acciones de capacitación.

La decisión sobre las acciones de capacitación recae en la empresa, no obstante, la ley señala que puede ser con acuerdo de parte trabajadora, para ello se crea por el estatuto los Comités Bipartitos de Capacitación, los que serán voluntarios para empresas de menos de quince trabajadores y obligatorios para aquellas que tengan más de esa cifra. La función principal de este órgano es acordar y evaluar el o los programas de capacitación ocupacional de la empresa, así como asesorar a la dirección de la misma en materias de capacitación.

El comité bipartito está constituido por tres representantes del empleador y tres de los trabajadores. Las personas que se encuentren afiliadas a sindicatos en la empresa designarán a los tres representantes si en conjunto representan a más del setenta y cinco por ciento de la plantilla de la compañía, si no llegasen a esa cifra tendrán derecho a designar dos y uno si no representan más del cincuenta por ciento, en este caso las personas no sindicalizadas elegirán en una elección *ad hoc* a los restantes representantes.

Por otro lado, se establecen una serie de formas de contratación en el Código del Trabajo y el estatuto que se pueden clasificar en las siguientes: contratos de aprendizaje y de formación. El contrato de aprendizaje está regulado en el Código del Trabajo (art., 78) y es una convención en la cual la parte empleadora se obliga a impartir a un aprendiz conocimientos y habilidades de un oficio determinado y este a cumplir con dicha formación mediante una remuneración. Dentro de los requisitos la persona trabajadora no podrá superar los veintiún años de edad y no podrá convenirse por un plazo superior a dos años.

Existe un concreto contrato de aprendizaje que regula el estatuto (art., 57 a 66) en base al regulado en el Código del Trabajo pero con un subsidio estatal del cincuenta por ciento de la remuneración mínima con cargo al Fondo nacional de capacitación por un período de doce meses, dicho contrato podrá convenirse por un plazo de dos años máximo y la persona contratada no podrá superar los veinticinco años de edad.

Se norma un contrato de capacitación en la etapa precontractual, está regulado en el estatuto en el cual la empresa y el eventual trabajador (a) se obligan recíproca y exclusivamente, la primera, a entregar a través de un organismo capacitador las competencias y destrezas laborales requeridas para desempeñar una actividad laboral determinada en la empresa, según un programa de capacitación autorizado, y el segundo, a cumplir dicho programa en las condiciones establecidas. Esta forma de contratación no podrá exceder en total de dos meses, ni podrá celebrarse entre las mismas partes más de una vez dentro del mismo año calendario (art., 33).

Finalmente, las empresas que capaciten a personas trabajadoras menores de veinticuatro años podrán imputar el gasto de dicha capacitación a las indemnizaciones que tendría derecho la parte trabajadora al término del contrato con un tope de treinta días con acuerdo de estas.

En conclusión, dado que se discute el reconocimiento a nivel constitucional del derecho al trabajo y dentro del marco de este al derecho a la formación continua, y en virtud de la concreta regulación que hace la ley del mismo, es posible afirmar que es dudoso que se encuentre consagrado a nivel legal, tanto en el Código del Trabajo chileno como en el específico estatuto, ya que, la responsabilidad y decisión de las acciones de capacitación recaen en la empresa y dado los lineamientos del sistema, más bien se configura como en derecho de la empresa a mejorar su productividad por medio de la formación de su plantilla. Ahora bien, el rol subsidiario del Estado y el establecimiento de un sistema descentralizado, es evidente que las necesidades de formación giran en torno a la empresa como centro de imputación normativa e indirectamente a la parte trabajadora que tiene una incidencia lateral sobre sus necesidades de formación.

3. INSTITUCIONES VINCULADAS AL SISTEMA DE FORMACIÓN CONTINUA

Dentro de los objetivos de la Formación Continua en el sistema chileno, está la empleabilidad, la reconversión laboral y el mejoramiento continuo. Una más ligada a objetivos sociales y la otra con vinculación al valor agregado. Los tiempos de precarización en la desocupación, las separaría. Aquella formación ligada al mejoramiento continuo esta vinculada a un proyecto productivo estable.

Los sistemas de formación continua en Chile están determinados por el modelo económico instalado en la extracción de *commodities* y su exportación. Como apoyo, en las áreas urbanas se desarrolla el sector servicios. El sistema de formación continua está reconocido ya sea en aquellos formales como escuelas, centros de formación técnica y profesionales como por aquellos mecanismos de aprendizaje en el proceso del trabajo.

Asimismo, este sistema está determinado por la historia reciente política donde en la ley, las personas trabajadoras no inciden en los procesos de trabajo por lo tanto tampoco influyen en las decisiones sobre capacitación, pero la trayectoria de estas decisiones ha cambiado el último tiempo aún sin afirmarse, como se verá de acuerdo a los nuevos órganos dedicados a los procesos de formación continua.

Se hace necesario observar en la creación y vigencia de instituciones y políticas públicas en el ámbito del trabajo y aquel formativo donde se materializa este recorrido chileno, lo que permite comprender también como el país se acerca a políticas más desarrolladas en este ámbito. Se exponen a continuación los organismos públicos y privados dedicados al Mejoramiento y Formación Continua.

3.1. Centro Nacional de la Productividad y Calidad

La *CNPC* [5] (1996), inicialmente estaba dedicada a generar colaboración entre organizaciones sindicales y gremiales para

5 Se crea por decisión del Foro de Desarrollo Productivo que inicia sus operaciones como Comité Corfo. Ministerio de Economía, Fomento y Reconstrucción.

desarrollar competitividad económica, tanto en sector público como privado.

En 2004 implementó el programa PDIT (Innovación y Tecnología)[6] que promovía un modelo de excelencia donde las empresas se sometían a evaluación en innovación de gestión. Los espacios de diálogo entre empresarios y trabajadores eran fundamentales, se generaban difusión de mejores prácticas como la formación. Para ese año descendió la representación de gremios empresariales y de organizaciones sindicales. Esto afianzó la acción del Centro hacia el servicio público. Se plantean recomendaciones relacionadas con el reforzamiento de acciones hacia el sector privado (Reyes et. alt.,2004: 9).

La Agenda de la Productividad (1990)[7] A diez años de esta situación, incorpora la preocupación acerca de la fragmentación en la trayectoria profesional lo que genera un problema para el sistema productivo eficiente[8]. Identifica además la necesidad de fiscalización por la "desconexión para necesidades formativas e incapacidad de conectar con el cambio tecnológico y hacia la transición socio- ecológica"[9].

3.2. La trayectoria del Servicio Nacional de Capacitación y Empleo

El Servicio Nacional de Capacitación y Empleo (en adelante SENCE) que se creó mediante D.L 1446/1976, ya señalado, se define como un programa de gobierno que da apoyo a las

---

6 Financiado por el Banco Interamericano del Desarrollo, a iniciativa de la agencia alemana de cooperación internacional GIZ .Resumen Ejecutivo Junio 2004. Pág. 3.

7 Mandato entregado por el Presidente de la Republica, inicialmente desde el ministerio de Economía y posteriormente desde el ministerio de Hacienda. Se conocen desde 2014.

8 Agenda de Productividad, 2023. Pág. 11.

9 Agenda de Productividad 2023. Pág. 12.

empresas y al sector público, para garantizar la capacitación, con dos tipos de objetivos: el primero, ligado a los programas sociales. En segundo lugar, referida a las empresas a través de diferentes instrumentos. Las capacitaciones se realizan a través de los organismos técnicos de capacitación, (OTEC´s) los que ejecutan ambos tipos de programas.

La actividad se realiza a través de concurso público; con detección de necesidades y realización de diagnósticos. De aquí se ofrece un diseño de instrumentos de capacitación. Esta organización es sujeta a críticas desde hace un tiempo, las que refieren a la calidad y capacidad de entregar estándares de servicio como; falta de efectividad, ausencia de detección de necesidades de capacitación, falencia de buenos contenidos y metodologías (Posada *et., alt.*, 2013: 36).

Desde 1997, SENCE se flexibiliza para atender nuevas demandas de las empresas como reconversión laboral, formación profesional en oficios y becas individuales en oficios. Desde 2001 se incorporan los Contratos de Aprendices. La franquicia SENCE en 2002, se extiende para la nivelación en enseñanza secundaria. Este año también implementan sistema de sanciones, multas, revocación de cursos y fiscalización para el sistema.

Ya en 2003 se inicia la ejecución del programa ChileCalifica, que se inserta además en el marco de Competencias Laborales, o formación en el trabajo que incorpora otro paradigma en la capacitación (Posada et., alt., 2013: 8).

3.3. Sistema ChileValora

La Comisión del Sistema Nacional de Certificación de Competencias Laborales (Ley 20.267/2008), denominado ChileValora, es un servicio tripartito compuesto por representantes de trabajadores y empresarios, utiliza la consulta e intercambio de información a diferentes niveles. Al igual que SENCE conforma parte del sistema de certificación de competencias laborales (CCL), a través del reconocimiento de habilidades y competencias laborales desarrolladas a través del ejercicio del oficio, "*independiente sea el modo en que hayan sido adquirido*"[10].

Todo a fin de mejorar la empleabilidad de los trabajadores, de ejercer un reconocimiento serio basado en estándares, otorgando una formalidad. Este genera articulación entre organismos de formación y sistema técnico productivo, con focalización sectorial y enfoque de género, todo dirigido hacia una paulatina participación[11] para la construcción de toda política pública[12]. Otorga capacitaciones alineadas a las demandas de mercado, generando dotaciones adecuadas.

3.4. Observatorio de la Demanda Laboral

La caracterización de la demanda laboral se realiza a través de las empresas. Con sus resultados se definen la elaboración de políticas públicas de capacitación e intermediación laboral. Desde 2019 al 2023, sufrió variación porque se identificó una constante en la falta de personal para ciertos cargos como; falta de capacidad técnica, falta de experiencia y la erosión que provoca al sistema, la alta rotación laboral. Se comprende que la información recabada hasta el momento no aporta lo necesario para superar ciertos problemas. Los sistemas de evaluación logran *identificar la falta de profundización de información en sectores económicos para dar atención a demandas específicas de*

---

10 Se considera así tanto la formación formal en instituciones como aquella adquirida en la experiencia – Revaloriza el trabajo humano. ChileValora. 2017. Pág. 14.

11 En el 2007 se establece la reforma a la constitución política para establecer institucionalidad del Consejo Económico para el Dialogo Social. ChileValora 2017. Pág. 41.

12 Con la implementación del Programa Nacional de Trabajo Decente ChileValora 2017. Pág. 37.

la demanda[13]. Se pide menos implementación de módulos de empleabilidad (vacantes, dotación, y certificaciones) y más especificidad de conocimientos.

3.5. Criterios empresariales

La dirección decisional en objetivos y metodologías para definir los lineamientos de la Formación Continua es empresarial. Estudios y declaraciones[14] realizadas por la CPC[15] promueven una cadena de valor. A través de la elaboración de conceptos claves por parte del empresariado, se establecen estándares laborales y formativos, se informa sobre brechas en capital humano.

Aquí, se descubre mucha diversidad, no existen acciones coordinadas para mejorar el impacto en formación y capacitación. Existe falencias de información sobre oferta y demanda de competencias laborales, existiendo además ausencia de estudios acabados sobre fuerza laboral, tendencias de capital humano. Todo torna opaco la pertinencia de la formación. La participación en el sector educativo es escasa, limitando la vinculación entre mundo productivo y formativo[16]. De todos

---

13 Araneda, Richard y Carrillo.Comisión Productividad CPC. Innovum Fundación Chile. Formación para el trabajo en Chile. 2017. Pág. 106.

14 Araneda, Richard y Carrillo.Comisión Productividad CPC. Innovum Fundación Chile. Hacia un sistema de Formación para el Trabajo en Chile. 2017

15 Confederación de la Producción y del Comercio, órgano de mayor representación patronal en Chile.

16 Araneda, Hernán. Richard, Diego. Carrillo, Francisco. Moreno, Juan Francisco Formación para el Trabajo…2017. Pág. 69.

modos se posicionan como protagonistas y guías para llevar adelante estos desafíos[17].

Como propuesta se recomienda articular mundos educacionales con espacios de trabajo[18] aunque a través de una perspectiva tradicional de vinculación entre sistema de educación formal con sistemas productivos. Otros criterios que prevalecen dentro de los gremios es ampliar la cantidad de personas al mercado laboral, integrando a adultos mayores, considerándolos como "grupos excluidos" de los espacios de trabajo.

4. CONCLUSIONES

La organización del sistema de formación continua se encuentra configurada en base a la demanda dirigida por las empresas. Se ha concluido a través del seguimiento de la demanda y sus estudios, de una necesidad de más profundidad de la información con respeto a las personas trabajadoras, dado que se detectan falencias al efecto.

Se reconoce la necesidad imperiosa de reintegrar y profundizar el Diálogo Social para estas tareas. Se reconoce los esfuerzos del Estado dirigidos en esa dirección. A pesar de esta conciencia, todos los programas, ya sean aquellos financiados o administrados por el Estado como aquellos definidos por los sectores privados, están principalmente dirigidos a la empleabilidad.

Existe comprensión que la situación estructural de una alta rotación laboral en nuestro mercado del trabajo va desgastan-

---

17 Araneda, Hernán. Richard, Diego. Carrillo, Francisco. Moreno, Juan Francisco Formación para el Trabajo ... 2017. Pág. 108.

18 Araneda, Hernán. Richard, Diego. Carrillo, Francisco. Moreno, Juan Francisco Formación para el Trabajo... 2017. Pág. 74.

do la posibilidad de mejoramiento de proyectos productivos perdurables por lo tanto cualquier esfuerzo dirigido a mejoramiento continuo y planes de formación continua provechosa.

En este aspecto, no ayuda la falta de reconocimiento explícito del derecho a la formación continua hacia las personas trabajadoras y el modelo subsidiario y descentralizado que ha imperado hasta la fecha, para dotar al país de sistemas eficaces que mejoren la productividad y capacidades humanas de las y los trabajadores.

REFERENCIAS BIBLIOGRÁFICAS

Doctrina

Araneda, Hernán. Richard, Diego. Carrillo, Francisco. Moreno, Juan Francisco (2017). *Formación para el Trabajo en Chile.* Comisión de Productividad CPC y Innovum Fundación Chile.

Bulnes Aldunate, Luz (1980). "La libertad de trabajo y su protección en la Constitución de 1980". *Revista De Derecho Público.* N° 28 (jul.-dic.), Santiago, Chile.

Irureta Uriarte, Pedro (2006). "Constitución y Orden Público Laboral: un Análisis del Art. 19 N° 16 de la Constitución Chilena". Colección de Investigaciones Jurídicas, Universidad Alberto Hurtado. No. 9, Santiago, Chile.

Martínez Espinosa, Eduardo (2007). "El sistema de formación profesional en Chile y su financiamiento". En *CINTERFOR/OIT "Financiamiento de la Formación Profesional en América Latina y el Caribe. Un estudio comparativo de buenas prácticas. Serie Herramientas para la transformación.* N° 33. Montevideo. Uruguay.

Posada Ramírez Aura Violeta, Rosero Castro Aura Elena (2013). "La capacitación en Chile, un modelo referencial con recorrido histórico". *Escenarios,* Vol. 11, N°. 2, págs. 30-39.

Requena Montes, Óscar (2020). *La formación continua de los trabajadores. Ediciones Cinca.* España.

Reyes Maureira, Hernán (2004). *Informe Final de Evaluación.* Programa Centro Nacional de la Productividad y la Calidad. Ministerio de Economía, Fomento y reconstrucción. Sady Chelen (coord.) Junio.

Rodrigo Silva, Claudia (2021). *El derecho al trabajo en el ordenamiento jurídico chileno: una mirada desde la precariedad laboral.* Disponible en https://repositorio.uchile.cl/handle/2250/184930.

Walker Errázuriz, Francisco (2003). "Análisis sucinto de las normas constitucionales vigentes en materia de derecho laboral en Chile", *El trabajo y la constitución: estudios en homenaje al profesor Alonso Olea,* Academia Iberoamericana de Derecho del Trabajo y de la Seguridad Social. Montoya Melgar, A., (coord.). Ministerio de Trabajo y Asuntos Sociales, Subdirección General de Publicaciones Madrid, España.

Informes

Dirección De Presupuesto (2004), Programa Centro Nacional de la Productividad y la Calidad Resumen Ejecutivo. Dirección de Presupuesto. Junio.

Dirección De Presupuesto, Informe Final (2004). Programa Centro Nacional de la Productividad y la Calidad. Dirección de Presupuesto. Junio.

ENADEL. Encuesta Nacional de Demanda Laboral. De 2019 a 2023 Trayectoria de una encuesta única. Presentación de Resultados. SENCE.

ENADEL (2021). Encuesta nacional todos los sectores. SENCE.

Gobierno De Chile (2023): Agenda por la Productividad. Gobierno de Chile.

OIT Certificación de Competencias Laborales y Diálogo Social (2014). La experiencia de ChileValora. OIT - Santiago.

SENCE Recuento Cronológico del Papel del Estado en el sistema de Capacitación en Chile (2003). Documento elaborado por Estudios – SENCE. Agosto.

SENCE, Termómetro Laboral Nacional (2023). Observatorio Laboral, SENCE. Diciembre.

PARTE II.
LA FORMACIÓN COMO POLÍTICA DE EMPLEO, CONTRATOS FORMATIVOS Y PRÁCTICAS

La formación como política activa de empleo para las personas jóvenes

FRANCISCA BERNAL SANTAMARÍA[1]
Profesora Ayudante Doctora de Derecho del Trabajo y de la Seguridad Social
Universidad de Cádiz

1. INTRODUCCIÓN

El mercado laboral español mantiene una cultura de altas cifras de temporalidad en el conjunto del modelo económico, especialmente para el colectivo de personas jóvenes, que sufren mayores niveles de precariedad, tanto en términos de contratos como de salarios, y tienen más dificultades para incorporarse de forma plena al mercado de trabajo. Su desventaja precisa que se formulen políticas activas de empleo para mejorar su formación y lograr su inserción plena en la sociedad, con un trabajo decente.

Por su lado, la Agenda 2030 exhorta a promover el crecimiento económico sostenible y sostenido, el empleo pleno y productivo y el trabajo decente con objetivos para lograr el

---

1 Esta publicación es parte del Proyecto PID2022-123456XX-I00 Plan de Recuperación, Transformación y Resiliencia de España: Proyección e impacto de sus políticas palanca y componentes sociales en el marco Jurídico sociolaboral financiado por MICIU/AEI/10.13039/501100011033 y por FEDER/UE. Investigación apoyada en el marco del proyecto de investigación "La regulación de la formación para el empleo ante el reto de la transición digital, ecológica, territorial y hacia la igualdad en la diversidad" (CIGE/2022/171), financiado por la Conselleria de Educación, Universidades y Empleo de la Generalitat Valenciana.

pleno empleo para las personas jóvenes. En la línea marcada, la Unión Europea incluye entre sus objetivos para el 2030 una economía competitiva en la que será clave formar a una población que sea más activa e innovadora, que esté más cualificada para adaptarse a la doble transición: la ecológica y la digital.

A su vez, el Plan de Recuperación, Transformación y Resiliencia (PRTR) recoge medidas conectadas a la educación, al conocimiento, a la formación y al desarrollo de capacidades. Las políticas, conocidas, como políticas palancas, se integran en determinadas líneas de acción a modo de reformas acompañadas de inversiones, que son componentes articulados de forma coherente y complementaria, para lograr los objetivos del PRTR.

En esta sede de análisis abordamos el impulso legislativo deteniéndonos en las políticas activas de empleo, en esencia, en los aspectos formativos para capacitar a las personas jóvenes en la doble transición: ecológica y digital.

2. LA PRESENCIA DE LAS PERSONAS JÓVENES EN EL MERCADO LABORAL ESPAÑOL

El colectivo de personas jóvenes se caracteriza por su diversidad atendiendo a factores como el sexo, el origen y nivel de rentas de la familia, el lugar donde vivan o el nivel de estudios alcanzado. La realidad es que tienen expectativas de acceso al empleo, de ocio, experiencias laborales, y capacidades diferentes (Talens Visconti, 2017).

En efecto, el término de persona joven no presenta una imagen fija que nos permita dilucidar con claridad su ámbito subjetivo, toda vez, porque las estadísticas y las propias normas delimitan edades distintas. Las Naciones Unidas advierte que tampoco existe una definición universal aceptada del grupo de edad que comprende el concepto de juventud. Desde el Año

Internacional de la Juventud en 1985, se atiene al umbral de edad de 15 a 24 años, sin perjuicio de cualquier otra delimitación. Tal es así que se publican estadísticas oficiales, estudios e informes que presentan datos hasta los 29 años. Es más, se diseñan políticas activas de empleo para jóvenes hasta los 30 años de edad inclusive. Así, por ejemplo, se mantiene las medidas de la garantía juvenil ampliando la edad dado que los problemas de inserción laboral de los jóvenes persisten más allá de los 25 años (Gómez Millán Herencia, 2015).

Con respecto a la situación de las personas jóvenes en el mercado de trabajo, la precariedad, la temporalidad y las altas cifras de desempleo hacen peligrar el equilibrio y el relevo generacional, resultando un gran riesgo de exclusión social teniendo en cuenta los problemas laborales, sociales, educativos y de vivienda. Además, los periodos recesivos de la economía perjudican de forma más intensa a la juventud, nada más hay que valorar los riesgos y los desequilibrios que supuso la pandemia para ellos. Se observa que los jóvenes son un colectivo vulnerable digno de una especial tutela, siendo coherente que la Ley 3/2023, de 28 de febrero, de Empleo (Ley de Empleo) los incluya como un colectivo de atención prioritaria, formulando acciones para incorporarlos al mercado laboral.

Con lo expuesto, la doctrina advierte que no se debe prescindir del factor edad en el diseño y aplicación de las políticas, tanto públicas, como de empresa. Las políticas activas retoman su centralidad y su necesidad de renovación con el fin de integrar a los jóvenes en equidad ahuyentando el calificativo de generación perdida. El nuevo paradigma de desarrollo integral e integrado relanzado a raíz de la recuperación económica tras la pandemia, refuerza el elemento de la inclusión como una condición social para una doble transición justa, que sea digital y verde, exigiendo una mayor financiación (Molina Navarrete, 2021).

No obstante, y a pesar de las políticas emprendidas, el desempleo juvenil en España sigue siendo de los más altos de la Eurozona, con unas cifras que alcanza el 29.3 %, solo después de Grecia, y alejados de Italia o Portugal en 23.9 y 19.9. Cifras muy alarmantes que son ocultadas y presentadas de una forma un tanto ambigua, en la que se puede anunciar un descenso del paro juvenil, pero que no se traduce en que España siga siendo el país de la Unión Europea con una mayor tasa de paro proyectándose una situación muy sombría en las expectativas del mercado laboral español (Garrido Pérez, 2024).

Teniendo en cuenta lo anterior, es oportuno acudir a las estadísticas sobre la situación de las personas jóvenes en el mercado de trabajo español, pues reportan un núcleo de información valioso para elaborar políticas sociales y fomentar un alto nivel de empleo entre las personas jóvenes.

A continuación, ofreceremos algunos datos que son una voz de alerta sobre la situación laboral de los jóvenes (Informes y Mercado de Trabajo, 2024). Esta información es relevante con el fin de respaldar que la formación y el desarrollo de capacidades debe formar parte del conjunto de reformas e inversiones para mejorar el acceso al empleo y reducir la brecha generacional.

En España, al igual que en el mercado de trabajo europeo, los jóvenes (menores de 25 años) presentan en promedio unas tasas de actividad tradicionalmente bajas, en torno a la mitad de las del conjunto de la población, en la medida que una parte importante de ellos aún se encuentran formándose y todavía no se han incorporado al mercado de trabajo. La tasa de actividad de los jóvenes presenta una tendencia descendente desde 2008, con una marcada estacionalidad. En el cuarto trimestre de 2023, último dato disponible en Eurostat para el conjunto de la Unión Europea y de la Eurozona, la tasa de actividad de los jóvenes en España correspondiente a la población de 15 a 24 años era de 32,6%, con una diferencia de -10,2 pp con respecto a la Eurozona y -8,4 pp con respecto a la Unión Europea

(42,8% y 41,0% respectivamente). En el primer trimestre de 2024 la tasa de empleo entre los jóvenes de 16 a 24 años alcanzó el 26,0%. Para los jóvenes de 16 a 29 años la tasa de empleo se situó en el 41,9%.

El nivel de estudios es determinante en la situación en el mercado de trabajo, de forma que a mayor nivel alcanzado mejora las cifras de empleo, incluso más entre los jóvenes que entre la población adulta. En el primer trimestre de 2024 los jóvenes ocupados hasta 29 años con nivel educativo bajo están infrarrepresentados en el empleo, pues constituyen el 22,6% de los ocupados en ese rango de edad. En sentido contrario, los ocupados con nivel de estudios alto suponen el 48,6% del total del empleo en ese grupo etario. Los jóvenes con bajo nivel educativo presentan en el primer trimestre de 2024 unas tasas de empleo más bajas: para los de 16 a 24 años la tasa de empleo se sitúa en el 15,8%, frente al 25,2% en el nivel medio, mientras que en los jóvenes de hasta 29 años se sitúan en el 26,5% y el 34,2%, respectivamente. Por el contrario, para los jóvenes con nivel de estudios alto, las tasas de empleo se mantienen en niveles muy superiores, a la vez que representan más de la mitad de los ocupados de esa edad: la tasa de empleo alcanza el 55,6% entre los jóvenes de hasta 24 años y el 70,0% entre los de hasta 29 años. Entre los jóvenes en paro, el nivel de estudios predominante es bajo. Como se aprecia, la tasa de paro es menor conforme aumenta el nivel de estudios.

Con respecto al sector, la población joven se concentra en el sector servicios, de hecho, en el primer trimestre de 2024, el empleo en este sector alcanzó el 82,7% de los ocupados de 16 a 24 años, y el 81,5% de los de 16 a 29 años. Las ramas destacadas siguen siendo la hostelería y el comercio; en detrimento de otras áreas que habría que potenciar como el suministro de energía o de agua, el transporte y almacenamiento, la información y la comunicación, o actividades profesionales, científicas y técnicas. Nos parece que es un dato relevante, pues son ramas de actividad que demandan personal, eso sí, cualificados y capacitados en atención a unas necesidades que se tendrían que detectar con una adecuada labor de prospección laboral. La misma preocupación late si se analiza el perfil del empleo por ocupaciones cuando destacan los servicios de restauración, vendedores y las ocupaciones elementales, en detrimento de otras ocupaciones más especializadas que demandan las ramas de actividad antes referidas.

Igual de preocupante es la alta tasa de temporalidad de la población joven. En el primer trimestre de 2024, entre los jóvenes de 16 a 24 años se sitúa en el 42,5%. Entre los jóvenes de 16 a 29 años es del 33,7%. En el caso de los jóvenes de hasta 24 años con contrato temporal, el nivel de involuntariedad en España (44,2%) es muy elevado en comparación con la Eurozona (16,5%).

Las dinámicas de la tasa de paro se amplifican entre la población joven, especialmente en el grupo de edad de 16 a 24 años. En el primer trimestre de 2024 la tasa de paro de la población de 16 a 24 años se sitúa en el 27,7%, 6,5 pp superior a la del grupo etario de 16 a 29 años, y 15,3 pp más alta que la de la población de 16 a 64 años. La tasa de paro juvenil en España para los jóvenes de 15 a 24 años, de acuerdo con los datos de Eurostat referidos al cuarto trimestre de 2023, últimos disponibles, es del 28,4% (con una variación de -0,9 pp respecto al año anterior). La media de la UE-27, se situó en el 14,7%, entre los países con la tasa de paro juvenil más baja se encuentran Alemania (5,5%) Chequia (6,5%) y Países Bajos (7,8%).

España, por lo demás, se caracteriza por el problema de la temporalidad y de la precariedad laboral, y de exigir el requisito de la experiencia previa para el acceso al mercado laboral, lo que supone un obstáculo más en la empleabilidad de los jóvenes. En este punto, el término empleabilidad se ancla con el derecho-deber de trabajar enunciado en el artículo 35 de la Constitución Española y su actual funcionalidad, el ajuste dinámico entre las competencias propias y las demandadas. Así, con base en el artículo 34 de la Ley de Empleo, la empleabilidad es el conjunto de competencias y cualificaciones transferibles que refuerzan la capacidad para aprovechar las oportunidades de educación y formación con miras a encontrar y conservar un trabajo decente, avanzar profesionalmente y adaptarse a la evolución de la tecnología y de las condiciones del mercado laboral (Sempere Navarro, 2023).

A la luz de lo expuesto, resulta patente la necesidad de configurar nuevas y más atractivas medidas de formación dirigidas a potenciar la empleabilidad con el propósito de mejorar los datos estadísticos de la población joven. El reto es lograr un ajuste dinámico entre las competencias del trabajador y las demandadas por el mercado de trabajo (Camas Roda, 2023).

3. LAS POLÍTICAS ACTIVAS DE EMPLEO PARA LAS PERSONAS JÓVENES

Las políticas activas integran, junto con las políticas tuitivas de protección social, las conocidas como políticas de empleo enunciadas en el artículo 2 de la Ley de Empleo. Es importante determinar la regulación jurídica de estas políticas a la hora de conocer su significado y alcance (Monereo Pérez, 2016). Ciñéndonos en exclusiva a las políticas activas de empleo, lo cierto es que están conformadas por medidas, decisiones, programas y servicios para mejorar la empleabilidad y reducir el desempleo. Se conectan con el derecho al empleo digno, estable y de calidad y con el trabajo decente, y se ordenan con la voluntad en promover, coordinar y ejecutar los servicios necesarios para reducir las brechas estructurales, entre las que resaltamos la brecha generacional.

La Ley de Empleo regula determinadas acciones, teniendo en cuenta que los jóvenes son personas demandantes de los servicios de empleo (artículo 53), y que precisan acceder y consolidarse en el mercado de trabajo (Disposición Adicional sexta). Entre las políticas activas de empleo ordenadas para mejorar la empleabilidad destaca el papel que desempeña la formación. Es una base para reducir el desempleo, elevar la empleabilidad y acortar la brecha generacional consiguiendo el pleno ajuste entre oferta y demanda de empleo. El artículo 33 de la Ley de Empleo destaca los fines de la formación configurándolo como un derecho de los enunciados en los artículos 4.2 b) y 24 del Real Decreto Legislativo 2/2015, de 23 de octubre, por el que se aprueba el texto refundido de la Ley del Estatuto de los Trabajadores. Además, es un derecho que debe estar presente a lo largo de la vida de la persona para mejorar las competencias profesionales y sus itinerarios de empleo y formación, especialmente las competencias digitales y de sostenibilidad y que incidan en su desarrollo profesional y persona, y en su empleabilidad.

Teniendo en cuenta la necesidad de mejorar la empleabilidad de los jóvenes, desde la Unión Europea se ha puesto en marcha estrategias que tienen como objetivo facilitar el acceso de las personas jóvenes de entre 16 a 30 años al mercado laboral, para que reciban una oferta de empleo, de educación o de formación de aprendiz o de periodo en prácticas, tras acabar la educación formal o queden desempleados. Para ello, se ha lanzado una batería de convocatorias y se viene prestando orientación laboral e información relevante al colectivo. El Pilar Europeo de los Derechos Sociales refuerza este tipo de iniciativas para la integración estable de las personas jóvenes en el mercado de trabajo con un empleo de calidad, e insiste en que solo se podrá lograr si el periodo de "prácticas" es de buena calidad y se aplica condiciones de trabajo justas.

3.1. Las Estrategias Europeas para mejorar la empleabilidad de los jóvenes

El PRTR reconociendo la problemática a la que se enfrentan los jóvenes cuando deciden transitar al mercado laboral aboga por la aprobación de la Garantía Juvenil Plus 2021-2027. Es una estrategia que prevé medidas de actuación para su capacitación e inserción. Primero, señala la necesidad de revisar el contrato en prácticas (sobre todo los plazos para su concertación) si se advierte que sigue sin ser el camino a una contratación estable; Igualmente, advierte que es imperioso reformar el contrato para la formación, para generalizar y simplificar la formación dual; También, considera que es preciso simplificar y reducir la carga burocrática de los contratos de formación y aprendizaje. Por último, expresa la importancia de aprobar el Estatuto del Becario. En definitiva, son los cuatro ejes de reformas sobre los que pivota las políticas activas de empleo. En este sentido, las acciones del PRTR para insertar a los jóvenes de 16 a 21 años se delinean en la mejora de la formación en alternancia, mientras que las medidas para los jóvenes de 22 a 29 años se destinan más a favorecer la contratación estable.

Entre los programas más destacados para las personas jóvenes adquiere relevancia el Plan de Garantía Juvenil Plus 2021 2027 de trabajo digno, en línea con los Objetivos de Desarrollo Sostenible (ODS) (5 y 8) y con la Agenda 2030, financiado por el FSE+.

El objetivo es mejorar la cualificación de los jóvenes para que adquieran las competencias profesionales y técnicas que redunden en su empleabilidad y emprendimiento. La base para lograrlo se cimienta entre otras acciones en la orientación y el seguimiento personalizados y en la formación enfocada a mejorar su experiencia profesional considerando que es preciso transformar el modelo productivo. El interés se focaliza en promover las oportunidades de empleo incrementando la cualificación e inserción laboral de la juventud, dotándoles de competencias profesionales.

Nuevamente, se detecta la necesidad de superar la brecha tecnológica y la segregación, para lo que el Plan de Garantía Juvenil formula varias medidas, entre las que anotamos solo las relacionadas con la formación. En primer lugar, agiliza y flexibiliza la atención a las personas demandantes de empleo asegurando una inmediatez en la que se tendrá que recibir formación o una oferta de empleo. Considerando las cifras tan altas de abandono escolar, es vital que las personas jóvenes retornen a las escuelas consolidando una carrera profesional adaptada a las necesidades del mercado laboral. La acción local tiene que desplegar todo su potencial para acometer medidas coordinadas con los servicios sociales y de juventud para facilitar su integración. En este punto, destaca el diseño de las escuelas de segunda oportunidad que tienen el propósito de ofrecer nuevas oportunidades laborales, ofreciéndoles una formación para que puedan obtener Certificados de profesionalidad.

El Plan de Garantía Juvenil presenta medidas para la formación en: el empleo rural, concretamente en el marco del turismo rural o en la creación de empleo tradicional encaminado al relevo generacional; en la promoción de escuelas taller, talleres de empleo, programas mixtos de empleo y formación con incentivos concretos a poner en valor el patrimonio histórico, natural y cultural; en las oportunidades que genera la transformación del mercado de trabajo en la economía circular, la economía azul (la logística portuaria y de transporte, el turismo azul o la pesca), la economía digital, junto las energías renovables y la transición ecológica. Como se aprecia, es un discurso que se repite en la agenda pública, de hecho, la economía digital es una pieza clave del PRTR para la transformación económica. Se potencia el acceso a la tecnología y al desarrollo de las habilidades digitales íntimamente ligadas a tener mayor empleabilidad.

En paralelo, la misma importancia adquiere la transición hacia una economía circular, que sea sostenible y eficiente, y a su vez, también están conectadas con sectores tecnológicos y con la investigación. De hecho, el Plan de Garantía Juvenil apoya la estancia de jóvenes en los centros de investigación y en las empresas tecnológicas. Habría que conectarlo con el Programa Investigo en el contexto del PRTR, al que se hará la debida referencia *infra* (SEPE, Programa Investigo). Por último, se destaca las escuelas profesionales duales, con el fin de conectar la formación profesional con el empleo a través de una oportunidad laboral real y remunerada en empresas, contando con un acompañamiento personalizado de entre 12 y 18 meses de duración.

3.2. El despliegue formativo del PRTR en las personas jóvenes

El PRTR es una respuesta de la Unión Europea a la irrupción de la pandemia de la Covid19 que a principios del 2020 azotó fuertemente a la economía mundial, impactando en el tejido productivo destruyendo empleo y alterando las rentas familiares. La situación se agravó por los riegos económicos, geopolíticos, medioambientales y tecnológicos, como ejemplo, el Brexit, los contextos bélicos, la crisis energética o la subida de la infla ción. El inicio de esa década pasará a la historia por una gran adversidad en el orden social y económico que necesitaría de un enfoque basado en las personas. Tal es así, que el contexto histórico cambió la visión presupuestaria de la Unión, reconociendo que la austeridad no permite recuperar la economía si ello se traduce en recortes en la educación o la sanidad. Se apuesta por mitigar los efectos adversos en el plano social y económico con una respuesta expedita dotada de presupuesto. En este contexto, un paso importante ha sido la adopción del Reglamento UE 2021/241 del Parlamento Europeo y del Consejo de 12 de febrero de 2021 por el que se establece el Mecanismo de Recuperación y Resiliencia (el Mecanismo).

El Mecamismo es un fondo europeo destinado a financiar los PRTR en Europa, con inversiones en reformas que aborden las debilidades estructurales de las economías, que aumenten la productividad y la competitividad para reducir las desigualdades y las divergencias en la Unión. El Mecanismo reconoce que es importante acometer reformas e inversiones que tengan presente a los colectivos vulnerables, específicamente, que se invierta en educación y en la juventud y en mejorar sus capacidades digitales para reducir la brecha generacional.

El objetivo es capacitar en la doble transición ecológica y digital que demanda el mercado y la economía sostenible. La transición verde y digital exige ampliar las inversiones en los sistemas de educación y de formación. Con el fin de superar la brecha digital se ha dispuesto el Plan de Acción de Educación Digital 2021 2027 para el desarrollo de un ecosistema educativo de alto rendimiento en Europa que mejore las capacidades y competencias digitales de las personas jóvenes.

Con el mismo trazo, el PRTR considera que es urgente y fundamental diseñar y ejecutar medidas de políticas activas dirigidas a jóvenes con el fin de promover un crecimiento económico inclusivo y sostenible, garantizando la seguridad jurídica con un paquete equilibrado, coherente y ordenado de reformas para reducir el paro juvenil y la temporalidad, corrigiendo la dualidad del mercado laboral, aumentando la inversión en capital humano y la eficiencia y eficacia de las políticas públicas de empleo. En nuestra línea de investigación, destacamos la Agenda Digital 2020 y el Plan de Acción sobre la e-Administración 2016-2020, y a nivel nacional, el Plan de Transformación Digital de la AGE 2025 y el Plan de Digitalización de las AAPP 2021-2025. La inversión en la economía verde es del 39.12% y en la transformación digital es de un 29%, por encima de los umbrales europeos anteriores, y alienados con la hoja de ruta de reformas que forman parte de la Agenda 2030 y de los ODS a los que antes se hizo referencia.

En el contexto del PRTR, desde el Servicio Público de Empleo Estatal (SEPE) se disponen iniciativas enfocadas a la empleabilidad de colectivos vulnerables, especialmente, a jóvenes desempleados. Son itinerarios personalizados e individualizados de asesoramiento, orientación y acompañamiento, becas de formación y de conciliación, y ayudas a la contratación laboral (SEPE, Nuevos Proyectos territoriales para el reequilibrio y la equidad). De este programa, destaca la iniciativa en las que se conceden subvenciones directas para financiar proyectos territoriales bajo el escenario regulador del Real Decreto 902/2021, 19 octubre, por el que se regula la concesión directa de subvenciones, destinadas a la financiación del desarrollo de actuaciones de la inversión 4, "Nuevos proyectos territoriales para el reequilibrio y la equidad". Se conceden subvenciones, con carácter excepcional y por razones de interés público, a determinadas Comunidades Autónomas, atendiendo a las diferentes estructuras socioeconómicas, la diversidad sectorial, industrial, de servicios y agraria.

El Gobierno señala que existen razones para articular el mecanismo de concesión directa de subvenciones a esas Comunidades Autónomas motivado por criterios de interés público, social y económico, dado el objetivo prioritario de la medida de contribuir a realizar inversiones destinadas, por una parte, a la promoción de proyectos de empleo para colectivos especialmente vulnerables, como los jóvenes, y, por otra, a favorecer el emprendimiento y el empleo colectivo, con especial atención a la transformación productiva y el avance hacia una economía verde y digital. En segundo lugar, el Gobierno alega la concurrencia de dificultades para la concesión de subvenciones por el procedimiento ordinario de convocatoria pública concurrente, dada la previsión de unas entidades beneficiarias concretas. Sin que podamos detenernos en este asunto, lo cierto es que el Tribunal Supremo ha estimado la nulidad de la concesión directa de este tipo de subvenciones dado que no se entiende que si una de las razones que justifica la concesión directa es trasladar a la experiencia derivada de los proyectos piloto a todo el territorio nacional, se dejen fuera a otras Comunidades Autónomas interesadas (STS, Sala de lo Contencioso Administrativo, 671/2022, de 18 de abril de 2024 (TOL10.014.516).

Por último, otra línea de acción en el contexto del PRTR es el desarrollo de competencias digitales, en particular, de los jóvenes. El objetivo trazado es formarles para incorporarlos al mercado laboral como agentes de transformación digital. Se diseñan programas específicos para que los jóvenes sean expertos en la digitalización de las PYMES, por ejemplo, el Programa Talento Destaca dentro de la línea de trabajo de Acelera PYME que son acciones formativas y de orientación laboral para la mejora de las competencias digitales. Otra iniciativa es "Profesiones Digitales" con el fin de capacitar en la industria digital avanzada, en la que se enmarcan acciones como el Programa de Empleo Joven que ofrece una formación enfocada en la industria digital y en los nuevos modelos de negocio para impulsar la transformación digital de las empresas, además, es más atractiva porque conlleva un compromiso de contratación; y, por último, el Programa de Formación de Postgrado con becas dirigidas a los alumnos de programas formativos en la economía digital.

3.3. La formación como política activa de empleo en el PRTR

En este orden, el PRTR dispone la Política Palanca VII «Nueva economía de los cuidados y políticas de empleo», en la que se encuadra el Componente 23 «Nuevas políticas públicas para un mercado de trabajo dinámico, resiliente e inclusivo». Se dispone una batería de medidas dispuestas por bloques y dirigidas al colectivo de jóvenes para la adquisición de competencias que mejoren su empleabilidad. Tiene como reto y objetivo impulsar, en el marco del diálogo social, la reforma del mercado laboral español, para adecuarlo a la realidad y necesidades actuales de la sociedad y de la economía. Ello debe permitir corregir las debilidades estructurales, especialmente, reducir el paro juvenil, mejorar el capital humano o aumentar las políticas públicas de empleo impulsando las políticas activas. La idea de fondo es que la juventud, adquiera las capacitaciones que demanda las transformaciones de la economía española. Se trata de formación y capacidades para la transformación digital, verde y productiva, los nuevos proyectos territoriales para el reequilibrio y la equidad, la gobernanza e impulso a las políticas de apoyo a la activación para el empleo o las competencias digitales para el empleo.

En lo que afecta a las personas jóvenes, el PRTR apunta a que el Plan de Choque contra el desempleo juvenil debe facilitar la inserción laboral para que puedan construir una trayectoria laboral estable garantizando su formación y su capacitación. La Inversión 1 "Empleo Joven" consta de tres programas destinados a edades comprendidas de entre 16 y 29 años y dirige la formación a los ámbitos de la transición ecológica, la economía verde, la digitalización de recursos, la cohesión social, la lucha contra la despoblación y el desarrollo local rural. Dentro de este bloque temático, se contemplan tres vías:

En primer lugar, el *Programa TándEm* que sigue el modelo antiguo de escuelas taller, inspirándose en ellas, aplicándose a proyectos de interés público y social. Es una forma de aprovechar la experiencia acumulada de las tres décadas de funcionamiento y gestión de las escuelas taller, talleres de empleo, que demostraron su eficacia para facilitar la práctica profesional y mejorar la empleabilidad de las personas jóvenes demandantes de empleo. Se canaliza la práctica profesional hacia actividades y ocupaciones que faciliten una mayor inserción en el mercado laboral, con un programa mixto de formación y empleo. De forma periódica se publican disposiciones en las que se establecen concesiones de subvenciones públicas para financiar programas de formación en alternancia con el empleo. Las entidades que ejecuten estos programas reciben subvenciones para capacitar a jóvenes en la doble transición, ecológica y digital. Al ser programas subvencionados con fondos públicos será preciso medir su eficacia en términos de fomento del empleo y de creación de actividad en los sectores en los que operan.

En segundo lugar, el *Programa denominado Primera Experiencia Profesional* en las administraciones públicas que es un plan de primeras experiencias en el empleo en el seno de los servicios prestados por estas administraciones. Se destina a jóvenes desempleados y cuya etapa formativa ya está finalizada, completada y acreditada (SEPE, Programa Primera Experiencia Profesional). El objetivo es que puedan adquirir competencias y habilidades sociales y profesionales con un aprendizaje basado en el trabajo. Es una modalidad que se basa en el contrato laboral, en línea con las directrices de la garantía juvenil que vimos antes. Apuesta por la contratación laboral, a través del contrato formativo, dejando atrás las prácticas no laborales y las becas (Requena Montes, 2022).

Por último, el *Programa Investigo* que es un plan para jóvenes investigadores y tecnólogos en organismos públicos de investigación, universidades públicas, centros tecnológicos y entidades públicas sujetas a derecho privado, también para empresas que inviertan en investigación e innovación y presenten un proyecto de investigación, así como para entidades privadas sin ánimo de lucro. Supone un apoyo operativo al objetivo estratégico de mejorar la empleabilidad de las personas jóvenes para que desarrollen iniciativas relacionadas con líneas maestras como: la sanidad, la transición ecológica y la economía verde (energías renovables, eficiencia energética, tratamiento de aguas y residuos e industria agroalimentaria), la digitalización de servicios e ingeniería de datos o *science data*, así como todo proyecto de investigación destinado a las áreas sociales, culturales, artísticas o cualquier otro ámbito de estudio. El Programa mantiene la filosofía de revertir en la sociedad la alta formación de tecnólogos y tecnólogas.

En paralelo, la Ley de Empleo recoge la iniciativa de los Cheques de Formación, y señala que los Servicios públicos de empleo podrán, como alternativa a las convocatorias de subvenciones, proporcionar un cheque formación a las personas trabajadoras *desempleadas que, de acuerdo con su perfil, les acredite para realizar acciones formativas concretas dirigidas a mejorar su empleabilidad.* Un ejemplo de esta medida para jóvenes es el Programa "Cheque Capacitación Digital en el Transporte", en el marco del PRTR. Como parte de la Inversión 3, "Competencias digitales para el empleo", del Componente 19, "Plan Nacional de Capacidades Digitales - *digital skills* (Ministerio de Transportes y Movilidad Sostenible, Programa Capacitación Digital). Se diseña con un enfoque amplio para incluir a las personas desempleadas y a estudiantes, con una subvención directa para realizar cursos previamente habilitados. Se otorga hasta un importe máximo de 1.000 euros por beneficiario para que los trabajadores realicen acciones formativas validadas en el sector del transporte, la movilidad, la logística y las infraestructuras, que incluyan los siguientes contenidos: - Digitalización; - Tecnologías, herramientas y habilitadores claves para la transformación digital y su aplicación en el sector; Digitalización documental y su aplicación en el sector; Automatización y su aplicación en el sector; Marketing y comunicación digital y su aplicación en el sector; Digitalización sostenible y su aplicación en el sector, y; Digitalización en la movilidad y el transporte urbano. El objetivo marcado es la capacitación digital de los profesionales del transporte, la movilidad, la logística, las infraestructuras.

4. EL IM-PULSO DEL CONTRATO FORMATIVO PARA LAS PERSONAS JÓVENES

La relación sinalagmática del contrato formativo se cimienta sobre una finalidad de formación en orden a cumplir los objetivos de política de empleo y a la cualificación para adaptarse a las necesidades y al funcionamiento de empresas e instituciones. El elemento de causalidad es más complejo que el de otras modalidades, en el que se debe garantizar la profesionalidad y la empleabilidad. El derecho a la formación integra su estatus jurídico en la relación de trabajo (Fernández Avilés, 2022). Que la causa formativa sea parte del contrato requiere que se limite su utilización y el uso desviado del mismo. Así, se prevé que no pueda suscribirse si ya ha existido esa misma causa formativa. La lógica de la limitación responde a que, si el trabajador ya goza de la experiencia o práctica profesional, decaería el objeto del contrato (La Ley, 2022).

El objeto del contrato es que la prestación laboral se asocie a la práctica profesional, y para ello, se refuerza la figura de la tutorización de la actividad formativa y el establecimiento del plan individual de formación desarrollando el contenido de esa práctica. La intención es potenciar el binomio formación y trabajo retribuido, como formula definitiva para insertar a la juventud en el mercado de trabajo, por ello, sitúa a la formación en el eje central del contrato (Gutiérrez Pérez, 2022).

Las políticas de empleo conectadas con el contrato formativo exigen subrayar que no se trata, *per se*, de un contrato restringido para las personas jóvenes (Asquerino Lamparero, 2024), si bien, se dirige principalmente, a las personas que se encuentran en las primeras fases de su vida profesional (al exigir cierta inmediación en el periodo de referencia o periodo hábil). En este orden, aunque el fin del contrato no sea la inserción laboral de las personas jóvenes, sí que es cierto que se permite al sujeto empleador realizar una selección comprobando las aptitudes y las destrezas del trabajador con vistas a su incorporación plena a la plantilla (Aranzadi, 2022). Por tanto, la incorporación de la juventud al mercado laboral se podría ver como un fin complementario.

4.1. Las reformas laborales sobre el contrato formativo

No pasa inadvertido que en los procesos de reformas laborales se haya ordenado una revisión de mayor o menor calado del contrato formativo, estando muy presente el refuerzo del elemento formativo. Su régimen jurídico se cimienta sobre la capacitación para el trabajo, teniendo en cuenta la necesidad de fomentar la inserción laboral de los colectivos vulnerables o con dificultades de inserción (Gómez-Millán Herencia, 2013).

En las sucesivas reformas laborales sobre el contrato formativo se han incorporado modificaciones para modernizar y actualizar su configuración. Esta inercia se ha explicado en orden a tres factores (Prados Reyes, 2022): la necesidad continua de revisar y actualizar los mecanismos de capacitación para el trabajo habida cuenta de la constante exigencia de armonizar la productividad con los objetivos de formación, y por la necesaria adaptación del modelo de formación a la evolución de las profesiones y a la situación del mercado de trabajo. En segundo lugar, porque el aprendizaje en el trabajo es un sistema dirigido a los jóvenes que están iniciando su vida laboral, siendo necesario recoger medidas adecuadas a las características del colectivo. En este sentido, es preciso coordinar el acceso al primer empleo, los niveles de cualificación que demanda las empresas y los objetivos de planificación de la carrera profesional. Por último, la modalidad contractual que tradicionalmente ha dado soporte a la formación mediante el trabajo se identifica con la transitoriedad de la etapa formativa casi simultánea al acceso al empleo y, por ende, al mecanismo contractual destinado a su logro. La temporalidad de esta fórmula contractual explica la necesidad de implementar recursos que impidan la devaluación de los objetivos de capacitación para que no sea un instrumento o recurso a la temporalidad con el único propósito de eludir la causalidad exigida para su legitimidad. De hecho, la intensificación en el control de la finalidad formativa se ha calificado como un aspecto fundamental de las modificaciones introducidas por la última reforma laboral (Rodríguez Romero, 2022).

En efecto, con la aprobación del Real Decreto-ley 32/2021, de 28 de diciembre, de medidas urgentes para la reforma laboral, la garantía de la estabilidad en el empleo y la transformación del mercado de trabajo (Reforma 2021) la finalidad ha sido reformular unos contratos que no han funcionado como se pretendía y se ha redefinido un cauce adecuado para que los jóvenes puedan transitar desde sus procesos estrictamente formativos al mercado de trabajo (Vila Tierno, 2022). Siendo así, una de las finalidades de la Reforma 2021 del contrato formativo es incrementar su utilización en el mercado laboral, ampliando las posibilidades de su utilización y siempre ligándolo al desarrollo de un proceso formativo real y efectivo (Rojo Torrecillas, 2022).

La doctrina expone que la reforma afecta a los contratos formativos, y que lo hace más allá de su reformulación. Lo fundamental es que experimentan una rebaja en su duración máxima y que ven intensificado su el control de su finalidad formativa, con la doble previsión de tutorización y con la formalización del documento o cronograma formativo. Las mejoras previstas en la reforma no pueden desligarse, indica el autor, con el fin del consabido interés por lubrificar la conexión entre las instituciones educativas y el mercado de trabajo mediante el reforzamiento de los planes de formación dual y el objetivo último de minorar el inasumible desempleo juvenil (Cruz Villalón, 2022).

Por lo demás, en la propia Exposición de Motivos de la Reforma 2021 se declara la vinculación de la misma con las medidas y los objetivos del PRTR, dentro del ya referido Componente 23 "Nuevas políticas públicas para un mercado de trabajo dinámico, resiliente e inclusivo". Se insta a la simplificación de los contratos con una adecuada regulación del contrato de formación. Con la reforma se cumple con el objetivo de modernización y simplificación del régimen de contratación que permita superar la segmentación injustificada del mercado de trabajo y las tasas de temporalidad asociadas a las personas jóvenes. El interés ha sido apostar por un cambio de modelo y establecer un contrato formativo con dos modalidades, bajo el reto de impulsar su funcionalidad como mecanismo de formación y capacitación profesional y de acceso al mercado de trabajo. Se justifica el cambio en la orientación dado el escaso éxito de esta figura (Fernández Avilés, 2022).

Por último, conviene subrayar, una idea vinculada a nuestra investigación y es que el pulso de la reforma del contrato formativo late en mejorar el capital humano ante los cambios tecnológicos. La potenciación del contrato formativo obedece la necesidad de avanzar hacia la formación dual y en las prácticas profesionales para activar con rapidez a los jóvenes (Rojo Torrecillas, 2022).

Sin detenernos en el régimen jurídico del contrato, nos gustaría resaltar que la reforma del 2021 sobre el contrato formativo era precisa dada la precariedad que ha caracterizado al mismo a lo largo de los años. Han sido empleados de forma sucesiva y encadenada con diversas finalidades formativas, no ayudó nada en su momento la supresión de los topes de su utilización o que no se vinculara la duración del contrato al interés formativo de la persona trabajadora, sino al interés organizativo empresarial. Otros signos de precariedad se perfilaron cuando con la reforma del 2012 se consolidó la posibilidad de retribuir por debajo del SMI durante toda la vigencia del contrato, junto con la opción que las Empresas de Trabajo Temporal hagan uso de esta modalidad contractual. Tras este telón de fondo, las sucesivas reformas fueron incidiendo con más vigor en el elemento formativo, si bien, seguían presentes aspectos negativos, como la falta de sanciones adecuadas si se utiliza esta figura en fraude de ley (Esteban Legarreta, 2019).

Con la reforma laboral del 2021 se configuran más como estancias temporales de la persona trabajadora en un entorno de actividad, vinculada a unos estudios, en distintas fases de su proceso formativo (en curso o a su finalización) que le permite adquirir un nivel técnico y de experiencia práctica que sólo puede conseguirse mediante el desarrollo de una prestación laboral adecuada. La doctrina explica que el objetivo final no es directamente facilitar una primera experiencia profesional en el sector, una primera contratación; sino más bien favorecer la obtención de un bagaje formativo y de capacitación, tanto de orden académico como profesional. Se entiende que el contrato formativo permite ajustar las capacitaciones profesionales a las características específicas del trabajador, conjugando el título o la teoría con el ejercicio de la actividad laboral, mejora su empleabilidad, y sitúa a la persona joven, en una mejor posición de cara a su inserción en el mercado de trabajo. Se evidencia así un reforzamiento de la causa de ambos contratos, más vinculada a las necesidades de progresión formativa de quienes estudian o han completado determinados niveles o ciclos educativos. Nos parece sumamente interesante este punto de vista, pues es un cambio operado en los contenidos esenciales, tanto de orden material como procedimental, de estos contratos, minimizando las claves de interés de estas modalidades para la empresa. El legislador ha trazado el foco de atención en el interés del sistema educativo, y no tanto "puramente" en interés empresarial (Garrido Pérez, 2022; López Gandía, 2022).

Por lo demás, seguimos a la espera de la intervención reglamentaria en el desarrollo del sistema de impartición y las características de la formación, así como los aspectos relacionados con la financiación de la actividad formativa, y de la financiación de la actividad formativa para el contrato de formación en alternancia. Igualmente, sobre el alcance de la formación, especialmente las actividades dirigidas a la digitalización, la sostenibilidad y las microacreditaciones para el contrato en alternancia. Estos aspectos son esenciales de cara a la doble transición verde y digital en la que estamos inmersos. Además, se plantea quién es el deudor de esta formación debe ser el empleador. Igualmente, estamos pendientes del desarrollo reglamentario de los límites de edad y de la duración del contrato para colectivos en situación de exlcusión social o del número de contratos formativos por tamaño de centro y número de personas en formación por tutor.

Mientras que la labor de los interlocutores sociales alcanza a determinar los puestos de trabajo o grupos profesionales, actividades o niveles susceptibles de ser ocupados, así como actividades o niveles que pueden prestarse bajo el contrato formativo; a fijar criterios y procedimientos para conseguir una presencia equilibrada de hombres y mujeres vinculados a la empresa mediante contratos formativos; o establecer compromisos de conversión de los contratos formativos en contratos por tiempo indefinido.

Por último, las indicaciones al sujeto empleador se podrían ceñir a la obligación de no ocupar con contratos formativos las tareas o funciones de personas trabajadoras de la empresa en suspensión o reducción de jornada; la obligada información a los representantes de los Acuerdos de Cooperación Educativa con entidades formativas, de los planes individualizados de formación, y de la actividad de tutorización y el deber informativo con los representantes de los diversos contratos vinculados a un único ciclo, certificado o itinerario (en supuestos de pluricontratación de formación en alternancia), y la solicitud de información al servicio público de empleo si las personas que pretende emplear han estado previamente contratadas bajo dicha modalidad y la duración de las mismas, remitiendo esta información a la representación legal de trabajadores.

A continuación, daremos unas breves anotaciones de ambas modalidades, sin detenernos en el régimen jurídico (dado que son objeto de un estudio riguroso en otros capítulos de esta obra) centrándonos, en algunos, que no todos, de los aspectos más destacados de las modalidades en cuanto a la acción formativa.

4.2. El contrato de formación en alternancia

El contrato se presenta con un nuevo cambio en su denominación con la idea de alejarlo del aprendizaje tradicional, más allá del oficio. Aparece con una nueva naturaleza y diferenciada en la que se incorporan elementos de definición de la formación dual universitaria. Se le marca con una orientación finalista de mejora de la capacitación formativa de quiénes están cursando estudios, sin que esté limitado ahora, pues se extiende al sistema educativo universitario. Siendo este uno de los elementos más destacados, pues otorga a las instancias universitarias y de formación profesional un papel esencial y clave en el desarrollo del nuevo modelo configurador de la modalidad contractual, adquiriendo una gran centralidad los convenios de colaboración que han de celebrarse entre los centros educativos y la empresa, junto con los planes individualizados de formación que se deben elaborar al amparo del correspondiente convenio. El plan formativo debe incorporarse al contrato por escrito, preguntándonos si es necesario un formato o modelo de referencia, y si en ausencia de estos planes se traduciría su nulidad o presunción de indefinido.

Se destaca que la importancia que adquieren los convenios se aprecia en que deben ordenar y garantizar esa alternancia entre formación y empleo. En primer lugar, porque ya no queda en manos de la empresa, sino que son espacios de compartición decisorios y de responsabilidad con la institución educativa, en la que adquiere mayor protagonismo la figura de los tutores. Al mismo tiempo, los convenios deben contemplar y preservar las consecuencias del periodo prestación laboral en el *íter* académico y en la normal programación de estudios adecuando trabajo y formación, previendo los efectos sobre el desarrollo de la actividad de requerimiento de asistencia a clase o de consecuencia a la convocatoria de exámenes, delimitar la duración del contrato, dentro de los límites que establece la norma de 3 meses a 2 años, reconociendo un mayor peso a las necesidades formativas y de educación dentro de la programación de los estudios en curso, y no tanto en el interés de la empresa o institución empleadora. Esto permite que se pueda realizar una modalidad discontinua cuando las particularidades del proceso formativo aconsejen que no se concrete en un único momento temporal dentro de la programación formativa, sino que se reitere la misma vinculación contractual en más de una ocasión a lo largo de la programación de los estudios o ciclos. Por ejemplo, se inicia una contratación en forma no continuada con un estudiante del Grado universitario de RRLL y RRHH tras finalizar el segundo curso, reiniciando la prestación laboral durante tres meses al término del tercer curso y por periodo igual estando ya en cuarto curso. Por lo demás, tendrán que considerar el condicionamiento de la superación de créditos o cursos para obtener o mantener las becas o las ayudas en los estudios. Con este contundente argumento, la doctrina reseña que se deben velar para que los estudiantes trabajadores no encuentren dificultades para el desarrollo de una actividad laboral (Garrido Pérez, 2022).

Una pequeña anotación respecto a la edad, y es que, aunque es un contrato dirigido a personas jóvenes, con la reforma última se elimina la horquilla de la edad mínima y máxima que antes se imponía (de 16 a 25 años). En la actualidad adquiere la relevancia las necesidades técnico formativas que el cumplimiento de una determinada edad como factor de definición del empleo juvenil. El único tope de edad que se contempla es de 30 años para los certificados de profesionalidad 1 y 2 (Pérez del Prado, 2022).

Una de las novedades más destacadas de la última reforma laboral es la prohibición del periodo de prueba que resulta del todo coherente si tenemos en cuenta que la finalidad del contrato no es comprobar la idoneidad del alumno trabajador, sino que adquiera la formación en un entorno real de trabajo. Tal prohibición refleja de nueva el reforzamiento del elemento formativo frente al interés puramente empresarial.

Nuevamente, la profesora Garrido reseña que el contrato de formación en alternancia se convierte en un fórmula de empleo para aquellos "jóvenes" que aún no tienen una titulación exigida para acceder al siguiente nivel del contrato formativo, de forma que va dirigido a sujetos que carezcan de las cualificaciones y /o titulaciones que habilitarían al contrato de adquisición de la competencia profesional. Si se baraja una excepción a modo de pasarela y es para quiénes ya tuvieran una titulación de distinto nivel formativo del que se esté cursando (y con el que tuvieron un contrato formativo previo en el mismo sector productivo).

En conexión con la precariedad laboral de las personas jóvenes, es necesario cambiar esa cultura por la regla general del carácter indefinido y por una reconstrucción de la filosofía del contrato formativo (Goerlich Peset, 2022).

Con la reforma del 2021, su objetivo es favorecer que la actividad laboral retribuida sea compatible con los procesos formativos en el ámbito de la formación profesional, los estudios universitarios o del Catálogo de especialidades formativas del Sistema Nacional de Empleo. Por tanto, fomenta el aprendizaje en un entorno laboral real para la adquisición de competencias profesionales transversales durante la formación.

El refuerzo de la formación se visulumbra con la figura del tutor designado por el centro formativo y otro por la empresa. Este último tendrá que contar con la formación o experiencia adecuada para realizar el seguimiento del plan individualizado de formación y el cumplimiento del objeto del contrato, adquisición de competencias, aprendizaje o capacidades. Se aprecia un refuerzo nuevamente del elemento formativo dada la importancia que adquiere esta figura en ambas modalidades, de hecho, el contrato en prácticas no imponía a cargo de la empresa obligación específica ni respecto a su práctica profesional ni supervisora (Vela Díaz, 2022).

Por último, se establece una presunción *iuris et de iure* de indefinidos de carácter ordinario si se conciertan en fraude de ley o con incumplimiento por el empresario de sus obligaciones formativos. Por ejemplo, se concierta el contrato para tareas propias de la titulación o certificación habilitante, pero se aprecia la desconexión entre las funciones realizadas y la titulación o certificación habilitante, el contrato deviene fraudulento y se convierte en indefinido porque se realizan funciones distintas de las que constituyen el objeto del mismo.

En otro orden de cosas y en relación a las estadísticas del SEPE muestran el incremento experimentado por este tipo de contratos a partir de 2011, hasta alcanzar el máximo en 2015. A partir de 2016 esta modalidad de contratación registró un notable retroceso debido a la exigencia de que la formación recibida debía ser certificable, así como a la existencia de otras modalidades de contratación, como la de fomento del primer empleo. Por sexo de 16 a 29 años, desde el año 2013 se observa la práctica igualdad de género en el uso de esta modalidad. En el conjunto del año 2023 las mujeres representan el 45,5% (14.534 contratos). En el periodo enero-abril 2024, los hombres representan el 54,7% y las mujeres el 45,3% (Informes Jóvenes y Mercado de Trabajo, 2024). Con los datos mencionados, ni aun contemplando la mejoría, se puede destacar que sea un contrato muy utilizado, pues haría falta cambiar la dinámica de las empresas y una legislación que propicie su uso (Esteban Legarreta, 2021).

4.3. Contrato formativo para la obtención de la práctica profesional adecuada al correspondiente nivel de estudios

A diferencia de la modalidad anterior, ha sufrido menos ajustes o renovaciones en su régimen jurídico. Si bien se presenta ahora con una denominación distinta, más completa, que sería una alteración más filosófica, que en sus elementos estructurales. En cualquier caso, se pretende conseguir una práctica profesional que no es tan académica como en la modalidad anterior, no se vincula con los contenidos formativos en curso, sino que persigue que la persona trabajadora reciba una formación práctica de unos conocimientos que ya ha adquirido con el título que habilita al contrato. Se exige que el sujeto que celebra el contrato esté en posesión de alguno de esos títulos que acrediten un grado universitario, de formación profesional o certificado de profesionalidad o ciclo formativo ya finalizado y susceptible de ser puesto en práctica a nivel profesional.

El refuerzo de la formación se aprecia con mucha intensidad en esta modalidad, estructurada en torno a un componente formativo práctico asociado a unos estudios que ya se han completado, siendo por tanto de naturaleza más estrictamente profesional. Se desarrolla un trabajo cuyas tareas o funciones permiten adquirir práctica o poner en práctica un nivel formativo en ese momento ya obtenido. Es patente que el elemento de definición del contrato es la práctica asociada a la formación que aparece como el medio instrumental para lograr esa mejor capacitación y mejorar la empleabilidad (Garrido Pérez, 2022). Se observa el alojamiento de ser considerado un trabajador ordinario más y su acercamiento a ser identificado como un sujeto que sigue aprendiendo y en tránsito a su plena integración en el mercado de trabajo (Cervilla Garzón, 2022).

Como en la modalidad anterior, no es ya un contrato exclusivo para las personas jóvenes, pues no existe requerimiento de edad alguno. Si bien, es un contrato ideado para este colectivo, pues late el objeto de proporcionar la formación y experiencia necesaria a los jóvenes cualificados para que puedan realizar una primera experiencia laboral relacionada con su titulación. Con respecto a la causalidad del contrato se aprecia la existencia de una mayor y más estrecha vinculación con el sistema formativo, lo que explica que se contemple limitaciones para celebrarlo. La regla general es la unicidad del contrato por unicidad o certificado de profesionalidad para evitar una indebida reiteración contractual del mismo sujeto con la misma empresa.

La contemplación de condiciones limitativas para celebrar esta modalidad opera frente al mismo título. Por tanto, no se considera la misma titulación un Grado, un máster y Doctorado y los de formación profesional. Por lo demás, se prevé la prohibición de esta contratación si existe una previa vinculación - no se refiere a contratación - con la misma empresa, por tiempo superior a tres meses, obteniendo experiencia profesional o realizando una actividad formativa, en la misma actividad dentro de la empresa. No obstante, se excluyen de este cómputo las prácticas curriculares, las estancias por becas y las prácticas extracurriculares.

Se exige un periodo hábil o de referencia, reduciendo la posibilidad de concertar este contrato de 4 a 3 años, y si es una persona con discapacidad se reduce de 7 a 5 años. La reducción obedece a permitir que la experiencia laboral refluya en los estudios realizados, que la experiencia actúe sobre los estudios cursados. Se desvirtuaría que la persona pueda obtener una práctica adecuada a sus estudios si ha pasado mucho tiempo desde la finalización de sus estudios, por ello, se exige cierta inmediación entre el momento que obtiene el título y el inicio del contrato (Olmos Pares, 2022).

Con respecto a la duración del contrato, la máxima se reduce de dos años a un año, pudiendo cuestionarnos si es un periodo suficiente. Por último, es contradictorio con el espíritu del contrato que aquí si se haya mantenido (si bien se ha reducido a un mes) la posibilidad de concertar un periodo de prueba.

Por último, y en relación a su utilización, en el conjunto del año 2023 han sido 42.746 contratos frente a los 54.152 del año 2022, y de 70.086 del año 2021. Con estas cifras, es evidente que estamos ante un nuevo fracaso de esta modalidad de contrato formativo. Por lo demás, y como la anterior modalidad, se trata de un contrato que presenta una brecha de género importante, que ha sido utilizado para hombres en un total de 23.047 y para mujeres 19.699 en el año 2023 (Informes Jóvenes y Mercado de Trabajo, 2024).

4.4. La efectividad del contrato formativo en convivencia con otras fórmulas

Con las cifras expuestas se observa que el contrato formativo sigue sin ser una fórmula que despliegue en el mercado laboral español. El escaso éxito o mejor dicho el fracaso de la misma obedece a diversos factores. En primer lugar, la coexistencia de normas que se solapan con el contrato formativo: la Ley Orgánica 3/2022, de 31 de marzo, de ordenación e integración de la Formación Profesional, el Real Decreto 592/2014, de 11 de julio por el que se regulan las prácticas académicas externas de los estudiantes universitarios y el Real Decreto 1543/2011, de 31 de octubre, por el que se regulan las prácticas no laborales en empresas.

Con este panorama es más que evidente la gran diversidad de instrumentos que contempla el ordenamiento jurídico que permiten a empresas conseguir los mismos resultados con menor complejidad. Como se aprecia, conviven de manera desconectada figuras y medidas en el ámbito de la formación y la práctica profesional que evidencian cierta descoordinación, e incluso, incoherencias entre sí, que pueden suponer una clara competencia desleal con los contratos formativos (Esteban

Legarreta, 2021), generando confusión en los sujetos jurídicos y económicos, y una peligrosa relativización de la importancia combinada de cualificación y experiencia profesional (Costa Reyes, 2022).

Por ejemplo, el hecho de que el contrato en alternancia permita contratar a estudiantes que están cursando un grado o un master, no implica en la actualidad que todas las prácticas académicas deban hacerse bajo un contrato laboral. Este escenario permite concluir que el hecho de que existan otras fórmulas de aprendizaje y aportación del estudiante a la empresa o institución, conlleva a que se haga un uso menos frecuente del contrato formativo. No obstante, si podríamos destacar en positivo que la formulación del contrato en alternancia se ha basado en el modelo de referencia de las prácticas académicas desarrollados por entidades formativas, particularmente de nivel universitario y de formación profesional. En cierta forma, recoge su metodología y experiencia en gestionar estancias formativas prácticas de sus estudiantes en empresas e instituciones, aprovechando la experiencia de las entidades formativas en materia de prácticas curriculares y extracurriculares (Garrido Pérez, 2022).

La misma conclusión resulta de que continue siendo posible la concertación de prácticas no laborales. Es muy criticable que una empresa o institución pueda seguir formalizando el uso de una figura que ha sido tachada como una nueva forma de esclavitud para las personas jóvenes (Ayala Sánchez, Bernal Santamaría, 2013). Esta modalidad alarga de forma totalmente ficticia el periodo durante el cual una persona cualificada está vinculada con la empresa en régimen de prácticas (Sánchez Rodas Navarro, 2013), siendo tildadas de un sucedáneo del contrato en prácticas (Moreno i Gene, 2012). Al mismo tiempo, su tramitación adolece de ciertos defectos con fundamentos suficientes para ser calificadas de ilegales.

Cabe especial atención a la Resolución del Parlamento Europeo, el 14 de junio de 2023, con recomendaciones destinadas a la Comisión sobre periodos de prácticas de calidad en la Unión. Es destacable que en relación a las prácticas sea preciso superar los usos distorsionados de las prácticas, de forma que no se conciban como una forma de ahorrar costes, como un sustituto de un contrato de trabajo, y sí como un refuerzo de los itinerarios formativos de las personas jóvenes y mayores. El uso de los "falsos becarios" es una forma de abuso y fraude de las prácticas no laborales por la contratación de personas altamente cualificadas y especializadas. La calidad de los periodos en prácticas depende de que sean una experiencia de aprendizaje y no un sustitutivo de contrato, como un modo de mejorar las habilidades y las capacidades, y con ello, la empleabilidad, facilitando la transición al mercado de trabajo (Bini, 2023).

Sumado a lo anterior, las prácticas académicas y las becas no remuneradas son el sustituto perfecto del contrato formativo. Se mantiene la misma utilidad a un precio más bajo en el caso de las prácticas no laborales), casi inexistente o nulo (Pérez del Prado, 2022. Es obvio que para que una persona joven se incorpore con éxito al mercado laboral precisa de una cualificación, de completar su formación teórica adquirida o en curso de adquisición. El cambio del modelo sería más ajustado si se dejaran atrás definitivamente las fórmulas fraudulentas que, bajo la apariencia de una relación no laboral, con una causa formativa, esconde auténticas prestaciones por cuenta ajena (Vila Tierno, 2022).

Mientras tanto, seguimos pendiente de la aprobación del Estatuto del Becario y su potencial para corregir el uso fraudulento de las personas en formación para cubrir puestos de trabajo en las instituciones y en las empresas. La convivencia de las becas con las prácticas y los contratos formativos confirman el uso en fraude y la explotación laboral que supone que tanto en el sector público como privado se realice un uso desviado de las prácticas y becas a modo de oportunidad laboral con el pretexto de ser puente hacia el empleo (Requena Montes, 2022).

Con todo, para que la reforma del contrato formativo sea eficaz se debe abordar la regulación de otros instrumentos que sirven para el mismo fin en el mercado laboral delimitando de forma clara la formación regulada en la que encajarían los contratos formativos, de la formación no reglada en la que se podrían relegar las becas y las prácticas no laborales (Pérez del Prado, 2022; Esteban Legarreta, 2021).

Por último, es preciso clarificar el escenario normativo y aplicativo del contrato formativo. Se requiere una regulación adecuada de las diferentes fórmulas, coordinando adecuadamente un uso apropiado de las figuras que existen en el ordenamiento jurídico español (Vela Díaz, 2022).

CONCLUSIONES

Las personas jóvenes presentan una fisonomía laboral muy preocupante y digna de una especial tutela y atención por parte del legislador. Son muchos años de acciones y de medidas para superar la precariedad, la temporalidad y el desempleo que azota a la juventud, mermando su integración plena en el mercado laboral y en la sociedad, sus expectativas y su futuro. Desde el plano internacional, europeo, nacional, autonómico y local se han desplegado medidas y actuaciones para mejorar la realidad socio laboral de la juventud.

Actualmente, estamos inmersos en un periodo crítico a nivel histórico y de cambios, en el que es muy importante reforzar la formación, la educación y la capacitación. La doble transición, digital y verde, ofrece nuevos retos y oportunidades para que la juventud se forme y se capacite en los sectores de actividad que están en pleno auge, por ejemplo: la digitalización de servicios, la tecnología digital, el desarrollo local rural y sostenible que refuercen la cohesión territorial; la modernización de inmuebles con inversión financiable en energía renovables, la explotación de modo más sostenible de sus aprovechamientos forestales y agrarios; el desarrollo de servicios de atención socio sanitaria y a la comunidad; o la recuperación del patrimonio para su gestión sostenible en el ámbito local y turístico. Pero también en otros sectores como la logística portuaria, el transporte sostenible, el turismo azul, la agricultura, la ganadería y la pesca, el reciclaje y la reutilización o la industria química.

Las trayectorias laborales de la juventud exigen reforzar el elemento formativo, concibiendo la formación como una aliada y como un valor estratégico para todos los actores. Tal es así que, se fomenta el aprendizaje a lo largo de la vida en cualquier momento vital para la mejora de los conocimientos, de las competencias y de las cualificaciones de la población en general, y de la juventud en particular. Toda vez porque como apuntamos, la formación es una variable que incide de forma más intensa en la empleabilidad de los jóvenes. Claro que se debe apostar por una formación de calidad encaminada a lograr un trabajo decente con programas ambiciosos en su contenido y en el aprendizaje en las empresas e instituciones. La fórmula más que adecuada debe ser el contrato formativo en cualquier de sus dos modalidades, dependiendo del momento formativo de la persona joven.

Hemos ofrecido un repaso sobre las carencias y dificultades de la regulación actual de las normas que ordenan la posibilidad de que las empresas puedan contar con personal en formación. Mas allá de más normas tuitivas para con el colectivo de jóvenes, es imperioso cambiar la actitud de los actores que intervienen en el mercado de trabajo, normalizando las estancias temporales de estudiantes/trabajadores en prácticas bajo la modalidad del contrato formativo.

Para ello, es preciso no tanto un nuevo cambio del modelo en sí, sino que se modifiquen los patrones de conducta, la actitud y la cultura del empresariado y de las instituciones españolas, consiguiendo un mayor interés de éstas.

Las sucesivas reformas laborales han retocado el régimen jurídico del contrato formativo buscando que sea una modalidad empleada en el mercado laboral habida cuenta de su carácter estratégico y su capacidad de adaptarse a las necesidades requeridas por el mercado laboral. Se valora positivamente el refuerzo de la formación sobre el contrato formativo realizado por la Reforma laboral 2021, quedando a la espera de su desarrollo reglamentario que concrete y corrija ciertas imprecisiones de la regulación actual.

El desafío es aumentar el número de contratos formativos en el mercado laboral español, midiéndose la efectividad de la reforma laboral en que sea más utilizado entre los sujetos empleadores. Por lo demás, habría que continuar con un proceso de reforma enfocado a combatir los malos resultados del contrato formativo. El éxito de esa reforma dependerá de diversos factores, como la limitación de las fórmulas precarias de empleo o cuasiformativas, de la ordenación de un marco laboral coherente con el trabajo digno, y, sobre todo de potenciar un cambio de cultura en el que se naturalicen las estancias temporales formativas de las personas jóvenes en las empresas e instituciones.

REFERENCIAS BIBLIOGRÁFICAS

Doctrina

Asquerino Lamparero, María José (2024). "No es contrato (solo) para jóvenes: el contrato formativo en alternancia". *Iuslabor*, 1, 5-41.

Ayala Sánchez, Alberto, Bernal Santamaría, Francisca (2013). Prácticas no laborales: la nueva esclavitud del siglo XXII en las relaciones laborales. *Retos del Derecho del Trabajo frente el desempleo juvenil.*

Bini, Stefano (2023). "Prácticas no laborales de calidad: coordenadas a partir de la Resolución del Parlamento Europeo de 14 de junio de 2023". *Trabajo, Persona, Derecho, Mercado: Revista de Estudios sobre Ciencias del Trabajo y Protección Social*, 7, 143-160.

Camas Rodas, Ferran (2023). "Empleabilidad-formación tras la Ley 3/2023, de 28 de febrero de empleo", Empleo y protección social: XXXIII Congreso Anual de la Asociación Española de Derecho del Trabajo y de la Seguridad Social. Ministerio de Trabajo y Economía Social. Subdirección General de Informes Recursos y Publicaciones.

Cervilla Garzón, María José (2022). El avance hacia la menor temporalidad y la mayor capacidad formativa del nuevo contrato formativo. *Iuslabor*, núm. 1.

Costa Reyes, Antonio (2022). La reforma de la contratación laboral temporal y formativa. Comentario a los supuestos del artículo 15 y a las novedades del artículo 11 del Estatuto de los Trabajadores tras el Real Decreto-Ley 32/2021. *Revista De Trabajo Y Seguridad Social. CEF*, (467), 39–75. https://doi.org/10.51302/rtss.2022.4057

Cruz Villalón, Jesús (2022). El sistema RED de regulación temporal del empleo. *Briefs de la Asociación Española de Derecho del Trabajo y de la seguridad social.*

Esteban Legarreta, Ricardo (2021). Propuestas para relanzar la contratación formativa en el contexto de la reforma del Estatuto de los Trabajadores. *Net21*, núm. 7.

Esteban Legarreta, Ricardo (2019). El contrato para la formación y el aprendizaje. *Perspectiva crítica tras las últimas reformas. Anuario IER de Trabajo y Relaciones de Trabajo, Transiciones al empleo.*

Garrido Pérez, Eva (2023). La Ley 3/2023 de empleo: alcance y dimensiones estratégicas a favor de la empleabilidad, *Trabajo, Persona, Derecho y Mercado.* 35-59.

Garrido Pérez, Eva (2022). El nuevo régimen jurídico de los contratos formativos tras el RDL 32/2021: la centralidad estructural y finalista de la formación. *Temas Laborales: Revista Andaluza de bienestar de trabajo y bienestar social*, núm. 161.

Gómez Millán Herencia, María José (2015). Transiciones al empleo impulsadas por la garantía juvenil. *Documentación Laboral*, núm. 104, 103-129.

Gómez Millán Herencia, María José (2013). Aspectos novedosos del contrato para la formación y el aprendizaje tras las últimas reformas. *Temas laborales*, núm. 119, 119-155.

Goerlich Peset, José María, Mercader Uguina, Jesús, De La Puebla Pinilla, Ana (2022). "Editorial", *Revista Labos,* Vol. 3.

Gutiérrez Pérez, Miguel (2022). Una aproximación al nuevo contrato formativo a la espera de su desarrollo reglamentario. *Revista General de Derecho del Trabajo y de la Seguridad Social,* núm. 63.

Fernández Avilés, José Antonio (2022). El nuevo contrato formativo en España: ¿una res continet duo simul? *Cielolaboral.com.*

López Gandía, Juan (2022). Los contratos formativos tras la reforma laboral de 2021. *Net21,* núm. 8.

Olmos Parés, Isabel (2022). Un nuevo modelo de contrato formativo. *Revista de Derecho Social y Empresa,* núm. 17.

Pérez del Prado, Daniel (2022). La reforma laboral 2021 y el nuevo contrato formativo: ¿la propuesta definitiva? *Labos,* núm. 3.

Prados Reyes, Francisco (2022). Contratos formativos en la reforma laboral de 2021. *Briefs de la Asociación Española de Derecho del Trabajo y de la Seguridad Social.*

Molina Navarrete, Cristóbal (2019). El futuro de las juventudes perdidas en el punto de mira de las reformas: ¿educación-ciudadanía versus formación-empleabilidad? Revista de Trabajo y Seguridad Social, CEF, 463, 5-24.

Requena Montes, Óscar (2023). Estatuto de las personas en formación práctica no laboral en el ámbito de la empresa: análisis del nonato «estatuto del becario». *NET21.*

Requena Montes, Oscar (2022). La política de empleo juvenil actual: análisis jurídico laboral del programa de primera experiencia profesional en las administraciones públicas. *Revista Vasca de gestión de personas y organizaciones públicas,* Instituto Básico de Administración Pública, 54-69. https://doi.org/10.47623/ivap-rvgp.22.2022.04

Rodríguez Romero, Rosa María (2022). Los contratos formativos a la luz del RDL 32/2021: un necesario cambio de modelo con resultados aún inciertos. *Briefs de la Asociación Española de Derecho del Trabajo y de la Seguridad Social.*

Rojo Torrecillas, Eduardo (2022). Estudio de la reforma laboral de 2021 (III). Los renovados contratos formativos. Blog El nuevo y cambiante mundo del trabajo. Una mirada abierta y crítica a las nuevas realidades laborales.

Talens Visconti, Eduardo (2017). La implantación del Sistema Nacional de Garantía Juvenil en España. *Revista Internacional y comparada de Relaciones Laborales y Derecho del empleo*, 5, 3, 103.134.

Sánchez-Rodas Navarro, Cristina (2013). El Real Decreto 1543/2011, de 31 de octubre, de prácticas no laborales en empresas ha de ser derogado. *Congreso Nacional sobre Buenas Prácticas Jurídico-Procesales para Reducir el Gasto Social* (1°, Sevilla, 2013) (54-65), Sevilla: Laborum.

Sempere Navarro, Antonio (2023). Reivindicación de la Ley de Empleo. *Revista Aranzadi Doctrinal*, núm. 8.

Vela Díaz, Raquel (2022). La nueva regulación de los contratos formativos tras la reforma laboral: ¿un impulso definitivo a esta fórmula contractual? *Doctrina y Jurisprudencia*, vol. 27.

Vila Tierno, Francisco (2022). Problemas de delimitación de la relación jurídica de los jóvenes y la empresa, en los procesos de transición entre formación y empleo. *Cielolaboral*.

Informes

Informe Jóvenes y Mercado de Trabajo (2024). Ministerio de Trabajo y Economía Social, núm. 41.

Ministerio de Transportes y Movilidad Sostenible, Programa Capacitación Digital https://sede.mitma.gob.es/SEDE_ELECTRONICA/LANG_CASTELLANO/OFICINAS_SECTORIALES/SUB_PRTR/prog_cheque-cacpacitacion-digital/ Recuperado el 10 de junio de 2024.

Naciones Unidas, Juventud, https://www.un.org/es/global-issues/youth#:~:text=No%20existe%20una%20definici%C3%B3n%20internacional,entre%2015%20y%2024%20a%C3%B1os.

SEPE, Nuevos Proyectos territoriales para el reequilibrio y la equidad. https://sepe.es/HomeSepe/Personas/encontrar-trabajo/plan-recuperacion-transformacion-resiliencia/proyectos-territoriales.html Recuperado el 7 de junio de 2024.

SEPE, Programa Investigo https://www.sepe.es/HomeSepe/Personas/encontrar-trabajo/plan-recuperacion-transformacion-resiliencia/empleo-joven/programa-investigo.html Recuperado el 7 de junio de 2024.

SEPE, Programa Primera Experiencia Profesional, https://www.sepe.es/HomeSepe/Personas/encontrar-trabajo/plan-recuperacion-transformacion-resiliencia/empleo-joven/primera-experiencia-profesional-administraciones-publicas.html Recuperado el 7 de junio de 2024.

Contratos formativos: el contrato de formación en alternancia

PILAR FERNÁNDEZ ARTIACH
Profesora Titular de Universidad de Derecho del Trabajo y de la Seguridad Social
Universitat de València

1. INTRODUCCIÓN: EL CONTRATO FORMATIVO

El artículo 11 del Estatuto de los Trabajadores (en adelante, ET), precepto que ha venido regulando tradicionalmente los contratos formativos en el ordenamiento laboral español, fue sometido a una importante modificación con el Real Decreto-Ley 32/2021, de 28 de diciembre, de modo que hasta su denominación cambió, pasando a llamarse, en singular, "el contrato formativo", para dar a entender que se trata de un único contrato, si bien dotado de dos objetos posibles (Ballester Pastor, 2022: 24; Cervilla Garzón, 2022: 22; Fernández Márquez, 2022: 183; Garrido Pérez, 2022: 69): de una parte, la formación en alternancia de la persona trabajadora, regulada en el apartado 2º de este artículo 11; y de otra, la obtención de la práctica profesional adecuada, regulada en el apartado 3 del precepto.

Junto con la regulación de estas dos modalidades, en los apartados 4 a 7 del artículo 11 ET se incluyen disposiciones comunes para ambos contratos, así como remisiones al futuro desarrollo reglamentario y a los convenios colectivos, y mandatos dirigidos al empleador de una persona trabajadora contratada bajo cualquiera de las dos modalidades de contrato formativo.

Este artículo se va a centrar exclusivamente en el análisis del contrato de formación en alternancia, pues la otra modalidad, el contrato para la obtención de la práctica profesional adecuada, es objeto de distinta contribución en esta obra. Sin embargo, dado que el objetivo de la reforma del contrato formativo es común a ambas modalidades, me detendré brevemente en su estudio.

De forma unánime, la doctrina laboralista (entre otros, Garrido Pérez, 2022: 70; Mercader Uguina y Moreno Solana, 2022: 68; Cervilla Garzón, 2022: 22-23; Fernández Márquez, 2022: 184; Olmos Parés, 2022: 5; Pérez Anaya, 2022: 2) ha subrayado la intención del legislador de reforzar la dimensión formativa de este contrato con su nueva regulación, reforzando su causa y utilizándolo como un medio para impulsar una mejor formación y capacitación profesional de la persona trabajadora que sirva a su vez para mejorar su capacidad de incorporación al mercado de trabajo.

Se busca con ello un cambio de modelo, dejando a un lado el tradicional papel que han desempeñado los antiguos contratos formativos como meras herramientas de inserción laboral de la gente joven, con menor coste que otras modalidades de contrato. Y es que, como tales herramientas, puede decirse que han resultado fallidas, dado el elevado porcentaje de paro en el grupo de población de jóvenes de entre 16 y 29 años. Así, cuando comparamos los datos del primer trimestre de 2022, previo a la entrada en vigor del RD-Ley 32/2021, y los del primer trimestre de 2024, si bien la tasa de paro general ha descendido, pasando del 13,73 % entonces al 12,4 % ahora, conforme datos extraídos de la EPA, la que afecta a la población de entre 16 y 19 años se mantiene especialmente alta aun habiendo descendido también, ya que ha pasado del 45,73 % al 41,06 %; mientras que en la franja de 20 a 24 años ha pasado del 26,82 % al 24,98 %; debiendo apuntar que el INE ya no presenta datos desagregados para el grupo de población de 25 a 29 años, como sí hacía anteriormente.

Con todo, resulta evidente, a primera vista, el incremento en la celebración de contratos de formación en alternancia, respecto del anterior contrato de formación y aprendizaje. Así, los datos acumulados, por año, de estas dos modalidades contractuales reflejan ese incremento: si en los años previos a la entrada en vigor del RD-Ley 32/2021 los números fueron extraordinariamente bajos (se pasó, de 39.435 contratos en 2019, a 24.637 contratos celebrados en 2020; y 30.672 contratos en 2021), sin embargo, tras su entrada en vigor se alcanzan los 40.298 contratos celebrados en 2022, y 50.049 en 2023.

Ahora bien, analizados con detalle, los resultados no son halagüeños. Conforme los datos del SEPE, en ese último año, 2023, los contratos de formación en alternancia celebrados con personas trabajadoras de entre 16 y 29 años fueron 31.924. El resto, hasta los 50.049 contratos suscritos, se celebraron con personas de 30 años o más[1]. Teniendo en cuenta que, en 2021, estos contratos -en su modalidad de formación y aprendizaje- sólo podían celebrarse con personas de menos de 25 años, salvo excepciones[2], el crecimiento real en el número de contratos celebrados con personas trabajadoras de esa franja de edad (16-24) no existe, siendo tan solo 23.052 los suscritos en 2023, frente a los 30.672 de 2021.

Por otro lado, en el caso del contrato para la obtención de la práctica profesional adecuada, sustituto del contrato en prácticas, los números acumulados muestran igualmente una tendencia decreciente en su uso. Así, la serie nos muestra que los contratos celebrados fueron 103.383 en 2017; 107.312 en

---

1 Datos extraídos de la página web del servicio Público de Empleo Estatal (SEPE): https://www.sepe.es/HomeSepe/que-es-el-sepe/estadisticas/contratos/estadisticas-nuevas/2023/diciembre.html (consultada el 8 de julio de 2024).

2 Personas con discapacidad; colectivos en situación de exclusión social; o cuando se celebraran en el marco de programas de Escuelas Taller, Casas de Oficios y Talleres de Empleo; supuestos todos ellos no sujetos al límite de edad.

2018; 82.476 en 2019; 51.387 en 2020; 80.080 en 2021; 63.875 en 2022 y 48.902 en 2023.

Quizás sea demasiado pronto para plantear la cuestión, pero ¿cuál podría ser la razón del aparente fracaso de esta modalidad contractual tras la reforma de su contenido? ¿Puede deberse a la inexistencia de un desarrollo reglamentario actualizado de la norma legal, lo que hace complicado su uso? En el caso concreto del contrato de formación en alternancia, objeto aquí de análisis, ¿podría estar vinculado al escaso número de estudiantes de formación profesional? ¿Podría deberse a que nos encontramos todavía, hasta 31 de diciembre de 2028, en el periodo de transición del sistema de beca para la formación profesional dual al contrato de formación en alternancia, para el caso de la formación profesional intensiva[3]? ¿O a la existencia de vías alternativas para la formación de los jóvenes universitarios más baratas y fáciles de gestionar? Todas ellas son preguntas a las que, seguramente, el transcurso del tiempo irá dando respuesta.

Por su parte, el RD-Ley 32/2021 citado, en su Disposición Transitoria 3ª, reguló el régimen transitorio aplicable a los contratos para la formación y el aprendizaje y los contratos en prácticas vigentes a su entrada en vigor de modo que "*resultarán aplicables hasta su duración máxima, en los términos recogidos en los citados preceptos*". Dicha duración máxima se ha alcanzado ya en el caso del contrato en prácticas[4], no así en el de formación y aprendizaje, pudiendo existir todavía algunos vigentes.

---

3 Disposición Transitoria 5ª de la LO 3/2022, de 31 de marzo, de ordenación e integración de la Formación Profesional.

4 Según la redacción anterior del artículo 11.1.b) ET, sería de mínimo 6 meses, y un máximo de dos años, salvo que de manera extraordinaria se hubiera interrumpido el cómputo de su duración. En cambio, en el caso del antiguo contrato de formación y aprendizaje, su duración máxima podía alcanzar los 3 años, no habiendo

Por último, antes de entrar en su análisis, debe señalarse que, hoy día, genera dudas la situación jurídica en la que se encuentra todo el catálogo de normas reglamentarias de desarrollo del antiguo artículo 11 ET. Me estoy refiriendo al RD 488/1998, de 27 de marzo, desarrollo reglamentario del hoy inexistente contrato en prácticas, sustituido por el contrato formativo para la obtención de la práctica profesional adecuada; y al RD 1529/2012, de 8 de noviembre y la Orden ESS/2518/2013, de 26 de diciembre, por la que se regulan los aspectos formativos del hoy inexistente contrato para la formación y el aprendizaje, ambas normas aprobadas tras la reforma de este contrato por RD-Ley 3/2012 y posterior Ley 3/2012. Ninguna de estas normas reglamentarias ha sido expresamente derogada por el RD-Ley 32/2021, ni sustituida todavía por norma reglamentaria posterior, existiendo quien los considera derogados de forma implícita (Garrido Pérez, 2022: 106) o quien los considera tácitamente derogados sólo en los aspectos incompatibles con el actual artículo 11 ET, opinión que comparto (Monreal Bringsvaerd, 2022).

2. EL CONTRATO DE FORMACIÓN EN ALTERNANCIA

Como ya se ha adelantado, el contrato de formación en alternancia, regulado en la actualidad por el artículo 11.2 ET, viene a sustituir al antiguo contrato para la formación y el aprendizaje, que fue modificado con la reforma laboral de 2012 a través del RDL 3/2012 y Ley 3/2012, estableciéndose entonces las bases para la implantación progresiva de la formación profesional dual en España, siguiendo el modelo alemán (artículo 2.1 RD 1529/2012).

---

transcurrido tales desde la fecha de entrada en vigor del artículo 11 en su nueva redacción dada por el RD-Ley 32/2021 (30 de marzo de 2022).

2.1. Objeto del contrato

De acuerdo con el artículo 11.2 ET, el objeto del contrato de formación en alternancia consiste en "compatibilizar la actividad laboral retribuida con los correspondientes procesos formativos en el ámbito de la formación profesional, los estudios universitarios o el Catálogo de especialidades formativas del Sistema Nacional de Empleo ". En ese sentido, el nuevo artículo 11.2.f) ET subraya que "Es parte sustancial de este contrato tanto la formación teórica dispensada por el centro o entidad de formación o la propia empresa cuando así se establezca, como la correspondiente formación práctica dispensada por la empresa y el centro ". Como señalan Menéndez Sebastián y Rodríguez Cardo (2022: 80), "los vasos comunicantes entre la actividad formativa y el contrato de formación en alternancia son particularmente intensos".

El contrato persigue, en consecuencia, la "mejora de la capacitación formativa de quienes están cursando unos estudios que no solo se limitan al ámbito de la formación y acreditación profesional, sino que se extienden también al sistema educativo universitario" (Garrido Pérez, 2022: 71), incorporando aquí -y eliminándolo como modalidad autónoma del antiguo artículo 11.3 ET previo a la reforma de 2021- el denominado *contrato para la formación dual universitaria*, modalidad de contrato de corta vida puesto que fue introducido por Ley 11/2020, de 30 de diciembre, de Presupuestos Generales del Estado para 2021 (BOE de 31 de diciembre), con objeto de contribuir a la cualificación profesional de los estudiantes universitarios a través de un régimen de alternancia de actividad laboral retribuida en una empresa con actividad formativa recibida en el marco de su formación universitaria. Esta idea se traslada al actual contrato de formación en alternancia (Rodríguez Escanciano, 2022: 143).

Con objeto de mejorar la capacitación formativa de los trabajadores contratados bajo esta modalidad contractual, las normas que la regulan diseñan un régimen de alternancia entre la actividad laboral retribuida en una empresa y la actividad formativa recibida en el marco del sistema de formación profesional -para el empleo y del sistema educativo- y de los estudios universitarios. Este régimen de alternancia será el objeto de los *acuerdos y convenios de cooperación* suscritos por las autoridades laborales o educativas de formación profesional o Universidades con empresas y entidades colaboradoras (artículo 11.2.c) ET), y en cuyo marco se elaborará un *programa de formación común* en el que se coordinarán e integrarán todas las actividades formativas, tanto teóricas como prácticas, liderado todo ello desde el sistema educativo para favorecer una mejor formación académica y técnica del estudiante. A su vez, dentro de ese programa de formación común se articulará el *plan formativo individual*, en el que habrá de especificarse el contenido de la formación, el calendario y las actividades y requisitos de tutoría para el cumplimiento de sus objetivos, plan formativo individual que habrá de incorporarse obligatoriamente al contrato de trabajo, conforme al artículo 11.4.c) ET.

A mayor abundamiento, la ley exige de manera expresa que la actividad laboral que realice el trabajador esté necesariamente relacionada con las actividades formativas que justifican esta modalidad de contratación (artículo 11.2.c) ET).

Parece así estar normalizándose el recurso a la contratación laboral como cobertura jurídica de las prácticas desarrolladas por estudiantes en empresas o instituciones y vinculadas a sus planes de estudio, sean de formación profesional o universitarios. Esto no significa, sin embargo, que el régimen no laboral de realización de tales prácticas haya desaparecido. En el caso de la formación profesional, la LO 3/2022, de 31 de marzo, de ordenación e integración de la Formación Profesional, que regula en su artículo 55 -y siguientes- el carácter dual de la formación profesional en España, distingue entre ofertas de formación profesional en régimen general (artículo 66), en las que no existe contrato formativo alguno, y ofertas de formación profesional intensiva (artículo 67), en las que la persona en formación sí ha de suscribir un contrato formativo, que será el de formación en alternancia. Por otro lado, en el caso de la universitaria, las prácticas externas no laborales, curriculares y extracurriculares, se han venido utilizando como alternativa más barata, y menos complicada de gestionar (Serrano Argüeso, 2022: 321; Vela Díaz, 2022: 128) que la formación dual del RD 1529/2012 o incluso del artículo 22 del RD 822/2021, de 28 de septiembre, por el que se establece la organización de las enseñanzas universitarias y del procedimiento de aseguramiento de su calidad.

2.2. Requisitos para su celebración

Los requisitos referidos a la persona trabajadora, plenamente aplicables tanto si es contratada bajo esta modalidad contractual por una empresa ordinaria como si lo es por una Empresa de Trabajo Temporal, para ser puesta a disposición de empresas usuarias, son los siguientes:

2.2.1. La edad

Respecto del que ha sido el requisito típico en este contrato de trabajo, *el límite de edad*, las novedades introducidas por el RD-Ley 32/2021 han sido de notable relevancia.

Así, el nuevo artículo 11.2 ET eliminó la horquilla de edad existente en la versión anterior (más de 16 años y menos de 25, salvo en el caso de algunos colectivos de desempleados que no estaban sujetos a los límites de edad máxima), sin establecer ningún límite de edad -mínimo o máximo- con carácter general. La razón de esta decisión puede residir en el concepto de aprendizaje a lo largo de la vida (Menéndez Sebastián y Rodríguez Cardo, 2022: 69; Mercader Uguina y Moreno Solana, 2022: 73), en línea con lo previsto en la LO 2/2006, de 3 de mayo, de Educación y en la LO 3/2022, de 31 de marzo, de ordenación e integración de la Formación Profesional, y con las necesidades de formación continua de las personas trabajadoras derivadas de los avances tecnológicos y la digitalización, necesidades que varían a lo largo de la vida.

Esta regla general tiene sin embargo una excepción, prevista en el apartado b) del artículo 11.2 ET, conforme al cual, cuando el contrato se suscriba en el marco de certificados de profesionalidad de nivel 1 y 2, y programas públicos o privados de formación en alternancia de empleo-formación, regulados actualmente por el RD 818/2021, de 28 de septiembre, que formen parte del Catálogo de especialidades formativas del Sistema Nacional de Empleo, el contrato sólo podrá celebrarse con personas de hasta 30 años.

Este límite de edad (y el de duración máxima) no aplica, según se establece en el artículo 11.4.d) ET dentro de las disposiciones comunes al contrato formativo, cuando se concierte con personas con discapacidad o, por parte de empresas de inserción cualificadas y activas en el registro administrativo correspondiente, con los colectivos en situación de exclusión social previstos en la Ley 44/2007. Este precepto ha sido interpretado (Garrido Pérez, 2022: 97) en el sentido de que no solo las empresas de inserción pueden beneficiarse de su contenido, lo que efectivamente hacen cuando contratan para la formación en alternancia a integrantes de colectivos en situación de exclusión social; sin embargo, con relación a personas con discapacidad, se aplicaría la exención del límite de edad cualquiera que fuera la empresa empleadora.

Los límites de edad máxima han venido jugando en el momento de suscripción del contrato, lo que podría seguir aplicándose para el supuesto excepcional, de modo que pueden sobrepasarse durante su vigencia, incluso al formalizar la prórroga, en su caso[5].

2.2.2. La falta de titulación

El trabajador ha de carecer de la cualificación profesional reconocida por las titulaciones o certificados profesionales requeridos para celebrar un contrato formativo para la obtención de la práctica profesional adecuada, titulaciones obtenidas y reconocidas por el sistema educativo o por el sistema de formación profesional[6].

Sin perjuicio de lo anterior, se podrán realizar contratos vinculados a estudios de formación profesional o universitaria con personas que posean *otra titulación* siempre que no hayan tenido otro contrato *formativo* previo -sea de formación en alternancia o sea para la obtención de práctica profesional- en una formación *"del mismo nivel formativo y del mismo sector productivo"*.

Ambos límites son acumulativos, pudiendo celebrarse contrato de formación en alternancia si no concurren ambos simultáneamente (Ballester Pastor, 2022: 36; Pérez Anaya, 2022: 4).

Señala Garrido Pérez que la norma apunta al mismo *nivel formativo,* debiendo entenderse como la misma categoría educativa (grado universitario, máster, doctorado, título de formación profesional, etc.) aun cuando los estudios formen parte de la misma área o rama de conocimiento, pues cada nivel tie-

---

5 STSJ Cantabria de 9 de septiembre de 2014, Rec. 570/14 (TOL4.495.626).

6 En ocasiones, la doctrina judicial ha resultado contradictoria en este punto (véanse, con relación a un puesto de trabajo de administrativo de banca, las SSTSJ Castilla y León/Valladolid de 29 de julio de 1996, Rec. 267/96, y de 1 de junio de 1998, Rec. 954/98; y STSJ Andalucía de 5 de noviembre de 1999, Rec. 2515/98).

ne sus propios requerimientos técnico-prácticos que pueden desarrollarse a través de un contrato formativo. Se permite por tanto encadenar contratos con base en títulos de distinto nivel formativo, presumiéndose que cada nivel puede requerir su propia contratación en alternancia o para obtener la práctica profesional adecuada.

Por su parte, por sector productivo cabe entender (Pérez Anaya, 2022: 4), o bien los sectores de la actividad económica en los que se clasifica la economía, o bien, como sostiene el SEPE, "cada uno de los grupos de actividades empresariales y productivas, con características comunes y propias que se integran en un determinado sector económico".

2.2.3. Limitaciones

Por último, teniendo en cuenta el objeto de este contrato, esto es, la adquisición de la cualificación profesional necesaria para desempeñar un oficio o un puesto de trabajo cualificado, el artículo 11.2.j) ET no permite celebrar este contrato con personas trabajadoras que hubieran desempeñado con anterioridad *en la misma empresa la actividad o el puesto de trabajo objeto del contrato por tiempo superior a 6 meses* -antes de la reforma, 12 meses[7]-. Sí resultará admisible este contrato, por lo tanto, cuando la actividad previa, o el puesto de trabajo, fueran diferentes.

Con la reducción del límite temporal a 6 meses parece buscarse limitar las posibilidades de uso fraudulento de esta modalidad, ligándola de forma más intensa a la necesidad formativa real de la persona trabajadora, aunque ello resulte contradictorio con la exigencia de que el desempeño se haya producido en la misma empresa, pero no en otras, pues debiera resultar

---

7 Véanse la STSJ País Vasco de 11 de julio de 2000, Rec.1100/00; y la STSJ C. Valenciana de 8 de abril de 2005, Rec. 2987/04 -TOL643.809-.

indiferente dónde haya obtenido la persona trabajadora la formación práctica en una actividad o puesto de trabajo. Además, también cabe criticar que con él puede impedirse consolidar un proceso de formación completo (Montes Adalid, 2023: 320), si pensamos que, en otras circunstancias, el contrato formativo podría durar hasta 2 años.

Por otro lado, el artículo 11.2.h) ET establece que sólo podrá celebrarse un contrato de formación en alternancia por cada ciclo formativo de formación profesional y titulación universitaria, certificado de profesionalidad o itinerario de especialidades formativas del Catálogo de Especialidades Formativas del Sistema Nacional de Empleo.

Esta disposición se configura como una limitación del número de contratos que se pueden celebrar por cada ciclo formativo, para evitar su uso abusivo por estricto interés de la empresa (Cervilla Garzón, 2022: 27; Garrido Pérez, 2022: 79).

La doctrina ha destacado, además, la posibilidad prevista en el artículo 11.2.g) ET de celebrar el contrato de formación en alternancia con una única empresa para desarrollarlo de forma discontinua, esto es, en distintos momentos temporales coincidentes con diversas fases del programa formativo del ciclo, certificado o itinerario, y manteniendo en cada uno de esos momentos las mismas condiciones contractuales pactadas al inicio de la relación (Garrido Pérez, 2022: 79) así como estando sometido al límite de duración total mínima y máxima.

No obstante, el artículo 11.2.h) ET admite que puedan formalizarse varios contratos de formación en alternancia con varias empresas, con base en el mismo ciclo, certificado de profesionalidad o itinerario de especialidades del Catálogo citado siempre que dichos contratos respondan a *distintas actividades vinculadas al ciclo, al plan o al programa formativo* y sin que la duración máxima de todos los contratos pueda exceder el límite de duración total de este contrato (dos años). Puede tratarse, normalmente, de supuestos en los que no pueden desarrollarse todas las actividades vinculadas al ciclo, plan o programa formativo en una misma empresa, bien porque, por ejemplo, no existan puestos de trabajo *ad hoc*, o porque no haya tutores disponibles, facilitándose con ello la incorporación de las pymes a la dualidad (Serrano Argüeso, 2022: 325). Existe quien opina (Olmos Parés, 2022: 16) que esta excepción parece aplicar tan sólo a los estudios de formación profesional o certificados de profesionalidad, no así a los estudios universitarios, al entender que con ciclo el legislador tan sólo se refiere a la formación profesional.

El RD 1529/2012 recogía la posibilidad de que el empresario, antes de suscribir el contrato, pidiera por escrito certificado al servicio público de empleo acerca del tiempo que el trabajador ha estado contratado bajo esta modalidad con anterioridad, así como la actividad laboral u ocupación objeto de la cualificación profesional asociada al contrato, debiendo emitirse tal certificado en plazo de diez días, pasados los cuales el empresario quedaría exonerado de la responsabilidad que pudiera eventualmente surgir en caso de incumplimiento, salvo cuando hubiera tenido conocimiento de esos antecedentes, ya fuera por el propio trabajador o por otras vías de información suficiente (artículo 15.2 RD 1529/2012).

De modo similar, el nuevo artículo 11.7 ET, dentro de las normas comunes a ambas modalidades del contrato formativo, establece que el empresario, antes de suscribir el contrato, puede pedir al servicio público de empleo información relativa a si las personas a las que pretende contratar han estado previamente contratadas bajo dicha modalidad y la duración de estas contrataciones, teniendo -no queda claro si la información obtenida, o su mera solicitud en caso de no obtenerse- valor liberatorio a efectos de no exceder la duración máxima de este contrato.

2.3. Los convenios sectoriales y el contrato de formación en alternancia

El artículo 11 ET, en su versión anterior al Real Decreto-Ley 10/2011[8], admitía que, por convenio colectivo sectorial -o de empresa, en caso de que existiera un plan formativo-, se pudiera establecer, en función del tamaño de la plantilla, el número máximo de contratos para la formación y el aprendizaje a suscribir, así como los puestos de trabajo objeto de ese contrato. En su defecto, habría que estar a lo previsto reglamentariamente. Sin embargo, con el RD-Ley 10/2011 desapareció la referencia a los convenios colectivos y al reglamento como cauces para limitar el número de estos contratos que las empresas pueden realizar, así como la habilitación para fijar los puestos de trabajo que es posible cubrir mediante tales contrataciones.

Así, en un supuesto en que un convenio sectorial introducía tales limitaciones y excluía ciertos puestos de trabajo de su cobertura con el antiguo contrato para la formación y el aprendizaje, el TS dispuso, en sentencia de 20 de noviembre de 2018, Rec. 221/17 (TOL6.957.005), con la que casa y anula en parte la SAN de 21 de junio de 2017, proc. 144/17, por un lado, que "*La negociación colectiva actúa en sentido contrario al querido por el legislador si restringe las posibilidades existentes sobre puesta en juego de contratos para la formación*", y, por otro, que "*los puestos excluidos de la posible contratación formativa parecen estar al margen de lo permitido por la Ley, sea porque presuponen una titulación con elevado nivel (hábil para una contratación en prácticas), sea porque refieren a funciones sin cualificar (y no parece que permitan una verdadera formación)*".

---

[8] RD-Ley 10/2011, de 26 de agosto, de medidas urgentes para la promoción del empleo de los jóvenes, el fomento de la estabilidad en el empleo y el mantenimiento del programa de recualificación profesional de las personas que agoten su prestación por desempleo.

En definitiva, el TS sostuvo que, con la regulación entonces vigente, los convenios colectivos no podían limitar el número máximo de este tipo de contratos en función de la plantilla existente, aunque sí cabía que definieran los puestos de trabajo que se podían cubrir, o no, con el contrato para la formación y el aprendizaje.

Tras la reforma de 2021, el nuevo texto del artículo 11.4.e) ET remite expresamente al convenio colectivo de ámbito sectorial estatal, autonómico o, en su defecto, de ámbito inferior, la posible determinación de los puestos de trabajo, actividades, niveles o grupos profesionales que podrán desempeñarse por medio de contrato formativo, sea el de formación en alternancia o para la obtención de la práctica profesional adecuada -contrato este último para el que ya se preveía algo similar con la anterior regulación, aunque solo se refiriera a los puestos de trabajo o grupos profesionales-.

2.4. Duración del contrato

Según el nuevo artículo 11.2.g) ET, la duración mínima del contrato de formación en alternancia será de 3 meses y la máxima de dos años, habiéndose reducido ambas respecto de la horquilla (1 año mínimo - 3 años máximo) prevista por la regulación anterior. Dicha duración vendrá establecida en el programa o plan formativo, habiéndose suprimido la remisión a la negociación colectiva para establecer unas duraciones distintas en función de las necesidades organizativas o productivas de las empresas.

En caso de que el contrato se hubiera concertado por una duración inferior a la máxima establecida "*y no se hubiera obtenido el título, certificado, acreditación o diploma asociado al contrato formativo*", podrá prorrogarse por acuerdo de las partes hasta la obtención de dicho título, certificado, acreditación o diploma, pero sin superar nunca la duración máxima de dos años.

No se regula en el ET ni el número ni la duración mínima de la prórroga, como sí se hacía anteriormente, lo que tal vez se explique por haber vinculado la posibilidad de prórroga al desarrollo de las actividades formativas programadas, que son las que van a marcar las necesidades y duración de dicha prórroga (Gutiérrez Pérez, 2022: 315).

A los efectos de computar la duración máxima de este contrato se ha considerado lícito, bajo anteriores regulaciones, computar los periodos de contratación precedentes bajo esta modalidad en otras empresas del sector y para la misma cualificación profesional[9].

Como ya se ha mencionado al analizar el requisito de edad, el límite de duración máxima no aplica, según se establece en el artículo 11.4.d) ET dentro de las disposiciones comunes al contrato formativo, cuando se concierte con personas con discapacidad o, por empresas de inserción, con colectivos en situación de exclusión. Dada la indefinición en que ha quedado la posible duración de los contratos de formación en alternancia celebrados con los integrantes de ambos grupos (personas con discapacidad y colectivos en situación de exclusión social), será difícil que se celebren en tanto no exista un desarrollo reglamentario.

Por su parte, el RD 1529/2012, en Disposición Adicional 6ª introducida por RD 368/2021, de 25 de mayo, sobre medidas de acción positiva para promover el acceso al empleo de personas con capacidad intelectual límite, establece que, de haberse concertado el contrato con personas con capacidad intelectual límite, "*la duración máxima del contrato podrá ampliarse, previo informe favorable del Servicio Público de Empleo competente, que a estos*

[9] STSJ Comunidad Valenciana de 8 de abril de 2005, Rec. 2987/04 (TOL643.809); STSJ Castilla-La Mancha de 2 de febrero de 2017, Rec. 1693/16 (TOL5.998.415).

efectos podrá recabar informe de los equipos técnicos de valoración y orientación de la discapacidad competentes, cuando, debido al tipo y grado de discapacidad y demás circunstancias individuales y profesionales del trabajador, así como las características del proceso formativo a realizar, el trabajador no hubiese alcanzado el nivel mínimo de conocimientos requeridos para desempeñar el puesto de trabajo, sin que, en ningún caso, pueda exceder de cuatro años".

2.5. Período de prueba

De forma novedosa, el artículo 11.2.l) ET establece expresamente que "*no podrá establecerse periodo de prueba en estos contratos*", lo que ha sido recibido por la doctrina de forma positiva, dada la finalidad formativa del contrato (Montes Adalid, 2023: 320) y careciendo de relevancia un posible interés de la empresa en comprobar las aptitudes profesionales de la persona trabajadora, sin experiencia y matriculada en el sistema educativo (Gutiérrez Pérez, 2022: 315), aptitudes que se presume irán incrementándose a lo largo de la vida de la relación laboral (Cervilla Garzón, 2022: 35).

Debería ser objeto del plan individual de formación lo que sucederá en caso de falta de adaptación de la persona trabajadora/estudiante a las tareas a desarrollar bajo este contrato.

2.6. Condiciones de trabajo: Tiempo de trabajo y retribución

2.6.1. Tiempo de trabajo

El contrato de formación en alternancia tiene algunas especialidades en materia de tiempo de trabajo. En primer lugar, debe destacarse la desaparición de la prohibición de celebración de este contrato a tiempo parcial, con la modificación a esos efectos del artículo 12.2 ET por el RD-Ley 32/2021. Además, establece el artículo 11.2.k) ET que estos trabajadores no pueden realizar horas extraordinarias, salvo para prevenir y reparar siniestros o daños extraordinarios y urgentes, ni horas complementarias en el caso de haber sido concertado a tiempo parcial, ni pueden desempeñar trabajos nocturnos ni realizar trabajo a turnos[10] salvo de forma excepcional, ya que el precepto contempla la posibilidad de que realicen actividad en régimen de turnos o en horario nocturno cuando las actividades formativas para adquirir los aprendizajes previstos en el plan formativo no puedan desarrollarse en otros periodos debido a la naturaleza de la actividad (sectores o puestos de trabajo que no pueden eludir la jornada nocturna).

La propia LO 3/2022, de 31 de marzo, de ordenación e integración de la Formación Profesional, en su artículo 58.4.a), por el que se regula el plan de formación de las personas en formación, exige autorización de la administración competente para estos supuestos excepcionales, bien sea en el caso de estancia formativa (formación profesional general), o sea con contrato formativo específico (formación profesional intensiva).

En el contrato de formación en alternancia, la jornada de trabajo viene integrada por el tiempo dedicado a las actividades formativas y el tiempo de trabajo efectivo. Este último, que habrá de ser compatible con el tiempo dedicado a las actividades formativas y relacionado con el objeto del contrato, no podrá superar el 65 %, durante el primer año, o el 85 %, durante el segundo año, de la jornada máxima prevista en el convenio colectivo o, en su defecto, de la jornada máxima legal. Se incrementa por tanto en el primer año de contrato el tiempo dedicado a la formación teórica, en relación con el previsto en la normativa anterior, donde el porcentaje de tiempo de trabajo era del 75 %.

---

10 Véase al respecto STSJ Navarra de 20 de enero de 2017, Rec. 562/16 (TOL5.973.191).

El artículo 17 del RD 1529/12 establecía que la formación podía realizarse en las modalidades *"presencial, teleformación o mixta, y en el ámbito educativo, en régimen presencial o a distancia, de acuerdo, en cada caso, con lo dispuesto en la normativa reguladora de la formación profesional de los certificados de profesionalidad o del sistema educativo"*. Así, no había inconveniente alguno en que la formación se realizara fuera de la jornada laboral, a distancia y en su domicilio, pues la única causa que justificaba el carácter fraudulento del contrato era el hecho de que la persona contratada realizara una jornada de trabajo efectivo superior al 75% de la jornada habitual de los demás trabajadores de la empresa[11]. En los supuestos en que la jornada de trabajo incluía tanto tiempo de trabajo efectivo como actividad formativa, el artículo 8.3 RD 1529/12 establecía que el tiempo de los desplazamientos necesarios para asistir al centro de formación computarían como tiempo de trabajo efectivo no retribuido.

Habrá que esperar al futuro desarrollo reglamentario del precepto estatutario para comprobar si estas reglas sobreviven.

En principio, la distribución del tiempo dedicado a actividades formativas se hará en *régimen de alternancia* con el tiempo de trabajo efectivo. Nada dice el nuevo artículo 11.2 ET sobre la posibilidad de concentrar la formación en determinados periodos de tiempo durante la vigencia del contrato, incluyendo en su caso el periodo final del contrato, por pacto individual entre las partes, como señalaban el antiguo artículo 11.2.e) ET y el artículo 17.1 RD 1529/12.

---

11 STSJ Andalucía, Sevilla, de 1 de octubre de 2020, Rec. 1232/19 (TOL8.233.041).

2.6.2. Retribución

Dispone el nuevo artículo 11.2.m) ET que la retribución será la establecida para estos contratos en el convenio colectivo de aplicación. Si el convenio colectivo de aplicación nada dice al respecto, la retribución no podrá ser inferior al 60 % el primer año ni al 75 % el segundo, respecto de la fijada en convenio para el grupo profesional y nivel retributivo correspondiente a las funciones desempeñadas, en proporción al tiempo de trabajo efectivo.

En realidad, el precepto no está estableciendo una genérica regla de proporcionalidad sino unos topes mínimos de retribución respecto de la fijada para el grupo profesional y nivel retributivo correspondiente a las funciones desempeñadas, pero en proporción al tiempo de trabajo efectivo. Es decir, el 60 % el primer año, 75 % el segundo, del salario aplicable en proporción al tiempo efectivamente trabajado (Garrido Pérez, 2022: 85); en otras palabras, durante el primer año, la persona contratada para la formación en alternancia que dedique el 65 % de jornada al trabajo efectivo debería percibir como mínimo el 60 % del 65 % del salario convencional.

En ningún caso, sigue diciendo el artículo 11.2.m) ET, la retribución podrá ser inferior al Salario Mínimo Interprofesional en proporción al tiempo de trabajo efectivo, lo que ya preveía la norma en su redacción anterior[12].

Con la regulación anterior a la reforma de 2021, los tribunales se habían ido pronunciando sobre cuestiones conflictivas en materia de retribución de estos contratos, destacando, entre otros, los siguientes pronunciamientos:

- El TSJ de Galicia, en sentencia de 7 de mayo de 2004, Rec. 5722/01 (TOL7.773.941), sostuvo que, si el con-

[12] STSJ Madrid de 24 de julio de 2017, Rec. 2/17 TOL6.359.924)

venio colectivo aplicable se limita a fijar el salario mínimo interprofesional como salario de los trabajadores contratados para la formación y el aprendizaje, no cabe aplicar la deducción porcentual en función del tiempo de trabajo efectivo prevista en el artículo 11.2.h ET.

- Además, si el contrato carece de formación teórica, porque el empresario está exonerado de las obligaciones formativas, por ejemplo, porque el trabajador recibió un curso de formación ocupacional adecuado al oficio o puesto de trabajo y acreditado por una Administración Pública, la retribución se incrementará en el porcentaje correspondiente al tiempo no dedicado a la formación teórica, no realizada. Puede verse esta opinión, entre otras, en las SSTSJ Castilla y León/Valladolid de 20 de septiembre de 1999, Rec. 1340/99, y de 29 de noviembre de 1999, Rec. 1924/99; STSJ C. Valenciana de 1 de julio de 2005, Rec. 4123/04 (TOL763.768); STSJ Andalucía/Granada de 9 de julio de 2008, Rec. 1516/08 (TOL1.424.793).
- En el caso de trabajadores contratados por ayuntamientos en el marco de programas de empleo de las comunidades autónomas, habiendo suscrito contratos temporales vinculados a una subvención pública, si el ayuntamiento tuviera convenio colectivo, el Tribunal Supremo ha mantenido, en sentencias de 6 de mayo de 2019, Rec. 608/2018 (TOL7.301.238), de 22 de mayo de 2020, Rec. 435/2018 (TOL7.966.352) y de 1 de julio de 2020, Rec. 3817/2017 (TOL8.036.268), que el salario a abonar será el previsto en el convenio colectivo, y no en las normas que lo subvencionan[13].

---

13 Sostiene literalmente el TS que "*La subvención es sólo una ayuda económica para el mantenimiento de una actividad y el fomento del empleo en este caso, pero no una excusa para incumplir con la normativa laboral en*

- Aun cuando la existencia de diferencias retributivas no se ha considerado discriminatoria, por estar fundada en motivos objetivos y razonables, como el hecho de que no realizan el mismo trabajo o no rinden lo mismo que un trabajador con contrato ordinario[14], en ocasiones se ha considerado injustificado el negarles ciertos complementos extrasalariales, como una ayuda social por estudios prevista en el convenio colectivo aplicable para todos los trabajadores y sus hijos -STS de 12 de febrero de 1996, Rec. 1044/95 (TOL5.116.243)-, o un plus por desplazamiento -STSJ Baleares núm. 54/2000, de 3 de febrero de 2000.

2.7. Obligaciones de las partes

2.7.1. Obligaciones de la persona trabajadora

El ET guarda silencio en lo que se refiere a las obligaciones de la persona trabajadora contratada para la formación en alternancia, por lo que hay que estar a las reglas comunes, aunque matizadas debido a la causa formativa del contrato.

2.7.2. Obligaciones de la empresa

Por lo que se refiere a las obligaciones de la empresa, y en tanto no se produzca el necesario desarrollo reglamentario del artículo 11 ET en su nueva redacción, éstas son las obligaciones específicas relativas a la formación de la persona trabajadora

---

materia de retribuciones, con mayor razón aun cuando las propias normas subvencionadoras se remiten a la normativa laboral…".

14 Véase la STS de 17 de julio de 1997, Rec. 28/97 (TOL5.117.061), respecto de los aprendices.

contratada y reguladas por el propio artículo 11.2 ET, pero también por el RD 1529/2012, algunas de las cuales podrían considerarse compatibles con la nueva regulación de este contrato:

a) De acuerdo con el artículo 16.7 RD 1529/12, el empresario estaba obligado a concertar, simultáneamente a la celebración del contrato, un acuerdo con el centro de formación u órgano designado por la Administración que imparta la formación y con el trabajador, acuerdo que debía presentar ante el servicio público de empleo competente para su autorización antes del inicio de la actividad de formación teórica necesaria.

Esta necesidad de autorización se entiende, sin embargo, actualmente derogada ya que, con la regulación vigente hoy, la empresa está obligada ahora a suscribir un acuerdo o convenio de cooperación con la autoridad laboral o educativa de formación profesional, o con la universidad -además del plan formativo individualizado que debe suscribirse al amparo de esos convenios o acuerdos-, de modo que la autoridad administrativa ya participa en estos convenios (Monreal Bringsvaerd, 2022). En el nuevo contrato de formación en alternancia, la empresa contratante va a tener que compartir espacios de decisión y responsabilidad con la autoridad educativa (Garrido Pérez, 2022: 77), dado que la formación se ha convertido en el eje primordial de este contrato.

En definitiva, algo similar a lo que ya ocurre con la gestión de las prácticas curriculares y extracurriculares realizada por los centros formativos de Formación Profesional y las Universidades, donde se suscribe un convenio entre el centro y la empresa en el que consta el plan formativo individualizado creado de común acuerdo, con dos tutores (uno académico y otro de empresa) que actúan de manera coordinada y dando seguimiento al programa de actividades, tutorización y calendario fijado en el convenio.

b) Además, se le obliga a garantizar las condiciones que permitan la asistencia de la persona trabajadora a los programas formativos fijados en el acuerdo anexo al contrato (artículo 16.2 RD 1529/12). Entre otras cuestiones, debe concederle los permisos necesarios para asistir a la formación.

c) En el nuevo artículo 11.2.d) ET se establece para el empresario el deber de tutelar el desarrollo del proceso formativo. La empresa tiene el deber de realizar un seguimiento del plan formativo individual, según lo previsto en el acuerdo de cooperación concertado con el centro o entidad formativa -de "seguimiento de la realización y aprovechamiento de las enseñanzas teóricas" habla el artículo 20 RD 1529/12-, estando obligado a designar para ese cometido a un tutor trabajador de la plantilla que será el responsable del seguimiento del acuerdo para la actividad formativa, debiendo para ello coordinarse con el centro que esté impartiendo la formación.

La persona que realice las labores como tutor/a de empresa, que será responsable de vigilar que la actividad profesional es acorde con la formativa (Olmos Parés, 2022: 14), deberá contar con la formación o experiencia adecuadas para tales tareas.

En caso de incumplimiento por el tutor de sus obligaciones, no efectuando ningún control sobre el cumplimiento del plan formativo, el contrato podría considerarse fraudulento (Olmos Parés, 2022: 15), lo que conllevaría considerarlos contratos indefinidos de carácter ordinario según el art. 11.4.h) ET.

d) La empresa participará, junto con los centros de formación profesional, las entidades formativas acreditadas o inscritas y los centros universitarios, en el marco de los acuerdos y convenios de cooperación, en la elaboración de los planes formativos individuales donde se especifique el contenido de la formación, el calendario y las actividades y requisitos de tutoría para el cumplimiento de sus objetivos (artículo 11.2.e) ET).

Es este plan, por tanto, el que distribuye los días y horas de trabajo efectivo y de formación teórica (Cervilla Garzón, 2022: 32).

e) Debe proporcionar a la persona trabajadora un trabajo efectivo cualificado y adecuado a la finalidad del contrato, esto es, relacionado con el perfil profesional del título de formación profesional o universitario o del certificado de profesionalidad.

En caso de contratos de formación en alternancia realizados por empresas de trabajo temporal (ETT), ésta será la responsable de las obligaciones relativas a los aspectos formativos del contrato. No obstante, en el contrato de puesta a disposición debe designarse a la persona de la empresa usuaria encargada de tutelar el desarrollo de la actividad laboral del trabajador y de actuar como interlocutora con la ETT. Esta última debe asumir el resto de las obligaciones relativas a las tutorías vinculadas al contrato y al acuerdo para la actividad formativa (artículo 20 RD 1529/12).

Habrá que esperar, como señala el artículo 11.2.f) ET, a que reglamentariamente se desarrollen el sistema de impartición y las características de la formación, así como los aspectos relacionados con la financiación de la actividad formativa.

Por su parte, la cualificación o competencia profesional adquirida a través del contrato de formación en alternancia podrá ser objeto de acreditación en los términos previstos en la LO 3/2022, de 31 de marzo, de ordenación e integración de la Formación Profesional. A este respecto, la persona trabajadora podrá solicitar de la Administración pública competente la expedición del correspondiente certificado de profesionalidad, título de formación profesional o, en su caso, acreditación parcial acumulable. También el centro de formación deberá emitir certificado que acredite la cualificación o competencia profesional adquirida, o un mero certificado de asistencia y, en su caso, un diploma acreditativo de haber superado la formación (artículo 7 RD 694/2017, de 3 de julio).

Ya no se contempla en la normativa vigente que el objetivo «*inmediato*» de la formación sea la recuperación de la escolaridad obligatoria, cuando el trabajador no esté en posesión del título de graduado escolar. El contrato está conectado tan solo a los estudios de formación reglada (tanto de formación profesional como universitaria) y a la formación para el empleo en el marco del sistema nacional de empleo, sin que quepan otros tipos de formación teórica (Ballester Pastor, 2022: 25).

2.8. Efectos del incumplimiento por el empresario de sus obligaciones formativas

La consecuencia que la norma actualmente vigente anuda al incumplimiento de las obligaciones formativas por parte de la empresa, así como a la celebración de estos contratos en fraude de ley -que no se presume, sino que habrá que probarlo (Montes Adalid, 2023: 328)-, no es otra que entenderlos concertados como contratos indefinidos de carácter ordinario. Se trata de una presunción *iuris et de iure* prevista en el artículo 11.4.h) ET.

Sin embargo, las consecuencias jurídicas derivadas del incumplimiento por el empresario de sus obligaciones en materia de formación han venido variando, a juicio de los tribunales, en función de que el incumplimiento se considerara total o parcial.

Debe apuntarse que las sentencias que se citan a continuación hacen referencia al extinto contrato para la formación y el aprendizaje, y no al contrato de formación en alternancia, existiendo dudas acerca de la vigencia actual de esta doctrina judicial.

a) El Tribunal Supremo ha sostenido, en sentencias de 19 de febrero de 1996, Rec. 2906/95 (TOL5.115.626); de 30 de junio de 1998, Rec. 3675/97 (TOL5.117.692); o de 31 de mayo de 2007, Rec. 401/06 (TOL1.093.006), que *la falta total de formación teórica*, aunque mediante la práctica el trabajador adquiera adiestramiento, supone una desnaturalización del contrato. Aunque no es una interpretación pacífica, estos supuestos se han calificado mayoritariamente por la jurisdicción ordinaria como fraude de ley, considerándose el contrato, *iuris et de iure*, ordinario y por tiempo indefinido[15]. Por ejemplo, se han calificado, a estos efectos, como incumplimientos cualificados o totales:

- Sustituir la formación teórica por simple instrucción y asistencia durante el desarrollo de la actividad laboral;
- Trabajar la jornada laboral completa, estudiando a distancia fuera de la jornada laboral, en STS Cont. Adm. de 20 de mayo de 1997, Rec. 5364/92 (TOL5.135.870);
- Designar como tutor a una persona que no puede ejercer tales funciones -en STSJ País Vasco, de 7 de septiembre de 2004, Rec. 840/04 (TOL7.995.698); o en STSJ Comunidad Valenciana de 19 de enero de 2021, Rec. 2343/20 (TOL8.383.210)-;

---

15 Entre la doctrina judicial pueden verse, por ejemplo, la STSJ Castilla-La Mancha núm. 326/2003, de 20 de febrero de 2003, Rec. 63/03; las SSTSJ Galicia de 6 de abril de 2016, Rec. 456/16 (TOL5.731.349), y de 10 de mayo de 2017, Rec. 277/17 (TOL6.185.687); la STSJ Canarias de 23 de febrero de 2018, Rec. 744/17 (TOL6.679.134); o la STSJ Comunidad Valenciana de 19 de enero de 2021, Rec. 2343/20 (TOL8.383.210). Recientemente, el STSJ Castilla-León/Valladolid núm. 41/2024, de 15 de enero de 2024, Rec. 2153/2023, estima la existencia de fraude de ley en supuesto en que la formación que se pretende proporcionar es inferior a la titulación universitaria que poseía la trabajadora. En sentido similar, STSJ Galicia núm. 5642/2022, de 14 de diciembre de 2022, Rec. 5570/2022, donde al hilo del extinto contrato de formación y aprendizaje sostuvo que "este contrato va orientado a remediar la total falta de conocimientos, no al complemento de un nivel de estudios y empleo equivalentes o proporcionados, a cuyo fin, se establece el contrato en prácticas".

- No dar formación teórica durante la prórroga del contrato, en STSJ Andalucía/Málaga de 28 de abril de 2005, Rec. 554/05 (TOL658.760);
- Entregar al trabajador la documentación proporcionada por el centro de enseñanza sin realizar seguimiento alguno sobre su realización y su aprovechamiento -en STSJ Asturias de 26 de marzo de 2004, Rec. 2792/02 (TOL7.650.535); STSJ Castilla y León/Valladolid de 29 de octubre de 2008, Rec. 991/08 (TOL1.406.092); STSJ Cantabria de 9 de septiembre de 2014, Rec. 570/14 (TOL4.495.626)-.

En ocasiones, el empresario puede estar exonerado de las obligaciones formativas, por ejemplo, porque el trabajador recibió un curso de formación ocupacional adecuado al oficio o puesto de trabajo y acreditado por una Administración Pública. En esos casos, por ejemplo, el TSJ del País Vasco, en sentencia de 1 de marzo de 2005, Rec. 91/05 (TOL694.113), no ha considerado que existiera incumplimiento alguno.

En cualquier caso, la prueba de que la obligación de formación se ha cumplido corresponde a la empresa, no al trabajador -STSJ Canarias de 23 de febrero de 2018, Rec. 744/17 (TOL6.679.134)-.

b) En caso de *incumplimiento parcial de las obligaciones formativas,* salvo que concurra fraude de ley, los tribunales han señalado que el contrato era válido, aunque estimando que podían reclamarse las diferencias salariales debidas por el tiempo finalmente no dedicado a la formación teórica[16].

---

16 Pueden verse las SSTSJ Castilla y León/Valladolid de 20 de septiembre de 1999, Rec. 1340/99, y de 29 de noviembre de 1999, Rec. 1924/99; la STSJ Andalucía/Málaga de 9 de septiembre de 2004, Rec. 1466/04 (TOL563.119); o la STSJ Comunidad Valenciana de 8 de abril de 2005, Rec. 2987/04 TOL643.809).

En este sentido, se han considerado ejemplos de incumplimiento parcial, con la anterior regulación de este contrato:

- Concertar la formación con un centro a distancia cuando debió concertarse con centro de enseñanza presencial, al no estar expresamente autorizado por la ley o porque así lo establecía el convenio colectivo aplicable -STS de 10 de febrero de 2003, Rec. 2355/02 (TOL4.928.175); STSJ País Vasco de 9 de noviembre de 2004, Rec. 2132/04 (TOL553.851); STSJ Galicia de 11 de febrero de 2004, Rec. 6819/03 (TOL7.637.599); STSJ Castilla y León/Valladolid de 5 de julio de 2004, Rec. 1088/04 (TOL464.277)-;
- Supuestos en que el tiempo dedicado a la formación teórica representa un porcentaje inferior al debido -STSJ Castilla-La Mancha de 15 de septiembre de 2004, Rec. 2063/03 (TOL500.756); STSJ Castilla y León/Valladolid de 10 de octubre de 2005, Rec. 1489/05 (TOL765.069)-;
- Los retrasos puntuales en la formación, desajustes de programación, o incluso defectos en la puesta en práctica de la formación teórica por mala organización -por ejemplo, STSJ Madrid núm. 264/2000, de 19 de junio de 2000, Rec. 2179/00; y STSJ Andalucía/Sevilla de 24 de junio de 2004, Rec. 1850/04 (TOL592.730)-.

2.9. Extinción del contrato

El contrato se extingue por la llegada del término pactado o el transcurso del máximo establecido legal o convencionalmente, previa denuncia que habrá de notificarse a la otra parte con una antelación mínima de 15 días si el contrato dura más de un año (artículo 49.1.c) ET). En caso de que el trabajador continúe prestando servicios en esos supuestos, el contrato se entenderá prorrogado tácita y automáticamente por tiempo indefinido, salvo prueba en contra sobre la naturaleza temporal de los servicios prestados (artículo 12 RD 1529/12).

En caso de incorporación a la empresa sin solución de continuidad en nueva y distinta contratación, el artículo 11.4.h) ET establece que el tiempo de formación computará a efectos de antigüedad.

2.10. La protección social

Sin ánimo de profundizar en el tema, por razones de espacio, debe señalarse que el contrato de formación en alternancia tiene una cotización especial, tanto en general como en relación con la contingencia de desempleo.

Así, el artículo 3.7 del RD-Ley 32/2021 introdujo una nueva Disposición Adicional 43ª en la LGSS donde se regula, con vocación de permanencia, la cotización a la Seguridad Social de los contratos de formación en alternancia.

Por su parte, la cotización por la contingencia de desempleo se efectúa por una cuota fija resultante de aplicar a la base mínima establecida para las contingencias profesionales el mismo tipo de cotización y distribución entre empresario y trabajador que el previsto para el contrato para la obtención de la práctica profesional adecuada (artículo 290.1 LGSS).

2.11. Incentivos a la contratación y a la conversión en contratos indefinidos

Por último, para finalizar con el estudio de las cuestiones más relevantes vinculadas al contrato de formación en alternancia, de acuerdo con el artículo 23 del *RD-Ley 1/2023, de 10 de enero, de medidas urgentes en materia de incentivos a la contratación laboral y mejora de la protección social de las personas artistas*, este contrato dará derecho, durante su vigencia, incluidas sus prórrogas, en los términos establecidos en el artículo 10 del mismo texto legal, a una bonificación de 91 euros/mes. Igualmente, dará derecho a una bonificación de 28 euros/mes en las cuotas de la persona trabajadora a la Seguridad Social y por los conceptos de recaudación conjunta. Estas bonificaciones, sin embargo, no serán aplicables en estos contratos cuando se suscriban en el marco de programas públicos mixtos de empleo-formación.

Además, en el artículo 26 del mismo texto legal se contemplan bonificaciones de la actividad formativa en el ámbito laboral, vinculada al contrato de formación en alternancia, así como de los costes derivados de las tareas de tutorización. Para su aplicación, el precepto requiere desarrollo reglamentario.

Por su parte, la conversión de estos contratos en ordinarios, siempre que se produzca a la finalización del contrato, goza del beneficio previsto en el artículo 24 del citado RD-Ley 1/2023, esto es, de una bonificación en la cuota empresarial a la seguridad social, en los términos establecidos en su artículo 10, de 128 euros al mes durante 3 años, siendo de 147 euros al mes en caso de las mujeres.

3. PARA CONCLUIR

Son muchas las cuestiones que quedan pendientes de resolver con relación al contrato de formación en alternancia.

Falta lo más relevante, que es su desarrollo reglamentario, con el que, seguramente, podrá darse respuesta a alguno de los interrogantes que genera la figura, y que se plantearon en la introducción y a lo largo de este artículo.

Por ahora, las esperanzas depositadas en el nuevo contrato formativo, de acuerdo con los datos estadísticos existentes con relación a su utilización, no se han cumplido. Esperemos que esto cambie cuando tanto la LO 3/2022 y sus normas de desarrollo como, en su caso, el futuro desarrollo reglamentario del artículo 11 ET, resulten plenamente aplicables.

REFERENCIAS BIBLIOGRÁFICAS

Ballester Pastor, María Amparo (2022). *La reforma laboral de 2021. Más allá de la crónica.* Ministerio de Trabajo y Economía Social.

Cervilla Garzón, María José (2022). "El avance hacia la menor temporalidad y la mayor capacidad formativa del nuevo contrato formativo". *IUSLabor,* 1/2022, 13-55.

Fernández Márquez, Óscar (2022). "Seis tesis generales sobre la reforma de los contratos formativos de 2022". *Labos.* Vol. 3, 1, 180-187.

Garrido Pérez, Eva (2022). "El nuevo régimen jurídico de los contratos formativos tras el RDL 32/2021: la centralidad estructural y finalista de la formación". *Temas Laborales.* 161, 67-106.

Gutiérrez Pérez, Miguel (2022). "Una aproximación al nuevo contrato formativo a la espera de su desarrollo reglamentario". *Revista General de Derecho del Trabajo y de la Seguridad Social.* 63, 309-331.

Menéndez Sebastián, Paz y Rodríguez Cardo, Iván Antonio (2022). "El impacto de la nueva ordenación legal de la formación profesional en el Derecho del Trabajo: una primera aproximación". *Revista General de Derecho del Trabajo y de la Seguridad Social.* 63, 59-91.

Mercader Uguina, Jesús R. y Moreno Solana, Amanda (2022). "La última reforma de los contratos formativos: un nuevo intento para potenciar su utilización y mejorar la formación de los jóvenes". *Trabajo, Persona, Derecho, Mercado.* Monográfico, 63-88.

Montes Adalid, Gloria María (2023). "La nueva regulación de los contratos de formación en alternancia y para la obtención de la práctica profesional: ¿la apuesta definitiva para la inserción de la juventud en el mercado laboral?". *Revista Internacional y Comparada de Relaciones Laborales y Derecho del Empleo.* 11, 1, 311-335.

Olmos Parés, Isabel (2022). "Un nuevo modelo de contrato formativo". *Revista Derecho Social y Empresa.* 17, 1-28.

Pérez Anaya, Rosa María (2022). "Del contrato para la formación y el aprendizaje al contrato formativo en alternancia". *Trabajo y Derecho.* 96, 1-14.

Rodríguez Escanciano, Susana (2022). "Dificultades para la integración laboral de los jóvenes. Los nuevos contratos formativos". *Estudios de Derecho del Trabajo y de la Seguridad Social. Homenaje al profesor Santiago González Ortega.* Consejo Andaluz de Relaciones Laborales. 133-146.

Serrano Argüeso, Mariola (2022). "El nuevo contrato de formación en alternancia en el ámbito universitario como reto para la incorporación de las personas jóvenes al mercado de trabajo". *Digitalización, recuperación y reformas laborales. Comunicaciones del XXXII Congreso Anual de la Asociación Española de Derecho del Trabajo y de la Seguridad Social.* Ministerio de Trabajo y economía Social. Subdirección General de Informes, Recursos y Publicaciones. 315-330.

Vela Díaz, Raquel (2022). "La nueva regulación de los contratos formativos tras la reforma laboral: ¿un impulso definitivo a esta fórmula contractual". *Revista Internacional de Doctrina y Jurisprudencia.* 27, 111-1129.

El contrato formativo para la obtención de la práctica profesional

MARÍA JOSÉ ASQUERINO LAMPARERO[1]
Profesora permanente laboral de Derecho del Trabajo y de la Seguridad Social. Universidad de Sevilla

1. UNA BREVE MIRADA AL PASADO PARA SITUARNOS EN EL PRESENTE

La reforma de 2022[2] ha supuesto la reducción significativa de los contratos temporales, a través de la eliminación de fórmulas que podríamos calificar de clásicas y el reforzamiento del principio de causalidad.

Pero más allá de esas iniciales consideraciones inspiradas en la necesidad de garantizar relaciones laborales estables, asistimos también a la reforma de otra modalidad contractual que no se ve influida por estas máximas (Pérez del Prado, 2021)[3]:

---

1 Investigación realizada en el marco del proyecto de investigación "La regulación de la formación para el empleo ante el reto de la transición digital, ecológica, territorial y hacia la igualdad en la diversidad" (CIGE/2022/171), financiado por la Conselleria de Educación, Universidades y Empleo de la Generalitat Valenciana.

2 Real Decreto Ley 32/2021, de 28 de diciembre, de medidas urgentes para la reforma laboral, la garantía de la estabilidad en el empleo y la transformación del mercado de trabajo.

3 El autor enuncia que "...aunque la simplificación de los contratos ha sido uno de los objetivos abiertamente declarados del Gobierno... lo cierto es que parecía que los contratos formativos escapaban a esta meta".

el/los contrato/s formativo/s que ha/n de contemplarse no desde una lógica causal sino "finalista"[4].

De esta manera, se alteran los contratos formativos que pasan a ser identificados empleando el singular: contrato formativo (Rodríguez-Piñero Royo, 2022[5]) y que atiende/n a los objetivos contenidos en el Componente número 23 del Plan de Recuperación, Transformación y Resiliencia[6].

Ahora, la preocupación por la formación lleva al inquieto legislador a suprimir señal menos, formalmente— el joven contrato para la formación dual universitaria y a modificar las otras dos variantes de contratos formativos a los que denomina contrato de formación en alternancia y contrato formativo para la obtención de la práctica profesional.

Así, en el contrato formativo lo relevante, lo que destaca, es la formación y siendo esta la causa, queda en un segundo plano el garantizar con la relación laboral el mantenimiento de vínculo indefinido. De ahí que cuando se emplea el contrato formativo, la necesidad empresarial que se satisface no ha de ser preceptivamente coyuntural. Lo verdaderamente sustancial es que, o bien la relación laboral se engarce perfectamente en los estudios que cursa el estudiante-trabajador (contrato de

---

4 "y, por tanto, el hecho de que el trabajador llegue a realizar tareas de naturaleza ordinaria, no desnaturaliza el contrato ni implica conducta fraudulenta": STSJ de Navarra de 8 de junio de 2023. TOL9.674.741.

5 Interesantes reflexiones del profesor Rodríguez-Piñero Royo: "Se producen otros cambios menores de lenguaje que expresan una voluntad del legislador gubernamental de enfatizar los objetivos de la norma... Se dice claramente que los dos supuestos contemplados en este precepto [refiriéndose al art.11 ET] son en realidad una única modalidad contractual".

6 Exposición de Motivos del Real Decreto Ley 32/2021, de 28 de diciembre.

formación en alternancia) o bien que ese vínculo laboral sea útil para poner en práctica los conocimientos teóricos previamente aprehendidos (contrato formativo para la obtención de la práctica profesional).

Y, aunque hoy aparece claramente escindido el objeto y objetivo al que se dirigen los dos contratos formativos, lo cierto es que no siempre fue así. Si nos remontamos a la ya lejana Ley de Relaciones Laborales (que es la que idea el contrato hoy estudiado[7]—Fernández Díaz, 2014—) la inicial linde entre los dos tipos de contrato se situaba en la clase de estudios cursada. Así, si se compaginaba formación profesional con trabajo estábamos ante el contrato de formación en el trabajo (artículo séptimo) y si la persona se encontraba realizando estudios de formación profesional de segundo o tercer grado o cursaba los propios a la formación superior universitaria, nos hallábamos ante el contrato de trabajo en prácticas (artículo octavo).

De manera tímida en aquel entonces se observa que también existía una necesidad a la que había que atender: la protagonizada por las personas que recientemente habían obtenido la titulación académica. Para este específico supuesto se podría aplicar también el régimen jurídico previsto para el contrato de trabajo en prácticas, siempre que el Gobierno así lo decidiera "atendiendo a las circunstancias de empleo"[8] y a instancias de los Colegios Profesionales competentes[9].

---

7 La autora explica el origen del contrato, su razón y evolución, mostrando la inoperancia de un sistema educativo que "tradicionalmente [fue] utilizado como instrumento de adecuación de la mano de obra al mercado de trabajo, [que] cumplió mediocremente con esta función". En esa misma línea de falta de respuesta se situó el mercado laboral que no pudo absorber a estos titulados con el contrato de aprendizaje que, de otro lado, se concibió en un momento en y para una sociedad gremial.

8 Disposición adicional primera (segundo párrafo) Ley 16/1976.

9 Art. Octavo Dos Ley 16/1976, de Relaciones Laborales.

La realidad fue que los Colegios Profesionales no recogieron la invitación legal, condenando al absoluto ostracismo a la figura comentada (Fernández Díaz, 2014).

Habremos de esperar hasta la redacción primitiva del Estatuto de los Trabajadores (Ley 8/1980, de 10 de marzo) para encontrarnos ante un contrato cuyo destinataria natural y única era la persona que tuviera una "titulación académica, profesional o laboral reconocida" reciente, siendo su objetivo el de servir para "perfeccionar sus conocimientos y adecuarlos al nivel de estudios cursados" (art. once). De esta manera quedaba enmarcado el trabajo en prácticas, reservándose el trabajo para la formación para sujetos entre los dieciséis y dieciocho años que eran contratados "a efectos de formación laboral".

Las reformas de estos contratos se suceden cronológicamente[10] hasta llegar a nuestros días (Cabero Morán, 2022)[11]. Ahora se trata de poner el acento sobre la formación y diseñar una relación laboral que sea atractiva para el empresario y de ahí que se le otorguen incentivos para avivar los deseos de contratación —Sirvent Hernández, 2023; Montes Adalid, 2023—.

El actual art. 11 del Estatuto de los Trabajadores nos presenta como único al contrato formativo, aun cuando la lectura del precepto nos descubre que en realidad contratos formativos son dos. El primero de ellos es el contrato formativo en alternancia y el segundo en regularse el contrato para la obtención de la práctica profesional. Este cambio de orden —pues en la anterior redacción, la mención era la inversa— ha sido interpretado como una especie de insinuación de la relevancia

---

10 Un detallado estudio de esta evolución en Fernández Díaz, 2014.

11 "No cabe duda de que la reordenación de los contratos formativos que aprueba esta reforma laboral [refiriéndose a la contenida en Real Decreto Ley 32/2021] constituye la más profunda de las producidas desde la versión inicial de la Ley 8/1980 y su primer desarrollo por la Ley 32/1984".

del contrato formativo en alternancia sobre el contrato para la obtención de la práctica profesional (Garrido Pérez, 2022).

La concepción —primigenia y actual— de este contrato ha provocado la reflexión doctrinal de que estábamos ante una "figura próxima a la contratación temporal de fomento de empleo a cuyo través se pretende potenciar la inserción en el mercado de trabajo de las personas jóvenes y paliar así las elevadas tasas de desempleo juvenil" (Sirvent Hernández, 2023).

Ciertamente, el Estatuto de los Trabajadores diseña las líneas maestras de los contratos formativos, pero, desafortunadamente, continuamos —en la fecha de redacción de las presentes líneas— sin el prometido desarrollo reglamentario. Esta carencia —aparte de dar al traste con determinadas previsiones que precisan, para ser implementadas, de su específica contemplación a través de una norma de estas características— puede plantear dudas sobre si resultan o no aplicables, entre otros, el RD 488/1998 y el RD 1529/2012[12].

En lo que a este estudio atañe, nos centraremos en el examen del otrora contrato en prácticas con la intención de esbozar esta modalidad contractual y, a la postre, examinar cuál ha sido el alcance de la reforma legal.

---

12 Garrido Pérez, 2022:106. La autora recoge la idea de que "deben entenderse bajo derogación implícita al quedar referidos a unos contratos que se acogen ahora bajo nueva denominación y diferente modelo normativo".

2. LOS DESTINATARIOS: LA TITULACIÓN QUE HABILITA O CAPACITA PARA EL EJERCICIO DE LA ACTIVIDAD LABORAL

En clara coherencia con la finalidad a la que va destinado, el contrato formativo para la obtención de la práctica profesional "no es el vehículo para la obtención del título" —Mercader Uguina y Moreno Solana, 2022:69— a diferencia de lo que ocurre con el contrato formativo en alternancia[13], sin perjuicio de lo que pueda aportar como "complemento de un nivel de estudios y empleo"[14].

La comparativa entre la nueva regulación y la anterior, nos da cuenta del cambio operado. Así, parece que se opta por una mayor claridad[15] en torno a las titulaciones que posibilitan la

---

13 De ahí que, en ocasiones, se haya estimado el fraude de ley a la vista de que el trabajador -formalmente contratado bajo la extinta modalidad del contrato para la formación y el aprendizaje- contaba con titulación habilitante para vincularse a través del contrato formativo en prácticas (STSJ de Galicia de 14 de diciembre de 2022, TOL9.370.371).

14 De nuevo, la STSJ de Galicia de 14 de diciembre de 2022, TOL9.370.371.

15 Con anterioridad a esta norma (que ha de ser completada con las prescripciones de la Ley 63/1997, de 23 de diciembre) los títulos habilitantes no estaban tan claramente definidos. Baste con observar la redacción del Estatuto de los Trabajadores de 1980 (heredera en este punto de la previsión contenida en la Ley de Relaciones Laborales) que -artículo once- declaraba como destinatarios a los que "estuvieran en posesión de titulación académica, profesional o laboral reconocida".
Cristóbal Roncero, 2023, la autora entiende que la reforma ha traído una ampliación y detalle de los títulos. Así, se detiene en la posibilidad legal que ahora existe de poder celebrar este contrato con quien hayan superado un máster profesional. Esta posibilidad -bajo nuestro modesto entender- también era posible con la anterior norma que contemplaba la viabilidad del contrato en prácticas para quienes es-

concertación del presente contrato. En concreto, sería factible concertar la relación laboral si la persona hubiera obtenido un "título universitario o un título de grado medio o superior, especialista, máster profesional o certificado del sistema de formación profesional... así como quienes posean un título equivalente de enseñanzas artísticas o deportivas"[16]. A pesar de la disparidad de titulaciones recogida, todas ellas poseen un rasgo común y que no es otro más que el de habilitar o capa-

---

tuvieren "en posesión de título universitario" y siendo el máster un título de esta naturaleza, no existía óbice para concertarlo también con este tipo de destinatarios; de otro lado, el propio art.11.c) ET extinto mencionaba expresamente a los títulos de máster.

16 La excesiva generalidad de los términos en que se expresaba el antiguo art.1 del Real Decreto 1992/1984 que cerraba la enumeración de la titulación que posibilita este contrato con la fórmula "otra titulación académica o laboral" abría la espita para que pudieran celebrarse contratos de esta naturaleza, prácticamente bajo el amparo de cualquier titulación.

A mayor abundamiento, era lícito para cubrir un puesto de dependiente cuando este había realizado un curso del INEM para "vendedores de productos de consumo obteniendo la oportuna titulación": STSJ de Extremadura de 28 de febrero de 1992 (Recurso núm. 88/1992), STSJ de Aragón de 25 de marzo de 1992 (Recurso núm.169/1992).

Por el contrario, entendiendo que no fundamentaba el contrato en prácticas el "certificado de haber participado con aprovechamiento en un curso de instalador de líneas telefónicas": STSJ de Cataluña de 24 de marzo de 1992 (Ponente: Ilmo. Sr. D. José de Quintana Pellice); no se concede validez a los títulos expedidos por los centros colaboradores del INEM tras la realización de un curso de formación profesional ocupacional: STSJ de Cataluña de 29 de enero de 1993 (Sentencia número 483/1993); por el contrario, la STSJ de Extremadura de 10 de febrero de 1993 (Recurso núm. 70/1993).

Es viable concertar este contrato con persona que porta el certificado de profesionalidad de transporte sanitario para realizar las funciones de camillero de ambulancia: STSJ de Cantabria de 14 de mayo de 2021 (TOL8.444.690).

citar para el ejercicio de la actividad laboral. De esta manera, la formación hubo de estar encaminada a la especialización en un determinado campo del conocimiento.

Con base a las previsiones normativas, los posibles destinatarios son:

a. Personas que han obtenido un título universitario:

Así, se encontrarían englobados los graduados universitarios[17], las personas que disponen de un máster universitario[18] o del título de doctor.

b. Título grado medio o superior:

A nuestro juicio debemos incluir bajo este apartado los que se obtienen tras cursar la formación profesional correspondiente a cada uno de estos grados, equiparándose el primero al bachillerato y el segundo al grado universitario.

A pesar de la equivalencia que existe entre el título de grado medio con el bachillerato, consideramos que esta última titulación no habilitaría para el concierto de este contrato. Como decíamos *ut supra,* este contrato se realiza sobre la base de la existencia de un título que capacita profesionalmente a la persona en un determinado ámbito del conocimiento, no existiendo especialidad alguna cuando los estudios cursados son los correspondientes al nivel de bachillerato.

---

[17] En el pasado: adecuación del título de licenciado en Derecho para llevar a cabo funciones como técnico de la Administración Pública: STSJ de Navarra de 10 de marzo de 1992 (Ilma. Sra. Dña. Carmen Arnedo Díez).

[18] Dado lo inespecífico del precepto, entendemos que abarca todo tipo de estudios de máster, esto es, tanto los títulos oficiales como los propios.

c. Especialista:

Hace alusión, a nuestro juicio, a los títulos de experto que expiden los centros universitarios superiores[19].

d. Máster profesional:

Entendemos que este espacio no alude a los títulos máster expedidos por una Universidad, toda vez que estos están comprendidos en el primer apartado. El inciso se está refiriendo a aquellos supuestos en los que la formación la imparte un centro formativo, escuela de negocio o academia y son profesionalizantes.

De nuevo, a falta de concreción deberíamos entender comprendidos los títulos que tengan la carga lectiva de un máster oficial, aun cuando no sean oficiales.

e. Certificado del sistema de formación profesional de acuerdo con lo previsto por la Ley Orgánica 3/2022, de 31 de marzo, de Ordenación e Integración de la Formación Profesional.

La precitada norma ha supuesto una modernización en la forma de concebir la formación profesional. Se incluye toda la amalgama de titulaciones que oferta el Sistema de Formación Profesional, más allá de los anteriormente citados grados medios o superiores[20].

---

19 En contra, entendiendo que los títulos de experto no habilitan a la celebración del presente: Ruiz Santamaría, 2023.

20 Art. 28 de la Ley Orgánica 3/2022: “1. La tipología de las ofertas del Sistema de Formación Profesional está organizada, de manera secuencial, en los siguientes grados:
Grado A: Acreditación parcial de competencia.
Grado B: Certificado de competencia.
Grado C: Certificado profesional.

f. Título equivalente de enseñanzas artísticas o deportivas:

En este específico apartado acudimos a la reciente Ley 1/2024, de 7 de junio, por la que se regulan las enseñanzas artísticas superiores y se establece la organización y equivalencias de las enseñanzas artísticas profesionales.

En lo que hace a las enseñanzas deportivas, estas se regularán a través del Real Decreto 1363/2007, de 24 de octubre, por el que se establece la ordenación general de las enseñanzas deportivas de régimen especial.

En resumen, son variopintos los estudios que posibilitan la celebración del presente contrato, pero estas consideraciones no nos deben llevar a afirmar que cualquier tipo de formación es susceptible de sustentarlo. Así, hoy por hoy hemos de excluir otros títulos que se expiden por academias o centros profesionales, aun cuando los mismos puedan suponer la especialización de la persona, en el supuesto de que no puedan incardinarse en algunos de los estudios sucintamente comentados[21].

La siguiente exigencia legal continúa refiriéndose a la titulación. Tradicionalmente el contrato había de celebrarse en fecha próxima a la obtención del título. Esta filosofía se mantiene con la reforma, pero se restringen los tiempos. Recogiendo la tradicional escisión entre los destinatarios que presentan

---

Grado D: Ciclo formativo.

Grado E: Curso de especialización.

21 Conforme a normativas anteriores, se planteaban dudas sobre determinados diplomas obtenidos tras la finalización de determinados cursos. Así, STSJ de Madrid de 7 de abril de 1994 (Recurso núm. 3081/1993) que opta por negar trascendencia a formaciones variopintas relacionadas con los estudios superiores previamente superados. Un examen sobre si el ya desaparecido diploma de estudios avanzados era título habilitante a estos efectos en Moreno Gené, 2009.

discapacidad de aquellos que no la tienen, se limita a cinco o tres años respectivamente a contar desde la finalización de los estudios[22].

En lo que hace a la diferencia entre los trabajadores discapacitados y los que no lo son, el motivo acaso es la inercia histórica que nos lleva a seguir entendiendo que las personas así declaradas pueden tener más dificultades a la hora de su contratación, prefiriendo el legislador asegurar el acceso al mercado de trabajo, pues una vez insertos en el mismo es más probable que se continúe contando con estas personas[23].

Pero más allá de la escisión entre los dos espacios temporales en función del destinatario, se observa que la nueva regulación disminuye los tiempos desde la obtención de la titulación para la concertación del presente contrato con relación a la anterior contemplación. Esta reducción en los lapsos ha sido interpretada por nuestra doctrina como coherente con el fin al que atiende el presente contrato, dado que "si transcurre demasiado tiempo desde la finalización de los mismos [refiriéndose a los estudios], se difumina dicho objetivo" —Vela Díaz, 2022:124[24]—.

---

22 Recordemos que cuando se introduce primitivamente la figura, el plazo no podía ser superior a 2 años (sin que entonces, con el ET de 1980 hubiera distinción alguna de destinatarios). En la redacción inmediatamente anterior a la actual, el periodo era de cinco años o siete (para discapacitados).

23 Entendiendo que es injustificada la diferencia entre discapacitados y no, Garrido Pérez, 2021:91.

24 Por su parte, de manera expresiva, así se consigue que "la experiencia actúe sobre los estudios cursados" Garrido Pérez, 2021:91.
Ya la STSJ de Madrid de 3 de noviembre de 1994 (Recurso núm. 3705/1993) recordaba lo que en su momento enunciara el Tribunal Supremo (Sentencias de 10 de julio de 1992, 9 de diciembre de 1992 y 12 de marzo de 1993) en atención a que "el objetivo de este contrato no es, simplemente, adquirir experiencia laboral, sino que

3. LA EXPERIENCIA PROFESIONAL/ FORMATIVA PREVIA

Se incluye otra cortapisa: la imposibilidad de celebrar este tipo de contrato "con quien haya obtenido experiencia profesional o realizado actividad formativa en la misma actividad dentro de la empresa por un tiempo superior a tres meses, sin que se computen a estos efectos los periodos de formación o prácticas que formen parte del currículo exigido para la obtención de la titulación o certificado que habilita esta contratación" (art.11.3.b) ET).

Dado que el sentido del presente contrato es ofrecer la oportunidad a la persona formada teóricamente de que aplique sus conocimientos, no será posible concertar el vínculo con alguien que "haya obtenido experiencia profesional ...por un tiempo superior a tres meses"[25]. Ha de entenderse —conforme a una interpretación teleológica del precepto— que la imposibilidad es con relación a la concreta profesión que ahora se ejerce, con independencia de que la persona sí tenga un recorrido laboral previo. De otro lado, se considera que la diferencia entre un trabajador con experiencia profesional de otro que carece de la misma es el tiempo que ha venido ejerciendo

---

esta "refluya" en los estudios realizados, objetivo que no podrá cumplirse si no se exige una cierta "inmediación" entre el momento de la obtención del título y el comienzo de la práctica".

25 La desnaturalización de las prácticas es clara si previamente se ha obtenido la experiencia profesional que con este contrato se busca. Los tribunales eran unánimes en considerar que las relaciones laborales temporales previas con la persona que ahora es practicante, desvirtúa el sentido al que viene llamado el presente contrato. Así, la STS de 15 de marzo de 1996 -contrato anterior de 3 meses- (TOL 5.116.280).

esa labor, entendiéndose que lo que marca la separación es realizarla durante, al menos, tres meses[26].

Es —desde nuestro punto de vista— un desacierto el haber restringido esta opción para el que haya tenido una vinculación de tan solo tres meses. Es un periodo insignificante para tomar el pulso a determinadas ocupaciones, por lo que hubiera debido ser más sensible a ese tipo de diferencias, debiendo haber fijado diferentes tiempos en función del título que el trabajador hubiera portado, posibilitando a la negociación colectiva una precisión mucho más exacta en atención, ahora, a las funciones concretamente desempeñadas.

Y, prescindiendo de la anotación anterior, causa estupor que si el periodo mínimo contractual es de seis meses —entendiendo que este lapso no ha sido escogido al azar, sino que se ha contemplado como el que genéricamente se entiende preciso para adquirir cierta experiencia— se haya prohibido emplear el contrato formativo para la obtención de la práctica profesional a quien tan solo acredita tres meses de actividad laboral previa.

Se asimila a la anterior situación el desempeño de una "actividad formativa en la misma actividad dentro de la empresa" sin computar a estos efectos los periodos de práctica que son obligatorios para la obtención de la correspondiente titulación

---

26 Garrido Pérez, 2021: 88-89. Entiende la autora que la dicción literal referida a la "misma actividad dentro de la empresa" ha de entenderse en "sentido finalista, ...al conjunto de operaciones o tareas ofrecidas por la empresa que presenten como nota común su idoneidad para ser ejecutadas con fines formativos prácticos y/o de obtención de experiencia profesional, y alineadas en todo caso al nivel formativo que presente la persona trabajadora en cuestión". Esos tres meses son los que habitualmente se fijan para las prácticas "en empresas conforme a planes y programas de estudios universitarios y de formación profesional".

(Garrido Pérez, 2021:89). Se entiende que la razón por la que no se tienen en cuenta a estos efectos las prácticas es la de facilitar su concierto, pues en caso contrario el empleador vería constreñida su libertad de contratación futura y, el estudiante las posibilidades laborales en la empresa donde realizó las prácticas.

La única exclusión a la que se refiere el precepto en atención a la actividad formativa es la beca. No resultaría viable concertar el presente contrato con el que hubiera sido becario, siempre que la labor fuese coincidente e idéntica fuese la empresa.

Es esta una exclusión que nos ocasiona perplejidad, por cuanto la medida cierra la oportunidad a los que fueran becarios —cuyo proceso de aprendizaje creemos no tiene necesariamente que distar del que se dispensa al estudiante que realiza las prácticas curriculares o extracurriculares— de esta oportunidad laboral. Lo que se consigue es que mientras que las prácticas pueden convertirse en el trampolín para acceder a una relación laboral, los becarios no gozan de la misma opción, siendo no obstante idéntica la finalidad formativa que se persigue en uno y otro supuesto.

4. LA PRESTACIÓN DE SERVICIOS: LA PRÁCTICA PROFESIONAL

Como quedaba apuntado al principio, no es requisito para la válida suscripción que la necesidad empresarial a cubrir sea coyuntural[27], a diferencia de lo que ocurre con el resto de las

---

[27] STSJ de Islas Canarias de 25 de noviembre de 2021, TOL8.784.087: "de hecho, es lógico que se trate de tal actividad habitual y permanente, pues la misma es la más idónea para obtener la formación práctica perseguida con este contrato". STSJ de Islas Canarias de

modalidades contractuales causales temporales previstas en el art. 15 del ET.

Es diáfano, también, que el objeto del contrato se ciñe a poner en práctica los conocimientos teóricos previamente asumidos. El propósito es más ambicioso que el de procurar las herramientas genéricas que se precisan para todo tipo de trabajo. Se trata de lograr una especialización acorde con la formación adquirida[28]. De esta forma, se requiere —so pena de considerar que este contrato ha sido celebrado en fraude de ley— que la prestación de servicios a la que se va a destinar al trabajador guarde una estrecha conexión con los estudios realizados, debiendo necesariamente esta circunstancia que tener que ser examinada casuísticamente[29].

---

27 de mayo de 2021 (TOL8.569.094) que también destaca que la actividad que realiza no tiene que tener "autonomía, sustantividad" (en lo que parece una clara referencia al extinto contrato para obra o servicio determinado) "o cualquier nota de temporalidad"; STSJ de Islas Canarias de 14 de abril de 2021 (TOL8.564.426).

28 No parece muy afín la titulación de licenciado en filosofía y letras para realizar actividades administrativas: STSJ de Cataluña de 7 de abril de 1992 (Ilmo. Sr. D. José de Quintana Pellicer).

29 Ciertamente, parece depender en última instancia de la mayor o menor flexibilidad con la que nuestros tribunales interpretan esta exigencia de conexión o "directa conectividad" (STSJ de Islas Canarias de 13 de mayo de 2021, TOL8.564.376). Otra circunstancia que, a nuestro juicio influye cuando se analiza la pertinencia o no de este contrato, hace referencia a la definición del puesto de trabajo, pues si este está descrito de manera etérea es más proclive a admitir la correspondencia con el título que se esgrime; así, con relación al de "titulado superior" sin más precisión STSJ de Islas Canarias de 25 de febrero de 2021 (TOL8.430.984) y posteriores del mismo tribunal de 26 de marzo de 2021 (TOL8.469.175) o de 23 de abril de 2021 (TOL8.564.319) en lo que hace al "titulado medio".
Seguimos con el prolífico TSJ de Islas Canarias (STSJ de Islas Canarias de 26 de febrero de 2021, TOL8.564.373) que no aprecia irregularidad alguna en un contrato cuya duración total era de 24

Y, es en este punto donde se observa con mayor claridad el engarce perfecto entre formación y trabajo, de tal manera que el presente contrato no puede subsistir si no concurren ambas y, además, están convenientemente ensambladas —Mercader Uguina y Moreno Solana, 2022: 69[30]—.

Por supuesto, estas afirmaciones no nos pueden llevar a concluir que sea necesario que entre los estudios y trabajo exista "una ecuación perfecta", pero sí "una relación entre la clase y contenido de la formación dispensada y el tipo de trabajo a desarrollar"[31] que tiene su reflejo en el contrato y que, entendemos, denotaría lo que algún pronunciamiento ha manifestado en torno a la "razonable adecuación entre la actividad profesional… y la titulación habilitante"[32].

---

meses, 2 de los cuales no se había cumplido con la "finalidad de contribuir a complementar la formación teórica".

30 "…la formación se obtiene a través de una práctica profesional adecuada al nivel de estudios del que trae causa".

31 La STSJ de Andalucía de 2 de abril de 1992 (Recurso núm. 848/1991) realiza un recorrido conceptual y normativo bastante ilustrativo sobre el entonces contrato en prácticas, resaltando los aspectos sustanciales de esta modalidad contractual.
La STSJ de Cantabria de 30 de julio de 1996 (Recurso núm. 711/1996) deriva por el mismo sendero, pues deja constancia de que hay que respetar "la imprescindible, que no perfecta relación porque ésta no se exige legal ni jurisprudencialmente, entre las funciones desempeñadas y la titulación obtenida y plasmada en el contrato en el curso del ejercicio profesional". STSJ de Navarra de 8 de junio de 2023. TOL9.674.741.

32 STSJ de Islas Canarias de 15 de septiembre de 2022 (TOL9.289.585) "no permite formalización de contratos si no existe relación alguna entre los estudios cursados por el trabajador y el puesto en el que ha sido contratado o cuando esa relación es tan mínima o insignificante que haya de concluirse que el ejercicio profesional no es adecuado para la aplicación práctica de los conocimientos adquiridos".
Nos causa sorpresa -a pesar de que el discurso está construido- la afirmación del TSJ de Islas Canarias de 16 de marzo de 2022

De hecho, las aseveraciones precedentes nos llevan a proclamar que sería posible llevar a cabo otro tipo de tareas complementarias, aunque estas por sí solas no guarden relación con los estudios realizados[33].

Si el convenio colectivo de aplicación recoge la invitación que le hace la norma legal y precisa los puestos de trabajo susceptibles de ser cubiertos a través de esta modalidad, la tarea se simplifica sobremanera[34]. Si el convenio guarda silencio sobre este extremo, entendemos que puede ser útil comprobar lo que al efecto se señala en el apartado de competencias del título cursado y constatarlas con las actividades realmente ejercidas por el trabajador[35], dado que lo habitual es que no aparezca una relación detallada de los quehaceres en el contrato de trabajo suscrito[36].

(TOL8.967.426) que opta por una interpretación (a nuestro juicio) demasiado laxa del objeto del contrato y descarta que esta modalidad contractual se restrinja para los supuestos en los que se practica la "concreta materia que estudió", bajo el argumento de que de lo contrario se vería excesivamente limitada su utilización.
Aludiendo a la razonabilidad ("razonable adecuación) también la STSJ de Islas Canarias de 26 de enero de 2022 (TOL8.886.851).

33 STSJ de Madrid de 27 de mayo de 2021 (TOL8.563.142).

34 El convenio es instrumento idóneo para limitar los puestos de trabajo que no son susceptibles de ser cubiertos a través de los contratos formativos (ambos): STS de 20 de noviembre de 2018 (TOL6.957.005). Ver la STSJ de Madrid de 6 de octubre de 2023 (TOL9.756.492) con relación al Convenio Colectivo del Sector de Transporte de Enfermos y Accidentados en Ambulancia (Resolución de 11 de octubre de 2017).

35 Idea extraída de la STSJ de Islas Canarias de 26 de enero de 2022 (TOL8.886.851).

36 STSJ de Islas Canarias de 10 de noviembre de 2021 (TOL8.783.931) enuncia que no es obligatorio que el contrato escrito descienda a ese nivel de detalle.

Si la Administración Pública es la que ostenta la cualidad de empleadora puede resultar también de ayuda —a los efectos de examinar la correspondencia entre titulación y trabajo a realizar— observar cuáles son los requisitos que se le exigirían al potencial funcionario para cubrir ese concreto puesto[37] .

Los efectos de una posible discordancia entre titulación y prestación no son nimios. Si la actividad para la que formalmente se contrata a un sujeto no guarda relación con la prestación de servicios a la que finalmente se le destina, se puede apreciar fraude de ley. Esta declaración supone que se descubra la naturaleza que siempre ha tenido ese vínculo, encontrándonos ante un contrato indefinido[38] o en contrato indefinido no fijo[39] (si fuera la Administración la empleadora).

De cuanto se ha dicho, lógicamente, no ha de desprenderse un encorsetamiento rígido en lo que hace a las funciones que, en su caso, se expliciten en el contrato o se materialicen en la práctica, todo ello en atención a la vitalidad del nexo laboral.

Abundando en esta idea, la licitud de la concertación de este tipo de relación pasa inexorablemente por la reflexión acerca de cuál es la causa jurídica de su concierto, debiendo en todo caso poder reconducirse a "facilitar el ejercicio de la actividad profesional, para que los conocimientos adquiridos

---

37 STSJ de Islas Canarias de 20 de noviembre de 2021 (TOL8.783.931).

38 STSJ de Madrid de 26 de enero de 1996 (Recurso núm.5858/1995); STSJ de Madrid de 7 de junio de 2023 (TOL9.653.600). Interesante el examen de la novación modificativa -no extintiva- que realiza la STSJ de Madrid de 2 de noviembre de 2000 (Recurso núm.3297/2000).

39 Sin entrar en la discutida naturaleza de esta relación. STSJ de Madrid de 24 de enero de 2022 (TOL8.814.404).

por el trabajador con la obtención del título se complementen con el ejercicio profesional"[40].

Más allá de la remisión a la concreción reglamentaria, se encomienda por el precepto a la negociación colectiva la especificación de "los puestos de trabajo, actividades, niveles o grupos profesionales" que podrán ser ocupados a través de esta modalidad contractual.

Y todo lo anterior no obsta para que el empresario pueda, en virtud de su poder de dirección, desplegar sus facultades de organización del trabajo y, específicamente, la relativa a la movilidad funcional[41] (art. 39 ET).

5. LA DIMENSIÓN FORMATIVA DEL CONTRATO

5.1. El plan formativo individual

En coherencia con lo dispuesto anteriormente, el legislador proyecta un nuevo tipo de obligación específica para el empleador: el diseño de un plan formativo individual. Esta previsión no tiene parangón alguno con las exigencias normativas del antiguo contrato en prácticas que se centraba en las estrictas obligaciones laborales, entendiendo acaso que los conocimientos que el trabajador adquiría se obtenían por el

---

40 STSJ de Cataluña de 28 de junio de 1996 (Sentencia núm.4643/1996, citando a STS de 26 de marzo de 1990).

41 Admitiendo la posibilidad, de nuevo el TSJ de Islas Canarias de 15 de septiembre de 2021 (TOL8.661.099). Es jurídicamente factible en este tipo de contratos la que denomina "movilidad funcional simple que puede acordar el empleador por puros criterios de oportunidad".

mero hecho de trabajar en el ámbito en el que teóricamente se había especializado.

Al leer esta nueva exigencia ("La empresa elaborará el plan formativo individual en el que se especifique el contenido de la práctica profesional") no podemos evitar pensar en el contrato formativo en alternancia. No obstante, existe una diferencia en absoluto desdeñable: la ausencia de centro formativo. Este es crucial en aquel contrato, mientras que aquí la institución docente es totalmente ajena a la evolución profesional del que fuera su estudiante.

Ese proyecto formativo deberá especificar "el contenido de la práctica profesional", lo que servirá —intuimos— para facilitar la comprobación de adecuación entre el trabajo y los estudios cursados, pues —seguimos entendiendo— se trata de desglosar las tareas profesionales que le serán atribuidas al trabajador.

Nótese, además, que el plan será individual, lo que significa no solo que contenga la correspondencia entre estudios y trabajo, sino que se confeccione a medida del concreto trabajador. Y dado que no existe ninguna otra precisión normativa sobre aquel, permítasenos opinar que el plan habría de ser confeccionado al iniciar la relación laboral, aun cuando nada obstaría —a nuestro juicio— que se perfilara más pormenorizadamente con posterioridad. En este sentido, podría ser útil que la especificación exhaustiva se realizara tras el periodo de prueba, una vez se ha tenido la oportunidad de conocer al trabajador, ajustando así los requerimientos formativos que el sujeto precisa.

La relevancia del aspecto formativo queda, de nuevo, apuntalada al preverse que el incumplimiento de estas previsiones —entiéndase del plan formativo individual y su ejecución— supondría que el contrato se entendiera como indefinido ordinario (art.11.4.h) ET).

5.2. La figura de la persona tutora

De igual modo, habrá de designarse un tutor cualificado para que vele por la ejecución del proceso formativo y laboral (Ramos Moragues, 2022). Con el objetivo de que el progreso del trabajador pueda medirse, se propone (Garrido Pérez, 2022) que el tutor sea una persona que tenga experiencia, pero que, además, esté en contacto con el trabajador en prácticas para conocer cabalmente cuál es el avance de su pupilo y cuáles las trabas que se le han presentado. Y, en orden a saber exactamente cuáles son sus funciones y qué repercusiones podría tener para la continuidad del vínculo formativo la evaluación del tutor, sería —de nuevo Garrido Pérez, 2022— pertinente que el anunciado reglamento contuviera tales previsiones a fin de dotar de seguridad jurídica a las partes contractuales.

La incorporación tan novedosa de la figura del tutor consigue redundar en lo relevante que es la dimensión formativa. Además, es coherente con la otra obligación formativa comentada: el plan formativo individual del que acaso se esté pensando que debe ser proyectado por el propio tutor o, al menos, garantizar que en su elaboración se ha tenido en consideración su parecer.

De nuevo, toda vez que carecemos de experiencia normativa previa, con el ulterior diseño reglamentario se conseguirían disipar las dudas que, en la actualidad, gravitan sobre la figura del tutor, como por ejemplo si es o no requisito ineludible que ostente una determinada titulación, pues podría lícitamente pensarse que lo único verdaderamente relevante es que sea portador de una dilatada experiencia profesional[42].

---

[42] En la STSJ de Islas Canarias de 10 de septiembre de 2021 (TOL8.690.955); STSJ de Islas Canarias de 16 de marzo de 2022 (TOL8.967.426) se ensalzan estas características -aun cuando la figura del tutor no era entonces preceptiva.

Abundando en esta cuestión —y a falta de previsión normativa explícita—existen voces que han afirmado que ese tutor —al que la norma exige que cuente "con la experiencia o formación adecuadas" — debe poseer la "misma o superior titulación que el trabajador en prácticas" (Olmos Pares, 2022). En nuestra opinión —y dado que la norma distingue entre experiencia y formación— no sería requisito exigible que el tutor sea portador de título alguno (y, por ende, tampoco se requiere que sea del mismo o superior nivel), toda vez que la norma no alude expresamente a esa condición. Además, lo que precisa el trabajador con este contrato no es formación teórica (pues ya dispone de ella) sino un apoyo en la empresa que le oriente y que sepa ver cuál es el camino que ha de recorrer, cuáles son sus carencias y sus fortalezas.

En otro orden de cosas, no es aventurado pensar que el trabajador que asume funciones de tutor no se encuentre especialmente motivado por llevar a cabo esa tarea que se suma a las funciones que hasta ese momento tenía. En principio el empresario —amparado por las facultades que entraña el ejercicio del poder de dirección— podría imponer (entendemos) esa obligación al trabajador que no entrañaría un cambio de funciones (no sería movilidad funcional ni modificación sustancial de las condiciones de trabajo), por lo que se deberá ser precavido sobre todo en aquellos supuestos en los que no se produce la redistribución de actividades del tutor, sino el aumento de ellas.

La experiencia normativa anterior se exporta a la nueva dicción del precepto, reiterándose la imposibilidad de establecer un nuevo vínculo de esta naturaleza una vez se ha superado la duración máxima contractual y ello con independencia de que el empleador sea el mismo que antaño u otro nuevo. *A contrario sensu,* si el trabajador tuviera una titulación adicional distinta a la que habilitó el primer contrato formativo, podrá —siempre que se reúna el resto de requisitos legales— concertarse un contrato formativo en prácticas por la totalidad del tiempo (caso que sea la primera vinculación en atención al nuevo título) o el tiempo que reste hasta alcanzar el máximo de un año.

El precepto también aclara la independencia de los títulos de grado con los de máster o doctorado, no considerándose que estos sean la misma titulación que los primeros. Esta previsión parece lógica en el plano teórico, pero entendemos puede suscitar problemas en la práctica con determinados títulos en los que el contenido del trabajo puede no diferir y todo ello, aunque formalmente los contratos se realicen con base a diferentes preparaciones. Habrá que ser cautos para examinar en qué medida las actividades han cambiado, pues solo si hay una disparidad sustancial con las anteriores es factible un nuevo contrato formativo de esta naturaleza (art.11.2.c) ET).

Por supuesto, no sería encuadrable en la hipótesis anterior cuando el trabajador al momento de la inicial contratación ya dispusiera de doble titulación (o más) y la razón del vínculo sea precisamente el poseer todas ellas.

5.3. La formación correspondiente al contrato

La tercera carga formativa la encontramos en el art.11.3.j) ET. Resuena aquí el eco doctrinal y judicial que ya venía entendiendo que el antiguo contrato en prácticas tenía como "función esencial... posibilitar la puesta en práctica efectiva de los conocimientos teóricos adquiridos mediante una formación específica"[43]. Ante ello, será el Reglamento el encargado de desarrollar "el alcance de la formación" en este contrato "de formación para la obtención de prácticas profesionales"[44].

---

43 STSJ de Islas Canarias de 4 de febrero de 2021, TOL8.408.607.

44 Adviértase el empleo del plural: "prácticas profesionales" y la diferencia con la designación en singular del contrato (contrato formativo para la obtención de la práctica profesional). Quizás no tenga

No podemos lamentablemente precisar mucho más y todo lo que en torno a esta obligación manifestemos es fruto de la elucubración. Así, solo nos podemos aventurar a opinar que el Reglamento lo que descubrirá será la meta, el destino formativo a alcanzar[45], "particularmente, en el caso de acciones formativas específicas dirigidas a la digitalización, la innovación o la sostenibilidad, incluyendo la posibilidad de microacreditaciones de los sistemas de formación profesional o universitaria"[46].

6. LA DURACIÓN

No se observa ningún cambio con relación al lapso mínimo de vinculación que continúa siendo como su predecesor de 6 meses. Lo que sí varía es el plazo máximo que se reduce significativamente, pues de los 2 años anteriores pasa a 1 año tan solo[47].

---

más trascendencia, pero tampoco sería desatinado pensar que esta formación que se ha de dispensar se encamina a que el trabajador explore otras habilidades profesionales que no son estrictamente las que despliega en su puesto de trabajo.

45 La polisemia es la "culpable" de nuestra indecisión. Se puede interpretar como "seguimiento, persecución", pero también como la "capacidad de alcanzar o cubrir una distancia" e incluso ya no como camino sino como resultado "significación, efecto o trascendencia de algo". Todas estas acepciones según la Real Academia Española, sin que hayamos agotado todas las definiciones.

46 Vid., en esta obra, Dormido Abril (2025).

47 Este es un aspecto llamativo si lo comparamos con el otro contrato formativo, el contrato formativo para la alternancia, que prevé un periodo superior, el de dos años (art.11.2.g) ET). Acaso la razón por la que se ha optado por esta disparidad podría ser que el contrato formativo en alternancia tiene -al menos desde el plano teórico- la posibilidad de extenderse durante todo el ciclo formativo de la persona, por lo que siendo este relativamente amplio, se elige también dotarle de la posibilidad contractual ampliada.

La razón de la disminución la encontramos en la propia norma que modifica el Estatuto de los Trabajadores. Nótese que este contrato se inserta en una reforma que genéricamente modifica el sistema de funcionamiento de la contratación temporal en nuestro país, siendo el objetivo que claramente se persigue el de promover las relaciones laborales indefinidas y que la contratación temporal sea esencialmente marginal.

De hecho, como ya hemos tenido la oportunidad de manifestar, el contrato formativo parece escaparse de esta intención primigenia porque atiende a otros fines que se anteponen. No obstante, no quedan del todo ocultos y de ahí la reducción total del vínculo (Garrido Pérez, 2022:90).

Ciertamente lo ideal sería adecuar exactamente la duración de cada concreto contrato de esta naturaleza con la titulación —y aún más específicamente— con el tiempo que es necesario para adquirir la concreta experiencia profesional (Garrido Pérez, 2022). Siendo ello así, sería un acierto que los agentes negociadores recogieran la invitación del legislador en orden a establecer las duraciones concretas —respetando mínimos y máximos— en atención "a las características del sector y de las prácticas a realizar" (art.11.2.c) ET), para lo cual —entendemos— lo primero sería que se clarificaran los puestos de trabajo a cubrir bajo esta modalidad (art.11.4.e) ET).

En atención a la reducción experimentada del periodo máximo de concertación no sería posible aplicar el art. 19 del Real Decreto 488/1998 que, referido al antiguo periodo de

---

Congruente también con relación a la duración mínima que se amplía para el supuesto de contrato formativo para la obtención de la práctica profesional (en lógica no puede ser inferior a 6 meses) y es menor en el contrato formativo en alternancia (3 meses) que permite compaginar adecuadamente con las asignaturas que se imparten trimestralmente.

prácticas, preveía un máximo de dos prórrogas (Ramos Moragues, 2022).

Sencillamente, una vez alcanzado el plazo de duración que se ha fijado en el contrato este finaliza sin que el trabajador, nuevamente, tenga derecho a ser indemnizado en cantidad alguna (art. 49.1.c) ET), debiendo expedírsele un certificado en donde conste el aprovechamiento de las prácticas (art.11.3.g) ET). Otra consecuencia impepinable es la imposibilidad de acudir a esta modalidad contractual ya sea en la misma empresa o diferente[48].

De otro lado, en el caso de que el trabajador en prácticas continúe con la actividad laboral una vez ha superado el periodo máximo legal (o convencional si fuera inferior[49]) conllevaría ineludiblemente la conversión del contrato temporal en uno indefinido[50].

En la hipótesis de que el contrato se hubiera celebrado en fraude de ley, cualquier extinción fundamentada en el mismo (básicamente porque haya transcurrido el tiempo de su concierto) sería declarada como despido improcedente, salvo los supuestos en los que se hubiera violado un derecho fundamen-

---

48 Aunque no es lo que nos tiene acostumbrado el TSJ de Islas Canarias, por fin este aprecia el fraude de ley en STSJ de 1 de febrero de 2021 (TOL8.431.175) en un flagrante supuesto en el que la Administración demandada conviene con el trabajador una segunda relación en prácticas en virtud de idéntica titulación. Sin relevancia para el supuesto, pero sí a título de anécdota: el primer vínculo convenido se hizo al amparo de la titulación de licenciado en economía para la prestación de servicios como auxiliar administrativo.

49 No podría, por vía de convenio ampliar la duración máxima legal *ex* art.11.3.c) ET.

50 Consecuencia heredada de momentos normativos anteriores. Así, véase la STS de 22 de febrero de 1994 (RCUD 1361/1993). STSJ de Castilla La Mancha de 21 de diciembre de 2022 (TOL9.373.951).

tal[51] o los que pudieran incardinarse en alguna de las causas establecidas en el art. 55.a), b) y c) del ET y que, simplificadamente por nuestra parte, se reconducen a la transgresión del derecho a la conciliación de la vida familiar y laboral.

7. LAS CONDICIONES LABORALES

Se ha de partir de la necesidad tradicional de que conste por escrito (art. 8 ET) lo que sin duda es una garantía para el trabajador, sobre todo si las condiciones que aparecen en el actual modelo contractual se encuentran claramente señaladas, objetivo este que —de otro lado— también es coherente con la prescripción de la Directiva 2019/1152 del Parlamento Europeo y del Consejo, de 20 de junio de 2019, relativa a unas condiciones laborales transparentes y previsibles en la Unión Europea que, confiemos, sea finalmente traspuesta.

La omisión de la forma escrita entrañará la conversión en indefinido, siendo además esta conducta constitutiva de un ilícito administrativo y, más concretamente, configurará una infracción laboral grave (art. 7.1 LISOS). Además, tal y como nos recuerda Sala Franco, 2023., "El simple incumplimiento del modelo oficial constituye una infracción laboral leve, sancionable administrativamente (art. 6.6 de la LISOS)".

Retomando la Directiva antes enunciada, estaremos atentos también si optamos por la opción que esta concede a los Estados sobre la información al trabajador de la "breve caracterización o descripción del trabajo" (art. 4 Directiva 2019/1152) pues esta podría resultar de utilidad para lo que ya en un momento anterior anunciábamos: comprobar con cierto grado de fiabilidad la coherencia entre el cometido laboral y los estudios

---

51 Específicamente, en relación a la indemnidad: STSJ de Andalucía de 7 de octubre de 2021 (TOL8.710.986).

que hubiera realizado el empleado. Acaso el esperado Reglamento de desarrollo debería detallar también como requisito específico de este contrato que constasen por escrito las concretas funciones laborales[52].

7.1. El periodo de prueba

Tal y como ocurría con su ascendiente se posibilita la concertación de un periodo de prueba, a diferencia de lo que se prevé con relación al contrato formativo en alternancia, no pudiendo exceder de un mes, salvo que por convenio colectivo se disponga otro término. Esta disparidad entre las dos modalidades de contrato formativo en lo que hace al periodo de prueba ha sido criticada por la doctrina, al entender que debería haberse continuado aquí con el mismo criterio de prohibición de la cláusula probatoria[53].

A nuestro modo de ver, y dado que lo que se concierta es una auténtica relación laboral, la inclusión de una estipulación de esta naturaleza no está reñida en absoluto con la circunstancia especial en la que se encuentra si ha suscrito un contrato formativo para la obtención de la práctica profesional.

Descartar la posibilidad de establecer el periodo de prueba sería tanto como desconocer que este lapso no solo tiene como

---

52 La inexigibilidad tradicional de este extremo en STSJ de Islas Canarias de 23 de febrero de 2021 (TOL8.431.922). El TSJ de Islas Canarias en un aserto anterior (STSJ de 11 de febrero de 2021, TOL8.408.679) lo fundamenta incluso en la ausencia de un espacio específico en el modelo oficial para referenciar las funciones.

53 Esta diferencia de tratamiento ha sido destacada por la doctrina como incoherente, por cuanto "su finalidad formativa hubiera invitado... a eliminarlo [el periodo de prueba] aquí también": Pérez del Prado, 2021:12; apuntando la conveniencia de eliminar el lapso probatorio, Mercader Uguina y Moreno Solana, 2022:77.

finalidad el conocimiento de las habilidades profesionales del trabajador, sino que también se busca comprobar cuáles son las aptitudes —y actitudes— personales del mismo. De ahí que no nos parezca descabellado (al menos si mantenemos la concepción bajo la cual se configura el periodo de prueba actualmente) que se pueda sesgar el vínculo con un trabajador que está contratado bajo la modalidad estudiada porque no se haya adaptado a la organización empresarial.

Cuestión diferente sería que esa extinción lesionara derechos fundamentales del empleado o por razón de embarazo o por su maternidad, en cuyo caso sí sería nula la extinción, tal y como ocurre con cualquier relación laboral.

Con independencia de las reflexiones anteriores, algunos autores también han manifestado cierta perplejidad en torno a la duración de la prueba y, más concretamente, por haber fijado un lapso único con independencia de los estudios cursados, a diferencia de lo que ocurría con el extinto contrato en prácticas[54].

Y, aunque no hubiera sido necesario que descendiera a ese concreto detalle, una vez finaliza la relación laboral formativa no podría —supuesto de vincularse con otro contrato— fijarse una reprueba. Y ello con independencia del tiempo que previamente hubiera estado vinculado con el nexo formativo (art.11.4.g) ET).

7.2. La jornada

No existe impedimento alguno para concertar el contrato a tiempo completo o a tiempo parcial, sometiéndose en este

---

54 En contra de la homogeneización Ramos Moragues, 2022. Por el contrario, a favor de la unificación: Garrido Pérez, 2021:91.

último supuesto a las prescripciones contenidas en el art. 12 del ET.

Lo que no se posibilitarían serían las horas extraordinarias, a excepción de las de fuerza mayor (art.11.3.h) ET). La única razón para prohibir estas ampliaciones de jornada es —a nuestro juicio— una opción de política legislativa que tiene relación con la decisión normativa de limitar genéricamente el recurso a la jornada extraordinaria.

Es decir, a diferencia de otros supuestos en los que se ha optado por prohibir las horas extras como una manera de garantizar la seguridad del trabajador (*v.gr.* menores o trabajadores nocturnos), aquí si de lo que se trata es de que el trabajador "aprenda" en qué consiste realmente el trabajo para el que se ha formado, no se entiende cuál es el motivo por el que se le impide experimentar esta variación en su jornada cuando esta lo fuera a tiempo completo.

Volviendo otra vez al contrato a tiempo parcial, y dado que no existe prohibición explícita en este sentido, sí sería jurídicamente factible el concierto de horas complementarias, siempre que concurran los presupuestos legales.

Por último, habrá de entenderse comprendida dentro de la jornada el tiempo que se destine a la formación cuando esta se realiza para dar cumplimiento al referido *ut supra* art.11.3.j) ET.

7.3. El salario

Uno de los tradicionales incentivos para que al empresario le pareciera atractiva esta figura contractual ha sido el del vil metal. La remuneración salarial que se preveía para los contratos formativos era sensiblemente inferior.

Actualmente, el salario será el que se señala "en el convenio colectivo aplicable en la empresa para estos contratos", lo que se puede aprovechar para cuantificar salarios inferiores. Solo a falta de previsión convencional, la retribución salarial será la propia al "grupo profesional y nivel retributivo correspondiente a las funciones desempeñadas", sin que en ningún caso pueda ser "inferior a la retribución mínima establecida para el contrato para la formación en alternancia" y, por supuesto, sin que sea menos que el salario mínimo interprofesional "en proporción al tiempo de trabajo efectivo" (art.11.3.f) ET).

De lo expuesto se infiere que sería perfectamente posible (y lícito) que fuera más favorable para el empleado que no se previera nada con relación al salario específico de los trabajadores en prácticas, por cuanto su retribución en este caso sería exactamente la que le corresponde en atención al grupo profesional al que queda adscrito y, por tanto, sin aminoración alguna (art.11.3.i) ET).

7.4. Otras condiciones laborales

El art. 11 se cierra con un párrafo —el cuarto— que aborda una serie de materias que son comunes a las dos clases de contratos formativos y que han sido celebradas por nuestra doctrina (Goerlich Peset, 2021), alguna de las cuales ya hemos tenido la oportunidad de ir examinando en los epígrafes precedentes. Apuntaremos, ahora, otras cuestiones que no han sido tratadas antes.

Así, de un lado, se recoge la cobertura íntegra de la acción protectora del Sistema de la Seguridad Social para estos trabajadores. Ciertamente no representa novedad alguna (para ninguna de las dos opciones formativas), pero refuerza la decisión de su inclusión sin fisuras.

Ninguna novedad en lo que hace a la anterior previsión que versaba sobre la interrupción de la duración del contrato (art.11.4.b) ET). En este específico apartado se echa en falta mayor coordinación normativa; el sosiego necesario que caracteriza un buen hacer es incompatible con la urgencia del recurso al Decreto Ley. La factura que, en este caso, nos vemos obligados a asumir es la incongruencia; el Real Decreto Ley 5/2023, de 28 de junio se olvida —pues otra no puede ser, a nuestro juicio, la explicación— de incorporar una modificación en el art.11.4.b) del ET: la de que el permiso parental (art. 48 bis ET) sea también una de las razones que conllevan la interrupción de la duración de los contratos formativos.

8. CONCLUSIONES

Recelosamente nos hemos acercado a esta figura y ahora, situados a cierta distancia, la sensación que nos despierta es tremendamente positiva, fundamentalmente porque toda la construcción descansa en un pilar social imprescindible: la formación.

Este pensamiento sucintamente aquí expresado no es en absoluto original nuestro, pues conocidas son las voces que se alzan a favor de la "formación generalizada, permanente y de calidad [que] debe ser la base del modelo productivo español" (Cristóbal Roncero, 2023) y ello con independencia de que el trabajador sea más o menos joven. En definitiva, la formación se erige en piedra angular para sobrevivir a los vertiginosos cambios actuales y a los que se nos avecinan (Mercader Uguina y Moreno Solana, 2022: 65).

Seguimos con la visión positiva. Estamos ante un contrato ambicioso, pues su propósito no se agota en procurar la entrada al mundo laboral. Se pretende ir más allá: que sea la oportunidad para, una vez que concluye este vínculo el trabajador continúe (en la misma o diferente entidad) prestando sus servicios, ahora sí con una relación indefinida.

En ese camino que debemos recorrer para lograr finalmente que el contrato formativo (se emplee el singular o plural) responda satisfactoriamente a las dos partes contractuales, deseable sería que los convenios colectivos, mostraran sensibilidad y establecieran expresamente estipulaciones a fin de convertir estos contratos temporales en relaciones laborales indefinidas (Sirvent Hernández, 2023). De igual modo, el sector público debería -a nuestro juicio- sentirse especialmente comprometido a vincularse —salvando los principios constitucionales de acceso— a través de este tipo de contrato[55].

Para que este objetivo final se cumpla hay que ofrecer algún jugoso aliciente al empresario quien, tradicionalmente, se ha mostrado tremendamente reticente a emplear esta figura contractual —aun cuando diferentes fueran las denominaciones—, salvo durante el periodo comprendido entre 1985 a 1990[56].

Pero, las tornas han cambiado drásticamente fruto de la reforma procurada por el Real Decreto-Ley 32/2021. En la actualidad acudir a una modalidad contractual temporal es una opción empresarial tremendamente constreñida. Ante ello, era lógico inferir que el contrato formativo (cualquiera que sea su clase) podría ser el remedio óptimo para el empresario que huye de las relaciones indefinidas[57]. Lamentablemente

---

[55] Probablemente el paciente lector ha advertido que existe un número de pronunciamientos judiciales considerables del TSJ de Islas Canarias. En la mayoría de los conflictos por esta Sala dirimidos tenían como demandada a la Administración Pública.

[56] Fernández Díaz, 2014, resalta este aspecto y enuncia que la razón del apogeo en el empleo de esta modalidad contractual se debió en parte a la disposición adicional 2ª de la Ley 32/1984 que incluyó una serie de novedosas reducciones y exenciones en las cuotas de Seguridad Social y, de otro lado, en que aquellos momentos fueron de relativa bonanza económica.
En el año 1995 -Mercader Uguina y Moreno Solana, 2022- el porcentaje de contratos que hoy denominaríamos formativos para la obtención de la práctica profesional era del 1%.

[57] Con sincero optimismo así daba cuenta Ramos Moragues, 2022: 76.

esta predicción ha resultado ser —hasta hoy por lo menos— totalmente falsa[58].

Analizando la causa por la que continúa la inercia empresarial de no contar con trabajadores en prácticas, no es descabellado sostener que el inicial atractivo que esta modalidad pudiera tener para el empresario se opaca cuando lo que interpreta es que va a obtener lo mismo a un coste irrisorio gracias a las becas (Cruz Villalón, 2023; Sirvent Hernández, 2023; Pérez del Prado, 2021) y, aunque quizás en menor medida, con las prácticas que integran los ciclos educativos. Situación que, de otro lado, no es ni mucho menos novedosa[59] y que acaso podría resolverse con la anunciada —y hasta ahora ausente— normativa sobre el becario, siempre que el legislador actúe sobre los problemas que ha planteado en la práctica las becas y tenga presente la tenue frontera que la separa del contrato de trabajo.

Junto a ello, necesario es que la reforma de los hoy contratos formativos se complete (Goerlich Peset, 2021), modificándose las normas complementarias que a fecha de hoy con-

---

58 Así, Cruz Villalón, 2023 analiza las cifras de contratos formativos una vez hubo transcurrido un año desde que entrara en vigor de la reforma y concluye -a la vista de los elocuentes datos- que "no se aprecia variación significativa en el número de contratos formativos".
De la Rica, Gorzón y Lizarraga, citados por Ramos Moragues, 2022, quien da cuenta de ese estudio, concluyendo que "la probabilidad de firmar un contrato indefinido para aquellos que se quedan en la empresa es 20 puntos porcentuales menor para los individuos provenientes del contrato en prácticas que para aquellos con contrato temporal".

59 Fernández Díaz, 2014. Al hilo de la situación que imperaba vigente la Ley de Contrato de Trabajo y la existencia del "cuasiaprendizaje".

tinúan vigentes: el Real Decreto 488/1998 y el Real Decreto 1529/2012[60].

REFERENCIAS BIBLIOGRÁFICAS

Cabero Morán, Enrique (2022). "La reordenación de los contratos de trabajo y la reducción de la temporalidad". *Trabajo y Derecho 88/2022 (Abril).*

Cristóbal Roncero, Rosario (2023). "El nuevo contrato formativo para la obtención de la práctica profesional adecuada al nivel de estudios". *Interpretación, aplicación y desarrollo de la última reforma laboral.* La Ley. LA LEY 1502/2023.

Cruz Villalón, Jesús (17 de febrero de 2023). *La trascendencia del Estatuto del Becario.* ON ECONOMÍA. La trascendencia del Estatuto del Becario (elnacional.cat). Recuperado el 11 de julio de 2024.

Dormido Abril, Julia (2025). "La acreditación de competencias: las microcredenciales". ESTO IRÍA EN CURSIVA: La formación permanente en el ámbito laboral: cuestiones de actualidad. Tirant lo Blanch.

Fernández Díaz, Paz (2014). *Los contratos de trabajo formativos en prácticas.* Tirant Online. Disponible en TOL4.140.477-4.140.483.

Garrido Pérez, Eva (2022). "El nuevo régimen jurídico de los contratos formativos tras el RDL 32/2021: la centralidad estructural y finalista de la formación". *Temas Laborales núm.161/22,* 67-106 https://www.juntadeandalucia.es/cmpleoformacionytrabajoautonomo/portalcarl/carlportal-portlets/documentos?nombre=ebde2766-23e3-4f50-8d7d-747919c4d150.pdf. Recuperado el 11 de julio de 2024.

Goerlich Peset, José María (2021). "La reforma de la contratación laboral". *La reforma laboral de 2021. Un estudio del Real Decreto Ley 32/21.* Tirant Online. Disponible en TOL8.832.745.

Mercader Uguina, Jesús Ramón y Moreno Solano, Amanda (2022). "La última reforma de los contratos formativos: un nuevo inten-

---

60 Pérez del Prado, 2022:28. Apunta que la "Dirección General de Trabajo y el SEPE han decidido aplicar, esperemos que de forma cortamente provisional, la regulación reglamentaria de los anteriores contratos...".

to para potenciar su utilización y mejorar la formación de los jóvenes". *Trabajo, Persona, Derecho y Mercado – Monográfico (2022)*, 63-88. https://idus.us.es/bitstream/handle/11441/134028/La%20%c3%baltima%20reforma%20de%20los%20contratos%20formativos.pdf?sequence=1&isAllowed=y. Recuperado el 11 de julio de 2024.

Montes Adalid, Gloria María (2023). "La nueva regulación de los contratos de formación en alternancia y para la obtención de la práctica profesional: ¿la apuesta definitiva para la inserción de la juventud en el mercado laboral?". *Revista Internacional y Comparada de Relaciones Laborales y Derecho del Empleo. Volumen núm.11, número 1, enero-marzo de 2023.* 2023: Volumen 11, núm. 1, enero-marzo de 2023 | Relaciones Laborales y Derecho del Empleo (adapt.it). Recuperado el 11 de julio de 2024.

Moreno Gené, Josep (2009). "El título habilitante de la contratación en prácticas: a propósito del Diploma de Estudios Avanzados". *Revista Doctrinal Aranzadi Social núm.7/2009 núm.8/2009.* BIB 2009/726.

Olmos Parés, Isabel (2022): "Un nuevo modelo de contrato formativo". *Revista Derecho social y empresa,* núm. 17, julio a diciembre de 2022. 052395_8099d42d27b94f798894abf8f51214f2.pdf (revistaderechosocialyempresa.es). Recuperado el 11 de julio de 2024.

Pérez del Prado, Daniel (2021). "La reforma laboral 2021 y el nuevo contrato formativo: ¿la propuesta definitiva?". *Labos. Vol.3. Número extraordinario "La reforma laboral de 2021"*, 7-18. La reforma laboral 2021 y el nuevo contrato formativo | LABOS Revista de Derecho del Trabajo y Protección Social (uc3m.es). Recuperado el 11 de julio de 2024.

Pérez del Prado, Daniel (2022). "Los contratos formativos tras la reforma laboral 2021". *Estudios Latinos núm. 13. Año 2022. Vol. 1,* 27-38. Dialnet-LosContratosFormativosTrasLaReformaLaboral2021-8498144 (4).pdf. Recuperado el 11 de julio de 2024.

Ramos Moragues, Francisco (2022). "Régimen jurídico de los contratos formativos tras las modificaciones introducidas por la reforma laboral". *Revista Jurídica de los Derechos Sociales. Lex Social. Vol. 12, núm. 2 (2022).* Régimen jurídico de los contratos formativos tras las modificaciones introducidas por la reforma laboral | Lex Social: Revista de Derechos Sociales (upo.es) Recuperado el 11 de julio de 2024.

Rodríguez-Piñero Royo, Miguel (2022). "Así es el RDL32/2021 (y II): reflexiones sobre el lenguaje de la norma". *Trabajo, Persona, Derecho y Mercado.* Así es el RDL 32/2021 (y II): reflexiones sobre el lenguaje de la norma – TRABAJO, PERSONA, DERECHO Y MERCADO (us.es). Recuperado el 11 de julio de 2024.

Ruíz Santamaría, José Luis (2023). "La nueva configuración de los contratos formativos en España: a examen la eficacia de la reforma y su comparativa con la regulación italiana". *Revista Internacional y Comparada de Relaciones Laborales y Derecho del Empleo. Vol. 11, número 4, octubre-diciembre de 2023.* revista_n4_2023_def.pdf. Recuperado el 11 de julio de 2024.

Sala Franco, Tomás (2023). "El contrato formativo para la obtención de la práctica profesional". *Derecho de las relaciones laborales.* Tirant Online. Disponible en TOL9.750.235.

Sirvent Hernández, Nancy (2023). "Capítulo I.9. Las últimas reformas en materia de contratos formativos: contrato de prácticas". *Revistar parte de la obra de Carlos L. Alfonso desde una perspectiva actual.* Tirant Online. Disponible en TOL9.820.930.

Vela Díaz, Raquel (2022)."La nueva regulación de los contratos formativos tras la reforma laboral: ¿un impulso definitivo a esta fórmula contractual?" *Revista Internacional de Doctrina y Jurisprudencia, Vol.27, junio de 2022.* Disponible en La nueva regulación de los contratos formativos tras la reforma laboral: ¿un impulso definitivo a esta fórmula contractual? |Documentos - Universidad de Jaén (ujaen.es). Recuperado el 11 de julio de 2024.

La protección de Seguridad Social en las prácticas formativas y académicas externas[1]

MARÍA JOSÉ ARADILLA MARQUÉS
Profesora Titular de Derecho del Trabajo y de la Seguridad Social
Universitat de València

1. INTRODUCCIÓN

La inclusión en el sistema de Seguridad Social de quienes realizan prácticas académicas al margen de las que se insertan en el marco de la contratación laboral, ha sido una cuestión que, aunque anunciada desde la Ley 27/2011 y diseñada a futuro con mayor concreción a través de la disposición adicional 5ª del RD-Ley 28/2018, ha experimentado una lenta evolución y además ha llegado en diferentes fases. La regulación esperada se produce a través de la incorporación de la disposición adicional 52ª (DA 52ª) al texto refundido de la Ley General de la Seguridad Social, aprobado por RD-Leg 8/2015, en adelante LGSS; dicha incorporación se lleva a cabo mediante el RD-Ley 2/2023 y después es objeto de ciertas modificaciones y concreciones, principalmente por RD-Ley 8/2023 y también de un específico desarrollo posterior de su apartado 8º por Orden ISM/386/2024. La entrada en vigor de la DA 52ª LGSS el

1 Texto publicado en el marco del Proyecto de investigación "La regulación de la formación para el empleo ante el reto de la transición digital, ecológica, territorial y hacia la igualdad en la diversidad" (CIGE/2022/171), financiado por la Conselleria de Educación, Universidades y Empleo de la Generalitat Valenciana.

pasado 1 de enero de 2024 permite colocar a todo el colectivo que realiza prácticas académicas en una posición de asimilado a personas trabajadoras por cuenta ajena, situación que implicará tras su pertinente alta en el régimen de la Seguridad Social correspondiente, que surjan obligaciones de cotización y ciertas dosis de protección del sistema de Seguridad Social. Además, la introducción de esta normativa *ad hoc* dentro de la principal norma de la Seguridad Social permite conferirle el *status* legal frente al meramente reglamentario que hasta ese momento ha ostentado esta materia, si bien, y debido a ello, esta regulación no se ha visto sujeta a las previsiones que ya contenía la disposición adicional 5ª del RD-Ley 28/2018, derogada expresamente por RD-Ley 2/2023 y en la que se fijó el rumbo a seguir, ya que no se ha producido un desarrollo del todo fiel a la regulación que inspiraba la citada disposición. Estas y otras cuestiones serán objeto de análisis, como las características de este régimen jurídico, su alcance y límites, así como las cuestiones interpretativas que sugiere esta novedosa regulación, sin perder de vista la situación de plena vigencia de la normativa anterior a la citada DA 52ª.

2. EL MECANISMO DE INCLUSIÓN EN LA SEGURIDAD SOCIAL Y SITUACIÓN PRECEDENTE

El mecanismo por excelencia por el que desde el sistema de Seguridad Social se procede a la integración de colectivos en el Régimen General, cuando no quedan por sí solos integrados al no realizar un trabajo por cuenta ajena, es generalmente a través de una norma reglamentaria al amparo legal del art. 136.2.m) LGSS, utilizada para "asimilar" ciertos colectivos que por la actividad que realizan no son propiamente trabajadores por cuenta ajena.

El mecanismo de la asimilación a trabajadores por cuenta ajena conduce a la integración de colectivos cuya actividad se considera de entidad suficiente para ser protegidos por el sistema, concretamente por el Régimen General, siendo que en esa prestación de servicios no se dan los elementos de laboralidad y se hallan por tanto extramuros del ET. El alcance y los límites de la integración como asimilados a trabajadores por cuenta ajena vendrán fijados en cada caso por la norma que los integre atendiendo a las particularidades del propio colectivo (art. 155.2 LGSS). Así se ha realizado con otros colectivos con un alcance muy diverso: clérigos, sacerdotes, ministros del culto de diferentes confesiones religiosas; miembros de las mesas electorales durante el ejercicio de su función; los consejeros y administradores de sociedades de capital que no posean el control de la misma y desempeñen funciones de dirección y gerencia (art.136.2.c) LGSS) y el cargo similar tratándose de sociedades laborales (art. 136.2.e) LGSS); el personal investigador en formación de estudios de doctorado fue colectivo asimilado mientras se le aplicaba el ya derogado RD 63/2006, sujetos hoy al contrato predoctoral del art. 21 Ley 14/2011, y por último, quienes participan en programas de formación que incluya la realización de prácticas, colectivo al que dedicamos este estudio y cuya asimilación se produjo mediante el RD 1493/2011, régimen aplicable también a quienes se encuentran en el campo de aplicación del RD 1543/2011, de 31 octubre que regula las prácticas profesionales no laborales asistidas por los Servicios Públicos de Empleo. Otro mecanismo pudo haber sido el de utilizar el llamado seguro escolar, lo que significaría que quedaran encuadrados en la Seguridad Social utilizando un vehículo que ya existe, como es el Régimen especial de estudiantes, si bien, como se ha señalado, sus insuficiencias y la posposición de su posible actualización y reforma, ante la estimada inconveniencia de abrir el debate acerca de la Seguridad Social de los estudiantes, hicieron de la asimilación a los trabajadores por cuenta ajena en el Régimen General, aparentemente más sencilla, la opción elegida (Cabero Morán, 2023).

La DA 52ª LGSS viene por tanto a asimilar un colectivo que, con carácter general, ya había sido asimilado anteriormente por una norma cuyo alcance era mucho más limitado que la actual. El RD 1493/2011 se dictaba en desarrollo de la DA 3ª Ley 27/2011 que instaba al gobierno a regular el mecanismo para extender la Seguridad Social, vía asimilación a trabajadores por cuenta ajena, a quienes fueran *participantes en programas de formación financiados por organismos o entidades públicos o privados, que, vinculados a estudios universitarios o de formación profesional, conlleven contraprestación económica para los afectados...* con el límite y la obviedad de que por la realización de dichos programas no viniesen ya obligados a estar de alta en el respectivo Régimen de la Seguridad Social. En desarrollo de esta norma, el RD 1493/2011 añadiría poco más a este campo de aplicación, únicamente aclaraba en mayor medida que se trataba de aplicarse a aquella formación *que no tenga carácter exclusivamente lectivo, sino que incluyan la realización de prácticas formativas en empresas, instituciones o entidades y conlleven una contraprestación económica para los afectados, cualquiera que sea el concepto o la forma en que se perciba.* Y recogía también la obviedad señalada anteriormente, pues no estarían en este campo de aplicación si la realización de dichos programas diera lugar a una relación laboral que determine su alta en el respectivo régimen de la Seguridad Social; pues no tiene sentido asimilar a trabajador por cuenta ajena a quien ya lo es y ya por ello le corresponde la plena protección del sistema de la Seguridad Social.

Esta regulación, en relación a la contenida en la DA 52, se caracteriza por la limitación del colectivo a proteger, cuyo alcance abarca únicamente a quienes recibieran una contraprestación económica por la realización de las correspondientes prácticas, lo cual dejaba al margen a la gran mayoría de estudiantado en prácticas e introducía un elemento diferencial y desigual en función de la normativa interna de cada centro o institución en la que se cursen los estudios universitarios o de formación profesional, o de las propias empresas o entidades en las que se desarrollen las prácticas en los casos en que la existencia o no de contraprestación económica quede a su entera voluntad; no hay norma a nivel estatal y general en el ámbito universitario ni de la formación profesional que obligue, tratándose de prácticas académicas externas y no laborales, a la existencia de la citada contraprestación.

Por lo demás, en relación al campo de aplicación del citado RD 1493/2011, se intentó limitar aún más su alcance a través del RD 1707/2011 para dejar fuera al estudiantado universitario que realiza prácticas académicas externas, pero, como se sabe, fue declarado nulo de pleno derecho por Sentencia del TS de 21 de mayo de 2013 (rec. 171/2012) por falta del preceptivo dictamen del Consejo de Estado. Posteriormente, la DA 25ª del RD-Ley 8/2014 (después Ley 18/2014) regularía una bonificación del 100 por cien en las cuotas a la seguridad social respecto de prácticas curriculares externas realizadas por estudiantes universitarios y de formación profesional, asimilados a trabajadores por cuenta ajena en virtud del RD 1493/2011.

En cuanto al alcance de la integración que llevó a cabo este Real Decreto, sin introducir apenas especialidades en materia de actos de encuadramiento, respecto a la cotización incluye tanto la derivada de contingencias comunes, en toda su extensión, como profesionales, y se lleva a cabo aplicando las reglas correspondientes a los (entonces vigentes) contratos para la formación y el aprendizaje, no existiendo obligación de cotizar por la contingencia de desempleo, así como tampoco al Fondo de Garantía Salarial ni por formación profesional. Y en lo que se refiere a la acción protectora, se establece la correspondiente al Régimen General de la Seguridad Social, con la única exclusión de la protección por desempleo. Por último, se identifica al que adquiere la condición de empresario a efectos de asumir los derechos y obligaciones en materia de Seguridad Social, siendo aquella entidad u organismo que financie el programa de formación, y en el caso de que el programa esté cofinanciado por dos o más entidades u organismos, tendrá la condición de empresario aquel al que corresponda hacer efectiva la respectiva contraprestación económica.

Con posterioridad, una nueva norma con rango de ley vuelve a insistir en la necesidad de protección del colectivo, ya que, como señala la exposición de motivos del RD-Ley 28/2018, "Advertido que la actividad consistente en participar en programas de formación, la realización de prácticas no laborales en empresas y la realización prácticas académicas externas al amparo de la respectiva regulación legal y reglamentaria *no daba lugar a la inclusión en el sistema de la Seguridad Social* de las personas que participan en dichos programas y realizan esas prácticas, la disposición adicional quinta determina su inclusión en el mismo, dentro del Régimen General de la Seguridad Social, como asimiladas a trabajadores por cuenta ajena, *para poner fin a su situación de desprotección*". Esta vez, la DA 5ª RD-Ley 28/2018 dará mayor contenido a la futura regulación que la anterior DA 3ª Ley 27/2011. A destacar los siguientes elementos diferentes:

El campo de aplicación en relación a los estudios cursados, por un lado, es más limitado que el de la DA 52ª LGSS, ya que comprende las prácticas realizadas por alumnos universitarios, solo en titulaciones oficiales de grado y máster, y respecto de los alumnos de formación profesional, las de grado medio o superior. Pero por otro lado se amplía para incluir tanto las prácticas remuneradas como las que no tengan carácter remunerado.

Se articula una noción de empresa a estos efectos que distingue según las prácticas sean remuneradas o no; si son remuneradas, de forma imprecisa señala que será quien corresponda de acuerdo con la normativa aplicable en cada caso; si no fueran remuneradas corresponderá a la empresa, institución o entidad en la que se desarrollen las prácticas, salvo que en el convenio o acuerdo de cooperación que, en su caso, se suscriba para su realización se disponga que tales obligaciones corresponderán al centro educativo en el que los alumnos cursen sus estudios.

Respecto al mecanismo de inclusión, señalaba la DA 5ª RD-Ley 28/2018, que estas personas quedarán integradas como asimiladas a trabajadoras por cuenta ajena en el Régimen General, con exclusión de la protección por desempleo, salvo que la práctica o formación se realice a bordo de embarcaciones, en cuyo caso la inclusión se producirá en el Régimen Especial de la Seguridad Social de los Trabajadores del Mar. Cabe señalar que esta norma no recoge la obviedad a que hemos hecho antes referencia de que serán integrados como asimilados por realizar esta actividad siempre que, por esta misma actividad no les corresponde la inclusión en el Régimen general como trabajadores por cuenta ajena.

Estas fueron las condiciones fijadas por la DA 5ª citada y debían ser las tenidas en cuenta para efectuar el desarrollo a través de la DA 52ª LGSS, si bien, tratándose esta vez de una norma con rango de ley lo regulado no está sujeto a aquella disposición que de hecho es derogada por la misma norma que incorpora la DA 52ª a la LGSS (RD-Ley 2/2023); por un lado amplía el tipo de estudios a considerar, pero por otro lado introduce un segundo escalón que restringe el campo de aplicación, como veremos. Y por lo que respecta al RD 1493/2011, sigue vigente a tenor de que ni ha sido expresamente derogado ni el RD-Ley 8/2023 lo da por derogado, si bien, su campo de aplicación queda aminorado respecto de los colectivos ahora incluidos en el campo de aplicación de la DA 52ª LGSS.

3. EL CAMPO DE APLICACIÓN DE LA DA 52ª: DELIMITACIÓN EN RELACIÓN A LOS ESTUDIOS CURSADOS

La delimitación del campo de aplicación subjetivo de la DA 52ª es una cuestión de entrada que plantea algunas cuestiones interpretativas.

Señala el apartado 1 de la DA 52ª que dicho régimen será aplicable respecto de la *realización de prácticas formativas en empresas, instituciones o entidades incluidas en programas de formación y la realización de prácticas académicas externas al amparo de la respectiva regulación legal y reglamentaria*; concretamente a las siguientes prácticas:

a) *Las realizadas por alumnos universitarios, tanto las dirigidas a la obtención de titulaciones oficiales de grado y máster, doctorado, como las dirigidas a la obtención de un título propio de la universidad, ya sea un máster de formación permanente, un diploma de especialización o un diploma de experto.*

b) *Las realizadas por alumnos de formación profesional, siempre que las mismas no se presten en el régimen de formación profesional intensiva.*

c) *Las realizadas por alumnos de Enseñanzas Artísticas Superiores, enseñanzas artísticas profesionales y enseñanzas deportivas del sistema educativo.*

Del análisis de este apartado se deducen los siguientes elementos que nos sirven para delimitar sus márgenes:

- Va destinada a "alumnos", por lo que las personas quedan incluidas en su calidad de estudiantes que aún se encuentran cursando sus estudios; quedan fuera por tanto aquellas prácticas realizadas por quienes ya han terminado sus estudios y persiguen objetivos como favorecer su experiencia profesional, su empleabilidad y su pronta integración en el mercado de trabajo. Al respecto, cabe recordar que el RD 1543/2011, de 31 octubre regula las prácticas profesionales no laborales en empresas incluyendo aquellas prácticas destinadas a mejorar la empleabilidad de jóvenes titulados con ninguna o muy escasa experiencia laboral, y además requieren de un convenio con los servicios públicos de empleo; éstos quedan al margen de la DA 52ª LGSS y a efectos de su inclusión en la Seguridad Social se les aplica el mecanismo contemplado en el RD 1493/2011.

- En cuanto a los niveles educativos a los que se aplica, incluye estudios que podemos situar dentro de la enseñanza reglada, siendo indiferente el carácter público, privado o mixto del centro de formación. Se incluyen los estudios universitarios, los de formación profesional y las enseñanzas artísticas "superiores", "profesionales" y enseñanzas deportivas del sistema educativo.

En relación a las prácticas universitarias, admite las realizadas para obtener cualquiera de los títulos universitarios existentes: grado, máster, doctorado o título propio en cualquiera de sus versiones; la cuestión más debatida ha sido la de considerar si las prácticas no curriculares se encuentran o no en el campo de aplicación de la DA 52ª. Efectivamente podemos partir de que la norma no distingue expresamente, pero el hecho de que las prácticas válidas sean las que van dirigidas a la obtención de una de las titulaciones cubiertas, permitiría una interpretación según la cual si no se encuentran incluidas en su plan de estudios, no van estrictamente dirigidas a la obtención del título. Sin embargo, el INSS ha realizado una interpretación expansiva sobre la base argumental de que tales prácticas no curriculares, pese a no formar parte de los planes de estudio, sí son objeto de mención en el suplemento europeo al título (art. 4 RD 592/2014), gozan pues de reconocimiento académico y también son objeto de regulación y supervisión por las Universidades (INSS, Criterio 3/2024, I.Cinco) . Por otro lado, deben quedar al margen, aunque no se señale de forma expresa, las prácticas realizadas en el marco de la mención dual de los títulos universitarios a que se refiere el art. 22 RD 822/2021, puesto que se trata de la obtención de un título universitario diseñado en términos de formación en alternancia, incluido en el campo de aplicación del art. 11 ET y, por tanto, sujeto a contrato laboral de formación en alternancia. El mismo tipo de formación dual queda al margen de forma expresa, al menos en parte, cuando afecta a los estudios de formación profesional, como se muestra a continuación.

Por lo que respecta a las prácticas formativas incluidas en el nivel de la formación profesional, quedan expresamente al margen, como se ha señalado, las que se prestan en régimen de formación profesional intensiva. Estas, según el art. 67.1 de la Ley Orgánica 3/2022 de 31 de marzo, de Ordenación e Integración de la Formación Profesional, son las realizadas alternando la formación en el centro de formación profesional u empresa y es retribuida en el marco de un contrato de formación, por lo que se trata de un tipo de prácticas a las que corresponde el contrato de formación en alternancia regulado en el art. 11 ET y en ningún caso quedarán sujetas al régimen de la DA 52ª LGSS en tanto que revisten carácter laboral (INSS, Criterio 3/2024, I.Tres).

En relación a las prácticas formativas realizadas por alumnos de enseñanzas artísticas superiores, enseñanzas artísticas profesionales y enseñanzas deportivas del sistema educativo, incluidas en el apartado 1.c), por RD-Ley 8/2023, se trata en definitiva de no dejar al margen de la DA 52ª aquellos títulos que, formando parte del sistema educativo, son equiparables bien a titulación universitaria, bien a titulación de formación profesional; al respecto, vienen delimitadas en la LO 2/2006 de Educación y en la más reciente Ley 1/2024, de 7 de junio, por la que se regulan las enseñanzas artísticas superiores y se establece la organización y equivalencias de las enseñanzas artísticas profesionales.

4. EL CAMPO DE APLICACIÓN DE LA DA 52ª: DELIMITACIÓN EN TORNO A LA SITUACIÓN DE LA PERSONA CON LA SEGURIDAD SOCIAL

La existencia de un segundo escalón o nivel en el diseño del campo de aplicación de esta normativa es una de las más llamativas novedades que introduce esta norma en relación a la situación precedente. Su apartado 11 introducido posteriormente por RD-Ley 8/2023, de 27 de diciembre, excluye de la aplicación de esta normativa a aquellos que aun cursando los estudios señalados en el apartado primero se encuentren en alguna de las siguientes circunstancias:

- Quienes estén de alta en cualquiera de los regímenes de la Seguridad Social por el desempeño de otra actividad. Situación que impide el alta como asimilado por la realización de las prácticas o supondría la baja como asimilado si esta inclusión se produjera en el transcurso de su realización; es decir, se regula la incompatibilidad de alta conforme a la DA 52ª con cualquier otro alta en el sistema de Seguridad Social. Por razones obvias, hay que entender excluido de esta referencia a cualquier régimen del sistema, el Régimen especial de estudiantes o seguro escolar, en el que además, se está de alta por la misma actividad.

Es una limitación novedosa en relación al mecanismo de inclusión utilizado, puesto que siendo así la asimilación a trabajador por cuenta ajena que implicaría la realización de las prácticas no persigue tanto proteger a un colectivo por la entidad de la actividad realizada, por la cercanía de su actividad con el trabajo por cuenta ajena, sino que se introduce un elemento de subsidiariedad en su integración en el sistema de la Seguridad Social. Bajo la vigencia y mientras se les ha aplicado el RD 1493/2011 no han contado con esta limitación, el solo hecho de realizar las prácticas remuneradas les confería el valor o entidad suficiente para justificar la asimilación a trabajador por cuenta ajena; y si cualquier otra actividad les llevaba a simultanear otro alta, la situación se convertía en una situación de pluriempleo a efectos de la aplicación de las normas de Seguridad Social.

- Quienes estén en situación asimilada al alta con obligación de cotizar. Esta situación excluye al estudiantado que haya suscrito algún convenio especial, al que se encuentre percibiendo prestación contributiva por desempleo, y mientras tanto la perciba; otra situación en la que se mantiene la obligación de cotizar afecta a quienes estén percibiendo subsidio por desempleo para mayores de 52 años. Algunas de éstas son situaciones en las que no solo hay cotizaciones sino también percepción de una prestación económica, si bien, a tenor del último párrafo del apartado 11, la percepción de rentas no parece que sea la clave de esta regulación excluyente, sino la existencia de cotizaciones durante el período de prácticas, como confirma también la exclusión que se comenta a continuación.
- Quienes estén en una situación en la que, aunque no haya obligación de cotizar, se considere cotizado a efectos de prestaciones. Subyace por tanto la idea de la subsidiariedad en este modelo de protección, ya que solo entrará en juego si la persona individualmente considerada no está ya siendo de alguna manera protegida por el sistema, aunque lo sea bajo esta forma de reconocimiento de tiempo como cotizado, cuando efectivamente no lo haya sido. Estos periodos de cotización se encuentran reconocido en situaciones como la excedencia por cuidado de hijos o familiares, en los periodos de nacimiento y cuidado de menor que subsisten a la extinción del contrato o se inician mientras se percibe la prestación o subsidio por desempleo, y casos más específicos como el previsto para situaciones de suspensión de la relación laboral por víctima de violencia de género.

En algunas de estas situaciones la persona puede estar además percibiendo prestaciones, por ejemplo si está percibiendo prestación por nacimiento y cuidado de menor o si la víctima de violencia de género accede a la prestación por desempleo, pero también puede no ser así, como es el caso de la excedencia, por lo que lo determinante es, una vez más, que sustituir el texto tachado por "se considera ya protegida la persona que se encuentre en estas situaciones, sin entrar a valorar más detalle, como respecto de qué concretas prestaciones se produce esa ficción de cotizaciones".

- Quienes tengan la condición de pensionista de jubilación o de incapacidad permanente tanto en su modalidad contributiva como no contributiva. No se excluyen por tanto quienes tengan la condición de pensionistas respecto de pensiones derivadas de muerte y supervivencia, tales como viudedad y orfandad. En este punto cabría plantearse cuál es la razón por la que las pensiones de viudedad y orfandad quedan al margen de la subsidiariedad que invade esta normativa pues son situaciones, todas ellas, en las que si el pensionista no trabaja lo que percibe es una pensión y no hay cotizaciones; y si el pensionista trabajara, cumpliendo en cada caso los requisitos necesarios, entonces estaría también excluido por la primera de las situaciones tratadas, pues estaría de alta en algún régimen de la Seguridad Social. Y la cuantía de la pensión tampoco influye en la determinación con la que son excluidos del ámbito de la DA 52ª los pensionistas de jubilación y de incapacidad permanente. Volviendo a la lógica de subsidiariedad que impera, se les excluye porque ya se considera que están protegidos, en este caso, por el solo hecho de estar percibiendo la pensión, a pesar de que hay claras diferencias entre los pensionistas de jubilación y los de incapacidad permanente. Mientras a los primeros la lógica nos lleva a estar de acuerdo con la exclusión, pues estas cotizaciones no van a suponer ningún cambio en su pensión, y además sería incoherente que cotizaran por contingencias por las que no estarían obligados si trabajaran; en cambio el pensionista de incapacidad permanente puede ser de cualquier edad, y que realice estudios de los incluidos en esta DA 52ª no parece una anómala realidad para quienes declarados incapacitados en grado de total, se planteen un nuevo escenario laboral al que adaptarse; es más, los pensionistas de incapacidad permanente, en cualquiera de sus grados, no deberían ser excluidos de la DA 52ª por el solo hecho de ser pensionistas, pues estamos en el terreno de la formación y de la búsqueda de la empleabilidad y mantenerlos al margen de esta disposición no es sino poner un obstáculo más a su inclusión en el mercado laboral, incoherente por tanto con cualquier medida de fomento de empleo y de inserción laboral en favor de las personas discapacitadas. En definitiva, si se considera necesario establecer una exclusión en este sentido, únicamente debería excluirse a los pensionistas de jubilación.

- Respecto a quienes perciban otras prestaciones del sistema por las que no queden directamente excluidos de su campo de aplicación, se establece que la situación asimilada regulada en la DA 52ª LGSS no afectará al derecho a la percepción de las mismas, es decir, que la regla general es la de compatibilidad. En este apartado cabe incluir cualquier otra situación en que se perciban prestaciones del sistema de la Seguridad Social, tales como orfandad, viudedad, o subsidios por desempleo en los que no haya obligación de cotizar o incluso las posibles prestaciones que les puedan corresponder del seguro escolar. Esto significa que podrán y deberán ser dados de alta como asimilados a trabajadores por cuenta ajena y se iniciará la obligación de cotizar conforme a las reglas de la DA

52ª LGSS. Al margen quedan los posibles efectos que pueda tener el que las prácticas sean remuneradas y al percibir rentas pueda influir en el mantenimiento de la prestación o subsidio que venga percibiendo, si bien, la tendencia precisamente es a evitar que ello suceda. Al respecto, en el caso de los subsidios por desempleo, la nueva redacción del art. 275.5 LGSS, dada por el RD-Ley 2/2024, incorpora esta novedad y señala que no se consideran rentas o ingresos computables *el importe de las percepciones económicas obtenidas por asistencia a acciones de formación profesional o en el trabajo o para realizar prácticas académicas externas que formen parte del plan de estudios, obtenidas por la persona solicitante o beneficiaria o por cualquier otro miembro de la unidad familiar"*. Asimismo, en el caso de la pensión de orfandad siendo mayores de 21 años, no podrán obtener rentas por encima del SMI, si bien quedan limitadas a las que procedan de un trabajo lucrativo por cuenta ajena o propia, siendo en el primer caso determinante la existencia de un contrato laboral o prestación de seguridad social derivada del mismo (art. 9 RD 1647/1997).

Por último, el apartado 11 de la DA 52ª LGSS también alude a la prestación de asistencia sanitaria para aclarar que la inclusión como asimilados a trabajadores por cuenta ajena en virtud de la DA 52ª no dará lugar a la modificación del título por el que se tuviera derecho a la prestación por asistencia sanitaria, salvo la derivada de contingencias profesionales. Y es que este colectivo va a ser protegido también por las Mutuas colaboradoras con la Seguridad Social (MCSS) a las que las empresas en la que realicen las prácticas estén asociadas, que no quedan al margen y asumirán responsabilidades en relación a este colectivo en las mismas condiciones que lo hacen respecto del resto de trabajadores por cuenta ajena, dentro de los márgenes de su específica normativa de aplicación.

5. LOS DOS REGÍMENES DE PROTECCIÓN: PRÁCTICAS REMUNERADAS Y NO REMUNERADAS

Una vez regulado el campo de aplicación, el resto de la DA 52 va destinado a regular un doble régimen de encuadramiento, cotización y protección del colectivo en función de si las prácticas que va a realizar son o no remuneradas. Es decir, la inclusión en cualquier caso será como persona asimilada a la de un trabajador por cuenta ajena en el Régimen general (o Régimen Especial de trabajadores del Mar en el caso de que se realicen a bordo de embarcaciones), pero el alcance y las condiciones serán distintas en función de si hay o no algún tipo de contraprestación económica a cambio, siendo indiferente su cuantía y denominación. La existencia de una remuneración pueda venir establecida en ocasiones en la propia normativa interna de cada Universidad o centro en particular que puedan exigir algún tipo de "bolsa económica" o "beca", o por libre voluntad empresarial destinada en ocasiones sin más a la compensación de costes de transporte o similares. Sea como sea el origen, sea cual sea la finalidad pretendida, sea cual sea su montante económico, se considerarán remuneradas a los efectos de aplicarles la DA 52ª LGSS.

Por otro lado, el apartado 5 de la DA 52ª establece unas reglas comunes que en materia de cotización ha señalado para ambas modalidades de prácticas que tienen que ver con la cotización:

a) En ambos casos, están expresamente excluidas de cotizar al Mecanismo de Equidad Intergeneracional (MEI).

b) Señala una reducción a las cuotas por contingencias comunes del 95 por ciento, sin que quepa aplicar otros beneficios a la cotización distintos a esta reducción. En cuanto a la regulación general sobre beneficios en la cotización que regula el art. 20 LGSS, declara inaplicable el apartado 1, por lo que no se exigirá a la empresa encontrarse al corriente en el cumplimiento de sus obligaciones con la Seguridad Social; y a ello añade la Orden de Cotización para 2024 (Orden PJC/51/2024, de 29 de enero), alargando la dicción legal, que tampoco se les aplica el apartado 3 de dicho precepto, por lo que, ante un ingreso de cuotas fuera de plazo no se produce la pérdida automática de la reducción. Debe llamarse la atención que se trata de un beneficio establecido en la propia DA 52ª, y debe criticarse que no se haya añadido si quiera una remisión a esta regulación, en el gran contenedor de incentivos a la cotización en que se ha convertido el RD-Ley 1/2023, que también alude a incentivos respecto de colectivos concretos y se remite a las normas que los contienen, como el personal investigador o los contratos pre-doctorales; cierto es que en este caso no se trata de contratación ni de relación laboral, pero deberían seguir añadiéndose disposiciones adicionales con el fin de recoger todas las situaciones en que se contemplen incentivos similares en la misma norma, a los efectos de evitar la dispersión e inseguridad jurídica en materia de bonificaciones y reducciones de cuotas que reinaba antes del RD-Ley 1/2023.

Además, las situaciones formativas en prácticas son tenidas en cuenta en esta norma a otros efectos, de hecho, el art. 2 del RD-Ley 1/2023, junto a los objetivos generales de fomentar la contratación indefinida y de generar empleo estable, recoge como objetivo específico y excepcional el de favorecer el tránsito de las *situaciones formativas en prácticas* o mediante contrato laboral, en contratos indefinidos, e incluye una nueva medida en su art. 25 para fomento de la contratación indefinida, o para la incorporación como persona socia en la cooperativa (siempre que opte por la asimilación a trabajadores por cuenta ajena) o sociedad laboral *de las personas que desarrollen formación práctica en las empresas por parte de la empresa donde las realice, ya sea a la finalización o durante el desarrollo de la misma;* dará derecho a una bonificación en la cotización, en los términos establecidos en el artículo 10 del citado RD-Ley, de 138 euros/mes durante un período máximo de tres años, salvo que la persona trabajadora contratada sea persona con discapacidad, en cuyo caso la bonificación podrá aplicarse durante toda la vigencia del contrato.

Por otro lado, volviendo a la regulación del apartado 5 de la DA 52ª LGSS, debe llamarse la atención en que el derecho a reducción no va dirigido a ningún sujeto, solo que se aplicará a "las cuotas por contingencias comunes", sin añadir, como hubiera sido lo normal en el marco jurídico de cualquier incentivo similar, a quien va dirigida, si a la cuota empresarial, si a ambas cuotas; o es que quizá, como puede interpretarse del apartado siguiente, en este modelo que diseña la DA 52ª la única responsable de las cuotas sea la empresa, ya sean prácticas remuneradas como si no lo son; en este último caso la redacción es clara, como veremos, la cotización consiste únicamente *en una cuota empresarial*; en cambio, respecto a las remuneradas, dice textualmente que la cotización se efectuará *aplicando las reglas de cotización correspondientes a los contratos formativos en alternancia*, reglas que contienen ambas cuotas. La argumentación para mantener la existencia de una única cuota de responsabilidad empresarial puede encontrarse, como se comenta a continuación, en la letra c) del apartado 5 DA 52ª LGSS.

c) Conforme al citado apartado c) *La entidad que asuma la condición de empresa a efecto de las obligaciones con la Seguridad Social*, que como hemos visto anteriormente con carácter general recaerá en el caso de las remuneradas en la empresa en la que se realicen las prácticas, *adquiere la condición de sujeto obligado y responsable de la totalidad de las cuotas*.

Según el art. 18 LGSS, la obligación de cotizar nacerá desde el momento de iniciación de la actividad correspondiente, determinándose en las normas reguladoras de cada régimen las personas que han de cumplirla. En el caso del Régimen general, se distingue claramente la identificación de los sujetos obligados en relación a los responsables; Señala el art. 141 LGSS que estarán sujetos a la obligación de cotizar al Régimen General de la Seguridad Social los trabajadores y asimilados comprendidos en su campo de aplicación y los empresarios por cuya cuenta trabajen, por lo que señala la doble aportación salvo respecto de las contingencias profesionales que únicamente corresponden a la empresa; por otra parte el art. 142 LGSS señala que es el empresario el sujeto responsable del cumplimiento de la obligación de cotizar e ingresará las aportaciones propias y las de sus trabajadores, en su totalidad.

Es decir, conforme a las reglas generales de cotización al Régimen General, obligados a cotizar son dos, y responsable únicamente la empresa. Si la DA 52ª LGSS dice que bajo este modelo de cotización, quien asuma la posición de empresa *adquiere la condición de sujeto obligado y responsable de la totalidad de las cuotas,* debe querer añadir algo más, pues ya en la letra a) del apartado 4 se identifica la condición de empresario a efectos del "cumplimiento de las obligaciones de Seguridad Social", por lo que esta letra c) podría implicar dos cosas: por un lado, que la persona asimilada o estudiante, no es sujeto obligado a cotización; por otro lado, que la empresa asume como obligada y responsable la "totalidad de las cuotas", porque son dos las que marca el régimen del contrato de formación en alternancia y las dos, en este caso, recaen sobre la empresa y por tanto, a la totalidad de la cuota conjunta por contingencias comunes se le aplicará la reducción prevista del 95 por ciento que, como se ha señalado, no identifica si la cuota por contingencias comunes sobre la que aplicar la reducción es la empresarial o también la cuota del trabajador, pudiendo haberlo hecho como sí se hace expresamente en la regulación de las bonificaciones aplicables al contrato de formación en alternancia en el art. 23 RD-Ley 1/2023; otro argumento a favor de esta interpretación es que la letra c) citada se aplica a ambos tipos de prácticas, remuneradas y no remuneradas y respecto de estas últimas las reglas, como se verán, totalmente novedosas, optan claramente y sin lugar a dudas por un único obligado y responsable de las cotizaciones a la Seguridad Social.

Más argumentos en favor de que los asimilados a trabajadores por cuenta ajena no son obligados a cotizar, es que en ningún momento importa la remuneración o bolsa de estudios para la aplicación de la DA 52ª, no están sujetos a salario mínimo interprofesional, tampoco se requiere a las empresas que comuniquen mensualmente los conceptos retributivos abonados porque no hay bases de cotización vinculadas a esa remuneración, tan solo a efectos de prestaciones se señala expresamente que la base de cotización mensual aplicable será la base mínima de cotización vigente en cada momento respecto del grupo 7, o la parte proporcional si el alta no se extiende a todo el mes (letra b) apartado 6 DA 52ª LGSS).

5.1. Régimen aplicable a las prácticas remuneradas

5.1.1. Condición de empresa a efectos del cumplimiento de las obligaciones de Seguridad Social

Señala literalmente el apartado 4.a) de la DA 52ª, que corresponderá a la entidad u organismo que financie el programa de formación; y en el supuesto que esté cofinanciado por dos o más entidades u organismos, tendrá la condición de empresario aquel al que corresponda hacer efectiva la respectiva contraprestación económica. Se hereda pues la redacción que ya aparece en el art. 5 del RD 1493/2011, pone todo el énfasis en quien asume el coste y como se ha señalado, permite mantener cierta interpretación de que pudiera llegar a ser entidad distinta a la que sería aquella en la que se realizan las prácticas, más bien organismo, público o privado, en la medida en que pudiera asumir totalmente esa financiación, pero en esta situación ha de ser el propio organismo quien abona al estudiantado la contraprestación, pues si, aunque solo sea parcialmente, también la empresa en la que se realizan las prácticas asume esa cofinanciación y función, será ésta. Por tanto, será la empresa en la que se realicen las prácticas cuando es ésta la que asume y abona la contraprestación económica, como ocurre en la generalidad de los casos.

5.1.2. Actos de encuadramiento

Tratándose de prácticas remuneradas, la DA 52ª se remite a las normas generales de aplicación en materia de altas y bajas. Por tanto, serán de aplicación las normas contenidas especialmente en el RD 84/1996 en el que se señalan los plazos y trámites necesarios para cursar altas y bajas en el sistema de Seguridad Social. EL efecto principal de altas y bajas es el comienzo y fin respectivamente, de la obligación de cotizar. El plazo para el alta será antes del inicio del período de prácticas sin superar los sesenta días naturales anteriores (art. 32 RD 84/1996); en cuanto a la baja, se debe comunicar en el plazo de los tres días naturales siguientes al cese o fin del periodo de prácticas (art. 35 RD 84/1996). De la misma manera se aplicarán las reglas generales en materia de incumplimiento de la obligación de realizar en plazo los actos de encuadramiento; a tal efecto cabe señalar que, el alta fuera de plazo solo tendrá efectos retroactivos si se ingresaran las cuotas dentro del plazo de ingreso.

Por otro lado, si no estuviera ya afiliado debe realizarse junto al alta inicial el trámite de afiliación, único en la vida de la persona, a llevar a cabo cuando por primera vez se realiza una actividad comprendida en el ámbito de aplicación de la Seguridad Social, para lo cual debe suministrarse el número de la Seguridad Social (art. 21 RD 84/1996). Y en relación a la asignación de un código cuenta de cotización específico, aunque expresamente la DA 52ª solo lo contempla para las no remuneradas, a éstas también se les debe asignar atendiendo a su especialidad de cotización, que comparten en gran parte con las personas contratadas con un contrato de formación en alternancia por el hecho de cotizar a cuota fija, como se trata a continuación, por lo que no era tanta la novedad y será por ello que la DA 52ª no lo contemple.

5.1.3. Cotización

La cotización en el caso de las prácticas remuneradas se rige por las siguientes reglas. Se les aplican las reglas de cotización correspondientes a los contratos de formación en alternancia, establecidas por la correspondiente Ley de Presupuestos Generales del Estado y en sus normas de aplicación y desarrollo; y están excluidas de cotización al desempleo, Fondo de Garantía Salarial y Formación profesional, y excluidas también de cotización al MEI. Si bien, en relación a la aplicación de las reglas del contrato de formación en alternancia, se excluye la aplicación de la regla contenida en el ordinal 2° del apartado 1 de la DA 43ª LGSS. Por tanto, siguiendo una vez más con la estela del RD 1493/2011, lo que se aplican son las reglas de cotización como eran cuando se trataba de los contratos de formación y aprendizaje anteriores a la reforma laboral de 2021, en los que, salvo para desempleo, se cotizaba en todo caso sobre una cuota fija que cada año señalaba la LPGE; actualmente, los contratos de formación en alternancia además de la cuota fija, cotizarán conforme a las reglas generales sobre el exceso de la base de cotización mensual, calculada conforme a las reglas generales, cuando supere la base mínima mensual de cotización; y el resultado de cotización será, la suma de ambas cuotas (ordinal 2°, apdo. 1 DA 43ª LGSS), esta es la parte que, obviamente, no se aplica a la cotización de estudiantes en prácticas puesto que no se tiene en cuenta a ningún efecto la cuantía de la remuneración o bolsa de estudio que perciban como contraprestación. En 2024, se ha recogido esta normativa en el art. 45 de la Orden de cotización para 2024 siguiendo las directrices de la DT 9ª RD-Ley 8/2023 a falta de LPGE para este ejercicio.

La cuota fija, por tanto, vendrá determinada cada año en la LPGE y es recogida posteriormente en la correspondiente Orden de cotización; en 2024, consiste en una cuota única mensual de 64,30 euros por contingencias comunes, de los que 53,61 euros serán a cargo del empresario y 10,69 euros, a cargo del trabajador, y de 7,38 euros por contingencias profesionales, a cargo del empresario, de los que 3,82 corresponden a incapacidad temporal y 3,56 a invalidez, muerte y supervivencia (art. 44 Orden de cotización 2024).

5.1.4. Acción protectora

De forma similar a como se aplica el RD 1493/2011, la acción protectora excluye las contingencias propias de los trabajadores por cuenta ajena, como son la contingencia de desempleo, además de la cobertura del Fondo de Garantía Salarial y por Formación Profesional.

En relación al cálculo de las prestaciones, a efectos de la base reguladora, la base mensual de cotización será la mínima vigente del grupo 7 de cotización, que como se sabe, se corresponde con la cuantía del salario mínimo interprofesional incrementada en un sexto; en 2024, es de 1.323 euros/mes (art. 3 Orden de cotización 2024). En los meses en los que el alta no se extienda a la totalidad de los mismos, la base de cotización a efectos de prestaciones será la parte proporcional de dicha base mínima (letra b), apartado 6 DA 52ª LGSS).

En principio no se incluyen más especialidades, aunque se aclaran algunas cuestiones que podrían haber planteado dudas como es a quien corresponde abonar las prestaciones que se causen en el periodo de prácticas, si bien, las reglas al respecto que regula la DA 52ª en su apartado 3 no implican una regulación distinta a la que sería aplicable a los trabajadores por cuenta ajena: así, señala que la IT se abonará en todo caso mediante pago delegado, ya sea por contingencia común como profesional, no se alude a los supuestos especiales de protección de IT, pero puesto que no se excluyen y en tanto que forman parte del concepto y contenido de la incapacidad temporal debe entenderse que estas coberturas son igualmente aplicables. Por otro lado, señala que las prestaciones por nacimiento y cuidado de menor, riesgo durante el embarazo y riesgo durante la lactancia natural se abonarán en pago directo, ya sea por la entidad gestora o en su caso, por la mutua colaboradora; se aplican por tanto las reglas generales de gestión, que como se sabe implican también a las MCSS concretamente a aquellas a las que quien asuma la condición de empresa y por tanto las obligaciones de Seguridad Social conforme a la DA 52ª LGSS, se encuentre asociada y en favor de la cual haya realizado las opciones de aseguramiento y en su caso, cobertura de incapacidad temporal. En cuanto a la entidad gestora competente, será el INSS quien asuma el pago directo de la prestación por nacimiento y cuidado de menor.

Ninguna otra especialidad, ni exclusión, ni diferencias en requisitos de acceso, cuantías, ni en el cómputo de periodos cotizados, lo que significa que se despliegan todas las reglas de acción protectora del Régimen general.

5.2. Régimen aplicable a las prácticas no remuneradas

5.2.1. Condición de empresa a efectos del cumplimiento de las obligaciones de Seguridad Social

A diferencia de las prácticas remuneradas, en esta ocasión en la que no hay quien asuma coste alguno, la entidad responsable del cumplimiento de las obligaciones de Seguridad Social será *la empresa, institución o entidad en la que se desarrollen...* si bien, admite la salvedad de que en el convenio o acuerdo de cooperación que, en su caso, se suscriba para la realización de las prácticas, *se disponga que tales obligaciones corresponderán al centro de formación responsable de la oferta formativa...* (letra b), apartado 4 DA 52ª LGSS).

Es válido por tanto que la figura "empresarial" a efectos del cumplimiento de las obligaciones de Seguridad Social sea objeto de negociación entre el centro de formación y la empresa o entidad en la que se realicen las prácticas. La norma no impone más limitaciones con lo que permitiría que estudiantado del mismo centro tuviera una situación distinta en función de la empresa o entidad en la que vaya a realizar las prácticas, así como que, aun siendo las mismas ofertas de prácticas, en cada ejercicio o curso académico se adopte o no el acuerdo que permita transmitir la responsabilidad en materia de Seguridad Social al centro de formación. Además, los centros formativos pueden verse en la tesitura de tener que aceptar hacerse cargo de las obligaciones ante la Seguridad Social si quieren disponer de suficiente oferta de prácticas para que sus alumnos puedan finalizar sus estudios (Crespo Ortiz, 2023). Y ello significará que, asumida por el centro de formación, a éste corresponderá todas las obligaciones que se deriven tanto respecto a los actos de encuadramiento, como en materia de cotización y las que le correspondan en materia de prestaciones. Se producirá una situación en la que es una entidad distinta al lugar de prácticas la que debe llevar dicha gestión, por lo que requerirá que la empresa o entidad de prácticas pase la información necesaria para llevar a cabo dicha gestión, como los días efectivos de prácticas, dato necesario, como se verá, en el novedoso modelo de seguridad social previsto para las prácticas no remuneradas. Ahora bien, ninguna responsabilidad se ha señalado en casos de incumplimiento de esta obligación de comunicación al centro de formación, que como responsable de las obligaciones de Seguridad Social debe conocer los días efectivos de prácticas. De hecho, debería ser un dato que ya se incorporara en los "anexos" a los convenios de prácticas donde figuran los datos más específicos de las partes implicadas, tales como centro de prácticas, tutor o tutora académica, tutora o tutora externa, existencia o no de contraprestación económica, proyecto formativo, periodo o duración...etc.

5.2.2. Actos de encuadramiento

En primer lugar, será necesario que la entidad responsable solicite a la Tesorería General de la Seguridad Social (TGSS) un código cuenta de cotización específico para el ingreso de las cuotas de este colectivo, ya que, como se verá, la forma de cotizar es realmente especial y novedosa por lo que estos datos son tratados a parte en relación a los del resto de personas que presten servicios para dicha entidad o empresa. Se señala también un plazo específico para cumplir con las obligaciones de altas y bajas, será de 10 días naturales desde el inicio o finalización de las prácticas, sin perjuicio de que para la cotización y su acción protectora se tengan en cuenta exclusivamente los días ciertos en que se realicen las prácticas (letra b), apartado 4 DA 52ª LGSS). Aunque nada se señala del trámite de afiliación, si fuera necesario realizarlo y en tanto que se tramita con el alta inicial, se entiende que se le aplica el mismo plazo especial (art. 32 RD 84/1996).

5.2.3. Cotización y comunicación de días de prácticas

En relación a las prácticas no remuneradas, también están excluidos de protección y cotización por Desempleo, Fondo de Garantía Salarial, por Formación profesional y MEI, y se añade la exclusión por Incapacidad temporal derivada de contingencia común.

Las reglas de cotización se rigen por la máxima de que, dentro del período de alta, se cotizará exclusivamente por los días que se realicen prácticas, esto hace necesario que la TGSS conozca ese dato previamente a la solicitud de la correspondiente liquidación. Para facilitar este procedimiento también se señala un período de liquidación distinto y especial en relación al de las normas comunes, pues la liquidación de cuotas se efectuará no de forma mensual sino por trimestres, habilitándose el mes siguiente al de finalización del trimestre natural como plazo de ingreso. Así, el primer trimestre del año se liquidará en el mes de abril, el segundo en el mes de julio, el tercero en octubre y el cuarto en enero del año siguiente. Previamente a la liquidación se intercala un procedimiento necesario, el de comunicación a la TGSS de los días de prácticas efectivamente realizados, también a través del sistema Red se habilita el proceso de mecanización de días de prácticas, en el que pueden ir informándose a partir de cumplido cada mes y hasta el penúltimo día natural de finalización del plazo trimestral de liquidación, es decir, respecto del primer trimestre natural, los días de prácticas del mes de enero deben comunicarse a partir del 1 de febrero y hasta el 29 de abril, siendo el mes de abril el mes que se efectúa la liquidación del primer trimestre; los días de prácticas del mes de febrero deben comunicarse a partir del 1 de marzo y hasta el mismo día 29 de abril, etc. (puede verse este detalle en los Boletines de Noticias Red 9 y 13/2023).

Sobre la comunicación de días efectivos realizados, se comunicarán independientemente de la jornada realizada y si se iniciara una situación de incapacidad temporal, o una situación de nacimiento y cuidado de menor o de riesgo durante el embarazo o lactancia natural, deben comunicarse también los días que estaba previsto que hiciese las prácticas de no haberse encontrado en esa situación, ya que ese dato será necesario para fijar la base mensual de cotización. Si algún mes no se han realizado prácticas se comunicará tal circunstancia (letra c) apartado 7 DA 52ª LGSS. Ante una situación de falta de comunicación de días de prácticas de alguna mensualidad, la TGSS calculará la deuda atendiendo al número de días de alta en el mes de que se trate, con el tope que se haya establecido. En estos supuestos, este número de días será el tenido en cuenta también a efectos de prestaciones.

En relación al cálculo de la cuota a ingresar, la cotización consistirá en una cuota empresarial por cada día de prácticas formativas por contingencias comunes y por contingencias profesionales, que tendrá en cuenta la exclusión de la incapacidad temporal por contingencia común; la cuota concreta será establecida cada año por la correspondiente LPGE que también señalará el tope máximo mensual a aplicar. Así pues, dicha cuota concreta se multiplicará cada mes por el número de días de prácticas y a esa cantidad se le aplicará el tope que se haya señalado en la misma LPGE. En 2024, las cuotas han sido recogidas por RD-Ley 8/2023 y por la correspondiente Orden de cotización, cuyo art. 45.3 modificado posteriormente por la Orden PJC/281/2024, señala que la cotización consistirá en una cuota empresarial, por cada día de prácticas, de:

- 2,67 euros por contingencias comunes excluida la prestación de incapacidad temporal, sin que pueda superarse la cuota máxima mensual por contingencias comunes de 60,76 euros.
- 0,33 euros por contingencias profesionales, (0,17 euros corresponderán a la contingencia de incapacidad temporal y 0,16 euros a las contingencias de incapacidad permanente y muerte y supervivencia) sin que pueda superarse la cuota máxima mensual por contingencias profesionales de 7,38 euros, de los que 3,82 euros corresponden a la contingencia de incapacidad temporal y 3,56 euros a la de incapacidad permanente y muerte y supervivencia.

En el ejemplo de que hubiera habido prácticas todos los días de un determinado mes, y que fueran 21 días, se multiplicará por 2,67 para calcular la cuota por contingencia común y, el resultado (2,67x21=56,07) no ha de sobrepasar el tope de 60,76 euros/mes, cosa que en este ejemplo y aplicando las cuotas para 2024, efectivamente y a pesar de contemplar el mes completo, no sucede. Recuérdese que a la cuota mensual por contingencias comunes se le aplicará la reducción del 95 por ciento, quedando en este ejemplo una cuota a ingresar por contingencias comunes de 2,80 euros/mes. Siguiendo con el ejemplo, la cuota por contingencia profesional sería de 0,33 x 21=6,93, cantidad que tampoco supera el tope que se establece para 2024 de 7,38 euros mensuales. Como puede apreciarse y gracias a la generosa reducción, un mes en el que se han realizado prácticas todos los días, el coste final viene a ser de algo menos de 10 euros. Si calculáramos la cotización aplicable a quien realice las prácticas a cambio de una contraprestación, utilizando las reglas del contrato de formación en alternancia, el resultado sería muy similar.

Por lo que hemos de concluir que no se han establecido grandes diferencias a pesar de la coexistencia de los dos modelos de cotización en función de si hay o no contraprestación económica, al menos aplicando la normativa vigente para 2024 que podría cambiar sustancialmente en años sucesivos. Todo ello lleva a plantearse el sentido de la coexistencia de los dos modelos y si no sería mejor unificar y homogeneizar la protección social del estudiantado en prácticas siendo indiferente si hay o no remuneración. Pues la situación actual permite prever la posibilidad de un futuro en el que, en la medida en que los costes de cotización lleguen a ser muy dispares, podría interferir en las ofertas de prácticas de las empresas y en las propias reglamentaciones internas de los centros de formación que regulan sobre su remuneración, y ajustarse a la opción más económica. Además, otra perspectiva nos lleva a concluir que, si el resultado es similar desde el punto de vista de los costes o ingresos que percibirá el sistema, tampoco se justifican las diferencias en la acción protectora.

5.2.4. Acción protectora

En el caso de prácticas no remuneradas, como se ha podido ver en materia de cotización, se excluyen también de la protección por incapacidad temporal derivada de contingencia comunes.

Además, debe señalarse que a efectos de regular las especialidades de cotización no hay tampoco alusión a base de cotización, directamente las especialidades consisten en calcular la cuota a partir del valor diario que proporcione cada año la LPGE, similar al sistema de cuota fija establecido para las remuneradas. Por tanto es necesario también respecto a éstos que la legislación nos señale qué base tendremos que utilizar para proceder al cálculo de las correspondientes prestaciones, y a estos efectos señala que la base mensual de cotización aplicable a efectos de prestaciones será la mínima vigente diaria del grupo 8 de cotización, que como se sabe, se corresponde con la cuantía diaria del salario mínimo interprofesional incrementada en un sexto; (en 2024 es de 44,10 euros/día) multiplicada por el número de días de prácticas realizadas en el mes natural, con el tope del importe de la base mínima mensual del grupo 7, es decir, 1.323 euros/mes (art. 3 Orden de cotización 2024).

Las bases reguladoras de prestaciones, por tanto, se calcularán con estas bases limitadas en función del número de días efectivos del mes en que se han realizado prácticas, y no sobre los días en alta, diferencia importante en relación al cálculo de prestaciones respecto a las prácticas remuneradas. Por otro lado, las bases así calculadas, sobre 44,10 euros/día de prácticas, serán de mayor cuantía al tener más valor que el fijado para calcular la cuota 2,67 euros/día o 0,33 euros/día. De manera que, si hubiera que calcular una prestación de incapacidad temporal derivada de contingencia profesional, debe utilizarse la base mínima diaria vigente por el número de días de prácticas del mes, cantidad que hay que transformar en diaria dividiendo por los días de alta, puesto que, a falta de norma especial, la prestación de incapacidad temporal la van a recibir por días naturales y no únicamente los días previstos de prácticas. No hay otras especialidades, le corresponderá el 75 por ciento de la base reguladora así calculada, y se abonará mediante pago delegado, asumiéndose si fuera el caso, por la Mutua correspondiente (apartado 3 DA 52ª LGSS).

En relación al momento en que deba efectuarse el pago delegado, se detecta una disfunción en la aplicación de las normas generales puesto que en el Régimen general se procede al pago delegado de la prestación por la empresa en el momento en que se hace efectiva la remuneración, puesto que esta prestación es de pago mensual y viene a sustituir los salarios dejados de percibir por razón de la baja médica, además, la compensación del pago delegado debe producirse en la liquidación de cotizaciones correspondiente al mismo mes de devengo en que se hace efectivo el pago delegado; teniendo en cuenta que la liquidación de cotizaciones respecto a este colectivo es trimestral y no hay puramente salarios que sustituir, el INSS en su Criterio interpretativo 3/2024, apartado III. Dos, considera que el pago delegado debe producirse también trimestralmente y abonarse en el mismo mes posterior al trimestre natural en que se procede a la liquidación y por tanto a la compensación de las cantidades destinadas a pago delegado de IT. Para llegar a esta solución parte de la interpretación de que la base a utilizar será la vigente del mes del hecho causante, por lo que no se han comunicado los días de prácticas, y en consecuencia no podrá calcularse la base reguladora; pero la falta de comunicación no quiere decir que no se conozcan y la misma argumentación llevaría a considerar el retraso también en el pago de otras prestaciones de pago directo, es decir, nacimiento y cuidado de menor y riesgo durante el embarazo y durante la lactancia natural, y debe señalarse que las reglas sobre nacimiento del derecho de cada una de las prestaciones no está sujeta a especialidad alguna para este colectivo, con lo que debería o bien señalarse una regla distinta y expresa de nacimiento del derecho para estos casos o, de no ser así, articularse un cálculo estimativo y provisional susceptible de posterior corrección definitiva. Si bien, debería replantearse qué sentido tiene en estos casos en los que no hay remuneración alguna introducir el pago delegado, o procedimiento de gestión de una prestación cuyo carácter y naturaleza principal es la sustitutiva de salarios.

Por último, otra de las normas de la DA 52ª LGSS que afectan a la acción protectora es para señalar cómo van a ser computados estos períodos como cotizados a efectos de prestaciones. La letra e) del apartado 7 señala que cada día de prácticas formativas no remuneradas será considerado como 1,61 días cotizados, sin que pueda sobrepasarse, en ningún caso, el número de días del mes correspondiente. Las fracciones que pudieran resultar del coeficiente anterior se computarán como un día completo. Medida de protección similar es contemplada para otros colectivos como fijos discontinuos en el sistema especial de frutas, hortalizas y conservas vegetales (art. 6 Orden de 30 de mayo de 1991) que no tiene otra finalidad que a cada día de trabajo efectivo, día de realización de prácticas no laborales en este caso, se le añada la parte proporcional de los días de vacaciones, festivos y descanso semanal que, en cada caso corresponda, para lo cual respecto a estos fijos discontinuos cada día de trabajo se considerará como 1,61 días de cotización cuando la actividad se realice en jornada de lunes a viernes.

Esta previsión no es necesaria en el caso de las prácticas remuneradas puesto que se cotiza por el tiempo de alta, que será el mes entero, aunque no todos los días se acuda a la realización de prácticas; en cambio, la cotización por días efectivos lleva, en el caso de los trabajadores por cuenta ajena a introducir estos coeficientes, medida que se establece también a este colectivo en su condición de asimilados.

La medida se aplicará "a efectos de prestaciones" fórmula lo suficientemente general como para que sea adoptada tanto para el acceso a las prestaciones, como para su cuantía, en los casos en que el tiempo cotizado les afecte. Además, conforme al Criterio del INSS citado, en su apartado III.Tres aclara que el coeficiente 1,61 resultará también aplicable respecto de los días previstos de prácticas en aquellos casos en que la persona que las realice se encuentre en situación de incapacidad temporal derivada de contingencias profesionales, nacimiento y cuidado de menor y riesgo durante el embarazo o la lactancia natural.

6. CONCLUSIONES Y VIGENCIA DEL RD 1493/2011

La regulación de la DA 52ª, aunque esperada, no ha sido la solución definitiva a una cuestión que debe resolverse desde ese futuro Estatuto del Becario previsto en la DA 2ª del RD-Ley 32/2021, de próxima elaboración, que según esta disposición tendrá en cuenta "la formación práctica tutorizada en empresas u organismos equiparados, así como la actividad formativa desarrollada en el marco de las prácticas curriculares o extracurriculares previstas en los estudios oficiales". Esa sería la norma en la que debería tratarse el alcance de la protección social de quienes realizan práctica tutorizada en empresas u otras entidades, señalando claramente el alcance de un colectivo que hoy se presenta tan heterogéneo y cuya protección debe acometerse tanto con el objeto de evitar la precariedad, limitando el concepto de "becario" a quienes realizan tales prácticas con vinculación y en el curso de la realización de estudios oficiales, como desde el punto de vista de la Seguridad Social, en la dirección de asimilarles a trabajadores por cuenta ajena a estos efectos de forma unitaria y con una regulación simplificada y homogénea para todas las personas implicadas. Cabe esperar que ese Estatuto contribuya a resolver, o al menos a reducir, esa zona gris entre prácticas y relación laboral que tanto ha puesto de manifiesto la doctrina (Álvarez Cuesta, 2019) y en esa medida debe contribuir a un aprovechamiento de las herramientas laborales como son los contratos formativos, especialmente el dirigido a la obtención de la práctica profesional respecto de los ya titulados, que en todo caso deberían quedar al margen de la condición de "becarios", y resolverse en la medida de lo posible a través de una clara delimitación entre la figura del "becario" y la persona susceptible de quedar incluida en el campo de aplicación de los contratos formativos (Montes Adalid, 2022).

Desde el 2011 y hasta la fecha, el legislador ha incidido más en el aspecto de extenderles las reglas de protección de la Seguridad Social como si eso, por sí solo, fuese a solucionar el problema de las zonas grises y de la precariedad a que está expuesto este colectivo, pues puede provocar el efecto no deseado de encubrimiento de una relación laboral y "podría pensarse, incluso de buena fe, que en la medida en que estas actividades ya reciben una mínima protección laboral y de seguridad social por parte del ordenamiento jurídico, deben ser más fácilmente toleradas" (Moreno Gené, 2017). Como se ha señalado, se trata de un paso más en la dignificación de las prácticas no laborales, pero será necesaria la regulación de su íntegro régimen jurídico, que debe recogerse en el tan anunciado Estatuto del Becario (Moreno Gené, 2023). Con la simplificación de la regulación se vendrá a incrementar oportunidades de acceso al mercado laboral al mismo tiempo que se reduciría el riesgo de un uso abusivo de los periodos de prácticas no laborales (De Val Tena, 2015).

Mientras tanto, todo lleva a plantearnos la vigencia, marginal en principio, del régimen de asimilación contemplado en el RD 1493/2011. En su ámbito de aplicación se incluyen prácticas en el entorno de programas formativos en los mismos niveles de estudios reglados de la DA 52ª LGSS, siempre que esos programas formativos se encuentren "vinculados" a estos estudios universitarios o de formación profesional. No exige expresamente que vayan destinados a la obtención de un título por lo que en principio las que, realizándose en el ámbito universitario no vayan destinadas a la obtención de un título o reconocimiento a nivel de suplemento europeo, en tanto que no quedan incluidas en el ámbito de la DA 52ª LGSS quedarán en el campo de aplicación del RD, pero únicamente si son remuneradas. En este campo de aplicación parecen cobijarse también las prácticas que puedan realizarse con posterioridad a la obtención del título, actuación frecuente en la realidad a partir de becas financiadas por entidades privadas o administraciones públicas incluso, pero que, al margen de la normativa laboral, no deberían tener más recorrido legal que el que les proporciona el RD 1543/2011. Este RD 1543/2011 regula prácticas no laborales en empresas, destinadas a titulados y que requieren necesariamente de la intervención de los Servicios Públicos de Empleo; para éstos se remite, a efectos de protección social, a la asimilación a trabajadores por cuenta ajena regulada en el RD 1493/2011.

La cuestión que subyace también es si las personas excluidas del campo de aplicación de la DA 52ª LGSS en virtud de su apartado 11, quedan, si cumplen con el requisito de la remuneración, directamente sometidas al campo de aplicación del RD 1493/2011, que debería haber sido derogado para evitar esta confusión, en tanto que, se trata de un régimen jurídico, el de la DA 52ª LGSS, que en línea de continuidad con el ante rior y como norma que a todas luces pretende ser sucesora del mismo, se ha mejorado. Pero la incorporación del apartado 11 a la DA 52ª lo convierte en un régimen subsidiario respecto de otra protección otorgada desde el sistema de la Seguridad Social, y por qué no entender que convierte el régimen del RD 1493/2011 también en subsidiario respecto del establecido en la DA 52ª LGSS; además el RD 1493/2011 no contempla un segundo nivel similar al del apartado 11 citado, de manera que la asimilación se producirá por el solo hecho de llevar a cabo dicha actividad formativa vinculada a estudios universitarios o de formación profesional, de forma remunerada, adquiriendo entidad suficiente para que por sí sola implique la correspondiente obligación y derecho al encuadramiento en el Régimen general como persona asimilada a las personas trabajadoras por cuenta ajena. Por otro lado, en cuanto a su alcance, tienen las mismas exclusiones de protección que las prácticas remuneradas de la DA 52ª, cotizan a cuota fija con las mismas normas que las remuneradas, aplicando las del contrato de formación en alternancia salvo la regla del ordinal 2º, apdo. 1, de la DA 43 LGSS (DT 9ª. Tres RDL 8/2023) aunque de momento, no hay norma que las excluya de la cotización al MEI.

Como conclusión, la existencia de dos regímenes en la DA 52ª LGSS en función de si existe o no contraprestación, cuando ésta puede ser ínfima y es absolutamente intrascendente, no ha sido buena idea para un colectivo que lo que necesita es un tratamiento legal firme y homogéneo; por otro lado, la incorporación del apartado 11 a la DA 52ª no es precisamente signo de reconocimiento de esa actividad como merecedora de ser considerada suficiente para entrar en el colectivo de las personas asimiladas a trabajadoras por cuenta ajena y como se ha visto, genera incertidumbre respecto al alcance del RD 1493/2011 y por otro lado el apartado 8 aborda el reconocimiento como periodos cotizados respecto a períodos anteriores a través de la figura del convenio especial y para ello no importa en qué situación se encontraban, en relación a la Seguridad Social, en el momento en que las realizaron (Orden ISM/386/2024).

REFERENCIAS BIBLIOGRÁFICAS

Álvarez Cuesta, Henar (2019). Becas no laborales como mecanismo de empleabilidad de los jóvenes. *Anuario IET de Trabajo y Relaciones Laborales, Vol. 6.*

Cabero Morán, Enrique (2023). La seguridad social del estudiantado universitario, setenta años de soledad (1953-2023). *Trabajo y Derecho, 102.*

Crespo Ortiz, David (2023). La cotización de las prácticas académicas externas a la luz de los nuevos cambios introducidos por el RD-ley 2/2023, de 16 de marzo. *Labos, Vol. 5, nº1.*

De Val Tena, Ángel Luis (2015). Trabajo en prácticas y prácticas no laborales. Régimen jurídico de las transiciones laborales. *Doc. Laboral, 104, Vol. II.*

Montes Adalid, Gloria María (2022). La relación del becario frente a la nueva regulación del contrato formativo. Zonas de concurrencia y elementos de distinción. *Lex Social, Revista De Derechos Sociales, 12* (2).

Moreno Gené, Josep (2017). *Las prácticas académicas externas de los estudiantes universitarios. Aspectos jurídico-laborales y de Seguridad Social,* Ed. Tirant lo Blanch, Valencia.

Moreno Gené, Josep (2023) La extensión de la protección social a todos los estudiantes en prácticas: un paso más en la dignificación de las prácticas no laborales, *Briefs AEDTSS, 26.*

Contratos formativos: la perspectiva italiana y comparada

GIUSEPPINA PENSABENE LIONTI
Profesora Contratada Doctora
Universidad de Padua

1. INTRODUCCIÓN

Este estudio plantea un análisis crítico de los principales contratos formativos en Italia: el *tirocinio*, el aprendizaje y la alternancia escuela-trabajo (ahora denominada PCTO, "*percorsi per le competenze trasversali e per l'orientamento*"). Dado que sigue existiendo una gran confusión (tanto conceptual como operativa) entre estas instituciones en el ordenamiento jurídico italiano, el objetivo de la presente investigación será aclarar los principales aspectos controvertidos que han surgido en la materia sobre todo a raíz de la incorporación de los requisitos comunitarios que se han ido elaborando en este ámbito, así como del dificil equilibrio entre las competencias regionales y estatales en su regulación. Además, a través de una reflexión más amplia de Derecho del trabajo comparado sobre la formación de los jóvenes, se hará hincapié en las relaciones entre el mundo de la educación y el mundo del trabajo, analizando la institución del PCTO también en los modelos francés, español y alemán. El análisis comparativo será útil, en una perspectiva *de iure condendo*, para abordar algunas cuestiones cruciales directamente relacionadas con la empleabilidad del mercado laboral italiano.

2. EL CONCEPTO DE *TIROCINIO*

Según la definición proporcionada por el Ministerio de Trabajo y de las Políticas Sociales italiano, el "*tirocinio*" (que podría compararse – en el ordenamiento jurídico español - con un período de prácticas académico) representa "un período de orientación y formación realizado en un contexto laboral y destinado a la integración de los jóvenes en el mundo laboral"[1]. La peculiaridad de dicha institución consiste en la circunstancia por la cual el *tirocinio* no adopta la forma de un empleo. En consecuencia, se trata de una medida de orientación y formación dirigida a los jóvenes que no constituye una relación laboral. Es posible distinguir dos formas de *tirocinio*: curricular o extracurricular. En el primer caso, el *tirocinio* que tiene carácter curricular "se dirige a jóvenes que cursan una educación o formación destinadas a integrar el aprendizaje con la experiencia laboral"[2]. En el segundo caso, el *tirocinio* extracurricular es destinado "a facilitar las opciones profesionales de los jóvenes mediante un periodo de formación en un entorno productivo y, por tanto, con un conocimiento directo del mundo laboral"[3].

2.1. El **tirocinio** *en Italia*

Las mencionadas definiciones de *tirocinio*, *"tirocinio curricular"* y *"tirocinio extracurricular"* ofrecidas por el ministerio el Ministerio de Trabajo y de las Políticas Sociales italiano, chocan a menudo con el ámbito real de aplicación de un instrumento jurídico que, en poco más de veinte años, ha sufrido una

---

1 V. Ministero del Lavoro e delle Politiche Sociali, voce: tirocinio, in *lavoro.gov.it*

2 *Ibidem.*

3 *Ibidem.*

evolución normativa que sin duda también ha modificado su razón de ser, hasta el punto de que la mayoría de los debates doctrinales y jurisprudenciales actuales sobre dicha institución (especialmente el *tirocinio* extracurricular) se detienen en considerar su eficacia o ineficacia para la inserción en el mundo laboral de los jóvenes, sin prestar especial atención a los fines de formación y orientación (Lassandari, 1999, 121). Por tanto, es necesario abordar el significado de la institución recorriendo su evolución, primero, en el ordenamiento jurídico italiano y después también en el marco europeo.

El artículo 18 de la Ley nº 196 de 1997 (denominada "Pacchetto Treu") introdujo por primera vez en la legislación italiana los *tirocinios* de formación y orientación. En especial, dicha disposición, tras establecer la finalidad de este nuevo instrumento jurídico (consistente en crear momentos de alternancia entre estudio y trabajo y facilitar el ingreso de los jóvenes en el mundo del trabajo mediante su conocimiento directo), encomendó al posterior Decreto Ministerial nº 142/1998[4] la aplicación de los principios y criterios generales establecidos por la propia ley.

Ahora bien, a la luz de este primer objetivo declarado por el legislador italiano en 1997, también es útil rastrear la *intentio legis* de las intervenciones normativas que se han sucedido en esta materia para analizar cómo la institución objeto de este estudio ha ido cambiando progresivamente la propia razón de ser. Así pues, en la primera disciplina de los *tirocinios*, el propósito identificado por el legislador era "realizar momentos de alternancia entre estudio y trabajo dentro de los procesos de formación y facilitar las elecciones profesionales mediante

---

[4] Cabe señalar que el Decreto Ministerial nº 142 de 1998 fue completado por la correspondiente Circular del Ministerio de Trabajo nº 92 de 98.

el conocimiento directo del mundo laboral"[5]. Para ello, el mencionado decreto ministerial de 1998 regulaba aspectos tan peculiares como importantes cuales, por ejemplo: el número de estudiantes con el mismo empleador; los tipos de promotores; las garantías de seguro[6], etc. Además, este mismo decreto ministerial preveía que el desarrollo del periodo de prácticas instaurado por el tirocino se realizase bajo convenios estipulados por los sujetos promotores y los empresarios públicos o privados. Dichos convenios presuponían:

a) la obligación de comunicar el acuerdo al Ministerio de Trabajo;

b) la indicación de la duración del *tirocinio* en función del aprendiz;

c) la extensibilidad de la disciplina a los ciudadanos de la UE y extracomunitarios;

d) los procedimientos de reembolso;

e) la posibilidad de que los centros educativos realizasen experiencias de prácticas y aprendizaje incluidas en los planes de estudios.

Por último, cabe señalar que el decreto ministerial había derogado algunas precedentes disposiciones normativas que regulaban directa o indirectamente el fenómeno de la integración de los jóvenes en el mundo laboral.

Tras el "Pacchetto Treu", intervino en esta materia la denominada "Riforma Biagi" (Decreto Legislativo nº 276 de

---

5 V. art. 18.1, L. n.° 196 de 1997.

6 Al respecto, se especifica que ya se confiaba al promotor la obligación de asegurar a los aprendices contra los accidentes laborales, refiriéndose a la institución del INAIL (*Istituto Nazionale Assicurazione Infortuni sul Lavoro*).

2003)[7]. En especial, dicha reforma (Biagi, 1993, 2363) reguló los *tirocinios* de orientación de verano para adolescentes y jóvenes matriculados en una universidad o institución educativa. Sin embargo, justo un par de años antes de la entrada en vigor de la reforma de 2003, había intervenido la Ley Constitucional n° 3 de 2001 que había modificado considerablemente el reparto de competencias legislativas entre Estado y Regiones. De hecho, con la reforma del Título V de la Constitución, se produjo un cambio sustancial en el equilibrio de competencias entre Estado y Regiones (Varesi, Pier Antonio, 2002, 121): mientras que el texto original del artículo 117 preveía la competencia regional en "enseñanza artesanal y profesional y asistencia escolar" siempre "dentro de los límites de los principios fundamentales establecidos por las leyes del Estado", la Ley Constitucional n° 3/2001 invirtió la técnica del reparto competencial, definiendo la competencias exclusivas del Estado y las competencias concurrentes en una lista de materias y atribuyendo a las regiones "toda materia no reservada expresamente a la legislación del Estado".

A raíz de la impugnación de la norma por parte de algunas regiones, el Tribunal Constitucional, en la sentencia n.° 50/2005, declaró la inconstitucionalidad del artículo 60 del Decreto Legislativo n° 276/2003 porque, según el nuevo artículo 117 de la Constitución, "la disciplina de los *tirocinios* de orientación estival, dictada sin conexión con las relaciones laborales, y no preordenada inmediatamente a una posible contratación, pertenece a la formación profesional de competencia exclusiva de las Regiones" (Tiraboschi, 2011, 963). Ahora bien, con referencia específica a la formación profesional, el Tribunal Constitucional dictaminó en otras ocasiones que –

---

7 V. V. art. 60, D.lgs. n.° 60 de 2003 que desarrolló la delegación contenida en la letra c) del artículo 2 de la Ley n° 30 de 14 de febrero de 2003.

confirmando la ya citada sentencia nº 50 de 2005 -, mientras que la formación que debe impartirse en las empresas es primordialmente una cuestión de Derecho civil, la regulación de la formación externa es competencia regional en materia de formación profesional; con injerencia, no obstante, en otras materias, en particular con la educación, para las que el Estado dispone de diversas competencias y, en particular, del establecimiento de normas generales y de la determinación de los principios fundamentales.

Dicha postura fue adoptada por el Tribunal Constitucional italiano también en la sentencia n.º 287 de 2012, que declaró la inconstitucionalidad del artículo 11 del Decreto Ley n.º 138 de 2011, convertido por la Ley n.º 148 de 2011, que definió niveles esenciales de protección para la activación de los *tirocinios*. En especial, dicha norma, respondiendo a una lógica de antielusión, fijaba una duración máxima de los *tirocinios* extracurriculares de 6 meses (salvo para determinadas personas desfavorecidas) y permitía la activación de los *tirocinios* sólo durante los 12 meses siguientes a la graduación, con el fin de fomentar que el uso de este instrumento tuviera como objetivo vincular la educación y el trabajo y no acabara sustituyendo a las relaciones laborales reales. De esta manera, el legislador de 2011 quería reactivar indirectamente el aprendizaje profesional[8], a través de una intervención restrictiva sobre el *tirocinio*. El Tribunal Constitucional, de hecho, consideró que estas disposiciones invadían la competencia regional en materia de formación profesional, censurando también el segundo párrafo del artículo 11 en la medida en que establecía la directa aplicación del artículo 18 de la Ley n.° 196 de 1997 y de su reglamento de desarrollo en caso de inacción de las Regiones.

---

8 Lo cual fue posteriormente confirmado también por el acuerdo entre el Gobierno y los interlocutores sociales de 11 de julio de 2011.

Tratando de incorporar estas orientaciones del Tribunal Constitucional, el legislador italiano intervino de nuevo en la materia en el marco de la llamada "reforma Fornero" (L. n.° 92 de 2012), introduciendo el régimen actualmente vigente. En especial, este régimen está recogido por el artículo 1, apartados 34, 35 y 36, de la Ley n. 92 de 2012. Se trata de normas que, de alguna manera, han tratado también de coordinar las competencias entre el Estado y las Regiones en materia de *tirocinios.* De hecho, la reforma Fornero, en su artículo 1, apartado 34, preveía un acuerdo en la "Conferencia Estado-Regiones" para definir directrices en materia de *tirocinio* de formación y orientación que revisasen la disciplina precedente, previniesen y contrarresten el uso distorsionado de la institución objeto de este estudio e identificasen sus elementos cualificadores. Así pues, el recurso a la Conferencia Estado-Regiones permitió preservar la competencia regional residual en materia de *tirocinio,* definiendo un marco jurídico común de referencia.

2.2. El difícil equilibrio entre competencias estatales y regionales

Los mencionados acuerdos alcanzados en el ámbito de la "Conferencia Estado-Regiones" excluían expresamente los *tirocinios* curriculares de las mencionadas directrices. En efecto, dichos *tirocinios* siguen rigiéndose por los reglamentos de los institutos o de las universidades[9]. Más concretamente, los *tirocinios* curriculares se rigen por el artículo 10, apartado 5, letra a), del Decreto Ministerial nº 270 de 2004 sobre objetivos y actividades de formación, que remite al Decreto Ministerial nº 142 de 1998. Así pues, hasta la fecha, la formación del joven

[9] Lo cual está dispuesto por el Decreto Ministerial de 22 de octubre de 2004, nº 270, que modificó el Decreto Ministerial nº 509, de 3 de octubre de 1999, en materia de autonomía didáctica de las universidades.

a través del *tirocinio* está reservada a quien ha finalizado la enseñanza obligatoria y presupone la existencia de un convenio entre un organismo promotor y una parte de acogida (empresario o empleador), pública o privada, que prevé un proyecto de formación elaborado por el empresario, con la garantía de la presencia de un tutor, en calidad de responsable educativo. Otra medida que ha marcado la evolución normativa de los *tirocinios* en el delicado deslinde entre la competencia reguladora del Estado y de las Regiones, es representada por la nota núm. 4647 de 2007 del Ministerio de Trabajo que, revisando una directriz anterior sobre las obligaciones relativas a la comunicación del establecimiento, transformación y extinción de las relaciones laborales, excluyó la aplicabilidad de estas disposiciones a los "tirocinios promovidos por sujetos normativos e instituciones en favor de sus estudiantes y alumnos, con el fin de realizar momentos de alternancia entre estudio y trabajo".

Ahora bien, la Conferencia Estado-Regiones aprobó el primer acuerdo el 24 de enero de 2013 y el segundo, actualmente en vigor, el 25 de mayo de 2017, junto a una serie de otros acuerdos que – poco a poco – han regulado las peculiaridades del desarollo del *tirocinio*[10]. Se trata de directrices que no tienen valor de norma jurídica, sino que representan una orien-

---

[10] Consideremos, más recientemente, por ejemplo el acuerdo de la Conferenza delle Regioni e delle Provincie autonome, estipulado el 3 de noviembre de 2021 y publicado el 4 de mayo de 2022, que establece el principio general según el cual: "el tirocinio curricular, así como la parte teórico-práctica, suele desarrollarse en el territorio de la Región o de la Pública Administración que autorizó el itinerario formativo, por lo que existe una coincidencia entre la Región y la Pública Administración responsable y la Región y Pública Administración de acogida. Por tanto, todas las partes que componen el itinerario formativo deben ser realizadas por el sujeto acreditado/autorizado dentro del mismo territorio regional/provincial en el que se autorizó el itinerario (lo que se denomina "contexto territorial")", v. *www.statoregioni.it*

tación para las Regiones que tienen la competencia legislativa exclusiva. Las principales diferencias entre los dos acuerdos se refieren a la superación de la tripartición de los diferentes tipos de *tirocinio* (formación y orientación, inserción/reinserción, para personas desfavorecidas y discapacitadas), que se fusionan en una única categoría de "*tirocinio* extracurricular"; proveyendo, además:

a) un único límite de duración;

b) la definición de nuevas disposiciones sobre la interrupción del *tirocinio*;

c) la ampliación de la lista de promotores;

d) las nuevas medidas contra el uso inadecuado del *tirocinio*;

e) la revisión de los límites numéricos (añadiendo los empleados con contrato a tiempo definido al cálculo para establecer el número de *tirocinios*);

f) la introducción de un sistema de premios que permita una derogación de los límites numéricos en función de la contratación de becarios;

g) la detenida regulación de las funciones de los tutores;

h) la determinación de un régimen sancionador más completo.

A pesar de que ambos acuerdos proporcionaban la misma definición de *tirocinio* como una "medida de formación de política activa", la superación de la tripartición de los tipos de aprendizaje de 2013 a 2017 es emblemática de lo que también

---

La Región/P.AA., en el ámbito de sus competencias en materia de acreditación y autorización, es responsable de la gestión de los procedimientos y controles sobre la regularidad de todo el itinerario de formación y de la organización/realización del examen final.

ha ocurrido en el contexto europeo, que se analizará a continuación.

2.3. El tirocinio en el marco normativo europeo

La cada vez más fuerte preocupación por el desempleo juvenil en ámbito europeo ha dado lugar a un creciente interés por el papel desarrollado por los *tirocinios* como herramienta para garantizar la empleabilidad en Europa. En especial, en la Comunicación de la Comisión Europea COM(2012) 728, relativa a la consulta de los interlocutores sociales en el contexto del documento de trabajo titulado "*Hacia un marco de calidad para los tirocinios*", se definía el *tirocinio* como "una actividad laboral de duración limitada en empresas, organismos públicos u organizaciones sin ánimo de lucro realizada por estudiantes o jóvenes que han finalizado recientemente sus estudios con el fin de adquirir una valiosa experiencia práctica en un ámbito profesional antes de iniciar una actividad profesional regular". Solo dos años después, en la Recomendación del Consejo de 10 de marzo de 2014, la atención pasó a centrarse en la política activa del instrumento y, por tanto, refiriéndose al *tirocinio* como a "un período de prácticas laborales de duración limitada remunerado o no, con un componente de aprendizaje y formación, cuyo objetivo es la adquisición de experiencia práctica y profesional, destinada a mejorar la empleabilidad y facilitar la transición al empleo regular". Incluso antes de estas dos importantes intervenciones de la UE, el legislador europeo había incluido a las personas de entre 15 y 24 años en la categoría de "desventaja profesional", ya que se encontraban al margen tanto del empleo como de las actividades de formación[11]. No

[11] Dicha categoría incluye por primera vez a los jóvenes en el Reglamento (CE) n.° 2207/2002 antes de desaparecer en el Reglamento (CE) n° 800/2008 y reaparecer en el Reglamento (UE) n.°

obstante, los denominados "NEET" (*Neither in education nor in employment or training*") constituían una parte tan importante del mercado laboral europeo que se convirtieron en el objetivo de una iniciativa europea especial denominada "*Youth Garantee*" (Garantía Juvenil)[12], que se reforzó en 2020[13] para hacer frente a las dificultades de inserción laboral de esta categoría específica de "personas desfavorecidas" en el mundo laboral, con la que se identifica a esa parte de "menores de 30 años" que están inactivos por motivos distintos a ser estudiantes o estar en formación.

2.4. El tirocinio como principal medida de política activa del empleo

La evolución apenas descripta de la normativa europea en materia de *tirocinio* abrió la puerta al "Plan Europeo de lucha contra el desempleo juvenil", que incidió significativamente también en la regulación del *tirocinio* en Italia. En efecto, incorporando las exigencias europeas, fue introducida en Italia la denominada "Garantía Juvenil" que ha convertido los *tirocinios* extracurriculares en el principal instrumento para aumentar las posibilidades de empleo de los jóvenes en Italia[14].

651/2014, cuya eficacia se ha prorrogado hasta 2023 con el Reglamento (UE) n.° 972/2020 de 2 de julio de 2020.

12 V. Recomendación del Consejo de 22 de abril de 2013 (2013/C 120/01) sobre el establecimiento de una garantía para los jóvenes.

13 V. Recomendación del Consejo de 30 de octubre de 2020 (2020/C 372/01) que sustituye a la Recomendación del Consejo de 22 de abril de 2013 (2013/C 120/01) mencionada anteriormente.

14 V. nota n. 11 de 2022 del Anpal (*Agenzia Nazionale per le Politiche Attive del Lavoro*), que informa de la cifra numérica de 1.712.975 jóvenes inscritos en el Programa de Garantía Juvenil durante el periodo comprendido entre mayo de 2014 y noviembre de 2022 e incluye en la medida número 5 precisamente los tirocinios extracurriculares;

Sin embargo, este programa no tuvo los resultados esperados, hasta el punto de que también fue calificado por la *Corte dei Conti* como "una política de promoción y apoyo a las prácticas que [...] deja fuertes dudas sobre la eficacia de muchas de estas experiencias", señalando también ofertas de *tirocinio* para tareas por debajo de los indicadores de calidad del Plan Nacional. Esto también se refleja en los aspectos sancionadores establecidos por el acuerdo mencionado de 2017, sobre el cual el *Ispettorato Nazionale del Lavoro* intervino con la Circular nº 8 del 2018. En este documento se destaca la posibilidad de recalificación de la relación de *tirocinio* para determinados supuestos que menoscaben el carácter formativo y no incluyen aspectos estrictamente relacionados con la formación, para los que se prevé un requerimiento de finalización del período de prácticas o una simple invitación a la regularización (cuando sea posible restablecer las condiciones para la consecución de los objetivos establecidos en el acuerdo).

Cabe destacar además que, sobre la Garantía Juvenil, intervino en 2020 una Resolución del Parlamento Europeo (B9-0310/2020), estableciendo que, en los próximos años, dicho programa debe concebirse "como un itinerario destinado a garantizar, en un plazo razonable, empleos de calidad y permanentes para todos los jóvenes afectados"[15]. Se trata pues del planteamiento por parte de las instituciones comunitarias de un nuevo enfoque que tiende a evitar la institucionalización del trabajo precario debido a la joven edad del trabajador. De hecho, se promueve la evaluación de las competencias de los

---

en www.garanziagiovani.anpal.gov.it. Esto es que - según la última nota mensual de la ANPAL - más de la mitad de las medidas de políticas activas catalizan en el *tirocinio.*

15 Vid. también la Resolución del Parlamento Europeo, de 8 de octubre de 2020, sobre la Garantía Juvenil (2020/2764(RSP), en *www.europarl.europa.eu*

inscritos en el programa de Garantía Juvenil con el fin de resolver los desajustes entre la oferta y la demanda de mano de obra, a través de algunas medidas cuales, por ejemplo:

a) el reconocimiento del posible papel de los periodos *tirocinio* en la formación profesional siempre que se estipulen en acuerdos escritos vinculantes,

b) la exigencia que los becarios estén decentemente remunerados,

c) la obligación de que los empresarios no sustituyan los puestos de trabajo con los "tirocinantes".

Sin embargo, también hay que tener en cuenta —desde la perspectiva específica de este estudio— que incluso en la Resolución Parlamento Europeo, los *tirocinios* se comparan repetidamente con los aprendizajes, pese a que se trate de dos instrumentos distintos, tanto por su naturaleza jurídica como por las diferentes garantías que dichas medidas prevén para los jóvenes. En consecuencia, también a la luz del nuevo enfoque planteado por la Resolución del Parlamento Europeo, es hoy más necesario que nunca reflexionar sobre la necesidad de distinguir los dos instrumentos y sus objetivos en las políticas de empleo juvenil, para no dar lugar a una mayor confusión sistémica, interpretativa y operativa.

Además, desde una perspectiva general del problema de la edad en relación con el trabajo –más allá de las cuestiones específicas sobre el tirocinio y el aprendizaje– cabe destacar que, en Italia, los efectos de las crisis económicas de 2008 y 2011 se han sumado a problemas estructurales que desde hace tiempo hacen que los indicadores del mercado laboral juvenil italiano se colocan claramente por debajo de los parámetros europeos. Al respecto, es suficiente considerar que en la definición contenida en el apartado 2 del artículo 1 del Decreto Legislativo n° 181 de 2000 ("*Disposizioni per agevolare l'incontro tra domanda e offerta di lavoro*"), identificaba las "personas desfavorecidas" a las que se aplicaban prioritariamente medidas activas de política laboral, incluyendo en dicha categoría - también durante la vigencia del Reglamento (CE) nº 800 de 2008 - tanto "los adolescentes, como los menores de edad comprendidos entre quince y dieciocho años, que ya no están sujetos a la educación obligatoria, como los jóvenes, es decir, las personas mayores de dieciocho años y hasta los veinticinco años o, si están en posesión de un título universitario título universitario, hasta los veintinueve años, o cualquier otra edad superior definida en conformidad con las directrices de la UE".

Lo que se acaba de señalar es significativo porque -al menos hasta la derogación en 2015 del Decreto Legislativo n.º 181/2000[16] y la promulgación del Reglamento (UE) nº 651/2014- los jóvenes (en sentido anagráfico e independientemente de su situación laboral) aun pudiendo ser beneficiarios de políticas activas, no eran destinatarios de políticas de empleo específicamente dirigidas a ellos, acabando por quedar incluidos en la cuenca de las personas "sin empleo regular remunerado durante al menos 6 meses" y encontrándose así en competencia con todos los desempleados (independientemente de su edad) del mercado laboral italiano. Además, la presencia de incentivos hacia el desempleo generalizado, más que hacia el desempleo específicamente juvenil, llegó a ser aún más llamativa en 2015-2016 con la asignación de los llamados incentivos "*ómnibus*", destinados a estabilizar a los trabajadores precarios o a incentivar la nueva modalidad contratación "*a tutele crescenti*" introducida por el Jobs Act[17], resultando totalmente indiferente tanto la antigüedad en el desempleo (Asnaghi, Rausei y Tiraboschi, 2014, 28) como la pertenencia a una de

16 Se señala que el art. 1, d.lgs. nº. 181/2000 ha sido derogado por el art. 34, apartado 1, d.lgs. nº. 150/2015.

17 Se alude, en especial, al d.lgs. nº 23 de 2015, aprobado bajo el Gobierno Renzi.

las categorías de desventaja laboral (Garofalo, 2015, 251). Ahora bien, la contratación incentivada de jóvenes se confió casi exclusivamente al contrato de aprendizaje del sistema dual[18], en particular del primer y tercer tipo y a los incentivos a la contratación previstos en el marco del "Programa de Garantía Juvenil" (Garofalo, 2023, 370).

Sin embargo, desde 2017 se ha producido en Italia un cambio de tendencia en materia de políticas de empleo, dirigido a promover especialmente el empleo juvenil. De hecho, se pusieron en marcha los denominados "*Incentivo Occupazione Giovani*"[19]; el "*Bonus Occupazione Sud*"[20]; el "*Bonus Occupazionale giovani eccellenze*" y el llamado "*Esonero Giovani*". En definitiva, se trata de medidas destinadas a fomentar el empleo juvenil, a veces a través incentivos para quienes contratan[21], otras veces mediante la reducción de las cotizaciones a la seguridad

---

18 Todo ello ocurrió, en especial, tras la derogación del llamado "incentivo Letta" l art. 1, decreto legislativo n.° 76/2013 convertido en ley n.° 99/2013 (derogado por el art. 29, párrafo 1, decreto legislativo n.° 150/2015) que había introducido, con carácter experimental, un incentivo (equivalente a un tercio de la remuneración mensual bruta imponible a efectos de Seguridad Social durante dieciocho meses) para la contratación con contrato de trabajadores con edades comprendidas entre los dieciocho y los veintinueve años, que no hayan tenido un empleo regular remunerado durante al menos seis meses o un título de enseñanza secundaria o de formación profesional.

19 V. d.d. Min. Lav. N° 394 de 2016, modificado por el d.d. Min. Lav. N.° 454 de 2015; y v. también Circolare INPS n.° 54 de 2019.

20 V. d.d. Min. Lav. n.° 367/2016, modificado por el d.d. Min. Lav. n.° 18719 de 2016, con referencia al cual v. circular INPS n.° 41 de 2017.

21 A los jóvenes de entre quince y veintinueve años que han sido admitidos en la "Garantía Juvenil", por ejemplo, se les ha asignado tanto un incentivo para el empresario que los contrate, modulado en función de su tipología de contratación (contrato a tiempo indefinido o de duración determinada) como el denominado "*Super bonus occupazionale – trasformazione tirocini*", es decir un incentivo a la

social[22]. En cuanto a la eficacia de las medidas mencionadas, la amplitud del objetivo de referencia (fomentar el empleo juvenil) y la generosa declinación del concepto de "joven" (hasta 35 años) han limitado la capacidad del sistema de incentivos económicos de incidir significativamente en el mercado laboral, acabándose por contratar solo a trabajadores jóvenes y sin embargo maduros desde el punto de vista de la experiencia, en detrimento de los aún más jóvenes y sin embargo sin experiencia laboral.

3. EL CONCEPTO DE APRENDIZAJE

El aprendizaje es el típico contrato de trabajo instituido en función de la edad del trabajador. Durante siglos, dicho contrato ha sido el canal preferido por los jóvenes para entrar en el mundo laboral y puede considerarse la herramienta tradicional utilizada por el legislador italiano para vincular el empleo y la formación de los jóvenes (Pasqualetto, 2007, 1867). Como

---

contratación, por tiempo indefinido, de trabajadores que hubieran iniciado
y/o concluido un período de prácticas extracurriculares antes del 31 de enero de 2016 (ver Min. lav. d. n° 16/2016 s.m.i. y circular INPS n° 89/2016).

22 Por ejemplo, el "*Esonero Giovani*" consiste en una reducción de las cotizaciones a la seguridad social del 50% durante un período de treinta y seis meses hasta un máximo de 3.000 euros anuales, concedida a favor de los empleadores privados que, a partir del 1 de enero de 2018, procedan a la contratación indefinida o a la estabilización de jóvenes menores de 30 años. Además, la reducción de la cotización se eleva al 100% para las contrataciones, en los seis meses siguientes a la adquisición de adquisición del título, de estudiantes que hayan realizado en la misma empresa las actividades de "alternancia escuela-trabajo" (institución de la cual se hablará más adelante en este escrito).

ya se había anticipado, la normativa actualmente vigente del aprendizaje está recogida en los artículos 41 a 47 del Decreto Legislativo n.º 81, de 15 de junio de 2015, que es uno de los decretos incluidos en reforma denominada "Jobs Act", aprobada bajo el Gobierno Renzi.

El legislador define el aprendizaje como un contrato de trabajo de duración indefinida destinado a la formación y el empleo de los jóvenes. La mayor confusión entre el *tirocinio* anteriormente descripto y el aprendizaje surge en consideración del hecho de que este último, a diferencia del primero, es un verdadero contrato laboral de "causa mixta" (Tiraboschi, 2011, 183). En consecuencia, se trata de un contrato en el que la finalidad de formación se sitúa junto a la causa de intercambio típica de un contrato de trabajo por cuenta ajena. Sin embargo, cabe distinguir tres tipos diferentes de aprendizaje:

a) el aprendizaje para cualificación profesional y diploma, diploma educación secundaria superior y certificado de especialización técnica superior;

b) el aprendizaje profesional;

c) el aprendizaje de formación avanzada e investigación.

El primero es el aprendizaje para la obtención de un título y diploma de formación profesional, un título de educación secundaria superior y un certificado de especialización técnica superior, que puede utilizarse en todos los sectores de actividad y está dirigido a jóvenes de entre 15 y 25 años. La duración del contrato, que se determinará teniendo en cuenta la cualificación o el diploma a obtener, no podrá exceder de tres años, cuatro años en el caso de un diploma de formación profesional de cuatro años.

El segundo es el aprendizaje profesional, destinado a obtener una cualificación profesional a efectos contractuales mediante la formación en el puesto de trabajo y el aprendizaje técnico-profesional. Este tipo, que puede utilizarse en todos los sectores de actividad, públicos o privados, se dirige a jóvenes de entre 18 y 29 años, pero puede estipularse ya a partir de los diecisiete años con personas que ya hayan obtenido una cualificación profesional en virtud del Decreto Legislativo 226 de 2005. La determinación de la duración del contrato se deja a los acuerdos interconfederales y a los convenios colectivos. No obstante, la ley especifica que la duración mínima del periodo de aprendizaje no puede superar los tres años, elevándose a cinco para las figuras profesionales del sector artesanal determinadas por la negociación colectiva.

El tercero es el aprendizaje de la enseñanza superior y la investigación, que también puede utilizarse en todos los sectores de actividad. Dicha tercera forma de aprendizaje está destinada a personas de entre 18 y 29 años y puede utilizarse para la obtención de títulos universitarios y de enseñanza superior, incluidos los doctorados de investigación, los diplomas relativos a los itinerarios de los institutos técnicos superiores mencionados en el artículo 7 del Decreto del Primer Ministro de 25 de enero de 2008, para actividades de investigación, así como para el aprendizaje para el acceso a las profesiones ordinarias. La duración y la regulación del contrato en lo que respecta al componente de formación se dejan a las Regiones, de acuerdo con las asociaciones de trabajadores y de empresarios comparativamente más representativas a nivel nacional, las universidades, los institutos técnicos superiores y las demás instituciones de formación o de investigación, incluidas aquellas con reconocimiento institucional de relevancia nacional o regional y que tengan por objeto la promoción de las actividades empresariales, el trabajo, la formación, la innovación y la transferencia de tecnología. Cabe hacer hincapié también en una disposición especialmente conectada con la edad del trabajador que está recogida en el artículo 47.4 del Decreto Legislativo n.°81 de 2015. Dicha norma prevé la posibilidad de utilizar el aprendizaje para la cualificación o el "reciclaje" profesional de los trabajadores beneficiarios de prestaciones de movilidad o desempleo. En este caso, no existe límite de edad para la celebración del contrato, ni se señalan límites de duración.

Sea cual sea la modalidad utilizada, el aprendizaje presenta algunas peculiaridades tanto formales como sustanciales que marcan una vez más la diferencia entre dicha tipología de relación de trabajo y el *tirocinio*.

Al respecto, cabe destacar, por ejemplo, que el contrato de aprendizaje debe formalizarse por escrito a efectos probatorios y debe contener, de forma resumida, el plan individual de formación, definido también a partir de los formularios y modelos establecidos por los órganos de negociación colectiva o bilateral. Otras garantías conciernen tanto el aspecto retributivo como los límites al despido. Así pues, en primer lugar, en cuanto a la remuneración, se prohíbe el pago a destajo. Además, el empresario puede rebajar la remuneración del trabajador aprendiz hasta dos niveles por debajo del nivel de éste para las mismas tareas a las que se destina el contrato o, alternativamente, determinar la remuneración en función de la antigüedad de servicio del propio trabajador. En segundo lugar, durante el período de aprendizaje, ambas partes tienen prohibido rescindir el contrato sin causa justa o justificada. Una vez finalizado el periodo de aprendizaje, las partes contratantes pueden, por el contrario, rescindirlo libremente, con la única salvedad de la limitación del plazo de preaviso en virtud del artículo 2118 del Código Civil, que corre a partir de la finalización de dicho periodo. En este caso, las normas del contrato de aprendizaje siguen aplicándose durante el periodo de preaviso. Si ninguna de las partes manifiesta su voluntad de rescindir el contrato, la relación laboral continúa como una relación de trabajo por cuenta ajena de duración indefinida.

3.1. La primera fase de reformas

La primera regulación orgánica del contrato de aprendizaje se remonta a los años treinta del siglo XX, mediante el Real Decreto núm. 1906, de 21 de septiembre de 1938, convertido en la Ley núm. 739, de 2 de junio de 1939, que proporcionó por primera vez una definición de aprendiz, identificado como "toda persona empleada en una empresa industrial o comercial con el fin de adquirir las aptitudes necesarias para convertirse en un trabajador cualificado mediante la formación práctica y la asistencia, cuando así se establezca, a cursos de formación profesional". Ya entonces quedaba claro que se trataba de un contrato de trabajo por cuenta ajena caracterizado por fines formativos perseguidos mediante el entrelazamiento de la formación en la empresa con la enseñanza teórica adquirida a través de la asistencia a cursos ajenos a la empresa. Sucesivamente, el contrato de aprendizaje fue regulado por los artículos 2130 a 2134 del Código Civil, relativos a la duración (art. 2130), la remuneración (art. 2131), la formación profesional (art. 2132), el derecho a un certificado al término de la relación (art. 2133) y la aplicabilidad de la reglamentación de las relaciones laborales, en la medida en que sea compatible (art. 2134). La previsión de una remuneración obligatoria junto a una formación obligatoria revela una vez más la voluntad de considerar el aprendizaje como una verdadera relación de trabajo por cuenta ajena, caracterizada sin embargo por la función adicional de permitir al trabajador adquirir una cierta formación en ámbito laboral. La entrada en vigor de la Constitución de 1948 confirmó y consagró dicho carácter especial de la relación de aprendizaje, reconociendo en el artículo 35 la funcionalización de la formación profesional a la educación y al empleo. La primera reforma orgánica del instituto tuvo lugar con la Ley nº 25 de 9 de enero de 1955, que definía el aprendizaje como "la relación laboral en virtud de la cual el empresario está obligado a dar o hacer dar, en su empresa, al aprendiz por él empleado, la instrucción necesaria para que adquiera la capacidad técnica que le permita llegar a ser un trabajador cualificado, utilizando su trabajo en la misma empresa".

Posteriormente, se introdujeron algunas modificaciones a la ley de 1955 mediante la Ley nº 56 de 28 de febrero de 1987, que amplió a la formación de aprendices los incentivos previstos para los contratos de formación y de prácticas (contratación nominativa, desgravación fiscal, exclusión de los aprendices del cálculo de los límites de tamaño de las empresas) y mediante el artículo 16 del mencionado "Pacchetto Treu" de 2003, que amplió el ámbito de la formación de aprendices y mejoró su contenido formativo. La llegada de la década de 2000 presagió muchos cambios profundos para la institución. De hecho, la regulación del aprendizaje fue completamente revisada por el Decreto Legislativo nº 276, de 10 de septiembre de 2003 que introdujo, por primera vez, la articulación de la institución en los tres tipos diferentes anteriormente descriptos, aplicables en todos los sectores de actividad, con excepción de las administraciones públicas.

Posteriormente, el legislador intervino en varias ocasiones durante los años siempre persiguiendo la doble finalidad principal tanto de prevenir los abusos de dicha institución, como de zanjar las disputas relativas al delicado reparto de competencias entre el Estado y las Regiones, que se manifestó de forma similar a lo ocurrido con los *tirocinios*[23]. Esta situación de continuas reformas en la materia se mantuvo hasta la aprobación del Texto Refundido de 2011[24] que representó la culminación de un largo proceso reformador llevado a cabo tanto

---

23 V., por ejemplo, Corte Cost. sent. nn.° 176 y 334 de 2010.

24 El llamado "*Testo Unico*" fue aprobado por Decreto Legislativo nº 167, de 14 de septiembre de 2011, en desarrollo de la citada delegación contenida en la Ley de Previsión Social de 2007 y ampliada por la denominada ley del "*Collegato Lavoro*" de 2010.

por el legislador con la participación tanto de las regiones en la Conferencia Permanente como de los interlocutores sociales, que contribuyeron activamente a su realización[25].

3.2. La segunda fase de reformas

Tras la aprobación del mencionado Texto Refundido de 2011 y de una serie de acuerdos sindicales, intervino de nuevo el legislador italiano en la materia con la llamada reforma "Monti-Fornero" (Ley n.° 92 de 2012), modificando las normas generales establecidas por el artículo 2 del Texto Refundido. Dicha reforma declaró que el aprendizaje representa el contrato prevalente en ámbito de la contratación conectada con la edad del trabajador, constituyendo la principal herramienta para fomentar el ingreso de los jóvenes en el mundo laboral y distinguiéndose por lo tanto de manera evidente de los *tirocinios* cuya finalidad principal reside más bien en la formación y no en el acceso al trabajo. Así pues, en primer lugar, se introdujo una duración mínima del contrato de aprendizaje, fijada en seis meses[26].

En segundo lugar, con el fin de favorecer la contratación en virtud de un contrato de aprendizaje, el legislador de 2012 elevó la proporción entre aprendices y trabajadores cualifica-

---

25 V., al respecto, tanto el acuerdo de 17 de febrero de 2010 sobre las "Directrices para la formación", como el acuerdo "Para el relanzamiento del aprendizaje" alcanzado con el Gobierno, regiones y provincias autónomas el 27 de octubre de 2010 (23 sindicatos adheridos) y también el acuerdo de 11 de julio de 2011.

26 Todo ello sin perjuicio de las excepciones previstas en el artículo 4, apartado 5, del Texto Refundido de 2011 para los aprendizajes profesionales utilizados por empresarios que desarrollan su actividad en ciclos estacionales; v., al respecto, artículo 2, apartado 1, letra a-bis, del Texto Refundido de 2011.

dos empleados por el mismo empresario (de 1:1 a 3:2)[27]. En tercer lugar, para favorecer la permanencia de los aprendices al final del periodo de formación, se introdujo un mecanismo por el cual la contratación de nuevos aprendices está vinculada al porcentaje de estabilizaciones realizadas en los tres últimos años[28]. Ahora bien, la segunda temporada de reformas del aprendizaje no terminó con la reforma Fornero, sino que, ya al año siguiente, el legislador italiano volvió a intervenir en el asunto. Primero con el d.l. n.° 76 de 2013, convertido en l. 99/2013 que, sin embargo, aportó algunas modificaciones solo al régimen de los aprendizajes de primer y segundo tipo[29].

---

27 Sin perjuicio de las disposiciones relativas a los empresarios que no emplean a trabajadores cualificados o especializados, o que emplean a menos de tres, así como de la disciplina especial para las empresas artesanales; v. artículo 2, apartado 3, Texto Refundido de 2011.

28 De hecho, la Ley n° 92 de 2012 establece que el empresario sólo podrá proceder a nuevas contrataciones de aprendices si, en los treinta y seis meses anteriores a la nueva contratación, ha mantenido la relación laboral con al menos el cincuenta por ciento de los aprendices por él contratados, con exclusión del cómputo de este porcentaje de las relaciones extinguidas durante el durante el período de prueba, por dimisión o despido por causa justificada. Si no se respeta el porcentaje mencionado, se puede contratar a un aprendiz adicional a los ya confirmados, o a un aprendiz en caso de no confirmación total de los aprendices anteriores. Además, los aprendices contratados infringiendo el límite mencionado se consideran asalariados fijos desde la fecha de establecimiento de la relación; v. artículo 2, apartado 3 bis, Texto Refundido de 2011.

29 De hecho, la reforma de 2013 ha previsto que el aprendizaje para la obtención del título y la cualificación profesionales pueda transformarse, tras la obtención del título o la cualificación profesionales, en un aprendizaje profesional, con el fin de obtener la cualificación profesional a efectos contractuales. En este caso, sin embargo, la duración total máxima de los dos períodos de aprendizaje no podrá exceder de la señalada por el convenio colectivo a que se refiere el Decreto Legislativo 167/2011; v. artículo 3, apartado 2 bis, Texto Refundido de 2011. Por lo que respecta al aprendizaje profesional, la

Posteriormente, se introdujeron otros cambios mediante el Decreto-ley n.° 34 de 2014, el llamado "Decreto Poletti", convertido en Ley n.° 78 de 2014, que tocó tanto la regulación general del contrato a que se refiere el artículo 2 del Texto Refundido de 2011, como aspectos específicos del aprendizaje para la cualificación profesional y el aprendizaje de diplomado y profesional, situándose —en algunos aspectos en un nivel de discontinuidad respecto a la citada reforma de 2012[30]. Esto nos lleva a la última intervención reformadora del "Jobs Act"[31], que, como se ha dicho, tuvo la finalidad de reorganizar y racionalizar la regulación de los tipos de contrato de aprendizaje, derogando finalmente

---

reforma de 2013 - sin entrar en las modificaciones individuales - ha realizado una intervención de simplificación y dinamización, dirigida, entre otras cosas, a "hacer frente a la grave situación laboral que afecta especialmente a los jóvenes". En este sentido, el legislador delegó en la Conferencia Permanente para las Relaciones entre el Estado, las Regiones y las Provincias Autónomas de Trento y Bolzano la adopción de directrices destinadas a regular el contrato de aprendizaje profesional, con la facultad de establecer excepciones a las disposiciones del Texto Refundido.

30 En este sentido, basta referirse, por ejemplo, a la modificación del apartado 3 bis del artículo 2 del texto Refundido que había sido introducido por la reforma Fornero. En este punto, sin perjuicio de la posibilidad de que los convenios colectivos nacionales, suscritos por los sindicatos más representativos a nivel nacional, determinen límites diferentes, el Decreto Poletti redujo al 20% la cuota de estabilizaciones exigida para proceder a nuevas contrataciones en régimen de aprendizaje. Además, el ámbito de aplicación de dicha disposición se limitó a los empresarios con al menos cincuenta trabajadores, con la consiguiente derogación del apartado 3b de la misma disposición.

31 En especial, el Decreto Legislativo n° 81 de 15 de junio de 2015 (incluido en la reforma del "Jobs Act"), dedica al aprendizaje los artículos 41 a 47, que sustituyen a la disciplina establecida en el Texto Refundido de 2011.

el Texto Refundido de 2011[32]. Una vez más, se han introducido cambios en el régimen general, y especialmente en lo que respecta al reparto de competencias entre, por un lado, la ley y la negociación colectiva y, por otro lado, el Estado y las Regiones; pero, sobre todo, se ha rediseñado el primer tipo de aprendizaje y se han revisado parcialmente el aprendizaje profesionalizante y el aprendizaje de formación avanzada e investigación. Se han introducido cambios también en la regulación de las normas profesionales y de formación, de las modalidades de certificación de las competencias y de los mecanismos de incentivación de la promoción de la institución, para cuya definición se remite a otro decreto específico de desarrollo de la ley delegada de 10 de diciembre de 2014, n° 183.

4. UNA PERSPECTIVA COMPARADA DEL PCTO

Una vez trazados los rasgos más destacados de las instituciones de tirocinio y aprendizaje, así como su evolución histórico-jurídica, conviene centrarse en la alternancia escuela-trabajo en una perspectiva comparada para poder reflexionar, en un sentido más amplio, sobre el hilo rojo que une formación, jóvenes y trabajo. En especial, la alternancia escuela-trabajo ahora denominada "itinerarios de competencias transversales y orientación", los llamados PCTO (*Percorsi per le Competenze Trasversali e e per l'Orientamento*)[33] es otra institución relacionada con la formación que se introdujo en el ordenamiento jurídico italiano mediante la l. n° 53 de 2003 (llamada "reforma Moratti"), cuyo artículo 4 preveía para los estudiantes mayores de 15 años

[32] V. artículo 55, letra g), Decreto Legislativo 81/2015.

[33] Esta denominación ha sido introducida por la Ley de Presupuestos de 2019, y en especial, por el art. 1.784 de la L. n°145 de 30 de diciembre de 2018. En aras de la simplificación, en el curso del estudio se utilizará la expresión "alternancia escuela-trabajo".

la posibilidad de participar en proyectos de formación realizados en empresas u otras entidades sobre la base de convenios *ad hoc* estipulados con escuelas individuales, también agrupadas en redes territoriales. La institución encontró entonces su propia disciplina en el Decreto Legislativo nº 77 de 2005. Los objetivos perseguidos eran:

a) vincular sistemáticamente la formación en el aula con la experiencia práctica;

b) crear un vínculo entre la escuela, el mundo laboral y la sociedad civil;

c) enriquecer la formación adquirida en la escuela y en los cursos de formación;

d) fomentar la orientación de los jóvenes para potenciar sus vocaciones personales, sus intereses y sus estilos individuales de aprendizaje;

e) vincular la oferta educativa al desarrollo cultural, social y económico del territorio.

Dicha intervención normativa limitaba su ámbito de aplicación a "los cursos de segundo ciclo, tanto en el sistema de enseñanza media como en el sistema de formación profesional". Sin embargo, con la ley n° 107 de 2015 sobre la "buena escuela", la alternancia escuela-trabajo ha cambiado su fisonomía, no en cuanto a sus objetivos -que siguen siendo los de aumentar las oportunidades de trabajo, de orientación y formación (incluso profesional) de los alumnos-, sino en cuanto a la forma de aplicarla. Al respecto, cabe destacar que, tras la entrada en vigor de la mencionada Ley de 2015, la alternancia se ha convertido en obligatoria para todos los estudiantes, tanto en las escuelas técnicas como en las de formación profesional.[34] No obstante,

---

[34] De hecho, la alternancia se ha convertido en obligatoria para todos los estudiantes, tanto en las escuelas técnicas como en las de forma-

esta obligación fue visiblemente inhibida por la Ley de presupuestos 2019 n.° 145 de 2018 que ha reducido la duración de la alternancia a partir del curso escolar 2018-2019[35]. hora bien, para la activación del proyecto de alternancia escuela-trabajo se requiere la adopción de dos actos: un convenio, estipulado entre la escuela y la entidad de acogida[36], y un "pacto de formación", firmado por el alumno -o, si es menor de edad, por los padres[37]- y por el director de la escuela a la que este alumno asiste. En especial, el convenio –que determina los objetivos de la alternancia y las modalidades de su aplicación– no da lugar a una relación de trabajo[38].

Sin embargo, el convenio debe identificar, entre otros aspectos, el tipo, la naturaleza y la duración de las actividades que el estudiante realizará en las instalaciones de la entidad de acogida, ya que éstas deben ser coherentes con el proyecto de formación elaborado de acuerdo con la escuela, así como con los objetivos educativos del programa de estudios elegido por el estudiante. Por su parte, el pacto de formación es el "documento" por el que el estudiante se compromete, entre otras cosas, a:

---

ción profesional, para una duración global, en los dos años y en el último año de los estudios, de al menos 400 horas, y en los institutos de enseñanza secundaria con una duración total de al menos 200 horas en el curso de tres años.

35 En especial, Así pues, los periodos de alternancia, es decir, de orientación y adquisición de competencias transversales se reducen de 400 horas en los tres últimos años de formación profesional, acabando por ser sólo unas 210 horas. Además, para los institutos técnicos, en el segundo bienio y el último año, las horas de alternancia pasan a ser de 400 horas a 150 y, para los demás institutos, en el segundo bienio y el quinto año, de 200 horas a no menos de 90.

36 V. art. 1.40, L. n° 107 de 2015.

37 V. art. 320 del Código Civil italiano.

38 V. par. 2 Guida Miur.

a) cumplir determinadas obligaciones durante la alternancia;

b) alcanzar las competencias al final del itinerario;

c) realizar las actividades según los objetivos, tiempos y métodos previstos[39].

A la luz de lo dicho, es evidente la diferencia entre la alternancia y el aprendizaje: el pacto establece el carácter puramente fáctico de la relación establecida entre el estudiante y el centro de acogida, excluyendo un vínculo directo entre ellos de carácter laboral. Así pues, la relación entre el estudiante y el centro de acogida cesa instantáneamente con la finalización del proyecto de alternancia, sin ningún compromiso laboral presente o futuro, y mucho menos la instauración de una relación laboral, impidiendo así que el estudiante pueda tener algún derecho relacionado con la condición de trabajador (salvo el derecho a la protección frente a los riesgos laborales[40]). En

---

39 V. par. 7 Guida Miur.

40 Al respecto, cabe señalar que el Decreto ministerial n.º 195, de 3 de noviembre de 2017, (publicado en el Boletín Oficial n.º 297 de 21 de diciembre de 2017), que contiene la " *Carta dei diritti e dei doveri degli studenti in alternanza* ", determina las modalidades de aplicación de la normativa para la protección de la salud y la seguridad en el trabajo, que resulta necesaria para proteger al estudiante como "parte débil" (bajo el perfil de la prevención de los riesgos laborales) en la relación establecida con la estructura de acogida. En realidad, en cuanto a la protección de la seguridad y la salud de los alumnos en los cursos de alternancia y su impacto en términos de responsabilidad penal y civil, el art. 5 de la *Carta dei diritti e dei doveri degli studenti in alternanza,* sólo prevé que los estudiantes se sometan a iniciativas específicas de formación y supervisión médica. Sin embargo, corrobora la tesis de la extensión de la protección de la seguridad y la salud también a dichos alumnos el general marco jurídico de referencia que por un lado, sobre la base del art. 3, ap. 4, del decreto legislativo nº 77/2005, remite también a los convenios

relación a ello, ha sido observado por la doctrina (Bacchini, 2019, 583) como –puesto que la causa de la relación negocial no es la conmutativa típica del contrato de trabajo (es decir, el intercambio de prestación de trabajo con remuneración), sino que se trata exclusivamente de una causa de orientación y formación del alumno en el lugar de trabajo– la alternancia a que se refiere la Ley n° 107 de 2015 (aún más tras la transformación efectuada por la Ley de Presupuestos para 2019), parecería tener que enmarcarse en la categoría de los *tirocinios*.

Sin embargo, el marco jurídico italiano de referencia sigue presentando cierta ambigüedad a la hora trazar una clara línea divisoria entre aprendizaje, *tirocinio* y alternancia escuela-trabajo. Dicha incertidumbre resulta aún más evidente en comparación con lo que ocurre en otros países de la UE. A este respecto cabe formular algunos apuntes sobre las experiencias francesa, española y alemana. En Francia, la distinción entre los tipos de negociación mencionados está claramente sesgada a favor del aprendizaje, que los jóvenes utilizan para su primera entrada en el mundo laboral. En efecto, el uso del "*contrat d'apprentissage*" es predominante, incluso como forma de realizar cursos de alternancia, que está flanqueado por la de los *tirocinios* realizados por el alumno que sigue matriculado en la escuela, pero que muestra un bajo rendimiento y deficiencias tales que se corre el riesgo de que abandone los estudios. De hecho, mientras que al aprendiz debe haber cumplido la escolaridad obligatoria, el estudiante de al menos 14 años que asista al colegio puede ser orientado hacia un programa optativo de aprendizaje *sous statut scolaire* en un liceo profesional o una empresa, con el fin de re-

la regulación de estos aspectos y, sobre todo, por otro lado, en virtud del art. 2, apartado 1, letra a), del decreto legislativo n. 81/2008, equipara los becarios a los trabajadores como destinatarios de todas las medidas de prevención y protección integridad física y psíquica a cargo del empleador de acogida.

forzar su motivación y orientar sus opciones educativas y profesionales (Sollogoub – Ulrich, 1997, 7- 42). Sin embargo, lo que principalmente diferencia el sistema de aprendizaje y alternancia francés del italiano es la presencia de carreras profesionales que permiten obtener el título de *Licence Professionnelle* de nivel 6 del Marco Europeo de las Cualificaciones Profesionales (en adelante, MEC)[41]. Todo ello básicamente porque la naturaleza formativa del contrato de aprendizaje se combina con la difusión que está teniendo en Francia la educación terciaria profesional, que -gracias a su amplia oferta formativa- cubre un amplio abanico de áreas de interés en relación con los sectores productivos más estratégicos.

Además, recientemente destaca la voluntad política del Gobierno Francés de relanzar todos los instrumentos jurídicos relacionados con la formación de los jóvenes, sobre todo aquellos, como el aprendizaje y la alternancia, que tienen grandes potencialidades a menudo no expresadas. En este marco, destaca la Ley "*pour la liberté de choisir son avenir professionnel*" de 2018 que potenció los CFA (*centre de formation des apprentis*) responsables de la formación teórica de los aprendices durante al menos el 25% del tiempo de duración del contrato, y difundidos en todo el territorio nacional. Esta misma ley aumentó el umbral de la edad máxima de 25 a 29 años[42], lo que ha contribuido al aumento de los contratos de aprendizaje en los últimos años, como demuestran los datos estadísticos (Delle Chiaie, 2022). Asimismo, a partir de julio de 2022 se ha puesto en marcha el nuevo instrumento llamado "*aide unique*

41 Estas posibilidades son ofrecidas por las Universidades sobre todo en los campos de la agricultura, la industria y los servicios (comercio, transporte, servicios sociales) y se caracterizan por la presencia de enseñanzas tanto teóricas como prácticas.

42 De hecho, en Francia se puede firmar un contrato de aprendizaje hasta el día antes de cumplir los treinta años de edad.

a l'apprentissage" para las empresas con menos de 250 empleados que contraten a un aprendiz para obtener un título o un diploma de enseñanza secundaria superior. En especial, dicha medida se ha destinado a incentivar la difusión del aprendizaje también entre los estudiantes más jóvenes. Los itinerarios profesionales mencionados confieren títulos de grado, comparables a los académicos tradicionales, lo que consigue acercar a los jóvenes al mundo laboral, atraídos por la posibilidad de aumentar sus competencias, aprender también a nivel práctico y sobre todo adquirir cualificaciones útiles en términos de empleabilidad. Al respecto, cabe hacer hincapié también sobre la posibilidad para los aprendices y los estudiantes incluidos en el programa de alternancia de atender a cursor de másteres profesionalizados, ofrecidos también por las Universidades, alcanzando de esta manera los niveles más altos en los estudios, y al mismo tiempo trabajando en aprendizajes.

Otra peculiaridad que caracteriza al sistema francés respecto al italiano es la reconocida uniformidad de los títulos a nivel nacional, los cuales garantizan a los jóvenes la posibilidad incluso de cambiar de camino sobre la marcha, sin perder las cualificaciones ya obtenidos[43]. Además, el aprendizaje en Francia puede durar, en función de la duración del itinerario de formación elegido, de 6 meses a 3 años, con posibilidad de prorrogarlo un año más. Otra diferencia significativa con el sistema italiano es que el aprendizaje francés puede realizarse tanto en empresas privadas como públicas: estas últimas acogieron a unos 21.000 aprendices solo en 2021, duplicando el número en diez años. Cabe destacar, por último, que la remuneración del aprendiz es proporcional al salario mínimo del sistema francés (SMIC), y aumenta progresivamente en proporción a la edad del aprendiz y al año de estudio.

---

43 Sin embargo, todo ello previa superación de exigentes pruebas de admisión, previstas en todos los grados de la educación francesa.

Por lo que concierne España, tras la entrada en vigor de la Reforma Laboral de 2021 mediante el Real Decreto Ley n° 32, varias modificaciones fueron aportadas al contrato de formación y aprendizaje, que pasó a denominarse contrato de formación en alternancia (Monreal Bringsvaerd, 2023, 19). En especial, este contrato puede estipularse con las personas que, estando matriculadas en determinados estudios, no disponen de la titulación oficial relacionada con el puesto.

El contrato debe formalizarse por escrito incluyendo el texto del Plan Formativo individual, lo que presenta varias similitudes con el convenio subyacente a la alternancia escuela-trabajo previsto por la legislación italiana. En efecto, en el Plan Formativo se tiene que especificar el contenido de la formación y las actividades de tutorización para cumplir sus objetivos, junto con el Anexo del centro formativo. En ello, en especial, se deben especificar el contenido de la formación, así como las actividades a realizar, el calendario y los requisitos de la tutoría para el cumplimiento de los objetivos. En especial, los jóvenes -o no tan jóvenes, habida cuenta la eliminación general, no total, del límite de edad- cuentan con un tutor en el centro de formación y otro en el centro de trabajo (este último debe tener la experiencia o formación adecuadas). Además, durante todo el proceso formativo debe seguir la evolución del trabajador/a y coordinarse con el tutor del centro de formación.

Ahora bien –pese a que el tutor de empresa siga siendo una pieza clave para el correcto desarrollo de la formación en programas de alternancia– mientras que con respecto a la tutorización no hay novedades, con referencia al programa formativo la novedad más importante que se produjo tras la Reforma Laboral es que se ampliaron las especialidades formativas permitidas para celebrar el contrato de formación. Ahora se puede compatibilizar trabajo con estudios formativos, formación profesional, Certificados de Profesionalidad y Especialidades formativas del Sistema Nacional de Empleo. Obviamente, la actividad que realice el joven contratado debe estar directamente relacionada con la formación que reciba. Y no podrá haber realizado ese puesto en la empresa durante más de 6 meses. El salario suele ser el que se establezca en el convenio colectivo, tomando en cuenta el porcentaje de trabajo efectivo, y en todo caso no puede estar por debajo del Salario Mínimo Interprofesional (SMI).

La comparación con el modelo español puede ser útil para el investigador italiano para diferenciar modalidades distintas de contratos relacionados con la formación de los jóvenes. En efecto, el contrato de formación en alternancia no debe confundirse con el contrato de prácticas, aunque sí tengan cosas en común. De hecho, el contrato de formación en alternancia tiene como objeto lograr la inserción laboral de los jóvenes incluso sin titulación, dándoles la posibilidad de alternar su vida laboral con la actividad formativa. Por su parte, el contrato en prácticas es un contrato laboral que permite a un recién titulado acceder a su primera experiencia profesional relacionada con los estudios que ha finalizado. Así pues, en España la alternancia obliga al empleado a compaginar su actividad laboral retribuida con la actividad formativa, que debe ser llevada a cabo dentro del sistema de formación profesional para el empleo.

Desde esta perspectiva, esta forma de contratación constituye también una excelente alternativa a los contratos temporales o por obra y servicio, que han desaparecido con la Reforma Laboral española de 2021. Al finalizar el contrato, las personas trabajadoras podrán recibir un Título de Formación Profesional de grado medio o superior, o un Certificado de Profesionalidad con cualificación de nivel 1, 2 o 3. Además, también se podrá incluir cualquier tipo de formación complementaria que esté recogida en el Catálogo de Especialidades Formativas.

Ahora bien, a diferencia de las perspectivas italiana, francesa y española que se acaban de plantear, el sistema alemán aborda la alternancia escuela-trabajo de manera estructural desde los años sesenta[44], ya que un alto porcentaje de estudiantes se orienta hacia la formación técnica y profesional ya en el momento de la matriculación en la escuela secundaria. En especial, en Alemania existe el llamado "sistema dual", donde se imparten cursos de formación entre la escuela y el trabajo, con una duración de entre dos y tres años y seis meses, que se rastrean hasta el régimen de contrato de aprendizaje (Gessler, 2017, 103). La adopción de este modelo cuenta con el apoyo parcial por la parte empresarial, así como por el Gobierno y los sindicatos, y se ve favorecida por el hecho de que los estudiantes trabajadores reciben una remuneración limitada, que aumenta a medida que avanza la formación y las competencias adquiridas. Al respecto, cabe destacar que el sistema dual alemán no corresponde a lo que en Italia –a partir de la entrada en vigor de uno de los decretos de desarrollo del llamado "*Jobs Act*"[45]– se ha denominado también "sistema dual", inspirándose precisamente al modelo de Alemania, puesto que su funcionamiento es muy diferente al de nuestra educación dual. Una de las principales diferencias entre el sistema italiano de

---

[44] El término «sistema dual», en su significado actual, se utilizó por primera vez en 1964 en un informe de la Comisión Alemana sobre Educación y Formación. En especial, la Comisión hablaba de «sistema» para indicar el conjunto de normas y prácticas que caracterizaban el aprendizaje en Alemania, destacando con el término «dual» la alternancia entre formación en la empresa y en la escuela típica de esta antigua institución alemana.

[45] En efecto, el legislador italiano, al reorganizar la normativa sobre el aprendizaje con el Decreto Legislativo n.° 81 de 2015, había hablado de un «sistema dual» para indicar los aprendizajes de primer y tercer nivel. Sin embargo, posteriormente, el significado de dicha expresión se amplió mucho, incluyendo en ello los diversos métodos de enseñanza típicas del trabajo escolar en alternancia y confirmando la idea según la cual el sistema dual tomado de Alemania consiste genéricamente en un modelo de formación profesional que integra sistemáticamente la escuela y el trabajo.

alternancia escuela-trabajo y el sistema dual alemán radica en el momento y el método de acceso. En Alemania, la experiencia laboral está vinculada a una elección del estudiante, que se produce en un momento en el que aún no ha terminado sus estudios. En este sentido, por tanto, la elección se realiza en la perspectiva de la definición del itinerario de formación. En Italia, en cambio, la experiencia tiene lugar durante una carrera ya iniciada y consolidada. Además, hay que subrayar que, en Alemania, se accede al llamado sistema dual presentando la solicitud directamente a la empresa que interesa y no a través de la escuela[46]. Además, cabe destacar otra diferencia (que no es secundaria) entre los dos sistemas: en Alemania, el objetivo es enseñar un oficio específico, mientras que, en Italia, la atención se centra en el conocimiento del mundo laboral en general. Este aspecto está relacionado también con la cuestión de la remuneración: en Alemania, de hecho, hay un salario por trabajar en la empresa incluso durante el periodo de formación; en Italia – como se ha visto anteriormente – la remuneración difiere según la institución jurídica de referencia: de hecho, sólo se puede hablar de remuneración en el caso del aprendizaje, pero no en el de los *tirocinios* y de la alternancia escuela-trabajo.

Por último, otra peculiaridad que caracteriza al sistema alemán y lo distingue, no sólo del italiano, sino también del francés y del español analizados anteriormente, reside en la finalidad de los contratos de formación. De hecho, la finalidad principal de los contratos de formación alemanes no consiste en la contención del abandono escolar y tampoco en la inclusión de las personas desfavorecidas. En efecto, para los jóvenes alemanes, el sistema dual de formación profesional es la única

---

46 Además, todo el camino, desde el punto de vista administrativo y de control, lo sigue después el equivalente alemán de la cámara de comercio italiana.

forma de completar la educación secundaria. En otros términos, este sistema tiene como objetivo el crecimiento humano y profesional de los jóvenes, entrelazando naturalmente (y necesariamente) la teoría aprendida en la escuela en materias técnicas y de cultura general con la práctica laboral realizada en la empresa (Brötz – Schwarz, 2013, 21). Así pues, en Alemania, la formación profesional no sólo se imparte en el ámbito de contratos de aprendizaje. También hay cursos de formación profesional, tanto a tiempo completo (llamados "*vollzeit*", en los que los estudiantes, que no están empleados por una empresa, se forman exclusivamente en la escuela), como a tiempo parcial (conocidos como "*teilzeit*"), que acogen a los jóvenes durante periodos programados de interrupción de la actividad laboral. No obstante, es posible afirmar que el aprendizaje sigue siendo en Alemania la "modalidad atípica" de "formación profesional típica", proporcionando a los jóvenes que eligen esta vía de formación dos lugares de aprendizaje diferenciados (la empresa y la escuela de formación profesional) y atribuyendo a un contrato de trabajo la tarea de regular la relación entre los estudiantes/aprendices y las empresas que los emplean. En conclusión, la formación de los jóvenes alemanes, basada en una metodología de enseñanza *work-based*, dando lugar a resultados extraordinarios en materia de empleo juvenil, se convierte sin duda en un modelo de referencia paradigmático en esta materia.

5. CONCLUSIONES

En el curso de esta investigación se ha intentado trazar un panorama general del marco jurídico de los principales instrumentos de contratación vinculadas a la formación del trabajador. En particular, revisando la legislación pertinente (que ha sufrido innumerables reformas), así como las intervenciones en la materia de las instituciones de la UE, se ha hecho hincapié sobre algunas zonas grises que –sin embargo– parecen repetirse a lo largo del tiempo, aunque en ocasiones bajo formas diferentes. Los principales nudos irresolutos acechan en el reparto de competencias entre Estado y Regiones, en la difícil convivencia entre la finalidad formativa y de contratación y, sobre todo, en la permanente confusión conceptual y sistémica entre dos instituciones muy diferentes entre ellas: el *tirocinio* y el aprendizaje. En este cuadro se ha enmarcado también un análisis comparado de la institución de la alternancia escuela-trabajo.

En especial, estas reflexiones de Derecho del trabajo comparado han puesto de manifiesto cómo en Italia sigue siendo difícil garantizar un equilibrio adecuado entre las actividades educativas y profesionales en el mundo laboral. En efecto, si esta criticidad resulta particularmente evidente de la comparación con el sistema dual alemán, también se desprende de la comparación con el modelo francés que profesionaliza a los jóvenes extendiendo incluso a la administración pública la posibilidad de celebrar contratos de formación, así como con la nueva figura del contrato formativo en alternancia introducida por la reforma española de 2021 que permite trazar una frontera más clara con la diferente regulación del contrato de prácticas.

Así pues, se propone el "redescubrimiento" del objetivo original de cada uno de dichos instrumentos laborales que precisamente consiste en la formación, tratándose de una cuestión que no es meramente de sistemática teórica, sino de acción práctica para lograr lo que –como se ha podido comprobar a lo largo de este estudio– constituye el mayor reto de las políticas europeas en la materia: fomentar la empleabilidad del mercado laboral, con especial referencia a los jóvenes.

REFERENCIAS BIBLIOGRÁFICAS

Asnaghi, Andrea, Rausei, Pierluigi y Tiraboschi, Michele (2014). "Il contratto a tutele crescenti nel prisma delle convenienze e dei costi d'impresa", en Carinci, Franco y TiraboschiI, Michele (a cura de), *I decreti attuativi del* Jobs Act*: prima lettura e interpretazioni. Commentario agli schemi di decreto legislativo presentati al Consiglio dei Ministri del 24 dicembre 2014 e alle disposizioni lavoristiche della legge di stabilità"*, en Adapt Labour Studies e-Book series n. 37, Adapt University Press.

Bacchini, Francesco (2019). "L'alternanza scuola-lavoro, rectius i "percorsi per le competenze trasversali e per l'orientamento": problemi giuslavoristici e prospettive per il mercato del lavoro", en *Variazioni su Temi di Diritto del Lavoro,* 2.

Biagi, Marco (1993). "Formazione: verso la riforma", en *Diritto e Pratica del Lavoro.*

Brötz, Rainer y Schwarz, Henrik (2013). "Standards in der Berufsbildung durch Forschung und Praxisdialog" en *Berufsbildung in Wissenschaft und Praxis,* n. 2.

Delle Chiaie, Marco (2022). "Il rilancio dell'apprendistato in Francia: numeri e ragioni alla base del successo", en *Bolletino ADAPT,* n. 21.

Garofalo, Carmela (2023). "Età e incentivi: il rimedio allo svantaggio, en *Variazioni su Temi di Diritto del Lavoro,* fasc. 2.

Garofalo, Domenico (2015). *Il nuovo sgravio triennale,* in Ghera, Edoardo y Garofalo, Domenico (a cura de), *Le tutele per i licenziamenti e per la disoccupazione involontaria nel* Jobs Act *2,* Cacucci, Bari.

Gessler, Michael (2017). "Formation of the German Dual Apprenticeship System and the Challenge of Cooperation between Schools and Companies", en Alessandrini GIUDITTA (coord.), *Atlante di pedagogia del lavoro,* Franco Angeli, Milano.

Lassandri, Andrea, "Formazione professionale e contratti con obbligo di formazione*"*, en *Rivista Giuridic*

Monreal Bringsvaerd, Erik José (2023). "El confuso panorama, tras las reforma del contrato de formación en alternancia, en Jurado Segovia, Ángel y Thibault Aranda, Javier (dir.), *Interpretación, aplicación y desarrollo de la última reforma laboral.*

Pasqualetto, Elena (2007). "I contratti con finalità formative. L'apprendistato*"*, en Cester, Carlo (a cura de), *Il rapporto di lavoro subordinato: costituzione e svolgimento,* en Carinci, Franco (a cura de) *Diritto del lavoro, Commentario,* vol. II, Torino, Utet.

Sollogoub, Michel y Ulrich, Valérie (1997). "La transition de l'école vers l'emploi: alternance sous contrat de travail (apprentissage) et alternance sous statut scolaire (lycée professionnel)", en *Education et formations*, 52.

Tiraboschi, Michele (2011). "Definizione e tipologie", en Tiraboschi, Michele (a cura de), *Il Testo Unico dell'apprendistato e le nuove regole sui tirocini*, Giuffrè, Milán.

Tiraboschi, Michele (2011). "Tirocini e apprendistato: impianto e ragioni della riforma", en *Diritto delle Relazioni Industriali*, 4.

Varesi, Pier Antonio (2002). "Regioni e politiche attive del lavoro dopo la riforma costituzionale", en *Il Lavoro nella Pubblica Amministrazione.*

PARTE III.
FORMACIÓN, DIGITALIZACIÓN, GÉNERO Y SISTEMA UNIVERSITARIO

El papel de la formación en la transición digital: un análisis con perspectiva de género[1]

Mª DE LOS REYES MARTÍNEZ BARROSO
Catedrática de Derecho del Trabajo y de la Seguridad Social
Universidad de León

1. EL PAPEL PROTAGONISTA DE LAS COMPETENCIAS DIGITALES O *CIBERCAPACIDADES* EN EL ACERVO COMUNITARIO

Durante los dos últimos decenios las estrategias y las políticas comunitarias en el contexto del proceso de digitalización de la Unión Europea han puesto de manifiesto la necesidad de fomentar que las sociedades de los Estados miembros adquieran unas adecuadas habilidades en competencias digitales, manifestando un constante interés en abordar cuestiones relacionadas con las *cibercapacidades*, a fin de que la ciudadanía posea unos conocimientos digitales óptimos, en un contexto marcado por la necesidad de un aprendizaje permanente.

Dicha preocupación de los poderes públicos por incentivar las competencias consideradas básicas, a cuya consecución se debe orientar el sistema educativo en todos sus niveles, se acre-

---

1 Investigación financiada por el Proyecto de Investigación "Hacia una transición ecológica justa: los empleos verdes como estrategia frente a la despoblación» (TED 2021-129526B-I00), financiado por MCIN/AEI/10.13039/501100011033 y por la Unión Europea "NextGenerationEU»/PRTR".

cienta a principios de siglo, cuando las instancias comunitarias comienzan a abordar desde el punto de vista normativo, y sin solución de continuidad, esta cuestión. El análisis puede comenzar haciendo referencia a la Recomendación del Parlamento Europeo y del Consejo, de 12 de diciembre de 2006, sobre *Competencias clave para el aprendizaje permanente*, así como a la Comunicación de la Comisión, de 25 de noviembre de 2009, *Competencias clave para un mundo cambiante*. En ambos textos comunitarios, que colaboran en la construcción de la sociedad del conocimiento, se otorga la consideración de competencia clave, junto a otras siete[2], a la competencia digital, que puede ser definida como toda aquella habilidad, capacidad y aptitud relacionada con la aplicación y el uso eficaz, útil, práctico y seguro de las nuevas tecnologías, en un entorno profesional, social, formativo, familiar o lúdico. De un modo más técnico, la competencia digital abarcaría los conocimientos, las capacidades y las actitudes adecuadas en las áreas de: *1*) alfabetización digital; *2*) información, comunicación y colaboración; *3*) creación de contenidos digitales; *4*) seguridad; y *5*) resolución de problemas. Dentro del catálogo de competencias digitales elaborado por las instituciones comunitarias a través del Servicio de Ciencia y Conocimiento de la Comisión Europea (*EU Science Hub*), englobadas precisamente en las 5 áreas antes referidas (Vuorikari; Punie; Carretero Gómez y Van den Brande, 2016: 12), no resulta casual que 6 de las 21 se encuadren dentro del área denominada "comunicación y colaboración", lo cual permite comprobar en qué medida el paradigma industrial ha evolucionado hacia un modelo de producción más flexible y dinámico, y entre iguales, sustancialmente diferente al método

---

[2] *1*) Comunicación en la lengua materna; *2*) comunicación en lenguas extranjeras; *3*) competencia matemática y competencias básicas en ciencia y tecnología; *5*) aprender a aprender; *6*) competencias sociales y cívicas; *7*) sentido de la iniciativa y espíritu de empresa; y *8*) conciencia y expresión culturales.

fordista de fabricación estandarizada y en masa, característico tras la segunda Revolución industrial (Martínez Barroso, 2021: 167-184).

En el marco de la *Agenda Digital para Europa*[3], diseñada en el año 2010, uno de los campos prioritarios de actuación era ya el de fomentar la alfabetización, la capacitación y la inclusión digitales, haciendo hincapié en la necesidad de educar a los jóvenes para que utilicen adecuadamente las TIC, al objeto de que puedan beneficiarse de las oportunidades ofrecidas por la sociedad digital (Pérez Callejo, 2023). Más adelante, en 2013, la Comisión puso en marcha la iniciativa *Apertura de la educación*, centrada en tratar de impulsar la innovación y las aptitudes digitales en los centros de enseñanza y las universidades. Ese mismo año ve la luz el *Marco Europeo de Competencias Digitales para la Ciudadanía* (DIGCOMP), concebido como una herramienta educativa y formativa para, entre otros extremos, mejorar las competencias digitales de la sociedad; y, de un modo más específico (en el terreno laboral), la *Gran Coalición para el Empleo Digital (2013-2016)*, concebida como una iniciativa transeuropea, en la que se daba participación a las múltiples partes interesadas (junto con los Estados miembros, las empresas, los interlocutores sociales, las ONG y los profesionales de la educación), para satisfacer la elevada demanda de capacidades digitales en los mercados de trabajo, con el objetivo último de desarrollar, en un horizonte temporal de tres años, una "reserva de talento" con la cual garantizar que los ciudadanos europeos estén dotados de capacidades digitales adecuadas.

En el ínterin, en la *Estrategia para el Mercado Único Digital de Europa* (Comisión Europea, 2015) se apuesta por el apoyo a un

---

3 COMISIÓN EUROPEA: Comunicación de la Comisión al Parlamento Europeo, al Consejo, al Comité Económico y Social Europeo y al Comité de las Regiones: Agenda digital para Europa [COM (2010) 245 final].

mercado único digital integrador donde, en relación con las TIC, los ciudadanos y las empresas posean las cualificaciones, las capacidades y las competencias necesarias para poder beneficiarse de servicios electrónicos multilingües e interrelacionados (administración, justicia, sanidad, energía o transporte electrónicos). Dos años después, la revisión intermedia de la aplicación de dicha Estrategia (Comisión Europea, 2017), tras hacerse eco del déficit de habilidades digitales en el territorio comunitario, señala que los ciudadanos en general, pero sobre todo los trabajadores, precisan disponer de nuevas capacidades a través de las cuales poder sacar provecho de la expansión de las nuevas tecnologías.

A partir de diciembre de 2022 y primeros meses de 2023 con la aprobación tanto de la *Declaración Europea sobre los Derechos y Principios Digitales para la Década Digital* como el programa estratégico de la *Década Digital para 2030*, la Unión parece afrontar con mayor determinación el reto de la transición digital: establece bases firmes que sirven de cimientos para la construcción posterior; determina metas concretas; aporta un calendario de actuaciones (hasta 2030) e identifica responsabilidades de los Estados miembros y de la Comisión para trazar una trayectoria europea para lograr los objetivos marcados. Ahora bien, todavía faltan consideraciones concretas de calado normativo (reformas legales necesarias), por lo que desde un punto de vista jurídico-laboral queda todavía mucho por hacer (De Fuentes García-Romero de Tejada, 2023: 97).

En efecto, la Decisión (UE) 2022/2481, aprobada conjuntamente por el Parlamento Europeo y el Consejo el 14 de diciembre de 2022, establece el programa estratégico de la *Década Digital para 2030.* En virtud de esta Decisión, se delinean con precisión los objetivos generales y metas digitales que la Unión Europea y los Estados miembros aspiran a alcanzar en el 2030. Dicho programa estratégico traduce también las ambiciones digitales de la Unión para 2030 en una serie de metas digitales concretas y medibles agrupadas en cuatro grandes áreas:

1.- Una población capacitada digitalmente y profesionales digitales altamente cualificados; 2.- Infraestructuras digitales seguras, resilientes, eficaces y sostenibles; 3.- Transformación digital de las empresas y 4.- Digitalización de los servicios públicos. Además de las cualificaciones técnicas citadas, la *Agenda de Capacidades europea para la competitividad sostenible, la equidad social y la resiliencia* (2020) considera que el mercado laboral necesita también, cada vez más, varias capacidades transversales como el trabajo en equipo, el pensamiento crítico y la resolución creativa de problemas. Así, debido a la creciente influencia de los robots y el uso de algoritmos en el sistema productivo, se hace absolutamente necesario el desarrollo de capacidades distintivamente humanas, como la empatía y la adaptación al cambio en entornos complejos. Estas capacidades también serán especialmente importantes en el mercado de trabajo futuro si tenemos en cuenta el crecimiento de la *silver economy* y del sector del trabajo de cuidados como consecuencia del cambio demográfico y el progresivo envejecimiento de la población europea que lleva aparejado (Rodríguez Escanciano, 2024, 7-24).

En definitiva, y como se desprende de lo hasta ahora expuesto, en relación con la digitalización, desde las instituciones comunitarias, con la Comisión Europea a la cabeza, se ha mostrado un especial interés en que Europa cuente con un capital humano preparado para la transformación digital, con las competencias necesarias al efecto, tomando en consideración que los futuros puestos de trabajo requerirán una combinación apropiada de competencias básicas, sociales y técnicas (en particular, digitales y empresariales), que todavía no están siendo plenamente impartidas dentro de los sistemas educativos, lo que evidencia la necesidad de poner en marcha diversas iniciativas específicas en los ámbitos de las *cibercapacidades*, la formación y el empleo.

A pesar del gran número de acciones emprendidas, sigue siendo preciso avanzar en materia de capacidades digitales, sobre todo a nivel nacional y regional, pues se está ensanchando la brecha entre las capacidades digitales que los ciudadanos poseen y las que necesitan[4]. Por ello, para que sea realmente eficaz, el proceso de adquisición de las nuevas capacidades o competencias digitales (y de las cualificaciones profesionales que demandan los empleos surgidos a raíz del proceso de digitalización) ha de estar acompañado de políticas públicas (educativas y formativas) consensuadas con los agentes sociales antes de su puesta en marcha (CES, 2017: 58-60; Nieto Rojas, 2018, 149). Evidentemente, todo Estado debe enfrentar su compromiso como articulador de una política pública en materia de industria 4.0; asimismo, requiere necesariamente conocer la situación de su mercado de trabajo para regular y coordinar el cambio tecnológico, digital y productivo (Comisión Europea, 2020: 3). De ahí la urgencia de la llamada dirigida a los Estados miembros a fin de que adapten sus sistemas educativos nacionales "para ofrecer una educación y una formación inclusivas y de alta calidad desde una edad temprana y para apoyar a las personas que se preocupan de seguir formándose a lo largo de toda su carrera profesional"; aspecto, este último, que debe dejar de ser "un bello eslogan para convertirse en un hecho cierto" (Rodríguez Fernández, 2017: 4) a raíz de la Resolución del Consejo sobre *un nuevo plan de aprendizaje de adultos 2021-2030.*

El desarrollo de competencias y el aprendizaje permanente han sido considerados también en el marco de la OIT como catalizadores tanto del paradigma de trabajo decente como de

---

4 Hace una década, en 2014, el Comité Económico y Social Europeo (CESE) ya indicó en uno de sus dictámenes que las políticas implementadas en este terreno en Europa eran insuficientes para afrontar la brecha digital, que continuaba ahondándose. En la misma línea, el Centro Europeo para el Desarrollo de la Formación Profesional (CEDEFOP) ha venido denunciando también la existencia de un déficit de competencias o capacidades digitales en Europa.

la productividad y la sostenibilidad, puesto que aumentan el valor y el rendimiento del trabajo, empoderan la vida de los trabajadores y enriquecen a las sociedades. Y, en fin, la Agenda 2030 para el Desarrollo Sostenible ha establecido como cuarto ODS la necesidad de garantizar una educación inclusiva y equitativa de calidad, que además promueva oportunidades de aprendizaje permanente para todos.

2. LA SITUACIÓN DE ESPAÑA EN CUANTO A CAPACITACIÓN DIGITAL

En España, la situación en torno a la digitalización ha cambiado sustancialmente en los últimos años al haberse logrado importantes avances en materia de infraestructuras, acompañados, además, de cambios significativos en los usos tanto individuales como empresariales de la tecnología digital. La evolución experimentada dentro del territorio nacional evidencia las mejoras producidas en la "disposición a la conectividad" en aspectos tales como la asequibilidad, el uso individual y la implantación en la Administración pública, aunque sigue mostrando déficits en otros como el marco regulatorio, las competencias digitales, el empleo por las empresas o el impacto económico de la digitalización a través de cambios en los modelos de negocio o del desarrollo de la I+D+i.

En septiembre de 2021 se ha hecho público el *Informe: Digitalización de las pymes 2021*[5], elaborado por el Instituto Nacional de Tecnología y Sociedad, en el que se pone de manifiesto que el nivel de digitalización de España se sitúa por encima del valor medio de la UE y solo por detrás de Dinamarca, Suecia, Países Bajos e Irlanda, siendo las empresas de los sectores de

---

5 Recuperado de https://www.ontsi.es/es/publicaciones/informe-de-digitalizacion-de-las-pymes-2021

información y comunicaciones, hoteles y agencias de viaje las más digitalizadas y las que se posicionan como líderes también en relación con la penetración de la analítica de *big data*, utilizando la tecnología principalmente para el análisis de la información generada por medios sociales. En cuanto al índice europeo, España sale especialmente reforzada en los aspectos relacionados con el acceso a internet, tipologías de acceso y uso de medidas de seguridad, pero obtiene valores por debajo de la media europea en los ámbitos relacionados con el cambio cultural en las empresas, capacitación (presencia de especialistas y formación en tecnologías) y productos y servicios.

Por su parte, el *Plan de Digitalización de PYMEs 2021-2025* fija la hoja de ruta para abordar el reto de la digitalización de estas entidades (también incluido en el componente 13 del Plan de Recuperación, cuya inversión 3 "Digitalización e innovación" contempla varios programas de impulso a la digitalización de pymes)[6] y contempla actuaciones complementarias de coordinación, reforma y mejora de la eficiencia, así como la creación de instrumentos de gobernanza (complementarios a la adscripción al Consejo Consultivo de Transformación Digital y al Consejo Estatal de la pyme)[7].

---

6 El Plan cuenta con una inversión total de 4.656 millones de euros, y con 14 medidas repartidas entre cuatro ejes de actuación: 1) Digitalización básica para las pymes. 2) Apoyo a la gestión del cambio. 3) Innovación disruptiva y emprendimiento digital y 4) Apoyo a la digitalización sectorial. https://espanadigital.gob.es/medida/plan-de-digitalizacion-de-pymes-2021-2025

7 Entre estas actuaciones destacan: 1) La creación de una Red Integrada de Capacidades de Apoyo a las pymes para la innovación, la digitalización y el emprendimiento. 2) Análisis de la viabilidad de un Sello Pyme Digital. 3) Creación de un Observatorio para el Impulso de la Digitalización Empresarial y un Sistema de Inteligencia para la Digitalización de las empresas.

No obstante, en España, fruto de las características intrínsecas a su modelo productivo (preponderancia de las entidades de tamaño reducido, escaso peso de las actividades tecnológicas, innovadoras y digitales…) existe una dicotomía que debe ser destacada, pues en el presente conviven un grupo de empresas de pequeñas dimensiones y con un avance digital muy básico que siguen demandando las habilidades que podríamos llamar de la sociedad analógica, y otro grupo de empresas de mayor dimensión y con un avance digital ya maduro que demandan nuevas habilidades de la fuerza de trabajo (Rodríguez Fernández, 2020: 48).

Teniendo en cuenta que el papel impulsor a la hora de adaptar las metodologías formativas y de capacitación profesional al nuevo paradigma debe venir fijado por el sistema normativo, resulta preocupante que, siendo la falta de competencias digitales uno de los factores que más incide en el desajuste de habilidades que caracteriza a nuestro país y, por ende, una de las causas directas del desempleo estructural, se haya procedido a reformar íntegramente el sistema de formación profesional para el empleo sin apenas introducir nuevos criterios y metodologías que vayan en consonancia con los modelos contemporáneos de producción en un mercado de trabajo cada vez más digitalizado. Los contornos de la industria 4.0 perfilan la necesidad de que la formación se estructure de un modo muy diferente al actual, de manera que, en colaboración con las instituciones de la educación superior (Cedefop, 2015), se fomente la creación de entornos de aprendizaje virtual, nuevas alianzas y rutas de cualificación híbridas, pues la digital es una competencia que también se desarrolla a través de la combinación entre el adiestramiento no formal e informal, la práctica profesional y el tiempo libre.

De todos modos, ante la situación descrita no debe descartarse que el testigo haya de ser recogido, directamente, por las empresas y las personas trabajadoras, apostando para ello por métodos de aprendizaje personalizado, autodirigido y capaz de incidir más sobre la educación informal, cuya progresiva implantación se lleve a cabo gracias al uso de las tecnologías y los modelos organizacionales que caracterizan la industria 4.0 (Ministerio de Industria, Energía y Turismo, 2015).

3. ESTRATEGIAS INTERNAS DE DIGITALIZACIÓN DEL TEJIDO INDUSTRIAL

Entre los programas públicos recientemente implementados, con el trasfondo del hondo impacto de la crisis social, sanitaria y económica provocada por la COVID-19, así como con la Agenda Europea 2030 y los ODS como norte, se pretende, con un exceso de ambición en su formulación, contribuir a la constitución de un "proyecto de país". A tal fin, se pretenden articular mecanismos con los que tratar de atenuar el indefectible agravamiento de algunos de los importantes desequilibrios que, desde hace tiempo, lastran la economía española, entre los que cabe referir un alto desempleo de carácter estructural, con especial incidencia sobre los jóvenes y una marcada precariedad laboral, que ahonda en las fuertes y crecientes desigualdades sociales, un nivel alto de deuda unido a un problema estructural de déficit público, bajo nivel de inversión en innovación y formación continua, baja productividad de los factores productivos; un sector industrial y de servicios maduro poco adaptado a las nuevas tecnologías; un ecosistema de empresas de muy pequeño tamaño con dificultad para crecer y aprovechar todas las ventajas de la integración europea y grandes brechas de desigualdad interterritoriales.

En él y por cuanto al objeto de esta obra colectiva más interesa, los esfuerzos se enfocan hacia la consecución de un país próspero y resiliente, capaz de suscitar "un crecimiento duradero, robusto, inclusivo y sostenible, que genere empleo estable y de calidad", piedra angular de cara a favorecer la creación y la competitividad de las empresas, para las que devendrá clave atender debidamente la transformación tecnológica y digital. De ahí la trascendencia de reforzar las competencias de la población (particularmente, la más joven y la más vulnerable) en tales facetas, a lo que sin duda contribuirá el hecho de alcanzar unas elevadas cotas de excelencia, universalidad y equidad en la educación.

El programa en su conjunto se estructura en torno a una serie de ejes transversales (la transición ecológica, la transformación digital, la igualdad de género y la cohesión social y territorial), que, a su vez, se concretan en unas "políticas palanca" (diez en total), dentro de las cuales merece la pena referir la quinta (modernización y digitalización del tejido industrial y de la pyme, recuperación del turismo e impulso a una España Nación Emprendedora), la sexta (pacto por la ciencia y la innovación; refuerzo de la capacidad del Sistema Nacional de Salud) y la séptima (educación y conocimiento, formación continua y desarrollo de capacidades) - Martínez Barroso y Megino Fernández (2021)-.

Interesa dejar constancia, siquiera de forma esquemática, de los aspectos dotados de una superior significación en cada una de tales palancas, representativos de las líneas motrices que guiarán las políticas y las actuaciones públicas preeminentes durante los próximos años: Palanca 5: *Política Industrial España 2030*, cuyo objetivo radica en "impulsar la modernización y la productividad del ecosistema español de industria-servicios, mediante la digitalización de la cadena de valor, el impulso de la productividad y de la competitividad de los sectores estratégicos claves en la transición ecológica y la transformación digital". Esta estrategia incluye los siguientes subplanes: (1) Plan de digitalización de cuatro sectores estratégicos (salud, automoción, turismo y comercio); (2) Plan de modernización y sostenibilidad de la industria; (3) Plan de impulso de las industrias tractoras verdes y digitalización; (4) Estrategia de Economía Circular e impulso a la pyme, mediante, entre otras medidas, el desarrollo de un Plan de digitalización de las pymes, con inversión en equipamiento, capacidades, plataformas y redes; Reforma de los instrumentos de financiación para la internacionalización y diversificación geográfica hacia nuevos mercados (África, Asia) así como la implementación de la Estrategia España Nación Emprendedora, con el fin de potenciar la creación y el crecimiento de las empresas, el desarrollo de redes y la adaptación del tejido productivo, dando cobertura a un Plan de Apoyo al Ecosistema de *Startups*, para impulsar las empresas innovadoras de base tecnológica.

Y en este aspecto conviene centrar la atención en el desarrollo de las capacidades emprendedoras y en el emprendimiento social, que contribuyen al aumento del empleo y el crecimiento económico, por lo que la orientación profesional (Domínguez Morales, 2024: 137-170) debería abarcar adecuadamente la dimensión del emprendimiento, aprovechando el potencial relacionado con las transiciones ecológica y digital en aras a evitar que esto último provoque un efecto de expulsión de los colectivos más vulnerables. Desde las distintas instancias decisorias se debe impulsar la orientación profesional integral de los ciudadanos centrada en la capacitación a lo largo de la vida, objetivo que se ha instrumentalizado desde distintas perspectivas: a través de la instauración de organizaciones como la Red Europea sobre Políticas de Orientación a lo largo de la vida o de la creación de la Agencia de Capacidades Europeas (Lozano Lares, 2023: 103-130). Así, los modelos de negocio basados en la economía social se plantean como una alternativa sumamente atractiva a las tradicionales fórmulas empresariales, puesto que la economía social es pionera en la creación de empleo vinculado a la economía circular, la inclusión social y la transición verde. Por último, la Palanca 7, bajo la denominación de *Plan nacional de capacidades digitales* (*digital skills*) pretende llegar al conjunto de la población, digitalizando tanto la escuela como la universidad, pasando por la recualificación en el trabajo (*upskilling* - enseñar a las personas trabajadoras nuevas competencias para optimizar su desempeño - y *reskilling* - formar a un empleado para adaptarlo a un nuevo puesto en la empresa-), con especial atención al cierre de la brecha de género y al impulso de la formación en las zonas en declive demográfico. Y todo ello, a modo de vaso comunicante, acompañado de un Plan estratégico de impulso de la Formación Profesional, mediante la modernización de las titulaciones, el desarrollo de sistemas de cualificación en el trabajo (*lifelong learning*) y el impulso de la FP dual. Modernización y digitalización del sistema educativo, incluida la educación de 0 a 3 años, mediante el Plan Educa en Digital y el Plan de digitalización de la universidad.

4. LOS COLECTIVOS MÁS VULNERABLES FRENTE A LA DISRUPCIÓN DIGITAL

La formación en competencias digitales, en combinación con otras competencias clave, debe dirigirse hacia los grupos específicos situados en el lado más desfavorable de la brecha digital, como son los jóvenes y las personas de edad avanzada, tal y como se extrae de la *Nueva agenda de capacidades para Europa* (Comisión Europea, 2016), la cual, desde la premisa del carácter fundamental de la calidad del trabajo para el desarrollo de las cualificaciones, persigue, entre otras metas, reforzar el aprendizaje en "el puesto de trabajo" y la importancia de la formación profesional continua para mantenerse al día de las cambiantes tareas.

Frente a los nativos digitales y a los miembros de otras generaciones que han podido adquirir competencias digitales en su formación formal se alzan quienes no han crecido utilizando dichos instrumentos tecnológicos ni han tenido oportunidad de aprender a usarlos durante su proceso educativo, para quienes las consecuencias de la disrupción digital en el mercado laboral (trabajadores y trabajadoras maduras) se acrecientan y exigen políticas activas y pasivas *ad hoc* (en la doctrina, Ortega Lozano, 2024: 173-205). En razón a lo expuesto, a medio plazo, los ámbitos prioritarios de actuación deben ser la inversión en enseñanza primaria (para prevenir el fracaso escolar y la exclusión social, así como para sentar las bases del aprendizaje complementario) y la mejora de los sistemas de formación profesional, en la medida en que su desarrollo sigue siendo un desafío de primer orden para el futuro –si bien no solo debe favorecerse su cobertura con respecto a los jóvenes, sino también a favor de los adultos y de los trabajadores de más edad, colectivos a los que no se otorga suficiente prioridad a pesar de que, en el actual panorama tecnificado, se volverán, si cabe, más vulnerables si no se actualizan digitalmente (Martínez Barroso, 2018, 347-350) –. En este sentido, se requieren estrategias globales centradas en el desarrollo de políticas nacionales para el envejecimiento activo, puesto que los retos demográficos y los retos en materia de empleo pueden abordarse solo de manera integral. Las recomendaciones específicas propuestas para abordar los retos del envejecimiento activo pasan por desarrollar el empleo y las capacidades a través del aprendizaje permanente y fomentar itinerarios profesionales y laborales dinámicos (Cese, 2020: 1-3).

Sin olvidar que la propia discapacidad acrecienta también la distancia que separa a quienes la presentan de quienes no topan con barrera alguna que les impida el uso de dispositivos informáticos en el trabajo.

Y por supuesto, en el lado de quienes presentan mayor vulnerabilidad, están quienes por su situación socioeconómica no disponen de recursos para adquirir las competencias básicas que el mero manejo de los instrumentos digitales proporciona a quien sí se los puede permitir. Por tanto, cerrar todas estas grietas exige diseñar una formación orientada a dotar de competencias digitales a los colectivos que carezcan de ellas y, por supuesto, configurar la restante formación de manera tal que resulte accesible para todos y todas.

El compromiso por parte del Gobierno español de cumplir con la *Agenda de Capacidades Europea* se observa ya en el Informe "*España 2050. Fundamentos y propuestas para una Estrategia Nacional a Largo Plazo*", elaborada en el año 2021, donde se indica que el hecho de contar con una fuerza trabajadora bien formada y actualizada irá adquiriendo cada vez mayor trascendencia "a medida que la economía del conocimiento avance, la tecnología vaya transformando el tejido productivo, nuestra población en edad de trabajar disminuya, la competencia global aumente y amenazas como el cambio climático se recrudezcan". Para hacer frente a estos retos, el propio informe destaca tres asignaturas pendientes que el sistema educativo tiene que abordar y corregir a corto y medio plazo: 1) La alta proporción de población española que no supera la educación secundaria obligatoria, pues si bien la proporción de población de 25 a 64 años con formación superior (Universidad o FP de grado superior) en España es similar a la de los países más avanzados de Europa (UE-8), la proporción de personas que tiene una titulación de segunda etapa de secundaria (Bachillerato, FP de grado medio u otras equivalentes) es muy inferior a la de nuestros vecinos europeos (el 23% frente al 42% de la UE-27). 2) La necesidad de mejorar las competencias del capital humano. La población adulta en España presenta inferior dominio de competencias básicas como la comprensión lectora o la habilidad matemática, en comparación con los homólogos europeos, en conocimientos de idiomas extranjeros, habilidades digitales, formación financiera o dominio de capacidades transversales (*soft skills*) como pensamiento crítico y creatividad. 3) El impulso de la formación a lo largo de la vida, puesto que la participación de la población adulta en procesos de recualificación está ligada a una mayor productividad, mayores oportunidades de empleo y mejores salarios. Sin embargo, en España no se ha avanzado mucho en este terreno debido a la falta de oportunidades y al hecho de que buena parte de los fondos que el Estado y las empresas reservan con este objetivo no vienen siendo utilizados a tal fin, de ahí que solo 4 de cada 10 personas adultas participen en programas de formación o recualificación reglados o no reglados cada año, lo que nos sitúa en la media de la UE-27.

Por tanto, en un contexto productivo marcado por una progresiva e imparable digitalización, el derecho a la recapacitación profesional se erige en derecho laboral determinante y exige la reformulación de las políticas formativas hacia la adquisición de competencias interpersonales, empresariales y administrativas, en tecnologías de la información, informáticas, programación, etc. (Aguilar Gonzálvez, 2020: 105). Ante las actuales coordenadas de los mercados laborales, la formación profesional (sobre todo la continua y la orientada hacia la tecnología), en lugar de constituir una mera prerrogativa más en favor de la mano de obra, al final se erige en un deber orientado a evitar la "obsolescencia" tecnológica de las personas trabajadoras (Del Rey Guanter, 2017:11) y en un derecho "*cuasifundamental*" (Mercader Uguina: 2020: 13). Y para su fomento, el papel de los interlocutores sociales resulta fundamental, pues cada vez resulta más frecuente atribuir a Comisiones paritarias de formación la elaboración y propuesta de acciones de formación y de sensibilización de las personas trabajadoras en relación con la protección de datos personales y derechos digitales, así como el establecimiento de cualquier garantía adicional relacionada con estas materias, reservando para su negociación en el ámbito estatal materias comunes relacionadas con la formación y cualificación profesional.

Huelga decir que demostrada la relación existente entre bajo nivel de estudios y alto nivel de automatización del puesto de trabajo, y estando constatado el medio-bajo nivel de estudios de una parte importante de nuestra población trabajadora presente y futura, parece que una recomendación primera y esencial deba ser una reforma en profundidad de nuestro sistema educativo (Rodríguez Fernández, 2020: 24), acompañada del impulso de la formación programada por las empresas, con la participación de la representación legal de las personas trabajadoras, como vía ágil y flexible de responder a las necesidades específicas de formación más cercanas a las empresas; y la promoción de las competencias profesionales adquiridas por las personas trabajadoras, procurando que los procesos de aprendizaje informales, fomentados en el seno de la negociación colectiva, sean objeto de una adecuada valoración en el marco de la formación en el trabajo, que aporte valor profesional y curricular a la personada trabajadora.

5. LA BRECHA DIGITAL DE GÉNERO Y EL IMPULSO DE LA FORMACIÓN PROFESIONAL INCLUSIVA Y NO DISCRIMINATORIA

La brecha digital por razón de género acaba por dañar a toda la sociedad, habida cuenta la ausencia de mujeres y de diversidad en general en los equipos que desarrollan la tecnología tiene consecuencias directas en los resultados de la innovación tecnológica y en la sociedad (Mateos Sillero y Gómez Hernández, 2019: 115). Por tanto, y no sin ciertas cautelas, la transformación digital parece haber abierto también mejores oportunidades laborales para las mujeres, como ponen de manifiesto ciertos análisis cuantitativos y cualitativos (Rodríguez González, 2019: 201-206; Mateos Sillero y Gómez Hernández, 2019), si bien dada la existencia de una importante brecha digital de género, el impulso de la formación digital debería intensificarse respecto del colectivo femenino, “hoy por hoy aún en desventaja competitiva respecto del masculino” (Fernández Prol, 2020: 95).

5.1. La formación profesional como herramienta contra la segregación

Sin lugar a dudas, la formación constituye una de las principales herramientas que la sociedad puede ofrecer en la lucha contra la discriminación por razón de sexo en las relaciones laborales, tal y como contempla la propia Ley Orgánica 3/2007, de 22 de marzo, para la igualdad efectiva de mujeres y hombres, cuando en su art. 42 configura la formación profesional como una palanca fundamental para mejorar la empleabilidad y permanencia en el empleo de las mujeres, ya que permite potenciar su nivel formativo y su adaptabilidad a los requerimientos del mercado de trabajo. Y, a su vez, una formación profesional más sólida podría facilitar la promoción de las mujeres hacia puestos de mayor responsabilidad, debilitando el denominado techo de cristal. En efecto, cuando se alude a la discriminación por razón de sexo en el mercado de trabajo, una de las principales manifestaciones de ésta es la llamada discriminación vertical, pues pese a que las mujeres alcanzan cotas de formación elevadas (basta analizar su presencia en los ciclos formativos superiores de FP o en el ámbito universitario), y su participación en actividades de formación también es superior [de un 17% en población adulta, frente a un 13,5% de varones, según datos de empleo y formación de Eurostat, actualizados a 2022; datos que reflejan también una participación muy superior a la media UE-27 –10,8% de hombres y 12,9% de mujeres– (Ces, 2024:102)], paradójicamente, ello no se traduce en un mayor nivel profesional y salarial, sino que su presencia en puestos de responsabilidad es sensiblemente inferior a la de los homólogos masculinos.

Por su parte, la segregación horizontal conlleva una mayor presencia femenina en sectores de actividad caracterizados por condiciones de trabajo más precarias. A este fenómeno han de añadirse los estereotipos de género que atribuyen a las mujeres menor habilidad en campos como la ciencia y la tecnología y que genera una de las brechas más significativas en cuanto a la segregación profesional (Saiz; Arroyo y Castaño, 2020: 87).

Las diferencias que se observan en el alumnado femenino en estudios STEM (ciencia, tecnología, ingeniería y matemáticas) se reflejan después, lógicamente, en el propio mercado de trabajo, por lo cual las mujeres necesitan aún más proactividad y desarrollo de habilidades de forma rápida y eficiente, para que la brecha entre el número de mujeres y hombres en el mercado laboral tecnológico no aumente (Varela de Alburquerque Dalprá, 2020: 225), pues las personas menos formadas tecnológicamente o aquellas que sufran obsolescencia tecnológica se van a encontrar fuera (expulsadas), de este mercado laboral. Y este grupo expulsado está compuesto, en gran parte, por mujeres, cuya formación de base dista de ser tecnológica o cuyos horarios resultan incompatibles con la necesaria actualización, bien por la parcialidad de distintos empleos, bien por la carga de cuidados que asumen (Álvarez Cuesta, 2023: 37-66). Esta situación es especialmente preocupante si se toma en consideración que, a corto plazo, se prevé un incremento de la demanda de perfiles tecnológicos derivado de las incipientes economías verde y azul (Garrigues Giménez y Fernández-Peinado Martínez, 2024: 271). De hecho, este es uno de los aspectos en los que incide la exposición de motivos de la Ley Orgánica 3/2022, de 31 de marzo, de ordenación e integración de la formación profesional.

Por tanto, la formación profesional para el empleo puede tener efectos positivos tanto sobre el fenómeno de la segregación horizontal como vertical, y servir como herramienta para facilitar la permeabilidad entre sectores de actividad y, con ello, contribuir a disminuir la fuerte segmentación horizontal del mercado de trabajo. Y ello porque aun cuando el riesgo de automatización se asocia al sector industrial, indiscutiblemente masculinizado, también sectores con un importante nivel de empleo femenino –como restauración o pequeño comercio– están amenazados por los riesgos de la automatización; y dejando a un lado la pérdida de puestos, la robotización y la automatización traerá consigo una polarización del mercado de trabajo que acaba por impactar en el principio de igualdad y no discriminación por razón de género, bien por la eliminación de trabajos "refugio" de empleo femenino, bien por la dificultad que conlleva el acceso a los nuevos puestos vinculados a la tecnología (mejor remunerados y que van a resistir más fácilmente estos procesos de automatización y robotización). Respecto a estos últimos, las previsiones indican que la demanda de empleo aumentará, de hecho, ya lo está haciendo, respecto de trabajadores cualificados en las áreas STEM que resultan complementarias de la digitalización y, por ello, constituyen un recurso competitivo de primer orden para las empresas. Y, precisamente, este es un área donde las mujeres están infrarrepresentadas. Al final y debido a la pervivencia de estereotipos de género, ellas siguen orientándose hacia estudios tradicionalmente "femeninos" como las ciencias sociales, jurídicas y de la salud, descartando aquellos otros con más posibilidades de futuro por ser los más demandados en la industria digitalizada (Agra Viforcos, 2019: 62). Como se ha afirmado con acierto, las diferencias en la formación en competencias digitales y, al cabo, en el trabajo y en la calidad del mismo, abren y ahondan la brecha digital por razón de género (Álvarez Cuesta, 2023, 49-52), que puede entenderse como el conjunto de desigualdades existentes entre hombres y mujeres en relación con las diferencias de acceso a las infraestructuras de las tecnologías de la información y la comunicación, vinculada a un brecha previa y general que apunta a la posición social, económica, laboral y cultural de desventaja de las mujeres en la sociedad (Olarte Encabo, 2017: 292).

Varias son las razones que tratan de explicar el déficit de mujeres en el sector digital. A la merma femenina en carreras técnicas; la persistencia de los prejuicios de género o la autocensura de las propias mujeres se une el ya mencionado "techo de cristal" (Vallecillo Gámez, 2023: 451). Ante tal panorama y pese a que el cambio tiene un ritmo rápido, con escaso margen para adoptar medidas preventivas, se hace necesario reaccionar y desde diversas instancias (OIT, OCDE y UE) se han comenzado a diseñar programas estratégicos que han de tener en consideración las características de las personas "diana", en particular las trabajadoras, y sus necesidades y las dificultades que para completar dicha formación puedan tener, especialmente si se realiza fuera del horario laboral, en otra localidad o no se permite su seguimiento a distancia.

Específicamente para eliminar la brecha digital, a nivel europeo, la Resolución del Parlamento Europeo, de 16 de febrero de 2017, con recomendaciones destinadas a la Comisión sobre normas de Derecho civil sobre robótica [2015/2103(INL)] en su apartado 42, subraya cómo "la industria digital, las propias mujeres y la economía europea saldrían ganando si se consiguiera que más mujeres jóvenes se decantaran por una carrera digital y se contrataran más mujeres en empleos digitales; pide a la Comisión y a los Estados miembros que emprendan iniciativas dirigidas a apoyar a las mujeres en el sector de las TIC y a mejorar su capacitación en el ámbito digital". La cuestión es, cómo y quién va a proporcionar el necesario reciclaje para cuantas personas trabajadoras estén desempeñando una actividad que está siendo (o lo será) modificada en todo o en parte por los avances tecnológicos. Así, solo el 38% de las empresas españolas tienen una estrategia digital formalizada, mientras el 20% no realizan ninguna formación en materia digital para sus trabajadores. Más aún, en el 62% de las empresas que han organizado alguna formación en este ámbito, menos del 40% de sus trabajadores han recibido algún curso y faltan datos desagregados sobre la incidencia de dicha formación en el colectivo femenino o si se ha aplicado con perspectiva de género (Álvarez Cuesta, 2023: 50).

5.2. *Capacitación profesional y género: El necesario diseño de planes formativos inclusivos en la negociación colectiva*

Una aproximación a la negociación colectiva más reciente, en sus distintos niveles, permite localizar normas pactadas que otorgan un protagonismo destacado a la formación, a partir de su consideración como elemento estratégico que permite compatibilizar la competitividad y productividad empresarial con la importancia de dotar a las personas trabajadoras de conocimientos y práctica adecuada a las competencias profesionales requeridas (Martínez Barroso, 2024) en el marco de un proceso de aprendizaje permanente, exigido desde las instancias europeas. Si dicho análisis se realiza con perspectiva de género, resulta obligado abogar por la incuestionable utilidad de que en la negociación colectiva se incluya el compromiso de establecer planes formativos que garanticen la capacitación profesional en materia de digitalización con base en el art. 23.3 ET, que regula el permiso retribuido de veinte horas anuales de formación profesional para el empleo, vinculada a la actividad de la empresa. Ahora bien, para garantizar que dichas acciones formativas puedan ser efectivamente desarrolladas por mujeres, resultaría también conveniente que se establecieran cláusulas que traten de promocionar la participación femenina e, incluso, que implementen medidas de acción positiva para garantizar su participación (Garrigues Giménez y Fernández-Peinado Martínez, 2024: 271)[8].

La práctica negocial revela ya cierta sensibilidad a la hora de incorporar cláusulas convencionales que reconocen el derecho a la "educación digital" con la finalidad de erradicar las

[8] A título de ejemplo, del siguiente tenor: "La empresa promoverá la formación periódica para la cualificación profesional, difundiendo los procesos formativos, especialmente en materia de digitalización, y asegurando que éstos llegan al conocimiento de todo el personal, especialmente las mujeres, implementando acciones que las animen a su realización. Para contribuir eficazmente a la aplicación del principio de no discriminación en materia de formación profesional, en igualdad de condiciones de idoneidad se facilitará el acceso a los programas de formación profesional a la persona del género menos representado en el grupo profesional de que se trate".

brechas digitales[9], y si bien su tenor literal suele ser neutro, no es posible desconocer que en numerosas ocasiones quienes han visto desactualizadas sus competencias digitales tras haber permanecido apartadas del mercado de trabajo durante el tiempo dedicado al alumbramiento y la crianza de la prole o al cuidado de familiares y convivientes son mujeres.

El art. 4.2.b) ET parece contener una invitación a la negociación colectiva o, en su defecto, a la empresa, para el despliegue de unos planes y acciones cuya necesidad se augura en previsión de la destrucción de empleo acarreada por la transición digital que afrontan las economías europeas. Dicho derecho, en el cual se traduce el genérico a recibir formación a cargo de la empresa, existirá en tanto la autonomía colectiva decida implantar dichos planes o medidas. Se elude precisar, sin embargo, el contenido y el alcance de tal formación, cediendo, con acierto, su determinación a los interlocutores sociales, quienes ostentan, junto con los gobiernos y las instituciones educativas, "responsabilidades complementarias a la hora de generar un ecosistema de aprendizaje a lo largo de la vida que sea efectivo y cuente con la financiación adecuada"[10].

La idoneidad de la autonomía colectiva como fuente reguladora de los derechos formativos de las personas trabajadoras ha sido señalada también por el *Acuerdo Marco Europeo sobre Digitalización*, firmado en junio de 2020 con la pretensión de alentar y orientar a empleadores y personas trabajadoras y a sus representantes a concebir medidas y acciones dirigidas al

---

9 Paradigmático en tal sentido resulta el art. 80 del XXIV CC del sector de la banca (BOE núm. 76, de 30 de marzo de 2021) o el Anexo 2 del CC del personal laboral de la Fundació per a persones amb discapacit de l´illa de Menora (BO Islas Baleares núm. 25, de 27 de febrero de 2020).

10 Informe de la Comisión Mundial sobre el Futuro del Trabajo: *Trabajar para un futuro más prometedor*, p. 11.

aprovechamiento de las oportunidades derivadas del proceso de transformación digital, entre las cuales destaca la formación continua. Para ello conmina a los interlocutores sociales a determinar las competencias digitales que el personal debe adquirir y, en consecuencia, a organizar la formación adecuada, animándolos a participar en todas las fases del proceso de mejora de dichas competencias.

Remarcando el potencial prospectivo de la formación como elemento estratégico para la empleabilidad de las personas trabajadoras, el V Acuerdo para el Empleo y la Negociación Colectiva (mayo, 2023) recoge el compromiso de fortalecer la formación destinada a facilitar la transición digital y ecológica de las empresas y de las personas trabajadoras.

5.3. Análisis crítico de las cláusulas convencionales orientadas a garantizar la capacitación profesional en materia digital

En cumplimiento de dicha misión, algunos convenios abren una senda garantista, proveyendo a las personas trabajadoras incluidas dentro de su ámbito de aplicación de los derechos formativos necesarios para afrontar los retos planteados por el proceso transicional, mientras que, en otras ocasiones, pervive el riesgo del mantenimiento de la inercia histórica de la desregulación de la materia (Valdés Dal-Ré, 1998: 97), o la incorporación de cláusulas convencionales vacías que se limitan a consignar declaraciones meramente programáticas y vacías de contenido.

Son muchos los convenios que abundan en la necesidad de cualificar y "recualificar" a las personas trabajadoras para la adquisición de competencias digitales, diseñando itinerarios de formación continua que se extiendan a lo largo de toda su vida laboral para afrontar "los nuevos desafíos tecnológicos"[11]. La previsión de medidas de formación continua obedece a la conveniencia de actualizar sus competencias profesionales, a fin de hacerlos resilientes frente a los cambios técnicos motivados por la innovación tecnológica, pero también frente a aquellos de índole normativa y económica[12].

Obviamente, la formación profesional en materia de digitalización, además de facilitar la movilidad profesional en el mercado de trabajo, puede redundar en una mayor progresión profesional dentro del escalafón jerárquico de la empresa. Entre los objetivos que los convenios colectivos analizados vinculan a las actividades formativas destacan: 1) posibilitar la eficacia en el desempeño de los puestos de trabajo mediante actuaciones directas o a través de actuaciones y planes formativos subvencionados[13]; 2) favorecer la permanente adecuación profesional a los cambios organizativos y tecnológicos[14] y 3) po-

---

11 Art. 33 del III CC de la Corporación de Radio Televisión Española, S.M.E., S.A. (BOE núm. 332, de 22 de diciembre de 2020).

12 Art. 14 del VIII CC estatal de gestorías administrativas, de 9 de septiembre de 2019 (BOE núm. 292, de 5 de diciembre de 2019).

13 Así, el art. 18 del CC del sector de industrias de panadería y expendedurías de pan de la provincia de Sevilla (BOPSE 11 julio 2023), determina que las partes firmantes "se comprometen a llevar a cabo conjuntamente, apoyar y potenciar todas las actividades formativas en el sector de panadería, bien por actuaciones directas o por actuaciones y planes formativos subvencionados, con independencia de que cada parte lleve a cabo iniciativas individuales. El personal [...] deberá proveerse obligatoriamente del Certificado de manipulador de alimentos, a cuyo objeto las empresas darán las oportunas instrucciones".

14 El art. 67 del XX CC de SEAT, S.A. (BOE núm. 234, de 29 de septiembre de 2022) dispone que "siempre que sea considerado necesario para el logro de los objetivos de la Compañía y para la formación vinculada al puesto de trabajo y al proceso productivo, se confeccionarán cuadros y programas de formación y reciclaje en

tenciar las expectativas de promoción y desarrollo profesional, en cuyo caso se establece una conexión clara entre adquisición de competencias y fomento del empleo y promoción profesional[15], o bien se especifica que las necesidades de formación derivadas de una posible promoción serán cubiertas fuera de la jornada laboral[16].

Algunos convenios permiten detectar cierta vinculación entre cualificación (o participación en acciones formativas) y contratación (derecho preferente al ingreso)[17] o ascenso,

---

función de la adaptación a nuevas tecnologías y a las modificaciones operadas en el puesto de trabajo, a cargo de la empresa y en horario laboral, teniendo la consideración de permiso retribuido por formación. Las excepciones serán tratadas en la *Comisión de Seguimiento*". Estableciendo un régimen diferente para los cursos de promoción (aquellos cuya finalidad básica es el desarrollo profesional del personal adscrito a la entidad, de carácter voluntario y exigibles para poder ser ponderados a efectos de promoción profesional y provisión de puestos) y de adaptación profesionales (aquellos cuya necesidad está originada por innovaciones tecnológicas, modificaciones de proceso, normas o procedimientos, alteración del contenido de los puestos de trabajo u otras circunstancias que exijan reciclaje o adaptación a los puestos de trabajo), art. 86 del CC de Menzies Aviation Ibérica y Menzies Aviation Services (BOE núm. 304, de 21 de diciembre de 2023).

15 Art. 35.2 del III CC de la Corporación Radio Televisión Española -CRTVE- (BOE núm. 332, de 22 de diciembre de 2020), donde expresamente se menciona que "la formación recibida computará en el itinerario profesional cuando las materias impartidas estén incluidas en la carrera profesional aprobada para cada caso por la Comisión general de formación, valorando para la progresión de nivel aquella formación externa que tenga vinculación con su desempeño profesional".

16 Art. 67.2 del XX CC de SEAT, S.A. (BOE núm. 234, de 29 de septiembre de 2022).

17 Entre otros, el art. 12 del XX CC general de la industria química (BOE núm. 171, de 19 de julio de 2021) determina que "tendrán

especialmente en las familias profesionales de Hostelería y Turismo y Transporte y Mantenimiento de Vehículos. En el sector del metal, claramente se establece que "el derecho a la promoción profesional a través de los ascensos deberá ponerse en práctica siempre en concordancia con los planes de formación y procedimientos de ascensos que puedan existir o puedan acordarse en los convenios colectivos de ámbito inferior con los representantes de los trabajadores"[18], sujetándose a un esquema en función del cual, el ascenso de las personas trabajadoras a tareas o puestos de trabajo que impliquen mando o confianza serán de libre designación por la empresa; mientras que para el ascenso del resto de las personas trabajadoras, las empresas podrán establecer un sistema de promoción profesional de carácter objetivo y neutral, tomando como referencia circunstancias varias: "titulación adecuada, valoración académica, conocimiento del puesto de trabajo, historial profesional, haber desempeñado función de superior grupo profesional y superar satisfactoriamente las pruebas que al efecto se establezcan, así como la posible relación del ascenso con el plan de formación". Igualmente, como principio de acción positiva, podrán establecerse en la empresa, teniendo en cuenta la composición de la plantilla y los perfiles disponibles para el puesto de trabajo, preferencias en cuanto a la promoción de forma que, en igualdad de méritos, tengan derecho preferente

---

derecho preferente para el ingreso, en igualdad de méritos, quienes hayan desempeñado o desempeñen funciones en la empresa con carácter eventual, interino, o por cualquier otro contrato por tiempo determinado, contrato a tiempo parcial, contrato para la formación y el aprendizaje, incluida la actividad laboral en el marco de la formación profesional dual y contrato en prácticas".

18 Art. 28 del IV CC estatal de la industria, las nuevas tecnologías y los servicios del sector del metal (BOE núm. 10, de 12 de enero de 2022).

para ser promocionadas las personas del sexo menos representado en el grupo o función de que se trate.

No obstante, la envergadura del proceso de transición digital justifica que algunas cláusulas convencionales anuden el seguimiento de la formación en ellas prevista, no ya a la promoción (Fabregat Monfort, 2021: 12-33), sino a la propia conservación del empleo, amenazada por la evolución tecnológica y la complejidad adquirida por los procesos productivos. La formación de las personas trabajadoras se revela como la "fórmula de permanencia" por excelencia (Villalba Sánchez, 2024: 146); como mecanismo de consecución de la anhelada polivalencia funcional, capaz de permitir la movilidad entre varias empresas. La formación profesional se configura, por tanto, como un valor estratégico de la actividad empresarial, consagrándose en algún caso su finalidad prospectiva[19].

Es más, abundan los textos convencionales que configuran el de formarse, no sólo como un derecho, sino como una obligación de la persona trabajadora[20]. En todo caso, el principio de igualdad de oportunidades debe erigirse en criterio inspirador tanto de los criterios de acceso a la formación, como de la elección de la metodología empleada en su impartición, así como respecto al momento y lugar en el cual aquélla tenga lugar. Sobre este particular merecen especial atención aquellas cláusulas que imponen el desarrollo de la formación, preferentemente, dentro del horario de trabajo, pues la posibilidad de justificar su celebración fuera de aquél, aunque el tiempo invertido sea compensado con horas de descanso, merece ser reprobada, dado que dicha compensación no logra remover los obstáculos que pudieran alzarse frente a quien asumiera res-

---

[19] Art. 12 del CC de Red Eléctrica Infraestructuras de Telecomunicación, S.A. (BOE núm. 16, de 19 de enero de 2021).

[20] Entre otros, art. 14 del CC de Mapfre Grupo Asegurador (BOE núm. 219, de 12 de septiembre de 2022).

ponsabilidades familiares cuya atención resultase incompatible con el seguimiento de la actividad formativa en ese momento y lugar. El escaso tiempo libre del que dispone quien debe conciliar la prestación de servicios con el cuidado de familiares o allegados impide, generalmente, participar en una formación no impartida dentro de su horario de trabajo. Como bien afirma la doctrina, este tipo de cláusulas, aun bajo una pátina de neutralidad, "convierten en discriminatoria incluso una formación cuyo contenido y ámbito subjetivo persiga la inclusión de ciertos colectivos de trabajadores pues, aun pareciendo beneficiosa para ellos, los ubica en una situación de desventaja particular" (Villalba Sánchez, 2024: 158-159).

Igual desaprobación merecen aquellas disposiciones convencionales que eximen de la asistencia a cursos de carácter obligatorio a quienes aleguen y justifiquen razones de carácter inexcusable, de índole personal, familiar, vacaciones, descansos compensatorios, enfermedad y/o accidente, dado que dicha exención, aunque *a priori* pudiera hacer pensar lo contrario, no evita la privación de oportunidades formativas de quien se halla en tales circunstancias, hasta el punto de agudizar la brecha digital que los separa de los restantes trabajadores o trabajadoras.

Lo mismo ocurre cuando se relega la formación impartida fuera del horario de trabajo a la categoría de voluntaria, destinándola a mejorar el desarrollo profesional, pues como quiera que su seguimiento facilita la progresión profesional de quien la curse, pese a su carácter neutro, puede ser susceptible de postergar a quienes deban dedicar ese tiempo a labores de cuidado, fundamentalmente mujeres (Villalba Sánchez, 2024: 159).

Tampoco resultan ajenas a la crítica disposiciones legales como el art. 46.3 ET, que parece dar por garantizado el derecho a la formación y a la promoción profesional reconociendo a las personas trabajadoras en situación de excedencia por cuidado del cónyuge, pareja de hecho o familiar el de asistir a los cursos de formación profesional programados por la empresa, a cuya participación deberán ser convocados, pese a estar dedicadas a otros menesteres. Esto es, tales labores de cuidado se prejuzgan compatibles con el seguimiento de una formación a la que las personas trabajadoras solo deberían ser convocadas una vez reincorporadas al trabajo, sin que resulten necesariamente conciliables de impartirse telemáticamente (Villalba Sánchez, 2024: 159). No obstante, dicha posición dista de ser pacífica, pues no faltan quienes consideran que el fenómeno de la digitalización en materia de formación profesional no ha de configurarse sólo desde la perspectiva de la capacitación profesional, sino también desde una dimensión instrumental, en la medida en que puede facilitar el acceso de la mujer a la formación, especialmente durante períodos de inactividad vinculados con la conciliación (Garrigues Giménez y Fernández-Peinado Martínez, 2024: 272). En efecto, como ya ha sido puesto de manifiesto, uno de los principales escollos a los que se enfrentan las trabajadoras para competir en condiciones de igualdad con los varones son las interrupciones a las que se somete la carrera profesional de las féminas, derivadas de la maternidad y vinculadas al ejercicio de los derechos de conciliación, puesto que durante los períodos de inactividad se produce una "depreciación del capital humano", ya que no se genera experiencia profesional y se corre el riesgo real de no invertir en formación.

Por tanto, para paliar en la medida de lo posible esta "indeseable consecuencia", cierto sector doctrinal considera que sería conveniente que durante el ejercicio de estos derechos se garantizara que las personas trabajadoras pudieran acceder a la formación profesional a distancia u *on-line,* puesto que la asistencia presencial, por la propia naturaleza de la causa suspensiva, puede resultar difícil de cumplir (Garrigues Giménez y Fernández-Peinado Martínez, 2024: 272)[21].

En fin, dado que ni la formación defensiva frente a la extinción del contrato regulada en el art. 52.1.b) ET, ni buena parte de la formación prospectiva contemplada en la negociación colectiva muestran demasiada sensibilidad para con una serie de situaciones susceptibles de generar un trato discriminatorio (quedando a expensas del juzgador elucidar si las condiciones en las que se proporciona son objetivamente justificables) para evitarlo la doctrina sugiere programar una formación inclusiva, cuya metodología y ubicación temporal tengan en cuenta las circunstancias de sus destinatarios, sin que sirvan a tal fin las cláusulas convencionales que exoneran de la asistencia a la formación impartida fuera del horario de trabajo a quien alegue alguno de los anteriores impedimentos, perpetuando su "destierro digital" (Villalba Sánchez, 2024: 188). Es más, las propuestas pasan por hacer extensivo ese derecho a recibir formación (en tanto ajuste razonable) a otros supuestos discriminatorios merecedores de una tutela específica, como puede ser la discriminación interseccional a la que se expone la mujer cuyo empleo o promoción profesional peligre por una falta de destreza en la ejecución de un puesto de trabajo que haya dejado de desempeñar durante el tiempo consagrado a la atención de las responsabilidades familiares tradicionalmente asignadas a su género.

---

21 A través de cláusulas del siguiente tenor: "Durante la suspensión del contrato por el ejercicio de los derechos de conciliación, el empleador se compromete a ofrecer cursos de formación en modalidad online, con el objetivo de posibilitar la participación de los trabajadores de manera flexible y adaptada a sus necesidades personales. El empleador informará a los trabajadores de las opciones de formación disponibles en modalidad online, facilitando el acceso a plataformas educativas y recursos digitales pertinentes".

Por el contrario, merecen una valoración muy positiva aquellas disposiciones convencionales que recomiendan a las partes contratantes "impulsar la formación de la mujer [...] en aquellas situaciones de reincorporación a la actividad laboral tras períodos de maternidad y excedencias derivadas de la misma"[22], inspiradas por el Convenio núm. 156 de la OIT sobre la igualdad de oportunidades y de trato entre trabajadores y trabajadoras (art. 7).

6. LA SIMBIOSIS ENTRE COMPETENCIA/HABILIDAD DIGITAL Y EMPLEABILIDAD: NUEVOS YACIMIENTOS DE EMPLEO DERIVADOS DE LA DOBLE TRANSICIÓN

Como con acierto ha manifestado cierto sector doctrinal, el actual proceso de innovación tecnológica genera tres contradicciones sobre el mundo del empleo (Cedrola Spremolla, 2017: 9). En primer lugar, se da un proceso de sustitución de habilidades, de nuevos tiempos de trabajo y de nuevas competencias, contradictorio en relación con las anteriores habilidades, tiempos y competencias. En consecuencia, se configura una segunda situación que tiene que ver con la contradicción entre el trabajo genérico y el trabajo autoprogramable, y finalmente, la tercera contradicción se da entre la destrucción que se genera de aquellos puestos que requieren de menor cualificación para la realización de sus tareas frente a la aparición de nuevos puestos, inexistentes antes en el mercado, de contenido hiperespeciali-

---

[22] Art. 33 del I CC de la industria, la tecnología y los servicios del sector del metal de la provincia de Zaragoza para los años 2020 a 2022 (BOP núm. 262, de 13 de noviembre de 2020) o art. 76 del CC de Menzies Aviation Ibérica y Menzies Aviation Services (BOE núm. 304, de 21 de diciembre 2023) y art. 50 del CC del grupo de empresas Distribuidora Internacional de Alimentación, SA, y Día Retail España, SAU (BOE núm. 77, de 31 de marzo de 2023).

zado y complejo. A pesar de sus contradicciones, la transformación digital está cambiando la naturaleza del empleo y la propia estructura del mercado laboral, llegando a provocar que algunos trabajos sean sustituidos por otros, a la vez que muchos cometidos experimentan una profunda transformación. Con estos mimbres, las competencias digitales representan un papel protagonista, hasta el punto de que es posible apreciar una estrecha relación entre la posesión de competencias y habilidades digitales (y, por ende, de cualificaciones profesionales) y el grado de empleabilidad, pues cada vez serán más valorados profesionales que puedan colaborar, comunicarse y resolver problemas de manera efectiva, y con una mentalidad de aprendizaje continuo, que estén dispuestos a mantenerse al día (Llorens Largo y Molina Carmona, 2024: 36).

Tal extremo empieza a ser ya percibido por las propias personas trabajadoras, quienes manifiestan cierta preocupación por sus consecuencias para la empleabilidad y el desarrollo profesional ante el manifiesto déficit de competencias digitales y el elevado número de empresas que continúan sin aplicar estrategias destinadas a actualizar las capacidades de sus plantillas. En consecuencia, resulta prioritario garantizar a todas las personas, incluida por lo tanto la mano de obra, una buena formación en la materia, a fin no solo de que sean capaces de utilizar las correspondientes tecnologías, sino también de que se encuentren en disposición de innovar y liderar su aplicación (Ces, 2017: 55).

La reciente Ley 3/2023, de 28 de febrero, de Empleo, recoge entre sus objetivos (art. 4), la difusión de nuevos yacimientos de empleo, especialmente en el caso de sectores, enclaves o empresas en proceso de reconversión y precisamente la digitalización y la transición ecológica van a producir (están produciendo) dichos procesos de cambio estructural en determinados sectores. La doble transición, ecológica y digital, está abriendo nuevas oportunidades en campos profesionales relacionados con la mitigación de emisiones (rehabilitación energética de edificios, instalación y mantenimiento de plantas de energías renovables; compostaje de biorresiduos); la adaptación a los impactos climáticos (jardinería de bajo consumo de agua, agroecología, horticultura urbana) o la promoción de una cultura de sostenibilidad (educación ambiental, ocio y turismo sostenible, consultoría en ahorro y eficiencia energética).

A nadie se oculta que estos empleos verdes pueden suponer tanto una oportunidad como un obstáculo para el objetivo de alcanzar la igualdad en el empleo entre mujeres y hombres, en tanto las ocupaciones vinculadas a numerosas actividades en el sector de las energías renovables son técnicas, y la brecha tecnológica impide acceder a muchas potenciales trabajadoras, y cuantas prestan servicios en estos sectores, tienen que enfrentarse a la conocida segregación por razón de ocupación (Álvarez Cuesta, 2023: 8). Por tanto, la envergadura de la transición digital en la que se halla inmerso el tejido empresarial español justifica el impulso insuflado por el legislador a la dimensión prospectiva del derecho a recibir formación profesional de la empresa, que deberá ser pergeñada por los interlocutores sociales atendiendo a una necesaria perspectiva de género y de atención a la diversidad. De hecho, a esta dimensión, parte integrante del derecho a la formación reconocido en los arts. 4.2.b) y 23 ET (Requena Montes, 2019), pertenece el derecho atribuido a las personas trabajadoras cuyo contrato hubiera sido suspendido o cuya jornada hubiera resultado reducida tras la activación del mecanismo RED de carácter sectorial (art. 47 bis ET).

REFERENCIAS BIBLIOGRÁFICAS

Agra Viforcos, Beatriz (2019). "La mujer en la industria 4.0. Ámbitos donde debe actuar la responsabilidad social corporativa". *La igualdad de oportunidades entre mujeres y hombres y las acciones de responsabilidad social.* Juruá.

Aguilar Gonzálvez, María Cristina (2020). "Digitalización o la oportunidad de creación de más y mejores empleos". *Revista de Trabajo y Seguridad Social. CEF*, 445, 93-120. https://doi.org/10.51302/rtss.2020.1084

Álvarez Cuesta, Henar (2023). "La formación en los nuevos yacimientos de empleo (empleos digitales, verdes) con especial atención a la perspectiva de género". *Lan harremanak: Revista de relaciones laborales*, 49, 37-66. https://doi.org/10.1387/lan-harremanak.24805

CEDEFOP (2015). *La innovación y la formación: aliados del cambio*. Nota informativa, 2. Recuperado de: https://www.cedefop.europa.eu/files/9103_es.pdf

Cedrola Spremolla, Gerardo (2017). "El trabajo en la era digital: Reflexiones sobre el impacto de la digitalización en el trabajo, la regulación laboral y las relaciones laborales". *Revista Internacional y Comparada de Relaciones Laborales y Derecho del Empleo*, 25, 8-37.

CES (2017). *Informe 03/2017: La digitalización de la economía.*

CES (2024). Informe 02/2024: *La gobernanza económica de la Unión Europea.*

CESE (2020). *La evolución del mundo del trabajo y la longevidad y el envejecimiento de la población. Condiciones previas para que los trabajadores de más edad permanezcan activos en el nuevo mundo del trabajo* (2020/C 14/08). DOUE de 15 de enero.

Comisión Europea (2010). Comunicación de la Comisión al Parlamento Europeo, al Consejo, al Comité Económico y Social Europeo y al Comité de las Regiones: *Agenda digital para Europa* [COM (2010) 245 final].

Comisión Europea (2016). Comunicación de la Comisión al Parlamento Europeo, al Consejo, al Comité Económico y Social Europeo y al Comité de las Regiones: *Una agenda de capacidades para Europa. Trabajar juntos para reforzar el capital humano, la empleabilidad y la competitividad* [SWD (2016) 195 final].

Comisión Europea (2020). Comunicación de la Comisión al Parlamento Europeo, al Consejo, al Comité Económico y Social Europeo y al Comité de las Regiones: *Una Europa social fuerte para unas transiciones justas* [COM (2020) 14 final].

De Fuentes García-Romero de Tejada, Carlos (2023). "La transición digital en las actuaciones de la Unión Europea sobre Empleo tras la pandemia COVID-19", *Revista Justicia & Trabajo*, 3, 73-99.

Del Rey Guanter, Salvador (2017). *Nuevas tecnologías y negociación colectiva"*. Ministerio de Trabajo y Economía Social. Recuperado de: http://www.

mitramiss.gob.es/es/sec_trabajo/ccncc/G_Noticias/Jornadas/XXX_JOrnada_Ponencia_S.delRey.pdf.

Domínguez Morales, Ana (2024). "La orientación profesional mediante los itinerarios o planes personalizados de actuación. Apuntes sobre el caso andaluz". *Temas Laborales,* 171, 137-170.

Fabregat Monfort, Gemma (2021). "Criterios y sistemas de promoción profesional y ascensos y no discriminación por razón de género". *Femeris: Revista Multidisciplinar de Estudios de Género,* 6 (2), 12-33. https://doi.org/10.20318/femeris.2021.6134

Fernández Prol, Francisca (2020). "Relaciones de trabajo ante el proceso de digitalización de la economía: análisis desde una óptica de género", *Revista de Derecho Social,* 89, 91-120.

Garrigues Giménez, Amparo y Fernández-Peinado Martínez, Alicia (2024). "Propuestas estratégicas para enfocar el tratamiento negocial de la igualdad de mujeres y hombres en el trabajo y el empleo, y la conciliación de la vida familiar y laboral en el contexto de la digitalización". AA.VV. (Blasco Jover, Carolina, Dir.): *Trabajo y digitalización: avances y retos para el diálogo social y la negociación colectiva.* Tecnos.

Llorens Largo, Faraón y Molina Carmona, Rafael (2024). "¿A qué se hace referencia cuando hablamos de digitalización, inteligencia artificial y algoritmos?". AA.VV. (Blasco Jover, Carolina, Dir.): *Trabajo y digitalización: avances y retos para el diálogo social y la negociación colectiva.* Tecnos.

Lozano Lares, Francisco (2023). "Educación, formación y aprendizaje permanente: agenda de capacidades europea". *Temas Laborales,* 168, 103-130.

Martínez Barroso, María de los Reyes (2018). *Influencia de la edad en las relaciones laborales. Acceso al empleo y protección social.* Thomson Reuters-Aranzadi), 2018.

Martínez Barroso, María de los Reyes (2021). "La importancia de las *cibercapacidades* y su influencia en la empleabilidad". AA.VV. (Fernández Domínguez, Juan José y Fernández Fernández, Roberto, Dirs.): *Seminario Internacional sobre nuevos lugares, distintos tiempos y modos diversos de trabajar: innovación tecnológica y cambios en el ordenamiento social.* Thomson Reuters/Aranzadi.

Martínez Barroso, María de los Reyes (2024). "La formación continua en la negociación colectiva. Algunos ejemplos de buenas prácticas", *Oñati Socio-Legal Series,* Número especial: III Jornadas de impulso a la Declaración de Oñati de 2019. Diálogo social y concertación de políticas laborales como instrumentos de cambios. https://www.researchgate.

net/publication/382471872_Continuous_training_in_collective_bargaining_Some_examples_of_good_practice.

Martínez Barroso, María de los Reyes y Megino Fernández, Diego (2021). *La formación en un mercado laboral tecnificado.* Tirant lo Blanch.

Martínez Cantos, José Luis; Castaño Collado, Cecilia; Escot Mangas, Lorenzo y Róquez Díaz, Adolfo (2020). *Nuestras vidas digitales. Barómetro de la e-igualdad de género en España.* Instituto de la Mujer y para la Igualdad de Oportunidades. Recuperado de: https://www.ontsi.red.es/index.php/es/estudios-e-informes/Igualdad-de-genero/Nuestras-vidas-Digitales-Barometro-de-la-e-igualdad-de

Mateos Sillero, Sara y Gómez Hernández, Clara (2019). *Libro Blanco de las mujeres en el ámbito tecnológico.* Ministerio de Economía y Empresa. Recuperado de: https://www.mineco.gob.es/portal/site/mineco/menuitem.d27e450d6789dd5c6a5af299026041a0/?vgnextoid=76d4799895960610VgnVCM1000001d04140aRCRD

Mercader Uguina, Jesús Ramón (2020). "Nuevos escenarios para el Estatuto de los Trabajadores del siglo XXI: digitalización y cambio tecnológico". *Trabajo y Derecho,* 63.

Ministerio de Industria, Energía y Turismo (2015). *Industria conectada 4.0: La transformación digital de la industria española.* Ministerio de Industria, Energía y Turismo.

Nieto Rojas, Patricia (2018). "El nuevo sistema de formación profesional para el empleo (Ley 30/2015 y RD 694/2017) y el papel de los agentes sociales en su desarrollo". *Revista de Información Laboral,* 7, 149-161.

Olarte Encabo, Sofía (2017). "Brecha digital, pobreza y exclusión social". *Temas Laborales,* 138, 285-313.

Ortega Lozano, Pompeyo Gabriel (2024). "Transición digital y trabajadores en edad próxima a la jubilación: brecha y desigualdades tecnológicas". *Revista de Derecho de la Seguridad Social, Laborum,* 6, 173-205.

Pérez Callejo, Mónica (2023). "Las competencias digitales, un impulso a la formación y a la empleabilidad". *Capital humano: revista para la integración y desarrollo de los recursos humanos,* 387.

Requena Montes, Óscar (2019). *Los derechos individuales de formación en el artículo 23 del Estatuto de los Trabajadores.* Tirant lo Blanch.

Rodríguez Escanciano, Susana (2024). "La brecha digital de género: reflexiones en las postrimerías del primer cuarto del siglo XXI". *Revista de Trabajo y Seguridad Social. CEF,* 479, 7-19.

Rodríguez Fernández, María Luz (2017). "Plataformas, *microworkers* y otros retos del trabajo en la era digital". *Contribución a la Conferencia Nacional OIT El futuro del trabajo que queremos.*

Rodríguez Fernández, María Luz (2020). *Humanos y robots: empleo y condiciones de trabajo en la era tecnológica.* Bomarzo.

Rodríguez González, Sarai (2019). "Brechas de género y transformación digital", *Revista de Derecho Social*, 88, 199-218.

Saiz, Milagros; Arroyo, Lidia y Castaño, Cecilia. (2020). *Mujeres y digitalización. De las brechas a los algoritmos.* Instituto de la Mujer y para la Igualdad de Oportunidades. Ministerio de Igualdad. https://doi.org/10.30923/MujDigBreAlg-2020

Sánchez-Castañeda, Alfredo (2019). "La cuarta revolución industrial (industria 4.0). Entre menos trabajo, nuevos empleos y una cíclica necesidad: La protección del trabajador asalariado y no asalariado". AA.VV. (Mendizábal Bermúdez, Gabriela; Sánchez-Castañeda, Alfredo y Kurczyn Villalobos, Patricia, Coords.): *Industria 4.0. Trabajo y seguridad social.* Universidad Nacional Autónoma de México. http://ru.juridicas.unam.mx:80/xmlui/handle/123456789/57160

Valdés Dal-Ré, Fernando (1998). "La regulación de la formación profesional continua: balance de una experiencia convencional ya consolidada". *Relaciones Laborales,* 2, 96-114.

Vallecillo Gámez, Mª Rosa (2023). "Competencias digitales, formación y sesgos de género: el reto de vencer el "no women's land"". *Revista Internacional y Comparada de Relaciones Laborales y Derecho del Empleo,* 11 (1), 438-469.

Valverde Asencio, Antonio José (2019): "Nuevas capacitaciones profesionales para la mejora de la empleabilidad en el proceso de digitalización: un debate sobre la formación y las políticas activas de empleo", *Temas Laborales,* 148, 137-160.

Varela de Alburquerque Dalprá, Juliana (2020).: "La protección del trabajo digno mediante los impactos de las nuevas formas de robótica laboral, inteligencia artificial y nuevas tecnologías", *Revista Internacional y Comparada de Relaciones Laborales y Derecho del Empleo,* 8 (3), 208-234.

Villalba Sánchez, A. (2024). *El derecho a recibir formación de la empresa para una transición digital justa.* Red Empresa Administración/Aranzadi.

Vuorikari, Riina; Punie, Yves; Carretero Gómez, Stephanie y Van den Brande, Godelieve (2016). *DigComp 2.0: The Digital Competence Framework for Citizens. Update Phase 1: The Conceptual Reference Model.* Publication Office of the European Union. 10.2791/607218 (versión impresa)

Formación para el empleo y brecha de género digital en la Comunidad Valenciana

ALICIA FERNÁNDEZ-PEINADO MARTÍNEZ
Profesora Contratada Doctora
Universidad de Alicante

1. LA POSIBLE INCIDENCIA DE LA FORMACIÓN PROFESIONAL PARA EL EMPLEO EN LA SEGMENTACIÓN HORIZONTAL DEL MERCADO DE TRABAJO

Muchos son los estereotipos relacionados con la menor capacidad que les presupone a las mujeres para la ciencia y la tecnología y que determina una de las brechas en materia de segregación profesional de mayor envergadura. El tema no es menor, puesto que, a corto plazo, puede verse agravada debido a la adaptación de nuestro sistema de formación profesional a la creciente demanda de perfiles tecnológicos derivado de las incipientes economías verde y azul. De hecho, este es uno de los aspectos en los que incide la exposición de motivos de la LO 3/2022, de 31 de marzo, de ordenación e integración de la Formación Profesional.

La labor desarrollada por el sistema de formación profesional para el empleo en materia de digitalización y nuevas tecnologías resulta especialmente interesante desde la perspectiva de género. En este sentido la formación profesional podría servir como herramienta para facilitar la permeabilidad entre sectores de actividad y, con ello, contribuir a romper la fuerte segmentación horizontal del mercado de trabajo. En este contexto, resulta interesante analizar la oferta formativa dentro del sistema de formación profesional para el empleo desde dos perspectivas: a) identificar la actividad formativa destinada a obtener competencias transversales en sectores de actividad como el tecnológico y el grado de participación femenina; b) determinar cómo se han implementado las nuevas tecnologías en el desarrollo de la propia actividad docente y cuál ha sido su posible repercusión.

Para ello se toma como referencia la actividad desarrollada por LABORA (Servicio Valenciano de Ocupación y Formación) en la última década. Se analizará la participación femenina a partir de las memorias proporcionadas anualmente por dicha entidad, para, una vez concluido el análisis, exponer las principales conclusiones junto con, en su caso, las correspondientes propuestas de mejora.

2. LA ACTUACIÓN DE LABORA

El acceso a la formación profesional en materia de digitalización puede implicar un importante avance en la lucha contra la discriminación de la mujer en el mercado de trabajo, ya que la adquisición de competencias transversales en este ámbito resulta decisiva para favorecer la empleabilidad y movilidad intersectorial de las mujeres en atención a las nuevas tendencias del mercado de trabajo y favorecer, de este modo, la lucha contra la segregación horizontal. Para poder planificar eficientemente dicha actividad formativa es insoslayable partir previamente del diagnóstico de la situación. O, dicho más claramente, abordar qué actividades formativas se desarrollan en esta línea y cuál es el índice de participación y éxito de las mujeres en estas. Antes de adentrase en el grueso del análisis, es preciso delimitar los parámetros que configuran la actividad investigadora.

La principal fuente de información consultada son las memorias elaboradas por LABORA y que anualmente publica en su página web[1]. Es conveniente señalar que la información proporcionada en dichos documentos en relación con el género de los participantes resulta escasa, circunstancia que ha dificultado enormemente la realización de este estudio. A modo de ejemplo, destaca que, en el programa de formación profesional para personas desempleadas, no se ha cruzado la información sobre el sexo de los participantes con otras variables como edad, la tasa de éxito, y abandono o la duración de la actividad formativa en horas. Estos datos resultan esenciales para llevar a cabo un análisis con el nivel de rigor necesario.

A fin de que el análisis sea lo más exhaustivo posible y refleje fielmente la incidencia desde la perspectiva de género de las actividades de formación profesional llevadas a cabo hasta la actualidad por LABORA en materia digital, se ha tomado como referencia en el análisis el periodo que va de 2013 a 2022, lapso en el que aparece en las memorias, aunque limitadamente, el factor sexo en relación con las actividades formativas ejecutadas. Debe tenerse en cuenta que los datos relativos a los años 2020 y 2021 divergen significativamente de las tendencias observadas en años precedentes, como consecuencia de la crisis COVID 19. En virtud de ello, estos registros no reflejan de manera fidedigna la dinámica habitual de LABORA. No obstante, desde una perspectiva porcentual, en términos generales se percibe una continuidad en la evolución, coherente con los programas implementados en periodos anteriores.

Por lo que se refiere a la actividad de LABORA, aunque la entidad desarrolla siete líneas distintas de planes formativos, únicamente van a ser tratadas aquellas que tiene una mayor proyección sobre el mercado de trabajo: Formación profesio-

1 Última consulta: 7 de noviembre de 2023. https://labora.gva.es/es/memoria_servef

nal dirigida prioritariamente a personas desempleadas, formación profesional para el empleo dirigido prioritariamente a personas ocupadas y formación on line "aula virtual LABORA". En cada línea de actuación, se va a analizar la presencia femenina en las familias profesionales dirigidas a obtener competencias en materia digital, aunque el estudio se va a extender a otras líneas formativas como medioambiente, dada la creciente proyección prevista para estas. En esta línea resultan especialmente interesantes las familias formativas de Formación complementaria, Informática y comunicaciones y seguridad y medioambiente[2]. Además, como ya se ha señalado, en atención a las tendencias del mercado de trabajo es más que previsible que a corto y medio plazo los sectores de actividad vinculados a la digitalización y medioambiente cobren un mayor protagonismo, por lo que su análisis resulta más que aconsejable[3].

---

2 Las especialidades que integran la Familia Profesional de Formación Complementaria (FCO) tienen la consideración de formación transversal en áreas que se consideran prioritarias tanto en el marco de la Estrategia Europea para el Empleo y del Sistema Nacional de Empleo como en las directrices establecidas por la Unión Europea. En todo caso, son áreas prioritarias las relativas a tecnologías de la información y la comunicación, la prevención de riesgos laborales, la sensibilización en medio ambiente, la promoción de la igualdad, la orientación profesional y aquellas otras que se establezcan por la Administración competente.

3 Así, la LO 3/2022, de 31 de marzo, de ordenación e integración de la Formación Profesional recoge esta ida cuando dispone que "El número de empleos generados por la digitalización y la transición ecológica, los dos grandes elementos transformadores del modelo económico, necesitarán ser cubiertos con personas competentes y cualificadas profesionalmente, al menos, con el nivel de formación profesional de grado medio, que se incluye entre los correspondientes a la enseñanza secundaria postobligatoria. Las previsiones para España en 2025 identifican que el 49 % de los puestos de trabajo

2.1. Formación profesional dirigida prioritariamente a personas desempleadas.

El programa de formación profesional dirigida prioritariamente a personas desempleadas cuenta, a su vez, con varias modalidades de programación: formación para la inserción, formación modular transversal, formación colectivos, formación para completar certificados de profesionalidad y formación a medida.

Con carácter previo a analizar la proyección que las actuaciones formativas en materia de digitalización puedan tener sobre el colectivo de mujeres, resulta necesario esbozar, siquiera brevemente, cuál es el panorama general en el que se desenvuelve la actividad de LABORA. En este sentido, resulta pertinente iniciar el análisis desde la perspectiva de la situación de los solicitantes de empleo según su género y edad en la Comunidad Valenciana, dado que, por razones obvias, los colectivos identificados serán los destinatarios de las iniciativas formativas llevadas a cabo por LABORA: individuos desempleados comprometidos en la búsqueda activa de oportunidades laborales. En este contexto, es importante notar que la tasa de desempleo entre las mujeres ha sido habitualmente superior a la de los hombres durante el periodo de 2013 a 2022, según los datos proporcionados por el SISPE[4]. Aunque se registra una tasa de desempleo femenina inferior a la masculina en el segmento de jóvenes menores de 25 años, en el resto de grupos de edad, se observa de manera significativa la tendencia inversa, donde el desempleo entre las mujeres se mantiene consistentemente en niveles superiores.

---

requerirán una cualificación intermedia, y solo un 14 % de puestos requerirán baja cualificación".

4 https://labora.gva.es/es/estadisticassispehtml

Tabla 1. Demandantes parados por grupo de edad y género, 2019.

Fuente: Elaboración propia. Datos obtenidos de https://labora.gva.es/es/estadisticassispehtml

Por lo que respeta a la participación de mujeres y hombres en las acciones formativas llevadas a cabo en el programa "formación profesional dirigida prioritariamente a personas desempleadas", de los datos obrantes en las memorias de LABORA, se concluye que ha habido un incremento lento y constante de mujeres, hasta el punto de rebasar la participación masculina. No obstante, la mayor presencia femenina ha de matizarse, puesto que también responde a un notable decrecimiento de la participación masculina.

Tabla 2. Evolución del porcentaje de alumnos en función del sexo

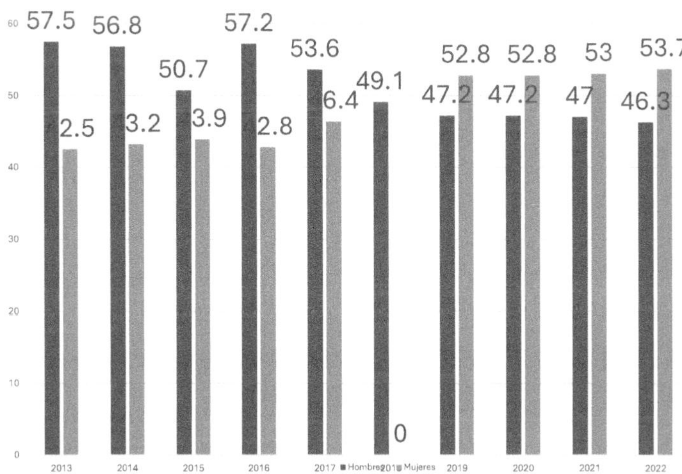

Fuente: Elaboración propia. Datos obtenidos de https://labora.gva.es/es/memoria_servef

Una vez perfilado el panorama general, estamos en disposición de tratar aquellos programas formativos susceptibles de favorecer una mayor movilidad entre sectores de actividad. Como ya se ha señalado, únicamente van a ser objeto de evaluación las familias profesionales formación complementaria (FCO), informática y comunicaciones (IFC) y seguridad y medioambiente (SEA). Del análisis de los datos proporcionados por las memorias de labora se obtienen los siguientes resultados.

Tabla 3. Participantes por sexo respecto del total de alumnado del programa

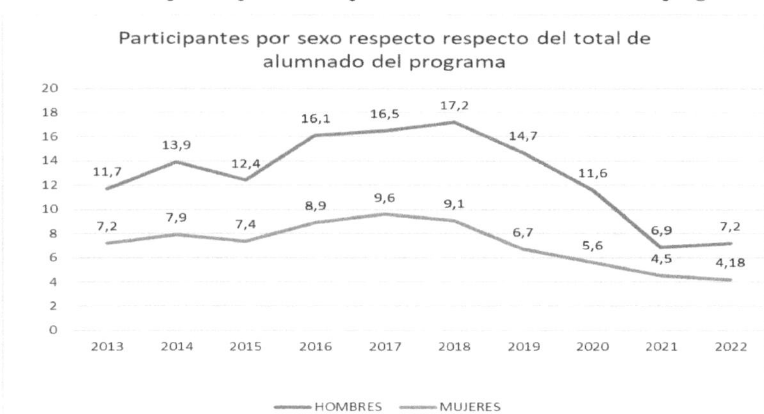

Fuente: **Elaboración propia. Datos obtenidos de https://labora.gva. es/es/memoria_servef**

Por lo que se refiere a la variable sexo, esta únicamente se expresa en relación al total de participantes en los programas de LABORA según familia profesional, sin cruzar la información con otros datos fundamentales como, por ejemplo, la tasa de éxito y abandono o la estratificación de participantes por franja de edad. Al margen de estas limitaciones, la primera conclusión que se obtiene es la escasa relevancia de las familias profesionales estudiadas desde una perspectiva cuantitativa. Po otro lado, también resulta constatable, como se desprende de los datos analizados, que el nivel de participación de las mujeres en actividades formativas transversales resulta notoriamente más bajo que el de los hombres. Además, se aprecia un descenso significativo que, aunque afecta en mayor medida a los varones, también se proyecta respecto del colectivo de mujeres.

2.2. Formación profesional para el empleo dirigido prioritariamente a personas ocupadas

La formación profesional a personas ocupadas se dirige principalmente, como es lógico, a mejorar la cualificación de los trabajadores en activo, resulta natural que se desarrollen en la misma familia profesional. Por tanto, difícilmente va a constituir una herramienta que revierta los estereotipos de género en la elección de una actividad profesional. No obstante, también es cierto que la impartición de cursos destinados a la adquisición de competencias transversales puede tener efectos positivos, en la medida que pueden que facilitar la permeabilidad de entre sectores de actividad. Desafortunadamente, los datos que se derivan de las memorias de LABORA no aparecen desglosados en función de la acción formativa y el sexo de los trabajadores y tampoco se identifican las acciones encaminadas a facilitar el acceso de las mujeres a acciones formativas con contenidos transversales a fin de tratar de revertir este patrón.

Siguiendo el mismo patrón que se da en las acciones formativas dirigida prioritariamente a personas desempleadas, de los datos analizados se desprende que paulatinamente las mujeres han ido cobrando mayor protagonismo, de modo que, desde el año 2017 son las más mujeres las que llevan a cabo algún tipo de acción formativa en este programa.

Tabla 4. Evolución del número de participantes en función del sexo

Fuente: Elaboración propia. Datos obtenidos de https://labora.gva.es/es/memoria_servef

No obstante, se ha de tener presente que en estas modalidades formativas también pueden participar los trabajadores desempleados con el tope de que no superen el 30% de los participantes del plan. LABORA no proporciona información sobre este particular, por lo que es difícil determinar la incidencia que las personas desempleadas pueden tener en estos planes de formación. Este dato resulta de gran relevancia, puesto que puede implicar, por un lado, que la participación en la formación profesional de mujeres ocupadas sea realmente más baja de lo que se podría deducir de los datos proporcionados por LABORA. Y, por otro, que el volumen de mujeres desempleadas que llevan a cabo acciones formativas sea superior a los que refleja el plan formación profesional dirigida a prioritariamente a personas desempleadas.

La cuestión no es menor como se verá a continuación. Aunque, como ya se ha señalado, LABORA no proporciona estos datos, lo cierto es que, según datos de FUNDAE (Fundación Estatal para la Formación en el Empleo) en el año 2021al menos 232479 mujeres participaron en acciones formativas subvencionadas. Del total de mujeres, el 62% (144501) estaban ocupadas y el 38% (87978) en situación de desempleo. Mientras que entre los hombres la proporción de ocupados es diez puntos superiores (71%). Obviamente, estos datos no pueden extrapolarse sin más al ámbito de la formación profesional impartida por LABORA, pero resulta relevante a efectos de dimensionar el impacto que la formación profesional pueda tener entre las mujeres en activo.

En relación con la distribución de hombres y mujeres según familias profesionales que, como ya se ha expuesto, es una de las principales causas de la brecha de género en el mercado de trabajo, los patrones de segregación horizontal vuelven a replicarse, aunque, ciertamente, con menor intensidad. Nuevamente las actividades formativas en la que mayor participación se observa son las ligadas al sector servicios. No obstante, se aprecian diferencias significativas respecto del programa de formación profesional de trabajadores prioritariamente desempleados, puesto que en el caso de trabajadores ocupados sectores tradicionalmente masculinizados en los que la presencia de mujeres está muy próxima a la de los hombres, e incluso, en algunos casos, llega a ser superior.

Así, si se analiza el índice de participación de mujeres en familias profesionales tradicionamente feminizadas respecto del total de mujeres inscritas en esta modalidad de programa en función del año, vemos que su peso en el periodo 2013-2017 es sustancialmente menor que en los programas formativos para personas desempleadas. Sin embargo, en el periodo 2018-2020 la tendencia cambia y la distribución horizontal por familias profesionales resulta nuevamente muy acusada.

Tabla 5. Porcentaje de participación de mujeres en familias profesionales tradicionamente feminizadas respecto del total de mujeres inscritas esta modalidad de formación para personas ocupadas

	2013	2014	2015	2016	2017	2018	2019	2020	2021	2022
ADG	27,8	21,2	-	35,9	38,1	42,3	20,7	42,7	41,8	34,3
COM	9,5	7,7	-	7	6,3	9,6	9,6	11,6	9,8	11,7
HOT	3,2	3,16	-	1,9	3,8	4,4	10,5	4,2	3,7	5%
SSC	11,9	11,3	-	7,4	6,9	21,7	34,8	12.6	19,6	14,4

Total	52,8	56,7	-	52,2	55,1	78	75,6	71,1	74,9	65,4

Aunque la concentración de alumnos varones en estas familias profesionales también aumenta en el periodo 2018-2020, su presencia resulta sensiblemente inferior.

Tabla 6. Porcentaje de participación de hombres en familias profesionales tradicionamente feminizadas respecto del total de hombres inscritos esta modalidad de formación para personas ocupadas

	2013	2014	2015	2016	2017	2018	2019	2020	2021	2022
ADG	16,6	10,1	-	19,8	20,1	23,4	21,6	22	20,7	19,7
COM	12,2	13	-	7,2	8,1	9,8	12,9	7	12,2	13,4
HOT	2	1,9	-	0,5	2,8	5,1	2,2	3,4	3,6	3,9
SSC	3,1		-	1,2	2	15	7,1	17,9	14,4	9,1
Total	33,9	28	-	28,7	33	53,3	43,8	50,3	50,9	46,1

Una vez esbozado el panorama general dentro del programa de formación profesional dirigido preferentemente a personas ocupadas, se está en disposición de tratar cómo el mismo incide en la llamada segmentación horizontal del mercado de trabajo. Para ello, debido a las limitaciones de información que contienen las memorias de LABORA, únicamente cabe analizar cómo ha evoluciando la presencia de las mujeres en las familias formativas dirigidas a obtener competencias transversales en sectores de la actividad económica que deben ser objeto de atención prioritaria según las tendencias del mercado de trabajo y favorecer la empleabilidad y movilidad intersectorial de las personas trabajadoras: formación complementaria, Informática y comunicaciones y seguridad y medioambiente[5].

---

[5] Las especialidades que integran la Familia Profesional de Formación Complementaria (FCO) tienen la consideración de formación transversal en áreas que se consideran prioritarias tanto en el marco de la Estrategia Europea para el Empleo y del Sistema Nacional de Empleo como en las directrices establecidas por la Unión Europea. En todo caso, son áreas prioritarias las relativas a tecnologías de la información y la comunicación, la prevención de riesgos laborales,

Tabla 7. Evolución de la presencia de hombres en Formación complementaria, Informática y comunicaciones y Seguridad y medioambiente

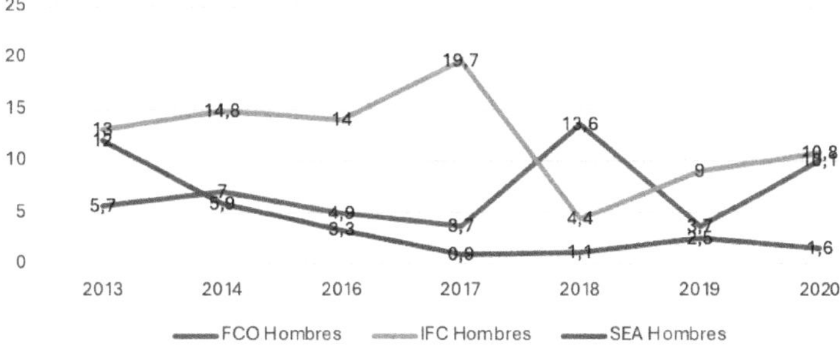

Tabla 8. Evolución de la presencia de mujeres en Formación complementaria, Informática y comunicaciones y Seguridad y medioambiente

Como se puede comprobar se ha producido un acusado descenso en el desarrollo de estas actividades formativas. Lo que resulta especialmente grave desde un análisis de perspectiva de género si se tiene en cuenta que son las categorías formativas que tienen por objeto mejorar la empleabilidad y movilidad intersectorial de las personas trabajadoras y, además, están enfocadas a sectores de actividad profesional en los que se ha dado un alto incremento de la demanda en mercado de

la sensibilización en medio ambiente, la promoción de la igualdad, la orientación profesional y aquellas otras que se establezcan por la Administración competente.

trabajo con una evolución al alza prevista para los próximos años. De mantenerse esta tendencia, se estaría propiciando a corto y medio plazo desde la actividad formativa de LABORA una mayor segmentación del mercado trabajo.

2.3. Formación online aula virtual LABORA

A través del aula virtual LABORA se llevan a cabo dos tipos de actividades formativas: una destinada a la impartición de cursos de idiomas y de cursos de competencias transversales, y otra programación destinada a ofrecer material didáctico digital como apoyo a otros programas formativos.

Los datos con los que se cuentan para analizar su actividad desde una perspectiva de género son nuevamente muy limitados. Por un lado, porque su labor solo se desarrolla desde el año 2018. Y, En cuanto a la modalidad destinada a ofrecer material didáctico digital como apoyo a otros programas formativos, porque la información no aparece desgranada en relación al sexo de los participantes, por lo que, de entrada, dicha modalidad formativa no puede ser objeto de estudio.

Por lo que se refiere a la impartición de competencias transversales las memorias LABORA de 2019 y 2020 proporcionan información sobre el perfil del alumno según edad y sexo. Resulta una modalidad formativa especialmente interesante porque está dirigida a potenciar las competencias transversales que permiten una mayor movilidad entre sectores y, por tanto, pueden servir vía para revertir la fuerte discriminación horizontal que se da en el mercado de trabajo

Del análisis de los datos se desprende una mayor participación de mujeres en este tipo de actividad formativa. No obstante, resulta especialmente llamativa la caída de alumnos en alta durante el 2020, máxime cuando las circunstancias derivadas del confinamiento deberían haber supuesto un incremento en su demanda y ejecución. De hecho, en la memoria del 2020 se hace especial hincapié en este sentido, poniendo de manifiesto que hubo un aumento extraordinario en la financiación de estos programas.

Tabla 9. Número de participantes en actividades formativas transversales del aula virtual labora por sexo (2019-2022)

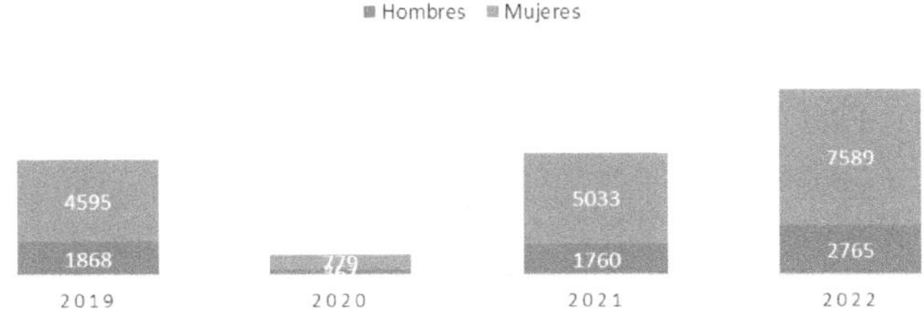

Fuente: Elaboración propia. Datos obtenidos de https://labora.gva.es/es/memoria_servef

Por rango de edad, se aprecia una mayor participación del estrato de mujeres de 30 a 45 años, seguido muy de cerca por las mayores de 45 años.

3. CONCLUSIONES

Como ya se ha señalado, el presente estudio pretende establecer cuál es la incidencia de la actividad de LABORA en la lucha contra la segmentación horizontal que sufre la mujer en el mercado de trabajo. En concreto, se trata de determinar que actividades formativas se han llevado a cabo en este sentido y cuál ha sido su seguimiento en función del sexo.

En análisis de género que se ha realizado de los programas de formación profesional para el empleo de LABORA se observa una importante segregación horizontal por sexo en atención a las familias profesionales cursadas. En efecto, en los dos programas con mayor impacto desde una perspectiva cuantitativa, formación dirigida prioritariamente a trabajadores desempleados y personas ocupadas, se reproducen los mismos patrones que se dan en el mercado de trabajo en relación con las preferencias profesionales por sexo. En cuanto al programa de formación para el empleo dirigido prioritariamente a trabajadores desempleados, en el periodo analizado la presencia de mujeres se concentra de manera estable en unas pocas familias profesionales claramente feminizadas (Administración y gestión, Hostelería y servicios socio culturales y a la comunidad). Esta tendencia lleva a perpetuar importantes brechas una vez las mujeres se reincorporen a la actividad: segregación horizontal, segregación vertical y, consecuentemente, mantenimiento de la brecha salarial.

Por otro lado, la participación de las mujeres en actividades formativas dirigidas a obtener competencias transversales en sectores de la actividad económica que deben ser objeto de atención prioritaria según las tendencias del mercado de trabajo y favorecer la empleabilidad y movilidad intersectorial de las personas trabajadoras, como es el caso de la digitalización, tampoco se puede calificar como exitosa. El nivel de presencia femenina resulta más bajo que el de el de los hombres apreciándose, además, un descenso significativo en los últimos años.

Por último, no puede obviarse la importante irrupción que ha supuesto la formación *on line*, mediante el programa "aula virtual LABORA". Conviene tener presente que el importante incremento en la participación de mujeres que se da en los últimos años deriva de la implementación del aula virtual LABORA en la que durante 2019 cursan alguna actividad formativa 4595 mujeres frente a 1868 hombres. Durante el 2020 aunque siguen siendo más las mujeres que hombres que cursan alguna actividad formativa a través del aula virtual, el descenso en ambos grupos es muy acusado. Los datos del 2020 se han de tomar con precaución, puesto que los mismos no pueden resultar representativos dadas las circunstancias excepcionales que se produjeron a raíz de la crisis del COVID-19.

Pese a la limitada experiencia en la formación profesional para el empleo en la modalidad *on line*, puesto que no contamos con una serie histórica que nos permita apreciar su evolución, la importante participación de mujeres y su superior número respecto a los hombres en sus primeras experiencias, hace plantearse cuáles son los causas que subyacen en la preferencia femenina. Teniendo en cuenta que las mujeres asumen el grueso del trabajo reproductivo, una explicación plausible podría hallarse en la ventaja que implica desde un punto de vista organizativo, puesto que permite compaginar la formación con las tareas del cuidado familiar.

El carácter residual del derecho a la formación en el trabajo de cuidados

ANGELA SALMASO
Doctoranda
Universitat de Valencia

1. INTRODUCCIÓN

En el contexto de las transformaciones globales, con España en una posición destacada, es imprescindible considerar que el trabajo de cuidados tiene un gran potencial para la creación de empleo, ya que a medida que la sociedad avanza y se diversifican las necesidades de atención y asistencia, este sector se perfila como uno de los que ofrecen mayores oportunidades de crecimiento y desarrollo profesional.

De hecho, se estima que la demanda de cuidados podría generar hasta 299 millones de empleos formales a nivel mundial por el año 2035 y otros 19 millones para 2035 (Addati, Cattaneo, Pozzan, 2022:15).

Sin embargo, a pesar de la creciente necesidad de personal capacitado en este ámbito, la profesionalización del sector de cuidados no ha recibido la atención que merece y para contribuir a una recuperación económica más equitativa e igualitaria, así como para construir un futuro laboral inclusivo, la implementación de políticas de cuidados debería, indudablemente, prestar especial atención a la formación en el ámbito del trabajo de cuidados.

Hasta el presente, este trabajo se caracteriza por condiciones laborales precarias y una marcada feminización. Además, se observa una falta de reconocimiento adecuado de esta labor, lo que obstaculiza su desarrollo pleno y efectivo.

Este amplio abanico de cuestiones no ha llamado la atención de los intérpretes de manera sistemática, a pesar de que el trabajo de cuidados siempre ha existido, aunque se ha situado fuera del mercado laboral y de su lógica.

2. EL CONCEPTO MULTIDIMENSIONAL DE LOS CUIDADOS

El crecimiento y la diferenciación de las necesidades de cuidados expresadas por las sociedades desarrolladas han encontrado una respuesta, aún por construir, en la expansión del llamado trabajo de cuidados, que comprende una amplia variedad de trabajadoras y trabajadores de los servicios personales.

El concepto de cuidados se caracteriza por su naturaleza multidimensional, abarcando una amplia gama de actividades cuya delimitación resulta compleja (Molero Marañón, 2024: 35).

No obstante, destaca un aspecto común en todos los tipos de cuidados: generalmente son las mujeres quienes asumen las responsabilidades de cuidado, ya sea que reciban una remuneración por ello o no.

En este contexto, la provisión de cuidados se estructura socialmente alrededor de la división sexual del trabajo, que a su vez está fuertemente influenciada por factores como la raza, la clase social y el estatus migratorio. Como resultado, la responsabilidad y la asignación del trabajo de cuidados recaen de manera desproporcionada en los hogares, particularmente en las mujeres, quienes frecuentemente lo realizan sin remuneración, o contratando mujeres, frecuentemente de origen migrante y en situaciones de precariedad.

De hecho, otra particularidad que define la actividad ejercida, independientemente de quienes la llevan a cabo, es la precariedad. Esta, junto con la falta de reconocimiento social y valoración de la labor desempeñada, forma una relación de "causa-efecto bidireccional" (Tobio Solero, 2019:156).

Los trabajos de cuidado, tanto los que reciben compensación económica como los que no, a pesar de ser esenciales para el sostenimiento de la vida y el bienestar colectivo de nuestras sociedades, se caracterizan por ser subestimados y enfrentar condiciones laborales extremadamente inestables.

En consecuencia, esto debe asociarse con el fortalecimiento de dichas actividades y con la garantía de condiciones laborales justas y dignas, con el fin de proteger y preservar el bienestar de la sociedad en su totalidad (Álvarez Cuesta, 2020:173).

Hasta la fecha, las personas encargadas del cuidado han asumido históricamente una serie de obligaciones y responsabilidades que han moldeado su propio desarrollo vital, hasta el punto de inhibirlo.

Además, a pesar de ser una labor fundamental para el bienestar individual y tener un impacto crucial tanto en quien cuida como en quien recibe el cuidado, el ámbito del Derecho del Trabajo ha "silenciado su reconocimiento y su dignificación" (Molero Marañon, 2020:39).

Tanto en España como en otros países del sur de Europa, este sector exhibe características distintivas derivadas de la composición cultural y social del país, entre las cuales destacan el notable peso de la estructura familiar y la prominencia innegable del sector doméstico.

Algunas de las actividades más representativas dentro de este sector incluyen el trabajo de cuidadoras no profesionales, cuidadoras en residencias y servicios de ayuda a domicilio, así como las labores desempeñadas por limpiadoras, camareras de hoteles y empleadas domésticas.

3. LA CONVERGENCIA PROFESIONAL ENTRE EL TRABAJO DOMÉSTICO Y EL CUIDADO

Los trabajos domésticos y de cuidados son actividades que renuevan a diario la salud física y el bienestar emocional de los individuos, ya que incluyen tareas de organización, programación y supervisión, que conllevan una notable fatiga mental y emocional para quienes las llevan a cabo.

Nos hallamos en medio de una transformación esencial en la concepción y en los métodos para garantizar la provisión de estos trabajos, por lo cual nos refugiamos en la estructura familiar mediante cuidados informales, lo cual impide que se reconozca adecuadamente el mérito de los cuidados cuando estos se profesionalizan, ya que estas tareas no han sido valoradas ni económica ni socialmente, lo que perpetúa la precariedad y la invisibilidad de las mujeres que se incorporan a estos sectores.

El desafío que surge al considerar el cuidado como una ocupación radica tanto en su remuneración y condiciones laborales, como en las cualidades y habilidades requeridas (Martín Palomo, 2008:53-86). Son profesiones con una cualificación mínima reconocida, pero hay que tener en cuenta que la cualificación no se refiere únicamente a tener una especialización técnica o conocimientos específicos, sino que también incluye la habilidad para realizar ciertos trabajos y tareas gracias a un aprendizaje integral y adecuado. Este enfoque holístico permitiría reconocer y valorar las habilidades y competencias que, aunque no siempre visibles o formalmente reconocidas, han sido adquiridas y desarrolladas socialmente.

Dado que su ejecución se basa en los conocimientos adquiridos a lo largo del proceso de formación de la identidad femenina, los trabajos de cuidado han sido históricamente desatendidos. Sin embargo, este sector está experimentando un crecimiento significativo, caracterizado por la definición de nuevas profesiones dentro de este ámbito.

Este desarrollo implica reconsiderar varios aspectos, como la comprensión del cuidado, la relación de dependencia entre cuidador y cuidado y los límites y responsabilidades de esta labor (Sanz Sáez, 2019:299-327).

Las tareas del hogar y el cuidado de personas constituyen el trabajo doméstico, donde las primeras apoyan indirectamente los objetivos de las segundas. La idea principal, por tanto, radica en analizar no solo las tareas en sí mismas, sino también las relaciones sociales que facilitan su ejecución (Sanz Sáez, 2021:524).

Por consiguiente, los hogares deben considerarse lugares de producción, al igual que los mercados, y el trabajo de cuidados debe reconocerse como verdadero trabajo, ya que los hogares generan bienestar a través de la producción de bienes y servicios no monetarios y el trabajo de cuidados implica costos como tiempo, esfuerzo y recursos para quienes lo realizan, mientras que ofrece beneficios a la sociedad y al sistema socioeconómico en su conjunto.

Convertir el trabajo de cuidados en una profesión reconocida implicaría otorgar valor y prestigio a los conocimientos relacionados con el cuidado, lo que a su vez requiere la contratación de personal formado para atender las necesidades de estos servicios.

Sin embargo, en el proceso de transformar el trabajo doméstico y de cuidados en una profesión regulada, aún no existen directrices claras para su práctica y unas de las razones de esta falta de regulación es que históricamente estas actividades han sido realizadas por mujeres dentro del ámbito familiar.

3.1. Hacia la construcción de un mercado de trabajo de cuidados profesionales

A día de hoy, existe y persiste un (no) mercado de trabajo para todas aquellas actividades asistenciales en sentido amplio, que implican a personas más o menos cualificadas, que ofrecen sus servicios en ausencia de las necesarias protecciones, que sólo un mercado adecuadamente construido y regulado podría proporcionarles (Selma Penalva, 2008:115).

La construcción de un mercado de trabajo de cuidados pasa ante todo por la profesionalización de los cuidadores familiares y de los trabajadores que, de forma más general, se ocupan de las personas necesitadas (Cachón González, 2021:564).

Este objetivo requiere necesariamente unos estudios capaces de formar adecuadamente a estas personas, una representación colectiva en defensa de la profesión y del tratamiento económico y reglamentario y un reconocimiento legislativo que permita el acceso al mercado únicamente a personas cualificadas, capaces de responder a las necesidades de la población con competencia y profesionalidad.

Por lo tanto, parece necesario, también con referencia específica a los sujetos concretamente encargados de las actividades de cuidados, cuestionar la adecuación de los perfiles hoy existentes y la posibilidad de proyectar la construcción de nuevas figuras profesionales, capaces de responder a las renovadas necesidades de la población.

Desde otra perspectiva, junto al apoyo a las familias, se podría plantear como hipótesis la implantación de modelos alternativos, menos centrados en el cuidado familiar y más proclives al reconocimiento del trabajo real de cuidados, con profesionales adecuadamente formados, incluidos en un mercado virtuoso, lejos de las distorsiones y criticidades hoy existentes (Camino Frías, 2013:7).

Junto con el reconocimiento, en cualquier caso importante, de todas las fases de la vida dedicadas al cuidado de niños, niñas y familiares dependientes, las condiciones actuales en las que se encuentra nuestro país y, en particular, las dificultades cada vez más evidentes que encuentran las personas cuidadoras familiares en la gestión de los cuidados están impulsando ahora una evaluación más profunda de la posibilidad de llegar a una regulación efectiva de un mercado formal para el trabajo de cuidados, que vaya seguida de una valorización adecuada de las figuras profesionales que ofrecen servicios de cuidados.

3.2 Trazando trayectorias para un fortalecimiento profesional a través de la formación continua

Resulta esencial proporcionar apoyo en la formación y desarrollar proyectos laborales o formativos que mejoren las condiciones de trabajo de las personas. Esto debe basarse en la valorización de los conocimientos y experiencias adquiridos a lo largo del tiempo, integrándolos con las características del entorno laboral.

Tal enfoque contribuirá a delinear las nuevas trayectorias que los individuos elijan para su desarrollo profesional. La propuesta en cuestión se concibe como el inicio de un proceso formativo continuo, susceptible de extenderse mediante el desarrollo de actividades relacionadas y ampliar así el acceso a diferentes campos ocupacionales.

También se plantea la opción de crear proyectos de trabajo independientes o asociativos, como el cooperativismo, especialmente relevante para las trabajadoras domésticas y de cuidados.

Este enfoque no solo busca profesionalizar y mejorar la empleabilidad en estas áreas, sino también transformar el trabajo doméstico y de cuidados, tradicionalmente invisible y realizado de manera individual, en un trabajo reconocido y colectivo, ya que el objetivo final es superar las desigualdades de género y promover condiciones laborales dignas para estas trabajadoras, que suelen enfrentar precariedades significativas (Sanz Sáez, 2021:525).

Por consiguiente, la formación busca fomentar una reflexión sobre el proceso histórico de feminización del trabajo doméstico, el cual surge de la asignación social de roles diferentes para hombres y mujeres. Además, propone una evaluación crítica de cómo esta asignación de roles se ha naturalizado y ha afectado la falta de formación profesional en este campo, ya que tradicionalmente se ha asumido que las mujeres poseen un conocimiento innato para las tareas domésticas, como si estuviera implícito en su ADN, lo que ha llevado a no considerar la necesidad de una formación específica para ellas.

Es imprescindible que las personas se comprometan continuamente por seguir aprendiendo y capacitándose para identificar las mejores oportunidades laborales. Sin embargo, esta formación profesional debe partir del reconocimiento de los conocimientos individuales o colectivos como estrategias para la inclusión social.

Durante el proceso de capacitación, es crucial revisar los aprendizajes adquiridos a lo largo de la vida que pueden ser aplicados en un espectro más amplio del mercado laboral, ya que esto permitirá a las trabajadoras domésticas y de cuidados reconocer cómo las competencias laborales desarrolladas en estas áreas pueden ser transferidas y utilizadas en otros sectores laborales.

3. CONCLUSIONES

La creciente demanda de trabajo en el sector de cuidados desde hace años se señala como una cuenca potencial capaz de impulsar el desarrollo del empleo y esta tendencia expansiva debe ser interceptada con intervenciones adecuadas en el frente de la construcción de las competencias y de los perfiles profesionales de las trabajadoras y trabajadores, para satisfacer la creciente demanda de manera efectiva.

Las intervenciones también deben tener en cuenta las necesidades más delicadas e íntimas de las personas que reciben estos cuidados, asegurando que el personal esté capacitado para abordar estas necesidades de manera sensible y adecuada.

Además, dado que las mujeres poseen diversas competencias, habilidades y actitudes que no son reconocidas ni remuneradas adecuadamente, sería crucial realizar una revisión que dignifique y valore estos trabajos mediante una reformulación de la formación y regulación de esta relación laboral especializada.

Para finalizar, es pertinente, por lo tanto, enfocar esfuerzos en priorizar este sector, promoviendo tanto las inversiones en la formación de las personas trabajadoras, dado que uno de los obstáculos para su profesionalización es la falta de reconocimiento de las cualificaciones necesarias para muchas de estas actividades. Este reconocimiento favorecería no solo la valorización social de estas tareas y de quienes las desempeñan, sino también el desarrollo de las economías de cuidados y atención a las personas.

Dado que los cuidados son una responsabilidad colectiva de la sociedad, resulta imprescindible actuar y legislar en consecuencia.

4. REFERENCIAS BIBLIOGRÁFICAS

Addati, Laura, Cattaneo, Umberto y Pozzan, Emanuela (2022). *Los cuidados en el trabajo: Invertir en licencias y servicios de cuidados para una mayor igualdad en el mundo del trabajo.* Organización Internacional del Trabajo. https://www.ilo.org/global/topics/care-economy/WCMS_850638/lang–es/index.htm Recuperado el 13 de junio de 2024.

Álvarez Cuesta, Henar (2020). "El futuro del trabajo después de la pandemia y los empleos del futuro". *Gaceta Sindical,* 35, 155-174.

Álvarez Cuesta, Henar (2021). "Precariedad del trabajo retribuido de cuidados: origen y mecanismos de solución". *Lex Social: Revista De Derechos Sociales, 11,* 570-593.

Álvarez Cuesta, Henar (2023). "La formación en los nuevos yacimientos de empleo (empleos digitales, verdes) con especial atención a la perspectiva de género". *Lan Harremanak,* 49, 37-75.

Cachón González, Elena (2021). "Trabajo de cuidados: tensiones derivadas de su definición, sus regímenes de funcionamiento y su organización social". *Lex Social: Revista De Derechos Sociales,* 11, 558-586.

Camino Frías, Juan José (2013). "Lucha contra el empleo irregular y el fraude a la Seguridad Social". *Lex Nova,* 6-450.

Grau Pineda, Carmen (2020). "La formación profesional en el empleo domestico: análisis del estado de la cuestión". *Lan Harremanak,* 44, 358-378.

Molero Marañón, María Luisa (2020). "Las trabajadoras del cuidado: por un futuro del trabajo decente". *Revista de Derecho Social,* 89, 33-64.

Monín Sánchez, Lara (2023). "La formación como instrumento indispensable en la lucha contra las desigualdades en el trabajo", *Revista Internacional y Comparada de Relaciones Laborales y Derecho del Empleo,* 11, 336-360.

Martin Palomo, María Teresa (2008). "Domesticación del trabajo: una propuesta para abordar los cuidados". *Mujeres, trabajos y empleos en tiempo de globalización.* Icaria, 53-86.

Quintero Lima, María Gema (2019). "El trabajo de servicio doméstico como una realidad jurídica inevitable". *Revista Lex Social: Revista de Derechos Sociales,* 2, 2-6.

Sanz Sáez, Concepción (2019). "Profesionalización efectiva del servicio doméstico. un trabajo pendiente". *Revista Lex Social: Revista de Derechos Sociales,* 2, 299-327.

Selma Penalva, Alejandra y Luján Alcaraz, José (2008). La reforma del régimen especial de la Seguridad Social de los trabajadores empleados de hogar. Foro de Seguridad Social, 20, 107-120.

Tobio Solero, Mélida Costanza (2019). "Conciliación, cuidado e igualdad de género". Especialista en gestión de políticas de igualdad, Thomson Aranzadi, 149-169.

Exclusión Digital y de Género: desafíos de la formación en Brasil[1]

FABÍOLA MARQUES[2]
Profesora de Derecho del Trabajo y Derecho Procesal del Trabajo
Pontifícia Universidade Católica de São Paulo (PUC/SP)

INTRODUCCIÓN

La exclusión por razones de género es un fenómeno social que ha surgido de la estructura sexista y patriarcal de la sociedad brasileña, que ocurre en todas las áreas del conocimiento, incluyendo el campo de las tecnologías de la información y la comunicación (TIC).

En el área de la tecnología, la discriminación de género se disfraza con la idea de neutralidad frente a la aptitud y capacidad necesarias para el desarrollo de la ciencia. No obstante, la exclusión de las mujeres se produce tanto en el acceso a nuevas tecnologías como en el aprovechamiento del desarrollo tecnológico.

---

1 Traducción al español del artículo en el idioma portugués realizada por Talita Corrêa Gomes Cardim, doctoranda en Derecho del Trabajo y de la Seguridad Social en la Universidad de Valencia, en el marco del proyecto de investigación "La regulación de la formación para el empleo ante el reto de la transición digital, ecológica, territorial y hacia la igualdad en la diversidad" (CIGE/2022/171), financiado por la Conselleria de Educación, Universidades y Empleo de la Generalitat Valenciana.

2 Profesora de la PUC-SP en el grado y posgrado. Mestre y Doctora en Derecho. Abogada y socia del Bufete Abud Marques e Piga Sociedad de Abogadas. fmarques@pucsp.br; fabiola@abudmarques.com.br

De hecho, el fenómeno de la brecha digital de género se puede demostrar por el descuido de los logros femeninos en computación; la falta de estímulo en la participación de las mujeres en la educación básica y superior en informática; además de la desigualdad de cargos y salarios en el área tecnológica.

El tema ha sido cada vez más estudiado, sin embargo, permanece lejos de una solución.

1. EXCLUSIÓN DIGITAL EN BRASIL

La exclusión digital en Brasil es un tema complejo, estando estrechamente vinculado a problemas existentes en la sociedad como el analfabetismo, el desempleo y la pobreza.

Si bien vivimos en la llamada "sociedad de la información", el acceso a *Internet* en el país sigue siendo extremadamente precario, siendo imposible desvincularlo de las desigualdades socioeconómicas y culturales.

En 2008, sólo el 34,8% de la población brasileña disponía de acceso a Internet, según datos del Instituto Brasileño de Geografía y Estadística (IBGE)[3].

Por lo tanto, la exclusión social y la exclusión digital son al mismo tiempo causa y efecto, ya que los factores de exclusión social profundizan la exclusión digital y la exclusión digital contribuye a un aumento de la exclusión social.

En 2022, 161,6 millones de brasileños (de 10 años o más) utilizaron *Internet*, según datos del módulo de Tecnologías de

---

[3] Disponible en https://agenciadenoticias.ibge.gov.br/agencia-sala-de-imprensa/2013-agencia-de-noticias/releases/13761-asi-de-2005-para-2008-acesso-a-internet-aumenta-753#:~:text=Em%202008%2C%2056%20milh%C3%B5es%20de,era%20de%2020%2C9%25. Recuperado el 28 de junio de 2024.

la Información y las Comunicaciones de la Encuesta Nacional por Muestra Continua de Hogares (PNAD Continua TIC[4]). La mencionada investigación también reveló un crecimiento ininterrumpido con la presencia de *internet* en el 91,5% de los hogares, además de cambios en los medios de acceso, destacando el uso del móvil como la forma de conexión más común en el 98,9% de los casos.

Sin embargo, aunque estos hogares disponían de acceso a *internet*, este dato no necesariamente representa una conexión adecuada. En primer lugar, el tipo de conexión no es el adecuado porque la mayoría de los hogares no tienen acceso a banda ancha fija, considerada una tecnología imprescindible para permitir una mayor velocidad y una menor limitación en el tráfico de datos en la red, además de garantizar una conexión más constante.

Las diferencias en cuanto al principal tipo de conexión en los hogares siguen siendo notables también por el perfil socioeconómico. En las clases D y E, la proporción de hogares conectados a través de la red móvil alcanzó el 23%, en comparación con el 8% en la clase B y el 14% en la clase A. Entre los pertenecientes a las clases D y E, el número de hogares en los que los residentes informaron que no conocían el tipo de conexión utilizada (20%), proporción que alcanza, como máximo, el 10% entre las demás clases.

Entre los aproximadamente 15 millones de hogares sin acceso a *Internet* en Brasil, el coste del servicio fue la razón más citada por la falta de conexión (59%), siendo considerado este el motivo principal (28%).

---

4 Resumen Ejecutivo – Pesquisa TIC Domicílios 2022 - https://cetic.br/media/docs/publicacoes/2/20230825143348/resumo_executivo_tic_domicilios_2022.pdf, Recuperado el 28 de junio de 2024.

El móvil sigue siendo el dispositivo más utilizado por los internautas brasileños para acceder a la red (99%), mientras que el acceso a través del ordenador fue realizado por el 38% de los usuarios.

Los resultados de la *Encuesta TIC Hogares 2022* mostraron marcadas desigualdades en el acceso a la red a través del ordenador según clase e ingresos familiares: el ordenador era más utilizado para este fin por personas pertenecientes a la clase A (94%) y con ingresos familiares superiores a diez salarios mínimos[5] (92%) y menores para los usuarios de las clases DE (16%) y personas con ingresos familiares de hasta un salario mínimo (19%).

En cuanto a las habilidades digitales, es decir, las actividades realizadas por los usuarios de *Internet*, aquellos con mayor nivel educativo y de clases socioeconómicas más altas son quienes declararon haber realizado en mayor proporción todas las habilidades.

2. DESIGUALDAD DE GÉNERO

En el desempeño de las actividades realizadas por los usuarios de *internet*, se destaca la desigualdad de género, con una mayor proporción de actividades realizadas por usuarios hombres que por mujeres.

Según la edición de 2022 de la *Encuesta TIC Domicilios*, los ítems con mayores diferencias debido al sexo fueron la instalación de programas o aplicaciones (el 42% entre los hombres y el 32% entre las mujeres) y de nuevos equipos (el 25% entre los hombres y el 15% entre las mujeres). Las usuarias de *Inter-*

---

5 El valor del sueldo mínimo en Brasil, en 28 de junio de 2024, rondaba los US$ 250,00.

net también afirmaron no haber completado ninguno de los ítems relacionados con las habilidades investigadas (33%), 9 puntos porcentuales por encima de los usuarios del sexo masculino (24%). Con la creciente adopción de las TIC en la digitalización y automatización de innumerables actividades profesionales, la diferencia en habilidades resulta en oportunidades desiguales, entre hombres y mujeres económicamente activos, a la hora de insertarse en el mercado de trabajo y mantener los salarios y las condiciones laborales.

De hecho, la investigación mostró que la población brasileña conectada enfrenta desafíos en todas las dimensiones, especialmente en aquellos sectores de la población que ya enfrentan otras condiciones de vulnerabilidad. En muchos indicadores de actividades realizadas en *Internet*, los resultados mostraron diferencias significativas entre clases socioeconómicas altas y bajas, entre residentes de áreas urbanas y rurales, entre hombres y mujeres, así como entre blancos, negros y mestizos.

En efecto, se constata que las mujeres tienen menos posibilidades de apropiarse y utilizar nuevas tecnologías debido a la falta de recursos económicos, menor disponibilidad de infraestructura, falta de conocimientos y habilidades, además de la falsa percepción de que la tecnología es "cosa de hombres".

Estas dificultades amplían la brecha de habilidades que pone de relieve una mayor tasa de analfabetismo digital entre las mujeres y se intensifica por la percepción de salarios más bajos, falta acceso a dispositivos tecnológicos y a la conectividad.

Los resultados sugieren la necesidad de promover el desarrollo de habilidades digitales para el conjunto de la población, reduciendo las desigualdades entre los diferentes perfiles sociodemográficos.

En Brasil hay aproximadamente 36 millones de personas de 10 años o más que no utilizan *Internet*. Aunque es posible que una parte de la población en realidad no tenga interés en utilizarla, algunos no usuarios citaron otras barreras para su uso, tales como, la falta de habilidades o el precio de la conexión. E, incluso entre aquellos que citan la falta de interés como la principal razón, la percepción de los riesgos y daños asociados con el ambiente *online*, la inseguridad motivada por la falta de habilidades y otras barreras pueden estar desempeñando un papel importante en esta desvinculación con la *Internet*.

La persistencia de barreras a la conectividad universal y significativa se produce en un escenario en el que la *Internet* y las tecnologías digitales crecen en importancia en diferentes contextos de la sociedad cotidiana.

La exclusión digital restringe el acceso de las personas a oportunidades, servicios y recursos esenciales y, cada vez más, a derechos. En este sentido, por tanto, la promoción de una conectividad significativa en Brasil, en sus más diversas dimensiones, es inseparable de la lucha contra la exclusión social y el ejercicio pleno de la ciudadanía.

3. TELETRABAJO

En 2017, la Ley 13.467 ha cambiado significativamente la legislación laboral brasileña, además de introducir un nuevo capítulo en la Consolidación de las Leyes del Trabajo (CLT – Decreto-Ley n. 5.452, de 1 de mayo de 1943), dedicado especialmente al teletrabajo.

La nueva ley ha definido el teletrabajo (o trabajo a distancia) como la prestación de servicios fuera de las instalaciones del empleador, predominantemente (o no), con el uso de tecnologías de la información y la comunicación (TIC), diferenciándolo del trabajo realizado externamente, así como del trabajo realizado por operadores de *telemarketing* o *call center*.

La legislación establece que el hecho de que el empleado esté presente en la empresa, aunque sea habitualmente, para realizar determinadas actividades, no descalifica el teletrabajo.

En un primer momento, la ley había retirado de los teletrabajadores el derecho a controlar sus horas de trabajo y al pago de horas extras. Sin embargo, en 2022, la Ley n. 14.442 estableció que los teletrabajadores contratados para prestar servicios por jornada tendrán derecho al control y pago de horas extras, mientras que los contratados por producción o tarea no tendrán derecho al pago de horas extras.

El teletrabajo debe ser objeto de negociación entre el trabajador y el empresario mediante un contrato expreso, que establezca horarios de trabajo y medios de comunicación con el empleador, garantizando los periodos legales de descanso. Es importante señalar que en Brasil la jornada laboral normal es de 44 horas semanales, siendo obligatorio el descanso semanal remunerado, preferentemente los domingos.

Las normas colectivas que se aplican a los teletrabajadores son las relativas a la ubicación del empleador, independientemente del lugar donde el empleado preste sus servicios.

Uno de los temas de mayor impacto en la legislación laboral brasileña en materia de teletrabajo, se refiere a la responsabilidad por la adquisición, mantenimiento y suministro de equipos tecnológicos y de la infraestructura necesaria para la prestación del trabajo remoto.

Según la legislación nacional, el empleador no está obligado a proporcionar dichos equipos tecnológicos o de infraestructura, y puede negociar con el empleado que él o ella sea responsable de toda la estructura necesaria para prestar los servicios.

La crítica a esta determinación es que, como el trabajo que utiliza tecnologías de la información y la comunicación normalmente requiere un buen equipamiento y una conexión a la

Internet adecuada, parte de los costes empresariales pasan a ser total responsabilidad del empleado.

Por otro lado, la ley exige que el empleador instruya a los empleados de manera expresa y evidente sobre las medidas de protección que deben tener para evitar enfermedades y accidentes de trabajo, además de obligar el empleado a firmar un término de responsabilidad en el que se compromete a seguir las instrucciones facilitadas por el empleador.

La legislación también establece que, al contratar el trabajo a distancia, los empleadores deben dar prioridad a los empleados con discapacidad y con niños menores de 4 años.

Si, por un lado, la norma permite la contratación tanto de hombres como de mujeres con hijos menores, lo que supone un paso adelante para evitar que la responsabilidad del cuidado de los hijos se concentre únicamente en las mujeres, por otro lado, no impone ninguna sanción por incumplimiento por parte del empresario.

Respecto al cambio del contrato de trabajo presencial para uno a distancia, la ley determina que dicha modificación depende del consentimiento mutuo, del trabajador y del empleador.

Sin embargo, si el empresario pretende que el empleado regrese al trabajo presencial, podrá exigir la reversibilidad sin necesidad de que el trabajador esté de acuerdo, debiendo apenas garantizar un plazo mínimo de 15 días para el retorno a la modalidad presencial. En resumen, en Brasil, los trabajadores no tienen derecho a negarse a trabajar presencialmente.

Importa señalar que, pese la dificultad para acceder al trabajo remoto, la proporción de personas que adoptaron el teletrabajo en Brasil fue mayor entre mujeres, blancos y profesionales con educación superior completa, según un estudio publicado por el IBGE[6], en 2022.

El análisis de los datos demostró que el 8,7% de las mujeres ocupadas trabajaban en esta modalidad, frente al 6,8% de los hombres. Los blancos (11,0%) mantuvieron porcentajes mucho más altos que los negros (5,2%) y los mestizos (4,8%). El grupo de edad con mayor porcentaje lo conforman las personas de 25 a 39 años, con un 9,7%, por encima de la media nacional. De todos los teletrabajadores, casi el 70% tiene educación superior y trabajan en las áreas de ciencia y trabajo intelectual, como ingenieros, abogados, economistas, docentes y profesionales de TI.

Los datos presentados indican que el acceso a *internet* que permite el trabajo remoto está limitado a las clases A y B. También sugieren que las mujeres blancas con educación superior, que tienen acceso a las tecnologías de la información, han dado preferencia al teletrabajo para intentar conciliar la vida personal y laboral con las demandas sociales relacionadas con la maternidad y las actividades de cuidado. De hecho, como las mujeres siguen siendo normalmente las responsables de las tareas del hogar, quienes tienen la posibilidad de realizar trabajos profesionales a distancia lo hacen para intentar compatibilizar las actividades profesionales con los cuidados familiares. Sin embargo, en estos casos, las mujeres acaban acumulando responsabilidades profesionales con las actividades domésticas, mezclando las exigencias del hogar con una carga de trabajo todavía mayor.

---

6 Disponible en https://agenciadenoticias.ibge.gov.br/agencia-noticias/2012-agencia-de-noticias/noticias/38159-pesquisa-inedita-do-ibge-mostra-que-7-4-milhoes-de-pessoas-exerciam-teletrabalho-em-2022#:~:text=Quando%20considerado%20o%20universo%20dos,de%2040%20a%2059%20anos. Recuperado el 10 de julio de 2024.

4. CONCLUSIÓN

Por lo tanto, aunque existan más mujeres que teletrabajan que hombres, las características de estas mujeres indican un perfil social y económico incompatible con la mayoría de la sociedad brasileña.

Las mujeres constituyen la mayoría de la población, pero están en desventaja en comparación con los hombres entre los trabajadores empleados. También son minoría en puestos directivos, además de recibir salarios más bajos y realizar actividades profesionales menos valoradas.

Según datos del 1° Informe Nacional de Transparencia Salarial y Criterios de Remuneración[7], las mujeres brasileñas reciben en promedio un 19,4% menos que los trabajadores varones. Sin embargo, esta diferencia salarial puede ser aún mayor en comparación por grupos de ocupación.

Según la investigación, en los puestos directivos y directivos, la diferencia salarial alcanza el 25,2%. Además, en términos de raza/color, las mujeres negras, aparte de ser una minoría entre los trabajadores ocupados, son las que reciben los salarios más bajos, recibiendo el 66,7% de la remuneración de las mujeres no negras.

La misma situación ocurre en el campo de la tecnología, donde la exclusión se perpetúa a través de la violencia y la discriminación que impacta directamente en el mercado laboral y la vida de las mujeres.

Así, cuando se hace la comparación con mujeres pobres, indígenas, afrodescendientes y rurales, la exclusión digital es aún mayor, limitando el empoderamiento económico y el ejercicio

---

[7] Disponible en http://pdet.mte.gov.br/transparencia-salarial Recuperado el 28 de junio de 2024.

de derechos como la educación, el empleo, la salud y el acceso a la justicia.

La formación para el empleo en el trabajo remoto: nómadas digitales y teletrabajadores internacionales

ESPERANZA MACARENA SIERRA BENÍTEZ[1]
Profesora Titular de Derecho del Trabajo y de la Seguridad Social
Universidad de Sevilla

1. INTRODUCCIÓN A LA DELIMITACIÓN DEL TRABAJO REMOTO

La normativa vigente emplea el término trabajo remoto para identificar el trabajo a distancia con un nuevo marco de relaciones y un impacto severo de las nuevas tecnologías[2]. Esta nueva concepción es el resultado de unas modificaciones iniciadas en el primer decenio del actual siglo y, posteriormente, en el período de la pandemia mundial COVID 19 en el que se implanta el teletrabajo forzoso como medida alternativa que permitía continuar la realización de las prestaciones de servicios cuando la población debía permanecer en una situación de aislamiento para, de esta manera, evitar los riesgos de conta-

1 Investigación realizada en el marco del proyecto de investigación "La regulación de la formación para el empleo ante el reto de la transición digital, ecológica, territorial y hacia la igualdad en la diversidad" (CIGE/2022/171), financiado por la Conselleria de Educación, Universidades y Empleo de la Generalitat Valenciana.

2 Ley 10/2021, de 9 de julio, de trabajo a distancia (BOE, núm. 164, de 10 de julio de 2021, Exposición de Motivos III.

gio ocasionados por la crisis sanitaria[3]. Así, por ejemplo, el trabajo a distancia se identificaba con el trabajo a domicilio y, por ende, en su modalidad más moderna, con el teletrabajo. La reforma laboral del año 2012 modificó la tradicional regulación del trabajo a domicilio (art. 13 ET) para introducir el trabajo a distancia basado en el uso intensivo de las nuevas tecnologías. El teletrabajo se reconoce como una forma de organización del trabajo que encaja perfectamente en el modelo productivo y económico, al favorecer la flexibilidad de las empresas en la organización del trabajo, incrementar las oportunidades de empleo y optimizar la relación entre tiempo de trabajo y vida personal y familiar. Y, por lo tanto, se modifica el trabajo a domicilio por el trabajo a distancia basado en el uso intensivo de las nuevas tecnologías[4].

La norma del trabajo a distancia del año 2021 señala con claridad la ruptura del trabajo a domicilio tradicional con el "trabajo remoto y flexible que permite que el trabajo se realice en nuevos entornos que no requieren la presencia de la persona trabajadora en el centro de trabajo"[5] y el "teletrabajo como una subespecie que implica la prestación de servicios con nuevas tecnologías"[6]. Con posterioridad, una vez superado el momento de euforia normativa de la regulación del teletrabajo, el legislador español incorpora una nueva proyección del trabajo remoto en los denominados nómadas digitales en la Ley 28/2022, de 21 de diciembre, de fomento del ecosistema

---

3 El art, 5 del RD-ley 8/2020, de 17 de marzo, de medidas urgentes extraordinarias para hacer frente al impacto económico y social del COVID-19 (BOE, núm. 73, de 18 de marzo de 2020), declara el carácter preferente del trabajo a distancia,

4 Preámbulo III de la Ley 3/2012, de 6 de julio, de medidas urgentes para la reforma del mercado laboral (BOE, núm. 162, de 7 de julio de 2012).

5 Preámbulo III, Ley 10/2021, de trabajo a distancia.

6 Preámbulo I, Ley 10/2021, de trabajo a distancia.

de las empresas emergentes para dar cobertura a una realidad incipiente de movilidad internacional de carácter flexible. La ley equipara a los nómadas digitales con los trabajadores a distancia de todo tipo de sectores y empresas en un entorno internacional, para hacer referencia a un estilo de vida que permite a las personas trabajar en remoto y cambiar de residencia frecuentemente, compatibilizando el trabajo de alta cualificación con el turismo inmersivo en el país de residencia. Y, de alguna manera, equipara al nómada digital con el teletrabajador internacional. No obstante, entendemos que esta equiparación es equívoca, aun cuando estamos ante trabajadores que tienen la capacidad de aprender por sí mismos, de modo continuo y desde una perspectiva más amplia que aquella vinculada a la actividad laboral que desempeñan o al puesto que ocupan (Requena Montes, 2020: 62).

Sin embargo, esa adaptación permanente o empleabilidad experimenta una mayor intensidad en los nómadas digitales en relación con los teletrabajadores internacionales cuando estos últimos llegan a alcanzar la autorización de residencia permanente, que es uno de los objetivos de la Ley 28/2022 para retener el talento. Esta idea nos obliga necesariamente a tratar qué son y qué diferencia existe entre los nómadas digitales y los teletrabajadores internacionales para detenernos en esa cualidad necesaria para permanecer, en un principio, temporalmente en un territorio: el talento y, posteriormente, estudiar el tema de la capacitación profesional y adaptación a los diversos cambios que pueden acaecer en los nómadas digitales, sujetos que realizan una modalidad de trabajo remoto que entendemos es una subespecie del teletrabajo internacional (AAVV, 2024:107).

2. EL TELETRABAJADOR INTERNACIONAL Y EL NÓMADA DIGITAL. IDENTIFICACIÓN Y DIFERENCIA

De acuerdo con la Ley 28/2022, para ejercer una actividad laboral o profesional a distancia para empresas radicadas fuera del territorio nacional, mediante el uso exclusivo de medios y sistemas informáticos y de telecomunicación, los extranjeros no pertenecientes a la UE deben solicitar una residencia por teletrabajo de carácter internacional. En el primer caso, el titular de esta visa nómada solo podrá teletrabajar para empresas radicadas fuera del territorio español. En el segundo caso, el ejercicio de una actividad profesional, se permitirá al titular de esta visa teletrabajar para una empresa ubicada en España, siempre y cuando el porcentaje de dicho trabajo no sea superior al 20% del total de su actividad profesional.

La norma contempla dos tipos de permisos para residir y trabajar en nuestro país de la forma que hemos visto más arriba: el visado y la autorización de residencia. El primero es un permiso de duración hasta un 1 año. Y el segundo de hasta 3 años para el extranjero que se encuentra legalmente en España. Estos permisos, que se conocen como visas nómadas, son el instrumento que permite trabajar y residir temporalmente a un extranjero para teletrabajar en nuestro territorio. No obstante, entendemos que, dado que el legislador permite que la autorización de residencia de teletrabajo internacional por 3 años sea renovable por otros 2 y, conseguir la residencia permanente pasados los 5 años, en el momento en que el nómada digital obtiene la residencia permanente deja de ser nómada digital, para pasar a la categoría de teletrabajador internacional propiamente dicho. Por este motivo, consideramos que el verdadero nómada digital sería el ciudadano al que se le permite teletrabajar por un máximo de 1 año (visa nómada).

En el caso de las personas con pasaporte europeo pueden trabajar de forma remota hasta 3 meses sin necesidad de registro oficial, gracias a la libre circulación de trabajadores[7]. Junto a este incentivo migratorio hay que añadir otro incentivo fiscal[8], que por razones de espacio no tratamos, y que para poder disfrutarlo el legislador exige el cumplimiento de una serie de requisitos, entre los cuales nos vamos a detener en la necesidad de acreditar la condición de ser graduados o postgraduados de universidades de reconocido prestigio, formación profesional y escuelas de negocios de reconocido prestigio, o bien acreditar una experiencia profesional mínima de tres años.

En definitiva, nos encontramos ante un entorno regulatorio favorable no sólo a la inversión sino también a la atracción del talento, que constituye uno de los principales objetivos de la Ley 14/2013, de apoyo a los emprendedores y sus internalización con unas condiciones para la entrada y permanencia en España por razones de interés económico de las personas extranjeras que acrediten su condición, por ejemplo, de profesionales altamente cualificados que efectúen movimientos interempresariales (Sierra Benítez, 2023, p. 175). Pero el actual marco normativo del teletrabajo internacional no facilita que las empresas posibiliten este tipo de prestaciones, entre otros motivos, por las dificultades para mantener el estatuto jurídico originario (Goerlich Peset, 2023, pp. 43-63). Así, por

---

7 Art. 6 del Real Decreto 240/2007, de 16 de febrero, sobre entrada, libre circulación y residencia en España de ciudadanos de los Estados miembros de la Unión Europea y de otros Estados parte en el Acuerdo sobre el Espacio Económico Europeo (BOE núm. 51, de 28 de febrero de 2007)

8 Ley 35/2006, de 28 de noviembre, del Impuesto sobre la Renta de las Personas Físicas y de modificación parcial de las leyes de los impuestos sobre sociedades, sobre la Renta de no Residentes y sobre el Patrimonio. El art. 93 hace referencia al régimen fiscal especial aplicable a los trabajadores, profesionales, emprendedores e inversores desplazados a territorio español (BOE n. 285, 29 de noviembre de 2006)

ejemplo, la normativa carece de una regulación específica para las empresas españolas que puedan contratar a teletrabajadores internacionales. No se trata de una prestación transnacional de servicios, por lo que no se aplica la normativa europea de desplazamiento internacional de trabajadores ni tampoco la coordinación de los sistemas de la seguridad social, salvo la existencia de convenios específicos (Castella Sánchez-Ostiz y Galán, 2023: 2)

3. EL TALENTO COMO REQUISITO CUALITATIVO DE LA CAPACIDAD FORMATIVA

Como se ha afirmado "el talento es el máximo activo intangible de una organización" que posee una persona y sólo puede desarrollarse y ser fidelizado si es atraído y cuidado con unas excelentes condiciones de trabajo (NTP, 1,121, 2018: 2). El sistema educativo moderno debe estar dirigido a desarrollar todo el potencial y el talento de nuestra juventud[9]. En este sentido, "la creatividad e innovación de una economía no es sólo el resultado del talento de los grupos directivos. El talento es una cualidad presente en toda la población. El dinamismo económico de un país es el resultado de la capacitación del conjunto de su población y no de una reducida élite. Puede afirmarse que el bienestar de una sociedad democrática, así como el dinamismo empresarial y económico de un país pasan por la existencia de una amplia población competente, cualificada e integrada social y profesionalmente"[10].

---

9 Preámbulo de la LO 3/2020, de 29 de diciembre, por la que se modifica la Ley Orgánica 2/2006, de 3 de mayo, de Educación (BOE, núm. 340, 30 de diciembre de 2020.

10 Preámbulo I de la LO 3/2022, de 31 de marzo, de ordenación e integración de la formación profesional (BOE n. 78, 1 de abril de 2022)

Entre los requisitos que la Ley 28/2022 exige al nómada digital para realizar la actividad laboral en el territorio español se incluye acreditar la condición de graduados o postgraduados de universidades, de formación profesional y escuelas de negocios de reconocido prestigio. Sin embargo, el talento no sólo se acredita con una formación reglada universitaria o de formación profesional, sino también mediante una experiencia profesional mínima de tres años. El legislador contempla que esa formación reglada se obtenga en instituciones educativas de "reconocido prestigio", algo que puede plantear problemas de interpretación que, entendemos, el técnico del Ministerio encargado de resolver la solicitud no entrará a valorar cuando la normativa exige otros requisitos más concretos para obtener la visa nómada como, por ejemplo: la existencia de actividad real y continuada por parte de la empresa con la que contrate el solicitante de la visa; la documentación acreditada tanto de que la relación laboral o profesional se puede realizar en remoto, como que la relación laboral o profesional entre solicitante y trabajador existe desde al menos tres meses, así como documentos que acrediten los términos y condiciones de la actividad a distancia. En otro orden, se exige que el solicitante de la visa nómada acredite que reúne recursos económicos suficientes para sí y para los miembros de su familia durante su periodo de residencia o de estancia en España.

Es decir, el talento no sólo se asocia al emprendimiento o a las capacidades y habilidades obtenidas mediante una titulación, sino con otros indicios como la experiencia laboral o la obtención de recursos económicos propios[11]. En este sen-

---

[11] El teletrabajador debe acreditar que cuentan con recursos económicos para sí y para los miembros de su familia de acuerdo con las siguientes cuantías: titulares de los visados y autorizaciones de residencia: cantidad que represente mensualmente el 200% del SMI. En el supuesto de unidades familiares que incluyan dos personas contando a la persona titular y a la persona reagrupada: al menos

tido, el requisito de la titulación pierde importancia para el país de procedencia porque la existencia de la titulación no es exigible, por ejemplo, para teletrabajar en España, sino en todo caso para el país de procedencia con el que el nómada digital tiene un vínculo laboral. Y, en todo caso, se suple por la existencia de una experiencia laboral. En efecto, entre la documentación que el teletrabajador internacional está obligado a aportar consta la "copia de la titulación relacionada con el desempeño del puesto o en su caso experiencia mínima sustitutiva de aquel en funciones análogas al puesto que se pretende desempeñar"[12]. El teletrabajo internacional es un elemento clave en la negociación a la hora de ofrecer y aceptar ofertas laborales, así como también para mantener el puesto de trabajo cuando permite al trabajador una movilidad internacional no sólo para el desarrollo de su actividad profesional o laboral sino también para el desarrollo de su vida personal y familiar. Al respecto, el trabajo a distancia adquiere un mayor protagonismo como medida estrella de flexibilidad y conciliación laboral cuyo máximo exponente es la aplicación de la Directiva 2019/1158 en marco de la UE (Mella Méndez, 2017: 4). En definitiva, implica una deslocalización del talento y una

---

el 75% del SMI. Se requerirá un 25% del SMI por cada miembro adicional a las dos personas mencionadas. Estas cantidades se pueden acreditar entre otros con el contrato, nóminas, certificado de la empresa que desplaza, etc. en Secretaría de Estado de Migraciones (2022). Teletrabajadores de carácter internacional, Art. 74 bis Ley 14/2013. https://www.inclusion.gob.es/web/unidadgrandesempresas/teletrabajadores Recuperado el 24 de junio de 2024.

12 Véase la documentación de las Solicitudes Teletrabajadores Sector Internacional del Ministerio de Inclusión, Seguridad Social y Migraciones que edita la D.G: Migraciones de la Secretaria de Estado de Migraciones en https://www.inclusion.gob.es/documents/1823432/1826098/doc-solicitud-teletrabajador-internac.pdf/f7c4e8fa-df75-1409-b090-5b03f89ea058?t=1680265152938 Recuperado el 24 de junio de 2024.

verdadera opción con vocación de permanencia, jugando un papel muy relevante en la atracción, captación y retención del talento (Velasco, 2021).

El término retención del talento tiene connotaciones diversas, ya que no sólo se asocia con la cualidad persistente de la población que obtiene una formación profesional dinámica durante el tiempo de la prestación de trabajo, sino que tiene un clarísimo valor económico. Al nómada digital se le permite temporalmente permanecer en el territorio español porque tiene una relación de trabajo con una empresa y, además, tiene recursos económicos para permanecer en el territorio. Una vez conocidas las exigencias de la acreditación de la formación del nómada digital, nos adentramos en el mundo de las estadísticas para reflexionar sobre la concreción del talento formativo que, por lo general, reúnen los nómadas digitales.

4. EL TALENTO Y LA FORMACIÓN DEL NÓMADA DIGITAL

Teniendo en cuenta los datos estadísticos sobre los nómadas digitales, observamos que el talento y la formación son dos realidades interrelacionadas en donde la autoformación aparece como una realidad subyacente al nomadismo digital. En su caso podemos intuir cierta diferencia con respecto al teletrabajador internacional cuya modalidad del trabajo a distancia experimenta cierta vocación de permanencia en un lugar determinado y, por lo tanto, un estilo de vida y obligaciones legales diversos, aun cuando ambos utilizan la tecnología para realizar el trabajo a remoto (OpenAI, 2024)

En general, los datos estadísticos sobre los nómadas digitales que se conocen están relacionados con la población estadounidense, por tratarse de la nación que dio lugar a su creación y proliferación. En este sentido, se dice que 16'9 millones de trabajadores estadounidenses se consideran nómadas digitales. Esto supone un aumento del 9% desde 2021 y del 131% desde el año 2019. El número de trabajadores independientes que se consideran a sí mismos como nómadas digitales ha aumentado un 14%. En general, tienen un buen nivel educativo y trabajan en una amplia variedad de campos, siendo las principales profesiones las tecnologías de la información, los servicios creativos y la educación y la formación (MBO partnes, 2022, p. 1-6). Se estima que en el mundo hay unos 40 millones de nómadas digitales, de los que el 17'3 son de EE.UU. De los datos proporcionados por *Normad List* sólo el 9% de los nómadas digitales son graduados de secundaria. Y, por lo tanto, el 91 % tienen educación superior (54% con licenciatura; el 34% con un *master* y el 3% con un doctorado).[13] Según MBO, son personas con fuertes habilidades técnicas en donde el 79% utilizan tecnología en el trabajo para ser más competitivos, casi el doble de la cantidad de los nómadas no digitales (44%) que hacen lo mismo. El 78% manifiestan que su trabajo depende de la tecnología, lo que ocurre sólo con el 56% de los nómadas no digitales. En general lideran el porcentaje de los primeros en adoptar la tecnología, probablemente el 77% frente al 43% de los nómadas no digitales. En cuanto a la formación, se proporcionan datos de informes de años anteriores, y así: el 73% de los nómadas digitales (frente al 53% de los no nómadas digitales) han participado en formación en habilidades relacionadas con el trabajo, y el 68% (en comparación con el 47% de los no nómadas digitales) manifiestan que su trabajo necesita capacitación, educación o experiencia especializada[14].

---

[13] Pumble (2024), Guías de visas para nómadas digitales, Estadísticas de nómadas digitales para 2024 en https://pumble.com/learn/es/digital-nomad-visa/statistics/#Digital_nomads_are_well-educated .Recuperado el 25 de junio de 2024.

[14] Pumble (2024), Guías de visas para nómadas digitales. Estadísticas de nómadas digitales para 2024. https://pumble.com/learn/es/

De una encuesta realizada en el año 2023 se desprende que el 74% de los trabajadores remotos definen el crecimiento profesional como una oportunidad para aprender una nueva habilidad y un salario más alto (71%). En otros casos se señala una mayor autonomía (57% de los encuestados), y ascensos (56%). Las respuestas con menos probabilidades de ser seleccionadas fueron: visibilidad con liderazgo (42%), oportunidades para trabajar con diferentes equipos (47%) y proyectos de mayor perfil (48%). Por otro lado, el 36% cree que el crecimiento profesional es más fácil con el trabajo remoto, respondiendo el 75% que es porque se les mide por su producción e impacto en lugar de por su tiempo en la oficina. El 36% están buscando activamente un nuevo trabajo, el 66% dice que es importante que el nuevo trabajo sea remoto y, por último, para el 43% su salario no está vinculado a su ubicación, entendiendo el 70% que no se les paga menos por trabajar de forma remota (Buffer, 2023)[15].

Sin duda alguna son datos que nos proporcionan una muestra significativa de que la formación es clave para este sector de trabajadores en remoto. No cabe la menor duda de que el desempeño de estos puestos de trabajo exige tener competencias especializadas por parte de los trabajadores y, por ende, coloca a la empresa como proveedora idónea de la formación. Al respecto, buena parte de estas competencias están destinadas a mejorar el cumplimiento de una prestación cuyo contenido funcional necesita de conocimientos técnicos o habilidades especializadas. En este sentido se necesita reforzar el derecho a recibir

---

digital-nomad-visa/statistics/#Digital_nomads_are_well-educated . Recuperado el 26 de junio de 2024.

15 Informe de Buffer en asociación con Nomad List y Remote Ok sobre el trabajo remoto en el año 2023. En este informe se ha contado con 3.000 trabajadores remotos de todo el mundo (trabajadores a tiempo completo y a tiempo parcial, empleados, trabajadores independientes y propietarios de empresa).

formación de la empresa en el contrato ordinario de trabajo como medio para alcanzar una transición digital justa (Villalba Sánchez, Alicia, 2024: pp. 183-188). Las empresas de los trabajadores nómadas digitales requieren un perfil profesional digitalizado y, por lo tanto, un personal con competencias digitales cuya instrucción implica el desarrollo de las *hard skills* (habilidades duras, relacionadas con las responsabilidades profesionales a desarrollar, generalmente técnicas) y las *soft skills* (competencias blandas que, pese a no estar relacionadas con el concreto puesto de trabajo, ayudan al trabajador a adaptarse, de manera positiva, al nuevo contexto laboral implantado y a gestionar con éxito todo lo que esto supone). El desarrollo de estas competencias debe estar adaptado a las particularidades del puesto de trabajo concreto que desempeñe el trabajador nómada digital (Corrêa y Requena, 2023). También hay que tener en cuenta, aunque es una cuestión para tratar en otro momento, que "las acciones de promoción del talento (en particular, del talento digital) se insertan, de una u otra forma, en las políticas de prevención de riesgos laborales (Torres García, 2024).

5. BREVE CONSIDERACIÓN FINAL

España ocupa posiciones destacadas para alcanzar los objetivos de la Década Digital, superando la cifra del conjunto de la Unión en lo que respecta a las redes fijas de alta capacidad (presenta un 93% por el 73% correspondiente a la media europea). En términos de cobertura de fibra, con un 91% notablemente por encima del 56% europeo. Y en el ámbito del 5G, un 82% de cobertura, ligeramente por encima de la media europea del 81% (España digital 2026, 2024). Estos datos técnicos, junto con el buen clima, convierten a España en un país que ocupa una posición destacada para atraer el talento de los nómadas digitales y facilita la obtención de los objetivos de la Ley 28/2022, de fomento de ecosistemas emergentes. No obstante, la regulación actual se enfrenta a los grandes desafíos del teletrabajo internacional y del nomadismo digital, que no se reducen únicamente a las cuestiones relacionadas con la nacionalidad y a la fiscalidad, sino también con el ejercicio de los derechos laborales de unos trabajadores extranjeros con una intensa vocación de movilidad entre países y una alta capacitación profesional, y que demandan una formación profesional continua y necesaria para mantener una deseada transición digital justa.

REFERENCIAS BIBLIOGRÁFICAS

AAVV (2024). *Desplazamiento de trabajadores y teletrabajo internacional,* Francis Lefebvre.

Buffer (2023). *State of remote work 2023,* en https://buffer.com/state-of-remote-work/2023 Recuperado el 25 de junio de 2024.

Castella Sánchez-Ostiz, Joaquín y Galán, Helena (2023). "Nómadas digitales, ¿un cambio de paradigma en la naturaleza del teletrabajo? *Revista AJA,* 997, 29 de junio, 1-5.

Corrêa Gomes Cardim, Talita y Requena Montes, Óscar (2023). "Los contratos formativos y la formación profesional ante el teletrabajo subordinado", *Revista internacional y comparada de relaciones laborales y Derecho del empleo,* Vol. 11, núm. 4.

España digital 2026 (2024). *Indicadores. Conoce todos los datos calve sobre el avance de la digitalización en España.* https://espanadigital.gob.es/indicadores/DESI Recuperado el 26 de junio de 2024.

Goerlich Peset, José María (2023). "Una descentralización de lujo: nomadismo digital en la Ley 28/2022, de empresas emergentes", *Revista de Trabajo y Seguridad Social. CEF,* 476, 39-64.

MBO partners (2023). Digital Nomads. State of Independence: Nomadism Enters the Mainstream, https://info.mbopartners.com/rs/mbo/images/2023_Digital_Nomads_Report.pdf

Recuperado el 25 de junio de 2024.

Mella Méndez, Lourdes (2017). "El trabajo a distancia como medida de flexibilidad y conciliación laboral". *Iuslabor,* 2, 2017, 1-4.

OpenAI. (2024). *ChatGPT (2024).* Copilot.

Requena Montes, Óscar (2020). *La formación continua de los trabajadores,* Cinca, Madrid.

Sierra Benítez, Esperanza Macarena (2023). "La regulación del teletrabajo y el trabajo nómada en España y su configuración en el marco internacional", *Revista Trabalho, Direito e Justiça",* V. 1, n. 1, Set-Dez, pp. 169-183.

Torres García, Bárbara (2024). La prevención de riesgos laborales en el trabajo a distancia y el teletrabajo, Aranzadi.

Velasco, Juan Alberto (2021). *¿Es España un país atractivo fiscalmente para los "nómadas digitales"? ¿Y qué hay de nuestro entorno?* Blog Fiscalidad Internacional. LegalToday. ¿Es España un país atractivo fiscalmente para los "nómadas digitales"? ¿Y qué hay de nuestro entorno? - LegalToday Recuperado el 24 de junio de 2024.

Villalba Sánchez, Alicia (2024). *El derecho a recibir formación de la empresa para una transición digital justa.* Tirant lo Blanc

La formación universitaria online en los estudios de Derecho en el sector privado: retos y beneficios

ANA NIEVES ESCRIBÁ PÉREZ
Directora del Grado en Derecho y Profesora de Derecho del Trabajo y de la Seguridad Social
Universidad Internacional de Valencia (VIU)

1. INTRODUCCIÓN

La educación universitaria *online* es una modalidad de enseñanza basada en el aprendizaje electrónico. Se refiere al proceso educativo llevado a cabo mediante el uso de herramientas digitales y tecnologías de la información y comunicación -en adelante TICs-. Se puede llevar a cabo mediante modalidades presenciales, semipresenciales o no presenciales. Representa un cambio en la mentalidad, exige que seamos más flexibles y abiertos, superando el temor a lo nuevo o desconocido. Esta forma de educación se lleva a cabo a través de plataformas digitales y entornos virtuales destinados a la enseñanza y al intercambio de información entre profesores y alumnos, lo que facilita una comunicación fluida y rápida. Para acceder a estos recursos, tan solo se requiere un equipo informático y conexión a internet. La accesibilidad que proporciona en la era actual es innegable; no obstante, los gobiernos deben esforzarse por reducir la brecha digital para garantizar que todos tengan acceso a este tipo de formación.

Hace ya varios años que la educación *online* es una realidad, utilizada en numerosos procesos formativos que abarcan desde cursos de capacitación profesional hasta Grados y Postgrados universitarios. Fue en 1995 cuando se creó la primera universidad *online* del mundo -española, por cierto-. La pandemia producida por la COVID-19 marcó un claro punto de inflexión en lo que a educación *online* se refiere[1]. Se generó un nuevo orden mundial que supuso una adaptación rápida y ágil de la enseñanza en los entornos digitales y al que, sin lugar a duda, las universidades presenciales tuvieron que adaptarse a una velocidad increíble. Antes de la pandemia, muchos mostraban escepticismo hacia la formación *online*, mientras que otros ya apostaban por este modelo mucho antes de que surgieran conceptos como confinamiento, estado de alarma o restricciones a la libre circulación. La formación *online* pasó a convertirse en la alternativa más apropiada para abordar las necesidades educativas de estudiantes en todo el mundo y en todos los niveles académicos (*v.gr.*, en lo relativo a la formación para el empleo, véase Requena Montes, 2021). Este nuevo sistema para muchos ya era el entorno de trabajo habitual lo que permitió que la enseñanza *online* sufriera un nuevo cambio y que, por tanto, se convirtiera en una necesidad social. Superado el momento más arduo de la pandemia, la enseñanza superior *online* supuso una nueva apuesta para aquellos que pretendían cursas estu-

---

1 Según la UNESCO, se calcula que, durante la Pandemia generada por la COVID-19, el 87% de la población estudiantil se vio afectada por el cierre de los centros educativos -para que nos hagamos una idea estamos hablando de más de 1.500 millones de alumnos de 165 nacionalidades distintas-, por lo que puso en marcha la Coalición Mundial para la Educación cuya finalidad es mejorar la enseñanza a distancia y, así, llegar a niños y jóvenes sin problema -sobre todo a aquellos que corren mayor riesgo de verse afectados por situaciones como las generadas por la Pandemia-. En palabras de Audrey Azoulay, Directora General de la UNESCO *"Esta Coalición constituye un llamamiento a la acción coordinada e innovadora para descubrir soluciones que ayuden a los alumnos y los maestros no solo ahora, sino también a lo largo del proceso de recuperación, prestando especial atención a la inclusión y la equidad"*.

dios universitarios, pero para los que era posible desplazarse a una Universidad o, más si cabe, para aquellos que no disponían del tiempo necesario para poder hacerlo debido a las cargas laborales o familiares.

2. LA EDUCACIÓN UNIVERSITARIA *ONLINE*

La educación universitaria *online* se puede definir como el *proceso de formación independiente mediado por las tecnologías de la información y comunicación, con la finalidad de promover el aprendizaje sin limitaciones de ubicación, tiempo, ocupación o edad de los estudiantes* (De Faría, 2021). De esta misma definición podemos extraer los elementos fundamentales: ubicación, tiempo, ocupación y edad del estudiante. Este tipo de formación se caracteriza por ser una modalidad de aprendizaje basada en el *e-learning*, que se define como la adquisición de conocimientos a través de las TICs.

Vivimos en un mundo que demanda una creciente especialización y, por ende, una mayor formación. Los profesionales deben prepararse cada día más para destacar en sus trayectorias laborales y marcar una diferencia cualitativa entre los demás candidatos. La formación universitaria *online* permite a los estudiantes conciliar sus trabajos con una capacitación adicional que puede marcar la diferencia. Este enfoque posibilita que los estudiantes continúen sus estudios sin descuidar su carrera profesional, avanzando así en su currículo. Con la implementación del plan Bolonia, la asistencia obligatoria a las clases afectó negativamente a aquellos estudiantes que combinaban trabajo y formación. La formación *online* ha facilitado que muchos estudiantes equilibren sus estudios con sus responsabilidades laborales y familiares, promoviendo la conciliación en todas las etapas de la vida. Estos beneficios ya existían antes de la COVID-19, y muchos estudiantes optaban por este sistema. La viabilidad de la formación *online* se debe al avance de las TICs y a las crecientes posibilidades que ofrecen.

Optar por estudios universitarios *online* implica un esfuerzo considerable por parte de los alumnos, que deben demostrar perseverancia, motivación, deseo de superación y autonomía. La flexibilidad es una característica determinante de la importancia de la formación *online*, ya que permite a los estudiantes gestionar su tiempo de acuerdo con las demás facetas de su vida cotidiana. Además, la formación en línea proporciona un ahorro económico significativo al evitar desplazamientos y, en muchos casos, al proveer el material necesario para los estudios. Un beneficio innegable de este tipo de formación es la posibilidad de acceder a los mejores expertos en cada campo, ya que el formato permite la colaboración de cualquier persona con conexión a internet y un dispositivo informático.

3. LA ENSEÑANZA SUPERIOR *ONLINE*: VENTAJAS E INCONVENIENTES

El desconocimiento del funcionamiento en este tipo de formación puede, sin lugar a duda, llegar a suponer inseguridades motivadas en lo desconocido o "no tradicional" pero debemos tener en cuenta que permite el intercambio de conocimientos o información valiosa y que, además, es potencialmente importante en la fluidez en el intercambio de conocimientos entre profesorado y estudiantes de manera ágil y rápida. Es cierto que no hay que dejar de lado cuestiones tan sumamente relevantes como la rigurosidad académica, la seriedad y la modernidad en los planes de estudios que siguen estando regidos por las exigencias de las agencias de evaluación y los estándares de calidad del sistema educativo superior español. Las Universidades han tenido que evolucionar y reinventarse en un entorno global y en constante cambio. Tras la pandemia fuimos conscientes de la necesidad de crear y conservar un modelo educativo que no se viese interrumpido por situaciones fortuitas que supongan la paralización de la educación tradicional presencial como puede ser cualquier catástrofe[2]. La aparición de la COVID 19 no solo impulsó la transformación digital de la sociedad, sino que, además, generó cambios significativos en la percepción de la enseñanza y en el ámbito del trabajo. Esta transformación ha supuesto modificaciones en el modelo de educación y ha demostrado su funcionalidad por lo que Universidades con siglos de antigüedad se han llegado a plantear sus enfoques educativos ofreciendo programas *online* o que combinen las modalidades presenciales tradicionales con un componente *online* importante.

Alrededor del 70% de estudiantes que optan por la enseñanza *online*[3], corresponden al segmento de la población que se encuentra entre los treinta y los treinta y nueve años[4] si bien, tras la pandemia, esta franja de edad disminuyó[5]; de hecho, un dato interesante al respecto es que durante marzo y mayo de 2020, el 54,4% de los usuarios de internet utilizaron su conexión para acceder a formación reglada[6]. La

---

2 Desde el año 2000, la educación superior online ha experimentado un crecimiento del 900%.

3 Según datos obtenidos a través de una encuesta realizada por Telefónica, en España en 2020, el 34.4% de los usuarios de internet utilizaron su conexión para acceder a cursos o formación reglada online. 36,8% de mujeres, 36,8% de hombres. Del total el 54,4% tenía entre 20 y 24 años, el 48% entre 25 y 34 y el 41% de entre 35 y 44 años. https://www.zonamovilidad.es/la-educacion-online-crece-y-surgen-brechas-tecnologicas-en-el-alumnado-en-2020 [Consultado el 06/06/2024].

4 https://www.evolmind.com/blog/perfil-de-un-alumno-de-e-learning/ [Consultado el 06/06/2024].

5 Y se estableció en la franja de entre veinte y veintinueve años.

6 https://www.zonamovilidad.es/la-educacion-online-crece-y-surgen-brechas-tecnologicas-en-el-alumnado-en-2020 [Consultado el 06/06/2024].

formación *online* permite que los estudiantes sean capaces de optimizar los resultados obtenidos y la posibilidad de conseguir, de forma más efectiva, la conciliación laboral, personal y educativa ya que permite a los estudiantes formarse sin tener que salir de sus domicilios y accediendo a través de sus lugares de trabajo. El estudiante superior *online* es conocedor de las TICs y del uso de herramientas informáticas que son, además, las que le van a permitir acceder a las sesiones y, por tanto, a la formación superior efectiva, pero, además, hay que resaltar que, entre otras, una de las características fundamentales de este tipo de estudiantes es que demuestran un gran esfuerzo a través de su perseverancia, motivación, afán de superación y autonomía.

Gran cantidad de estudiantes mejoran sus resultados académicos cuando cursan sus estudios superiores en la modalidad *online* ya que, con ella, se superan algunas brechas importantes de carácter social, económico o geográfico (Pino, 2008). En los últimos años y, en especial, tras la pandemia se ha tratado de establecer un sistema educativo superior que favorezca la simultaneidad de actividades -personales, profesionales y académicas- mientras que se ampliaba el acceso a la formación superior *online* (Díaz, 2013). Aquellos estudiantes que optan por la formación superior *online* pueden interactuar con profesores y estudiantes de todos los lugares del mundo y, por tanto, acceder a un entorno único que permite la visión de la enseñanza desde una perspectiva multicultural y con una visión global de los problemas y las soluciones que, sin lugar a duda, aumentarán sus capacidades a la hora de desarrollarse como profesionales[7]. Esta característica única de las enseñanzas superiores *online*, permite amplificar la calidad de los estudios

---

7 Pensemos, por ejemplo, en el ámbito del Derecho y en las posibilidades que puede otorgar este sistema en estudios jurídicos comparados, *Common Law* o Derecho Internacional en todas sus vertientes.

universitarios ya que, en sus aulas, confluyen Claustro académico y estudiantes que compartiendo conocimientos, culturas, vivencias o experiencias multiculturales[8]. Permite, además, que personas con cargas familiares o aquellos estudiantes que trabajan y/o residen lejos de las Universidades presenciales pueden acceder de manera eficiente y sencilla a la formación superior que, de otro modo, nunca podrían superarse y cursar estudios universitarios lo que influye de manera positiva en un crecimiento curricular de los estudiantes y, por ende, una mejora en el accedo de las condiciones laborales -entre otras cuestiones positivas-. En este mismo orden de cosas hay que resaltar la posibilidad de que los estudiantes de formación superior *online* puedan acceder a la docencia desde cualquier lugar del mundo. El modelo universitario *online*, además, otorga una flexibilidad al estudiante que le permite gestionar su tiempo en función de sus necesidades personales y, si bien esta es una de las características fundamentales, no es la única ya que, por ejemplo y en contra de lo que se puede pensar a *priori*, la cuestión económica es fundamental. Elegir una Universidad con formato *online* supone un ahorro importante a los estudiantes que optan por dicha formación ya que, por ejemplo, evitarán asumir el coste de los traslados.

Lo que, con carácter personal, considero una de las mayores ventajas del sistema de educación superior *online* es la posibilidad que otorga de poder contar con un Claustro académico que imparte sus clases desde cualquier punto del planeta con el único requisito de contar con un equipo informático y una conexión a internet. Los conocimientos pueden ser transmitidos por cualquier experto y dota a la Universidad de la capacidad de poder ofrecerles a sus estudiantes los mejores perfiles

[8] En este sentido, se debe tener en cuenta que vivimos en un mundo global cada día más especializado lo que requiere una mayor formación y, por supuesto, de mayor calidad.

sin estar limitados a la residencia del mismo, lo que abre el abanico de posibilidades y la capacidad de contar con expertos -pensemos en diplomáticos, funcionarios europeos, funcionarios con destinos en el extranjero, etcétera- lo que, a nivel académico, enriquece personalmente tanto al estudiante como al profesorado.

La flexibilidad es una de las ventajas más importantes ya que permite establecer un ritmo de aprendizaje adaptado a cada estudiante en función de sus características y, por tanto, un mayor equilibrio entre la vida familiar y laboral y la vida de estudiante; esta cuestión, además, va a posibilitar que el estudiante sea capaz de administrar su tiempo de forma mucho más eficiente.

En definitiva, entre las ventajas de la formación superior *online* podemos destacar las siguientes[9]: Aumento de la retención de los conocimientos y retención de los tiempos de aprendizaje; Gestión real del conocimiento; Comodidad y reducción de costes; Aumento de las competencias digitales del estudiante; Acceso a plataformas digitales que condensan, en un solo espacio, toda la información relativa a la enseñanza que se esté cursando; Mayor rapidez y agilidad a la hora de acceder a la información; Mayor flexibilidad ya que permite la conexión en cualquier franja horaria lo que permite que el estudiante pueda rentabilizar de forma más adecuada su tiempo; Mayor oferta formativa ya que el estudiante puede acceder a programas de cualquier Universidad del mundo.

Las ventajas de la formación superior *online*, por tanto, podrían resumirse en las siguientes: Eliminación de las distancias físicas; flexibilidad horaria; favorece la interacción; acceso instantáneo e ilimitado a recursos; interactividad; control de

---

9 https://www.eude.es/blog/ventajas-e-learning-educacion-superior/ [Consultado el 12/06/2024].

la comunicación; potencia el trabajo cooperativo; flexibilidad; posibilidad de adaptación del proceso de aprendizaje; personalización del proceso de aprendizaje; resolución inmediata de problemas; ejercicio continuado de reflexión; satisfacción; construcción de nuevos conocimientos de forma inmediata; promoción de múltiples perspectivas sobre el empleo de la información obtenida; interacción entre diferentes áreas de conocimiento; uso y consumo de materiales; desfocalización del conocimiento; diferentes formas de comunicación (sincrónica y asincrónica); registro continuado del progreso formativo (Díaz, 2013).

Los inconvenientes de la enseñanza superior *online* se basan, según mi criterio, sobre todo en las cuestiones sociales y de sociabilidad del alumnado, así como en la diferencia en la experiencia educativa superior. Los principales inconvenientes de la enseñanza superior *online* se pueden resumir en los siguientes: La autodisciplina y la constancia de los estudiantes; Las deficiencias sociales; El requisito de acceso a la buena tecnología.

La enseñanza superior *online*, por tanto, es mucho más despersonalizada (Pardo, 2014) que la presencial ya que las personas interactúan a través de plataformas digitales y no a través del "tú a tú" básico en cualquier relación. Esto, entre otras cosas, fomenta que la relación sea diferente y que el estudiante se permita ciertas licencias que en un encuentro presencial no serían posibles. Es cierto que, además, la confianza y la relación profesor/alumno no es tan fluida como la que se da en un entorno presencial y los alumnos demuestran menor confianza lo que lleva, por ejemplo, a que no enciendan las cámaras o los micrófonos a la hora de interactuar. La carga de trabajo del profesorado en la enseñanza *online* (Pardo, 2014) es mayor a principio de curso ya que debe comprometerse a que estén disponibles todos y cada uno de los materiales que el estudiante va a necesitar a lo largo del curso y, por tanto, el docente debe ser capaz de ofrecer una muy buena organización de la docencia que permita que los estudiantes tengan claros los objetivos de la asignatura, el desarrollo de la misma, las actividades que van a llevar a cabo y el tipo de examen que van a tener que superar.

En este sentido podemos ver cómo los mayores inconvenientes de la educación superior *online* se verían incluidos en alguno de los siguientes: comunicación impersonal: dificultad en la resolución de problemas; coste inicial de mantenimiento, conexión; complejidad en las condiciones de privacidad; ausencia de contacto directo; barreras psicológicas (resistencia al cambio); falta de formación por parte de los usuarios; falta de hábitos de enseñanza-aprendizaje; mayor dedicación por parte del docente; soledad (Díaz, 2013).

4. LA BRECHA DIGITAL EN LA EDUCACIÓN

Si se tuviese que extraer un titular en relación con la brecha digital y la educación, el más indicado sería el otorgado por UNICEF en relación a la brecha digital y su impacto en la educación: *No todos los estudiantes pueden acceder a Internet para seguir el curso escolar ni todos los que acceden lo hacen en igualdad de condiciones*[10]. El 90% de los hogares españoles tienen acceso a una conexión a internet, según cifras generales; sin embargo, esta cifra es una aproximación irreal, ya que al profundizar en los datos se revela que cerca de cien mil hogares carecen de acceso a internet. Este sector de la población, que representa a aquellos con ingresos mensuales de no más de novecientos euros, constituye una excepción a la tendencia general. Por otro lado, tan solo el 0,4% de los hogares con ingresos mensuales supe-

---

10 https://www.unicef.es/educa/blog/covid-19-brecha-educativa [Consultado el 14/16/2024]

riores a tres mil euros netos carecen de conexión a internet[11]. La brecha digital hace referencia a la desigualdad en el acceso a la tecnología que, sin lugar a duda, es también una forma de exclusión social; en este sentido debemos tener en cuenta que, si somos capaces, como sociedad, de eliminar esta fisura, estaremos más cerca de construir una sociedad más equitativa y segura para las personas[12] ya que el acceso a medios y competencias en materia digital supone un acrecentamiento de la autonomía y la igualdad de los sectores más desfavorecidos.

Tal es la importancia que en la Agenda 2030 para el Desarrollo Sostenible se le otorga a la cuestión de la brecha digital que los Estados hicieron hincapié en la importancia de la expansión de las tecnologías de la información y las comunicaciones y, por ende, en la interconexión mundial y el desarrollo de la sociedad del conocimiento, pero destacaron que, para ello, era necesario acabar con la brecha digital[13]. En este mismo sentido y ya en el año 1988, se establecía en Declaración Mundial sobre la Educación Superior en el Siglo XXI: Visión y Acción, que había que prestar atención a las desigualdades en materia tecnológica y, en concreto, en los desafíos de las tecnologías de la información y las comunicaciones; por tanto, se puede decir que la brecha digital se convierte en la barrera que separa a las personas de diferentes comunidades, estratos sociales, estados, países, etcétera, en materia de tecnologías de la información y de la comunicación teniendo en cuenta que existe un gran número de personas que no tiene acceso a dicha tecnología o que teniendo acceso a la misma no es capaz

---

11 Según el INE.

12 Según Cruz Roja en su informe sobre brecha digital. https://www2.cruzroja.es/web/ahora/brecha-digital. [Consultado el 15/16/2024]

13 Párrafo 15 de la Resolución A/70/L.1 de Naciones Unidas. Transformar nuestro mundo: la Agenda 2030 para el Desarrollo Sostenible.

de hacer uso de ella debido a la falta de competencias digitales lo que, sin lugar a dudas, fomenta la desigualdad y la brecha digital derivada de distintos motivos (Santoyo, 2003). En definitiva, dos son las cuestiones de las que debemos ocuparnos: la desigualdad generada por la falta de ingresos y la desigualdad generada por la adaptación a la tecnología de los más mayores. En definitiva, las TICs (Díaz, 2013) son accesibles a todos solo en un mundo utópico ya que la realidad nos enseña que su presencia está condicionada por la brecha digital por lo que el objetivo principal de los Estados debe ser que el acceso a internet sea más igualitario tanto entre países como entre personas.

Una de las cuestiones claramente ligadas a la localización geográfica y el uso de las TICs, son las infraestructuras que permiten el acceso a internet de los usuarios y, por tanto, se convierte en una de las barreras fundamentales a la mejora de la brecha digital. Esta cuestión, además, depende directamente del apoyo financiero de cada Estado en cuestión y, por tanto, se verá mucho más respaldado en los países desarrollados[14].

El uso de las TICs y el avance de la sociedad a nivel tecnológico ha supuesto divisiones sociales notorias que ponen de manifiesto la desigualdad social y, por tanto, la exclusión de ciertos colectivos. Sin lugar a dudas, lo primordial es poseer acceso a una conexión a internet pero, directamente ligado a esto, se hace necesario poseer un ordenador, una *tablet*, un *smartphone* o poseer acceso de banda ancha y de alta velocidad -una conexión a *internet* estable y potente que permita el intercambio de información sin problemas- y, por supuesto y a nivel más básico, es necesario que haya acceso a la red eléctrica que garantiza el funcionamiento tanto de la conexión como de

14 Informe del Relator Especial sobre el derecho a la educación. Asamblea General de Naciones Unidas. A/HRC/32/37. 6 de abril de 2016.

los dispositivos electrónicos[15] -esta cuestión es un problema de base en los países subdesarrollados-. Si no hay un acceso real a todas y cada una de estas cuestiones, los más desfavorecidos, a su vez, serán los que menos oportunidades de acceso a la educación posean y, por tanto, seguirán perteneciendo, de manera indefinida, a un substrato social empobrecido ya que no estaremos garantizando su derecho a la educación de manera estable, fiable y certera pero no solo este es el problema sino que, además, se debe garantizar el acceso a las TICs a los colectivos que integran las personas en riegos de exclusión social como son aquellas con menos recursos, que residen en países subdesarrollados, mujeres, niñas o personas con discapacidad -entre otros- debiendo regir un planteamiento totalmente inclusivo[16] porque, no debemos olvidar que el acceso a los servicios de educación a través de la tecnología de la información y la comunicación también influye a la desigualdad de género de forma constatada[17].

---

15 En este sentido, la Unión Internacional de Telecomunicaciones – en www.itu.int/en/UIT-D/Statistics/Documents/facts/ICTFactsFigures2015.pdf. – establece que los países en desarrollo siguen estando por delante de los países menos desarrollados; así pues, en 2015, el acceso de los hogares a internet fue del 34% en los países en desarrollo y solo del 7% en los países menos adelantados, frente a más del 80% en los países desarrollados, lo que arrojó un promedio mundial del 43%. En África, 1 de cada 5 personas utiliza Internet, en comparación con casi 2 de cada 5 en Asia y el Pacífico y 3 de cada 5 en la Comunidad de Estados Independientes.

16 Special Session of the UN Broadband Commission for Sustainable Development Joint Statement Working together to provide Internet access to the next 1.5 billion by 2020. Comisión de la Banda Ancha para el Desarrollo Sostenible, celebrado en Davos (Suiza), en enero de 2016. www.broadbandcommission.org/Documents/publications/davos-statement-jan2016-en.pdf. [Consultado el 14/06/2024]

17 Si ya en los países desarrollados el acceso a este tipo de tecnología es menor entre mujeres y hombres, en los países subdesarrollados el porcentaje se incrementa en un 25% adicional -el incremento

Se debe aludir al Derecho Internacional de los Derechos Humanos de donde se desprende que los Estados son los responsables principales obligados a proporcionar los recursos necesarios para que el derecho general de educación sea un derecho real para todos ya que es la base del desarrollo humano. La forma más efectiva de poner este derecho de manifiesto y con un resultado efectivo es a través de mecanismos jurídicos que garanticen el apoyo político y financiero necesario que lo garantice[18].

REFERENCIAS BIBLIOGRÁFICAS

Álvarez-Herrero, J.F y Hernández Ortega, J. (2020). "Evaluación y rendimiento académico del alumnado universitario en formación *online* versus formación presencial", en Colomo Magaña, Ernesto, *et al.* (coords.), *La tecnología como eje del cambio metodológico*, UMA editorial, pp. 1136-1139.

Almenar-Llongo, V., Maldonado-Devis, M., Melguizo-Cháfer, C., y Fernández-Piqueras, R. (2019). *El uso de Blackboard Collaborate como herramienta para la mejora de los espacios de comunicación en la enseñanza online de la Economía* (No. COMPON-2019-CINAIC-0133), pp. 657-662.

Arranz, S. *et al.* (2018). "Retos de la formación *online* y semipresencial en universidades tradicionalmente presenciales". In *Tendencias actuales de las transformaciones de las universidades en una nueva sociedad digital.* Foro Internacional de Innovación Universitaria, pp. 657-678.

---

alcanza el 50% en algunos lugares del África subsahariana, por ejemplo-. *Bridging the Gender Gap: Mobile Access and Usage in Low- and Middle-Income Countries* (2015). www.gsma.com/connectedwomen/wp-content/uploads/2015/04/GSM0001 _03232015_GSMAReport_Executive-Summary_NEWGRAYS-web.pdf. [Consultado el 14/06/2024]

18 Informe del Relator Especial sobre el derecho a la educación. Asamblea General de Naciones Unidas. A/HRC/32/37. 6 de abril de 2016.

Bastidas Manzano, A. y Casado Aranda, L.A. (2019). "Blackboard Collaborate como aplicación para la elaboración de clases *on-line*". In *Edunovatic 2018. Conference Proceedings: 3rd Virtual International Conference on Education, Innovation and ICT. 17-19 December 2018.* Adaya Press, p. 598.

D'Antoni, S. (2006). *The virtual university: Models and messages, lessons from case studies.* UNESCO-IIEP.

Díaz Marín, V., Reche Urbano, E. y Maldonado Berea, G. (2013). "Hacia la determinación de posibles ventajas e inconvenientes de la formación *online*". *Revista Docencia Universitaria, 14*(1), 57-72.

Díaz Marín, V., Reche Urbano, E. y Maldonado Berea, G. (2013). "Ventajas e inconvenientes de la formación *online*". *Revista Digital de Investigación en Docencia Universitaria, 7*(1), 33-43.

De Faría, S. (2021). *La Educación Universitaria a Distancia. Una Mirada desde las Tecnologías de Información y Comunicación,* en el Marco del Pensamiento Complejo. *CIENCIAEDUC, 1*(5), 1-20.

Escribá Pérez, A.N. (2022). "La virtualidad en la enseñanza superior en España: el modelo *online*". In *Actualización de la docencia y metodologías activas del aprendizaje del derecho en el entorno digital* (pp. 132-141). Universitat de València.

Escribá Pérez, A.N. (2021). "La formación online: el antes y el después de la pandemia". In *V Congreso Internacional de Enseñanza del Derecho (La Plata, modalidad virtual, 15 al 17 de noviembre de 2021).*

Informe del Relator Especial sobre el derecho a la educación. Asamblea General de Naciones Unidas. A/HRC/32/37. 6 de abril de 2016.

i UNESCO, I. C. D. E. (2015). Online, open, and flexible higher education for the future we want: discussion paper. In *Dostupno na: http:// icde. typepad. com/files/discussion-paper—paris-forum—final-version. pdf (29. 7. 2016.).*

Martínez, V. (2017). "Educación presencial versus educación a distancia". *La cuestión universitaria,* (9), 108-116.

Moreno Martínez, L. y Villegas Echevarría, M.M. (2009). *Brecha digital y enseñanza online: el entorno virtual como herramienta para la inclusión.* Actas de la Segunda Conferencia Internacional sobre brecha digital e inclusión social.

Pardo Iranzo, V. (2014). "La Docencia Online: Ventajas, Inconvenientes y Forma de Organizarla". *Iuris Tantum Revista Boliviana de Derecho,* (18), 622-635.

Pino Juste, M. (2008). "Aplicaciones de herramientas de e-learning a la docencia presencial". *Revista de Formación e Innovación Educativa Universitaria,* 1 (4). 87-95.

Requena Montes, Ó. (2021). "La adaptación de la formación profesional para el empleo ante el impacto del COVID-19". *Revista de Treball, Economia i Societat,* 101, pp. 1-23.

Ropero Carrasco, J. (2007). "Internet y las nuevas tecnologías en la educación superior: ventajas e inconvenientes". En *memorias del Primer Congreso Internacional Virtual* "Innovación educativa y retos de la docencia jurídica en el siglo XXI, Universidad Michoacana de San Nicolás de Hidalgo, México, pp. 59-63.

Ruíz Rico, V., Labajos Fernández, M.E. y Mayoral Llorente, J.A. (2015). Formación online versus formación presencial.

Santoyo Serrano, A. y Martínez Martínez, E. (2003). *La brecha digital: mitos y realidades.* Uabc.

La formación profesional jurídica y judicial en Brasil: breves notas explicativas y críticas[1]

GUILHERME GUIMARÃES FELICIANO[2]
Catedrático de Derecho del Trabajo
Universidade de São Paulo
Juez Titular del 1º Juzgado del Trabajo de Taubaté

INTRODUCCIÓN

La formación profesional jurídica y judicial en Brasil es un tema de gran relevancia, dado que el país cuenta con un número significativamente alto de Facultades de Derecho en comparación con el resto del mundo (en 2023, fueron 1.896, lo que

---

1 Investigación realizada en el marco del proyecto de investigación "La regulación de la formación para el empleo ante el reto de la transición digital, ecológica, territorial y hacia la igualdad en la diversidad" (CIGE/2022/171), financiado por la Conselleria de Educación, Universidades y Empleo de la Generalitat Valenciana.

2 Profesor Asociado III del Departamento de Derecho del Trabajo y Seguridad Social de la Facultad de Derecho de la Universidad de São Paulo. Juez Titular del 1º Juzgado del Trabajo de Taubaté (São Paulo, Brasil). Consejero del Consejo Nacional de Justicia de Brasil (2024-2026). Catedrático (Libre Docente) en Derecho del Trabajo por la Facultad de Derecho de la Universidad de São Paulo. Doctor en Derecho Penal por la Universidad de São Paulo y en Derecho Procesal Civil por la Facultad de Derecho de la Universidad de Lisboa. Postdoctor en Derechos Humanos por la Universidad de Coimbra. Titular de la Cátedra 53 de la Academia Brasileña de Derecho del Trabajo (ABDT). Presidente de la Asociación Nacional de Magistrados de Justicia del Trabajo – ANAMATRA (2017-2019).

supone un abogado por cada 164 habitantes); sin embargo, la calidad de la formación se encuentra entre las peores del planeta: en 2015, solo 232 de los 963 cursos evaluados en el Concepto de Curso Preliminar, del Ministerio de Educación, tuvieron un desempeño considerado satisfactorio (es decir, 24,1%)[3]; en 2022, solo el 11% se consideró de buena calidad.

El presente artículo aborda la estructura y los desafíos de la educación jurídica y judicial en Brasil, examinando tanto la formación de abogados como la de jueces. Se analizarán los principales problemas de la educación jurídica en el país, así como los efectos de la sobrecualificación en el mercado laboral. Además, se explorará la relación entre la universidad y el mundo corporativo, y cómo esta interacción afecta a la calidad de la investigación y la salud mental de los estudiantes de posgrado.

1. FORMACIÓN PROFESIONAL JURÍDICA EN BRASIL: MODALIDADES, FORMATOS Y PROBLEMAS

1.1. Educación jurídica superior

En Brasil, el ejercicio de la actividad jurídica presupone la obtención de una educación jurídica superior, usualmente obtenida en Facultades de Derecho. La Ley nº 8.906/1994 (art. 1º) establece que actividades como la postulación a órganos del Poder Judicial y la consultoría jurídica son exclusivas para

---

3 De acuerdo con la 4ª edición del estudio "El Examen de Abogacía en Números", realizado por la Fundación Getúlio Vargas en colaboración con el Colegio de Abogados de Brasil (OAB). V. https://images.jota.info/wp-content/uploads/2020/04/eou-emnumeros--pdf-pdf-1.pdf?_gl=1*1etixrw*_ga*YW1wLUtVWnhWN1U4WWtmejJYTG1Md1ZlQVE - Recuperado el 25 de julio de 2024.

abogados titulados. Los jueces, por ejemplo, no pueden emitir opiniones legales para usos forenses. Sin embargo, históricamente, las constituciones de la República Federativa de Brasil permiten que personas con otras formaciones puedan ocupar puestos en el Supremo Tribunal Federal, siempre y cuando tengan "conocimientos jurídicos notables" – incluso sin licenciatura, por lo tanto –, como es el caso histórico de Barata Ribeiro, un médico que fue juez de la Corte Suprema de Brasil en 1893. *"In verbis"* (art. 101, *caput*): *O Supremo Tribunal Federal compõe-se de onze Ministros, escolhidos dentre cidadãos com mais de trinta e cinco e menos de sessenta e cinco anos de idade, de notável saber jurídico e reputação ilibada.*

No obstante, el elitismo de la abogacía, en las fronteras de la reserva del mercado, no ha brindado la mejor asistencia legal a los ciudadanos brasileños. La educación jurídica en Brasil se enfrenta a varios desafíos, entre ellos la gran cantidad de cursos de Derecho en el país, como señalamos en la introducción. La situación no es nueva. Ya en 2018, según la Fundación Getúlio Vargas (FGV) y el Colegio de Abogados de Brasil, tuvimos 1.502 cursos de Derecho, es decir, más que todos los países del mundo juntos; por otro lado, en números absolutos de abogados, ocupamos el segundo lugar después de India (2 millones de abogados en 2023). Sin embargo, solo 232 de estos cursos jurídicos brasileños se desempeñaron satisfactoriamente. Este dato refleja un problema significativo en la calidad de la educación jurídica en el país.

Los cursos universitarios de Derecho en Brasil tienen una duración de cuatro a cinco años. En 2017, el Ministerio de Educación autorizó la oferta de cursos de *tecnólogo jurídico* con una duración de dos años para prestar servicios de apoyo a la práctica jurídica. Estos cursos son una respuesta a la necesidad de formar profesionales más rápidamente, pero también han sido objeto de críticas por no ofrecer una formación tan completa como la licenciatura en Derecho. En la práctica, densifica un proceso de precarización de la abogacía. Esto, sin embargo, es solo un aspecto reciente de un contexto precario que se viene dando desde hace años y que se ha arraigado en la propia universidad. A pesar de los esfuerzos para mejorar la educación jurídica, todavía existen muchas áreas que necesitan atención. La teoría jurídica enseñada en las universidades a menudo está disociada de la práctica real, y las clases expositivas dominan el currículo, dejando poco espacio para el protagonismo del alumno. Además, la falta de desarrollo de competencias profesionales y el uso de herramientas obsoletas impiden que los cursos preparen adecuadamente a los estudiantes para el mercado laboral (Alves, 2022).

1.2. Facultades de Derecho

Como dijimos antes, en 2018, la Fundación Getúlio Vargas (FGV) y el Colegio de Abogados de Brasil reportaron que Brasil tenía 1.502 cursos de Derecho, más que todos los países del mundo juntos. No obstante, solo 232 de estos cursos se desempeñaron satisfactoriamente. Esto no es más que la punta del *iceberg* de un modelo de explotación económica de los cursos de Derecho – generalmente baratos y rentables – que se guía por la lógica consumista de que "el cliente siempre tiene la razón" (lo que significa priorizar, en todo caso, el diploma del alumno-cliente que paga un título académico).

Las Facultades de Derecho en Brasil están dispersas por todo el territorio nacional, lo que genera una gran variabilidad en la calidad de la educación ofrecida. Algunas facultades, especialmente las vinculadas a universidades públicas y privadas de renombre, logran mantener altos estándares de calidad. No obstante, muchas otras, especialmente aquellas que surgieron en el auge de la mercantilización de la educación superior, presentan serias deficiencias en infraestructura y calidad docente.

La sobreoferta de cursos de Derecho también tiene un impacto significativo en el mercado laboral. Con más de un millón de abogados registrados en el Colegio de Abogados de Brasil (OAB), el país enfrenta una situación de saturación profesional, donde muchos graduados tienen dificultades para encontrar empleo en su área de formación. Este fenómeno contribuye a la precariedad laboral en la profesión jurídica y se ve agravado por casos de discriminación por sobrecalificación, problemas que serán abordados en secciones posteriores (Boucinhas, 2008).

Otro aspecto crítico es la falta de conexión entre la formación académica y las necesidades del mercado. Muchos cursos de Derecho no preparan a los estudiantes para las demandas prácticas de la profesión. La formación teórica, aunque esencial, debe estar equilibrada con la práctica profesional para que los graduados puedan enfrentar con éxito los desafíos del ejercicio de la abogacía en la vida real.

Gráficos 1 y 2. Formación jurídica y judicial en Brasil

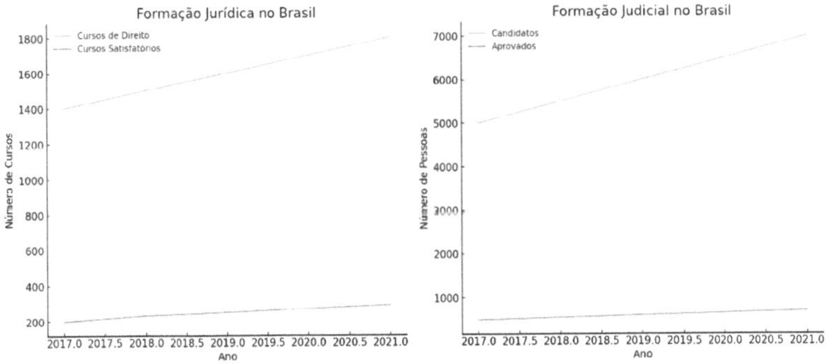

1.3. Residencia Jurídica

El Consejo Nacional de Justicia introdujo la figura de los "residentes jurídicos", similar a la de los médicos residentes (es decir, un médico que ya se ha graduado y está en proceso de especialización en un área específica de la medicina), mediante la Resolución n° 439, de 7 de enero de 2022. La Resolución n° 429/2022 tiene el siguiente contenido:

> "*O PRESIDENTE DO CONSELHO NACIONAL DE JUSTIÇA (CNJ)*, no uso de suas atribuições legais e regimentais;
>
> *CONSIDERANDO* que o art. 205 da CRFB/1988 consagra um conceito amplo de direito à educação, gizando suas potencialidades no campo do desenvolvimento existencial do indivíduo e sua especial relevância para o exercício da cidadania e qualificação para o trabalho;
>
> *CONSIDERANDO* que a jurisprudência do Supremo Tribunal Federal já assentou a possibilidade de instituição de programas de residência jurídica, nos termos dos seguintes precedentes: ADI 5752, julgado em 18.10.2019, Rel. Min. Luiz Fux, Tribunal Pleno; ADI 6693, julgado em 27.09.2021; ADI 5477, Rel. Min. Cármen Lúcia, Tribunal Pleno, julgado em 29.03.2021; ADI 5803, Rel. Min. Marco Aurélio, Tribunal Pleno, julgado em 18.12.2019; e, ADI 6520, Rel. Min. Roberto Barroso, decisão monocrática, julgado em 17.8.2020;
>
> *CONSIDERANDO* que a Administração Pública deve se pautar pelo princípio da eficiência, nos termos do art. 37 da Constituição da República;
>
> *CONSIDERANDO* que o Poder Judiciário deve trabalhar pelo aprimoramento contínuo da qualidade dos serviços jurisdicionais;
>
> *CONSIDERANDO* a necessidade de motivar e comprometer os recursos humanos, propiciando-lhes condições para o desenvolvimento de suas potencialidades pessoais e profissionais;
>
> *CONSIDERANDO* a decisão plenária tomada no julgamento do Ato Normativo n° 0004888-17.2015.2.00.0000, na 61ª Sessão Extraordinária, realizada no dia 14 de dezembro de 2021;
>
> *RESOLVE:*

Art. 1° Os tribunais ficam autorizados a instituir Programas de Residência Jurídica, objetivando proporcionar o aprimoramento da formação teórica e prática dos profissionais do Sistema de Justiça.

§ 1° A Residência Jurídica constitui modalidade de ensino destinado a bacharéis em Direito que estejam cursando especialização, mestrado, doutorado, pós-doutorado ou, ainda, que tenham concluído o curso de graduação há no máximo 5 (cinco) anos.

§ 2° A Residência Jurídica consiste no treinamento em serviço, abrangendo ensino, pesquisa e extensão, bem como o auxílio prático aos magistrados e servidores do Poder Judiciário no desempenho de suas atribuições institucionais.

§ 3° Os Programas de Residência poderão ter jornada de estágio máxima de 30 (trinta) horas semanais e duração de até 36 (trinta e seis) meses, não gerando vínculo de qualquer natureza com a Administração Pública.

Art. 2° A regulamentação do Programa de Residência deve se dar por meio de ato normativo local, que deverá dispor sobre o processo seletivo para o ingresso no programa e seu conteúdo programático, a delimitação das atividades a serem exercidas pelo residente, as hipóteses de desligamento e os requisitos para obtenção do certificado final, observadas as disposições insculpidas na presente Resolução.

§ 1° A admissão em Programa de Residência deve ocorrer mediante processo seletivo público, com publicação de edital e ampla divulgação, abrangendo a aplicação de provas objetiva e discursiva, de caráter classificatório e eliminatório.

§ 2° Aplicam-se aos Programas de Residência Jurídica o disposto na Resolução CNJ n° 336/2020, que dispõe sobre a promoção de cotas raciais nos programas de estágio dos órgãos do Poder Judiciário nacional.

§ 3° Os residentes deverão receber orientações teóricas e práticas sobre a atuação do Poder Judiciário ao longo do programa, contando com um magistrado-orientador, bem como participar também de atividades e eventos acadêmicos realizados pelas Escolas da Magistratura.

§ 4º Os residentes não poderão exercer atividades privativas de magistrados, nem atuar de forma isolada nas atividades finalísticas do Poder Judiciário.

§ 5º É vedada a assinatura de peças privativas de integrantes da magistratura, mesmo em conjunto com o magistrado-orientador.

§ 6º Os residentes não poderão exercer a advocacia durante a vigência do Programa de Residência Jurídica.

§ 7º O residente deverá receber, ao longo do período de participação, uma bolsa-auxílio mensal, cujo valor deverá ser definido por meio do ato normativo local.

Art. 3º Cumpridos os requisitos de frequência e obtida a aprovação em procedimento de avaliação, nos termos do ato normativo local, o residente fará jus ao Certificado de conclusão de Programa de Residência.

Art. 4º A participação em Programa de Residência instituído por tribunal deverá ser considerada como título, nos termos da Resolução CNJ nº 75/2009.

Art. 5º O art. 67 da Resolução CNJ nº 75/2009 passa a vigorar com a seguinte alteração:

"Art. 67. Constituem títulos:

....

XII - exercício, no mínimo durante 1 (um) ano, das atribuições de conciliador nos juizados especiais, ou na prestação de assistência jurídica voluntária: 0,5; (redação dada em razão de republicação)

> XIII – Certificado de conclusão de Programa de Residência instituído por Tribunal, com duração de pelo menos 12 (doze) meses: 0,5. (redação dada em razão de republicação)
>
> [...]".

Como se puede ver, estos residentes son licenciados en Derecho que cursan una especialización o posgrado y realizan asistencia práctica en el Poder Judicial. Sin embargo, esta práctica también ha sido muy criticada por contribuir a la precarización de los servicios jurídicos; y, sin ninguna otra razón, en el ámbito del Poder Judicial laboral brasileño, el Consejo Superior de Justicia Laboral publicó la Resolución n° 353/2022, prohibiendo a los tribunales laborales regionales pronunciarse sobre el asunto y dejando sin efecto todos los procesos selectivos en curso o concluidos para el ingreso de residentes legales o becarios de educación superior en programas similares de residencia legal, determinando también la destitución de la residentes legales ya admitidos. El tema fue devuelto al Consejo Nacional de Justicia, que en una decisión dividida –con el voto de desempate de la entonces presidenta, magistrada Rosa Weber– avaló la autonomía de la CSJT para decidir sobre el tema y suspender, en los tribunales laborales, el uso de residentes legales.

En realidad, la residencia jurídica debería presentarse como una oportunidad para que los Graduados en Derecho adquieran experiencia práctica bajo la supervisión de magistrados y servidores del Poder Judicial. Sin embargo, al no estar vinculada a un concurso público, la residencia jurídica puede ser vista como una forma de trabajo precarizado, donde los residentes no disfrutan de los mismos derechos y beneficios que los servidores concursados, pero tienen obligaciones iguales o similares.

Además, la residencia jurídica puede ser una herramienta para paliar la falta de servidores en el Poder Judicial, indebidamente vista como una solución definitiva. La contratación de residentes no debe reemplazar la necesidad de concursos públicos para la admisión de nuevos servidores, que garantizan transparencia y equidad en el acceso a los cargos públicos (Alves, 2022).

Es crucial que los programas de residencia jurídica, si se admiten, sean diseñados de manera que proporcionen una formación de calidad, evitando la explotación de los residentes y asegurando que estos reciban una retribución justa por su trabajo. Asimismo, se debe garantizar que los residentes tengan acceso a oportunidades de desarrollo profesional y no sean utilizados únicamente como mano de obra barata.

Finalmente, la evaluación constante de los programas de residencia jurídica es fundamental para identificar y corregir posibles deficiencias. La implementación de mecanismos de autoevaluación y retroalimentación de los programas por parte de los residentes y la supervisión adecuada por parte de las autoridades judiciales pueden contribuir a mejorar la calidad de estos programas y a garantizar su eficacia en la formación de nuevos profesionales del Derecho.

1.4. Desafíos de la educación jurídica en Brasil

Anticipamos más allá de eso que los principales fracasos de la educación jurídica en Brasil incluyen una teoría disociada de la práctica, clases expositivas sin protagonismo del alumno y la falta de desarrollo de competencias profesionales, a lo que se suma el uso de herramientas obsoletas e inusuales en la práctica jurídica.

El desafío de alinear la teoría con la práctica es uno de los más significativos. Las Facultades de Derecho deben adaptar sus currículos para incluir más actividades prácticas, como clínicas jurídicas, simulaciones de juicios y pasantías obligatorias. Estas experiencias permiten a los estudiantes aplicar los conocimientos teóricos en contextos reales, mejorando su preparación para el ejercicio profesional. En este sentido, deberían acercarse a los contenidos curriculares de las universidades americanas, que tienden a priorizar el debate de jurisprudencia y la resolución de casos prácticos.

Otro problema es la metodología de enseñanza predominantemente expositiva. Este enfoque limita la participación activa de los estudiantes en el proceso de aprendizaje. Es esencial fomentar metodologías más participativas –las llamadas "metodologías activas"– donde los estudiantes puedan desarrollar habilidades críticas y analíticas a través de debates, trabajos en grupo y estudios de caso.

La falta de competencias profesionales también es una preocupación. Los cursos de Derecho deben enfocarse no solo en el contenido jurídico, sino también en el desarrollo de habilidades transversales, como la negociación, la resolución de conflictos, la comunicación efectiva y la ética profesional. Estas competencias son cruciales para el éxito en la carrera jurídica y deben ser una parte integral de la formación.

Además, el uso de herramientas obsoletas en la enseñanza del Derecho es otro obstáculo. Las tecnologías de la información y la comunicación (TIC) deben ser incorporadas en el currículo para preparar a los estudiantes para el uso de sistemas digitales en la práctica jurídica moderna. Esto incluye el manejo de bases de datos jurídicas, plataformas de gestión de casos y la comprensión de los desafíos legales en el entorno digital.

1.5. Discriminación por sobrecualificación

La discriminación por sobrecualificación es un problema significativo en el mercado laboral brasileño. Este fenómeno ocurre cuando un candidato es excluido de un proceso de selección, tiene dificultades para crecer dentro de una empresa, o se extingue su relación laboral debido a que su formación es superior a la requerida para las tareas a realizar (Boucinhas,

2008). La Ley nº 9.029/1995 ofrece medidas para combatir esta discriminación, incluyendo la readmisión en el empleo o la indemnización por daños morales.

La sobrecualificación puede tener efectos adversos tanto para los profesionales como para las organizaciones. Los profesionales sobrecualificados a menudo experimentan frustración y desmotivación, lo que puede llevar a una disminución en su rendimiento laboral y a una mayor rotación de personal. Para las organizaciones, esto puede traducirse en un aumento de costos asociados con la contratación y el entrenamiento de nuevos empleados.

La discriminación por sobrecualificación también puede tener implicaciones legales. Según la Ley nº 9.029/1995, los empleados que sufran discriminación por este motivo tienen derecho a medidas de reparación, incluyendo la readmisión en el empleo y la indemnización por daños morales. Esta legislación es un paso importante para garantizar que todos los profesionales, independientemente de su nivel de cualificación, tengan igualdad de oportunidades en el mercado laboral.

Para abordar eficazmente la discriminación por sobrecualificación, es crucial que las empresas adopten políticas inclusivas y enfoques de gestión que valoren las competencias y la experiencia de todos los empleados. Esto incluye la implementación de procesos de selección transparentes y equitativos, así como la promoción de una cultura organizacional que aprecie la diversidad de formación y habilidades.

Además, es esencial que las instituciones de educación superior trabajen en estrecha colaboración con el sector empresarial para alinear sus programas de formación con las necesidades del mercado laboral. Esto puede ayudar a reducir el desajuste entre la cualificación de los graduados y las demandas del empleo, minimizando así los casos de sobrecualificación.

La investigación sobre la discriminación por sobrecualificación también debe ser una prioridad para entender mejor sus causas y consecuencias. Estudios empíricos pueden proporcionar *insights* valiosos sobre cómo este fenómeno afecta a diferentes grupos de profesionales y qué estrategias pueden ser efectivas para mitigarlo. Colaboraciones entre académicos, empleadores y legisladores pueden ayudar a desarrollar políticas más informadas y prácticas que promuevan la equidad en el empleo.

2. FORMACIÓN PROFESIONAL JUDICIAL

2.1. Exámenes públicos de ingreso

En Brasil, la admisión de nuevos jueces se realiza principalmente a través de concursos públicos. Estos exámenes varían según la jurisdicción y pueden incluir pruebas objetivas, pruebas escritas, una fase de inscripción definitiva, pruebas orales, y una evaluación de grados y títulos académicos. Los jueces juramentados asisten a escuelas judiciales nacionales, regionales y/o estatales para recibir formación inicial y continua.

Los concursos públicos para la admisión a la magistratura en Brasil son rigurosos y competitivos. Los candidatos deben demostrar un alto nivel de conocimiento jurídico y habilidades prácticas para superar las diversas etapas del proceso de selección. La prueba objetiva inicial evalúa el dominio de una amplia gama de temas jurídicos, lo que requiere una preparación exhaustiva y una profunda comprensión del Derecho.

Después de la prueba objetiva, los candidatos que avanzan deben enfrentarse a las pruebas escritas, que incluyen tanto preguntas discursivas como la elaboración de sentencias o decisiones judiciales. Esta etapa es crucial, ya que permite evaluar la capacidad del candidato para analizar casos complejos y aplicar la ley de manera efectiva. Además, la fase de inscripción definitiva incluye una investigación social y de antecedentes, asegurando que los futuros jueces tengan una reputación intachable y una conducta ética irreprochable (CNJ, 2023).

Las pruebas orales representan otro desafío significativo, donde los candidatos deben demostrar sus habilidades de argumentación y su capacidad para pensar de manera crítica bajo presión. La evaluación de títulos académicos también juega un papel importante, ya que reconoce los logros educativos y profesionales de los candidatos, contribuyendo a una clasificación final justa y equitativa.

Una vez seleccionados, los nuevos jueces deben asistir a programas de formación inicial ofrecidos por escuelas judiciales. Estos programas están diseñados para proporcionar una formación integral que abarca tanto aspectos teóricos como prácticos de la judicatura. La formación continua es igualmente importante, ya que permite a los jueces actualizar sus conocimientos y habilidades a lo largo de su carrera, garantizando así un desempeño judicial de alta calidad.

2.2. Examen Nacional de la Judicatura

El Consejo Nacional de Justicia aprobó en 2023 la creación del Examen Nacional de la Magistratura, un nuevo requisito previo para los candidatos en los concursos de ingreso a las magistraturas de todos los tribunales del país. Este examen será realizado por la Escuela Nacional de la Magistratura y no interferirá con la autonomía de los exámenes organizados por los tribunales (CNJ, 2023)[4].

---

4 V. https://atos.cnj.jus.br/atos/detalhar/5332 – Recuperado el 25 de julio de 2024.

La implementación del Examen Nacional de la Magistratura tiene como objetivo unificar los criterios de selección y asegurar un nivel mínimo de competencia entre todos los aspirantes a la judicatura en Brasil. Esta medida busca garantizar que todos los candidatos posean un conocimiento profundo y uniforme de los principios fundamentales del Derecho, independientemente de la región del país en la que se encuentren.

El examen incluye preguntas sobre una variedad de temas jurídicos, como Derecho Constitucional, Derecho Administrativo, Derechos Humanos, Derecho Procesal Civil y Penal, entre otros. Esta amplia cobertura asegura que los candidatos tengan una formación integral y estén preparados para enfrentar los diversos desafíos que presenta la práctica judicial. Para ser aprobado, el candidato debe acertar al menos el 70% de las preguntas, con un umbral reducido al 50% para candidatos que se declaran negros e indígenas (CNJ, 2023).

La creación de este examen también tiene implicaciones importantes para la equidad y la diversidad en la judicatura. Al establecer un estándar uniforme, el examen puede ayudar a reducir las disparidades regionales en la calidad de la formación judicial y promover una mayor igualdad de oportunidades para todos los aspirantes, independientemente de su origen geográfico o socioeconómico.

No obstante, la introducción de este examen ha generado debates sobre su impacto en la autonomía de los tribunales y la eficacia de un enfoque estandarizado en un país tan diverso como Brasil. Es crucial que el examen sea continuamente evaluado y ajustado para asegurar que cumpla sus objetivos sin comprometer la flexibilidad y la capacidad de los tribunales para seleccionar a los candidatos más adecuados para sus necesidades específicas.

2.3. Escuelas Judiciales

Las escuelas judiciales desempeñan un papel crucial en la formación continua de los magistrados en Brasil. La Escuela Nacional de Formación y Perfeccionamiento de Magistrados (ENFAM) y la Escuela Nacional de Formación y Perfeccionamiento de Magistrados del Trabajo (ENAMAT) son ejemplos de instituciones dedicadas a este fin. Ofrecen programas de formación inicial para jueces recién ingresados, formación continuada para jueces vitalicios y formación de formadores para jueces que actuarán como profesores.

La formación inicial en las escuelas judiciales es fundamental para asegurar que los nuevos jueces estén bien preparados para asumir sus responsabilidades. Estos programas incluyen cursos intensivos sobre Derecho sustantivo y procesal, así como módulos sobre ética judicial, técnicas de redacción de sentencias y gestión de casos. Esta formación integral ayuda a los jueces a desarrollar las habilidades necesarias para desempeñar su papel de manera efectiva y justa.

Además de la formación inicial, las escuelas judiciales ofrecen programas de formación continuada para jueces en ejercicio. Estos programas son esenciales para mantener a los jueces actualizados con los cambios legislativos, jurisprudenciales y doctrinales. La formación continua también incluye el desarrollo de competencias en áreas emergentes del Derecho, como el Derecho digital y la protección de datos, asegurando que los jueces puedan abordar los nuevos desafíos que surgen en la práctica judicial.

Las escuelas judiciales también juegan un papel importante en la formación de formadores, preparando a jueces experimentados para actuar como instructores y mentores para sus colegas. Este enfoque de "formación de formadores" asegura que el conocimiento y la experiencia se transmitan de manera efectiva dentro del poder judicial, promoviendo una cultura de aprendizaje y mejora continua (Freire, 1999).

La colaboración entre las escuelas judiciales y otras instituciones académicas y profesionales es otro aspecto clave. Estas colaboraciones pueden incluir programas de intercambio, seminarios conjuntos y proyectos de investigación, que enriquecen la formación judicial y fomentan el desarrollo de nuevas perspectivas y enfoques en la práctica judicial. Además, las escuelas judiciales pueden beneficiarse de las mejores prácticas y las innovaciones en la formación judicial a nivel internacional, fortaleciendo así el sistema judicial brasileño en su conjunto.

CONSIDERACIONES FINALES

La formación profesional ideal, incluso para las profesiones jurídicas, debe emancipar y no esclavizar. Como Paulo Freire señaló, "la educación como práctica de la libertad implica la negación del hombre abstracto, aislado, desligado del mundo" (Freire, 1999). La educación jurídica en Brasil enfrenta múltiples desafíos, desde la sobrecualificación hasta la precarización laboral y la presión de la productividad. Es crucial abordar estos problemas para mejorar la calidad de la formación y asegurar que los profesionales del Derecho puedan ejercer sus funciones de manera efectiva y ética.

La integración de una formación práctica más sólida, la actualización de las metodologías de enseñanza y la implementación de políticas inclusivas y equitativas son pasos esenciales para transformar la educación jurídica y judicial en Brasil. Además, la colaboración entre instituciones educativas, el sector judicial y el mercado laboral es vital para alinear la formación académica con las necesidades reales del ejercicio profesional.

La evaluación continua y la adaptación de los programas de formación también son necesarias para asegurar que estos sigan siendo relevantes y efectivos en un mundo en constante cambio. Al invertir en la formación de calidad y en el desarrollo profesional de los abogados y jueces, Brasil puede fortalecer su sistema de justicia y promover una sociedad más justa y equitativa.

REFERENCIAS BIBLIOGRÁFICAS

Alves, G. D. A. S. (2022). *Ensino jurídico em colapso: as falhas de formação para o exercício da advocacia.* Rio de Janeiro: Lúmen Juris.

Boucinhas Filho, J. C. (2008). *Discriminação por sobrequalificação.* Dissertação de Mestrado em Direito do Trabalho. São Paulo: Faculdade de Direito da Universidade de São Paulo.

Conselho Nacional de Justiça (2023). *Resolução que cria o Exame Nacional da Magistratura.* Brasília: Conselho Nacional de Justiça.

Freire, P. (1999). *Pedagogia da autonomia: saberes necessários à prática educativa.* Rio de Janeiro: Paz e Terra.

La formación del Profesorado Universitario a partir de la LOSU[1]

STEFANO BINI
Profesor Permanente Laboral, acreditado a Profesor Titular de Universidad
Derecho del Trabajo y de la Seguridad Social
Universidad de Córdoba

1. INTRODUCCIÓN

Un año después de la entrada en vigor de la Ley Orgánica 2/2023, de 22 de marzo, del Sistema Universitario (LOSU), varias son las cuestiones hermenéuticas y sistemáticas que, desde la dimensión práctico-aplicativa de la norma, suscitan el interés de una heterogénea y multidisciplinaria platea de intérpretes.

Como ha sido oportunamente puesto en luz, «desde finales del año 2021 se ha puesto en marcha lo que podría definirse

---

1 El presente estudio forma parte de la producción científica elaborada en el marco de los siguientes proyectos de investigación: Proyecto financiado por la Conselleria de Innovación, Universidades, Ciencia y Sociedad Digital de la Comunitat Valenciana, sobre "La regulación de la formación para el empleo ante el reto de la transición Digital, Ecológica, Territorial y hacia la Igualdad en la diversidad" (CIGE/2022/171); Proyecto Nacional de investigación I+D+i, sobre "La huida del mercado de trabajo y la legislación social en España" (PID2022-141201OB-I00); Proyecto Nacional de investigación I+D+i, sobre "Plan de Recuperación, Transformación y Resiliencia de España: proyección e impacto de sus políticas palancas y componentes sociales en el marco sociolaboral" (PID2022-1394880B-100); Proyecto Nacional de investigación I+D+i, sobre "La negociación colectiva como instrumento de gestión anticipada del cambio social, tecnológico, ecológico y empresarial" (PDI2021-122537NB-I00).

como un auténtico tsunami normativo que de forma directa o indirecta está afectando a la contratación laboral del personal docente e investigador de las universidades públicas y que responde a una clara voluntad de reducir las inaceptables tasas de temporalidad y de precariedad laboral que definen a este colectivo» (Moreno Gené, 2023,1).

Dentro de esta tendencia reformadora, merecedora de gran atención por contribuir sistemáticamente a la mejora de la calidad del empleo académico, se sitúa en una posición central la LOSU, que -como se dirá más adelante- aborda en una lógica integrada diferentes ámbitos del sistema universitario.

Pues bien, entre otros, en el presente trabajo se pretende proponer un estudio crítico sobre un perfil específico de significativo interés, representado por la formación del Profesorado Universitario, cuyo marco normativo de referencia será objeto de sistematización, reflexionando sobre las relativas coordenadas de referencias, que encuentran naturalmente en la LOSU su marco legislativo fundamental. Es precisamente a los correspondientes artículos de esta que se dirigirá la mirada, profundizando en sus aspectos más emblemáticos y poniendo los mismos en conexión con otras fuentes normativas.

Cabe aclarar que, en el presente trabajo, no se quiere explorar la -igualmente importante, pero distinta- materia de la innovación docente y educativa: en este sentido, parece por lo tanto oportuno delimitar bien el perímetro de la investigación, circunscribiéndolo a la sola temática multifacética de la formación del Profesorado Universitario. De todas formas, esto no significa, por supuesto, que pueda ignorarse la relevancia de la relación entre metodologías docentes y formación del PDI: se trata, evidentemente, de cuestiones entre si estrechamente conexas, al ser la mejora de la actividad docente una parte extraordinariamente crucial de la calidad en la misión del Profesorado Universitario.

Efectivamente, la caleidoscópica materia de la formación -tanto inicial, como también y, quizás, sobre todo continua- del Profesorado Universitario se ve afectada, entre otras cosas, por los múltiples desafíos planteados por la compleja materia de la innovación didáctica.

La formación, entendida en sentido amplio, abraza también los nuevos retos que desafían a la docencia universitaria contemporánea, llamando al Profesorado a replantear algunas (o muchas) de las herramientas y de las soluciones docentes tradicionalmente utilizadas en la práctica.

2. LA FORMACIÓN DEL PROFESORADO UNIVERSITARIO EN LA LOSU: UNA PRIMERA VISIÓN DE CONJUNTO

En la arquitectura de la LOSU, una norma de importancia crucial está representada por el artículo 67, expresa y específicamente dedicado a la "Formación" del Personal docente e investigador de las Universidades públicas.

La disposición a la que se acaba de hacer referencia prevé que «Las universidades garantizarán la formación docente inicial y continuada de su profesorado. Asimismo, establecerán planes de formación inicial y de formación a lo largo de la vida que garanticen la mejora profesional de su personal docente e investigador, en los distintos ámbitos de especialización de la actividad universitaria, en el marco de la planificación estratégica y de las prioridades de las propias universidades en materia de formación».

Así, resulta evidente la voluntad del Legislador de poner de relieve la necesidad de que sean las Universidades las protagonistas en garantizar activamente la formación del Profesorado, con respecto a la doble vertiente, tanto inicial como continuada, a lo largo de toda la trayectoria académica.

El mismo artículo 6 de la LOSU, en su apartado 4, dedicado a "La función docente" en general, destaca que «Las universidades desarrollarán la formación inicial y continua para el desempeño de las actividades docentes del profesorado y proporcionarán las herramientas y recursos necesarios para lograr una docencia de calidad».

Precisamente en esta óptica y en este sentido son las mismas Universidades que tienen que elaborar "planes de formación" que -tanto en la fase inicial, como en el desarrollo de la carrera académica- proyecten el compromiso y la dedicación de las/los Profesoras/es Universitarias/os hacia los objetivos de la mejora continua.

Este último concepto -que parece intrínsecamente vinculado con una visión "eficientista" propia de la esfera empresarial que, quizás, suscita ciertas perplejidades, si aplicado al contexto universitario, desde hace tiempo afectado por una tendencia a la mercantilización (entre otros, Harari-Kermadec, 2019)- se proyecta en los diferentes "ámbitos" en los que se expresa la actividad universitaria, que tienen que ser todos estratégicamente planificados a la luz de las necesidades y prioridades que, en materia de formación, cada Universidad expresa.

Por lo demás, la muy oportuna elección de las Universidades como sujetos encargados de dibujar un marco regulatorio propio en materia de formación del Profesorado Universitario resulta plenamente coherente y conforme con el mismo principio constitucional de autonomía universitaria, previsto por el artículo 27.10 de la Constitución Española («Se reconoce la autonomía de las Universidades, en los términos que la ley establezca») y reafirmado por la misma Ley Orgánica del Sistema Universitario, en su Disposición Adicional decimoquinta ("Garantía del ámbito competencial de las universidades y las Comunidades Autónomas"), según la cual: «La aplicación y el desarrollo de lo dispuesto en esta ley orgánica respetará la autonomía universitaria reconocida constitucionalmente en el artículo 27.10 de la Constitución, así como las competencias atribuidas a las Comunidades Autónomas por sus respectivos Estatutos de Autonomía».

Y precisamente las Comunidades Autónomas pueden tener un papel significativo en la regulación -entre otras cosas- de la formación del PDI, en una lógica integrativa del marco normativo de la LOSU (especialmente limitado, en materia de formación del PDI).

Al respecto, una aclaración parece oportuna. Cabe destacar que si es cierto que el artículo 77.3 de la LOSU prevé que, en relación con el Personal Docente e Investigador Laboral «corresponde a las Comunidades Autónomas la regulación de las materias expresamente remitidas por esta ley orgánica y aquellas otras que pueden corresponderle en el ámbito de sus competencias» y que, en realidad, en materia formativa, no se contempla una remisión explícita a la regulación autonómica, igualmente cierto es que las Comunidades Autónomas pueden jugar un rol de coordinación muy significativo.

Efectivamente, como ha sido muy oportunamente destacado en doctrina, «dentro del rol de coordinación que pueden asumir -sustentado en su condición de financiadoras del sistema-, nada impediría que, en su respectivo ámbito y de acuerdo con las universidades, se fijaran a nivel de Comunidad criterios unificados sobre determinadas materias que, en relación con el personal docente e investigador, la ley remite a cada universidad»; más en concreto, «podrían incorporar normas o criterios sobre el "curso de formación docente inicial" que deben hacer, en el primer año de contrato, los PAYD. Las características del mismo, conforme lo dispuesto en el art. 78.b), "serán establecidas por las universidades, de acuerdo con sus unidades responsables de la formación e innovación docente del profesorado"» (Valverde Asencio, 2024, 428).

Para confirmar esta interpretación, resulta de interés considerar, como estudio de caso, el borrador de la Ley Universitaria para Andalucía (LUPA), que se ha tenido la oportunidad de visionar en el desarrollo de la investigación cuyos resultados aquí se presentan.

A pesar de tratarse de un borrador de trabajo y, por lo tanto, de no ser todavía una fuente normativa en sentido estricto en el momento de la elaboración del presente estudio, resulta de interés señalar el artículo 8 del mismo, específicamente dedicado a "La formación docente".

Efectivamente, la disposición a la que se hace referencia prevé que: «Las universidades deberán impulsar la formación inicial y continuada de todo su profesorado y la innovación docente que garantice la adquisición de competencias didácticas, especialización en su ámbito de conocimiento, el perfeccionamiento de la capacitación lingüística en idioma extranjero, el espíritu emprendedor, la igualdad, la sostenibilidad, el espíritu crítico y aquellas otras que la universidad determine» (apartado 1).

Resulta así evidente que el *target* de la formación -tanto inicial, como continuada- que las Universidades tienen que organizar y promover, está compuesto por todo el Profesorado, destacándose así un dato importante: la formación en cuestión se refiere no solo al Profesorado Laboral, sino también al Profesorado Funcionario (v. *infra*). Además, cabe resaltar también que, en el texto del borrador de la Ley Universitaria para Andalucía (LUPA), la noción de formación se presenta acompañada de otra distinta, con la que esta está estrechamente vinculada: la de la innovación docente que, como señala el artículo 6.3 constituye un principio fundamental («La innovación en las formas de enseñar y aprender debe ser un principio fundamental en el desarrollo de las actividades docentes y formativas universitarias»).

Según la redacción literal del borrador de la LUPA, la innovación docente tiene que proyectarse hacia el desarrollo de competencias didácticas, así como hacia el perfeccionamiento y la especialización del ámbito cognitivo de adscripción, pero también hacia la adquisición y la mejora de habilidades transversales (o blandas o *soft*), como son el pensamiento crítico, la sensibilidad por temas cruciales como la igualdad y la sostenibilidad, el conocimiento y el dominio lingüístico. Suscita quizás algunas perplejidades, en cambio, la referencia a la necesidad de desarrollo, por parte del Profesorado, de un "espíritu emprendedor", ya que la norma se sitúa en un escenario contemporáneo que parece encaminado, a nivel internacional, hacia una «deriva empresarial de la enseñanza» y de la Universidad en general (Ordine, 2017, 31).

De todas formas, los conocimientos, las habilidades y las competencias en cuestión son solamente algunas a cuyo desarrollo debe tender la acción formativa en sentido amplio, ya que el artículo 8.1 de la LUPA aclara que no se trata de un *numerus clausus*, previendo también «aquellas otras que la universidad determine», dentro de la autonomía universitaria reafirmada también en el artículo 8.3 de la misma LUPA, que dispone: «Serán las universidades las encargadas de programar y ofertar esta formación inicial y continuada» [cf. el artículo 3.2, letra j), de la LOSU, que prevé que la autonomía universitaria abraza e incluye -entre otras cosas- la «selección, formación y promoción del personal docente e investigador»].

3. EL PROFESORADO UNIVERSITARIO EN GENERAL Y EL PROFESORADO AYUDANTE DOCTOR EN PARTICULAR, A LA LUZ DE LA LOSU

Pues bien, para centrar la atención, en particular, en el perfil de la formación inicial -con respecto a la cual el borrador de la LUPA se limita a reproducir básicamente la previsión de la LOSU (el artículo 8.2 del borrador de LUPA remite al artículo 6.4 LOSU)- parece preliminarmente oportuno proceder a una breve sistematización de los principales aspectos que caracterizan el marco regulador de la LOSU en general, con especial referencia a la nueva ordenación del Personal Docente e Investigador.

De hecho, a pesar de no ser éste el lugar para desarrollar un estudio sistemático de la LOSU, que se caracteriza -entre otras cosas- por la pluralidad de aspectos abordados, procede destacar sintéticamente las diferentes líneas de intervención del Legislador: "Funciones del sistema universitario y autonomía de las universidades" (Título I); "Creación y reconocimiento de las universidades y calidad del sistema universitario" (Título II); "Organización de enseñanza" (Título III); "Investigación y transferencia e intercambio del conocimiento e innovación" (Título IV); "Cooperación, coordinación y participación en el sistema universitario" (Título V); "Universidad, sociedad y cultura" (Título VI); "Internacionalización del sistema universitario" (Título VII); "El estudiantado en el Sistema Universitario" (Título VIII); "Régimen específico de las universidades públicas" (Título IX); "Régimen específico de las universidades privadas" (Título X).

Pues bien, en el marco normativo del Título IX, el Capítulo IV merece una especial atención desde la perspectiva de investigación laboral, ya que está enteramente dedicado al "Personal docente e investigador de las universidades públicas" (sobre el tema, con respecto a la normativa vigente con anterioridad a la entrada en vigor de la LOSU, véase Romero Burillo, Moreno Gené, 2010).

Este último se articula (*rectius,* sigue articulándose) en las dos categorías taxonómicas del PDI Funcionario (Profesoras/es Titulares de Universidad y Catedráticas/os de Universidad) y del PDI Laboral (Profesoras/es Ayudantes Doctoras/es, Profesoras/es Permanente Laborales (PPL), Profesoras/es Asociadas/os, Profesoras/es Sustitutas/os, Profesoras/es Visitantes y Profesoras/es Eméritas/os).

Por supuesto, sin pretender aquí proponer una exposición meramente descriptiva de la ordenación de la nueva carrera académica, se considera de todas formas interesante y funcionalmente relevante, en la óptica de la reflexión general objeto del presente estudio, considerar críticamente una específica figura de Personal Docente e Investigador Laboral, peculiar y especialmente relevante en materia de formación del PDI: la de Profesor/a Ayudante Doctor/a (PAD).

Efectivamente, esta última reviste una importancia estratégica en la arquitectura sistemática de la carrera académica, identificando el Legislador en ella la «vía ordinaria de incorporación o acceso a la carrera académica» (Ballester Laguna, 2023, 4; v. también Ballester Laguna, 2024, 1-6), ya que «una vez obtenido el doctorado se puede iniciar la carrera académica en el nivel de acceso, como Profesorado Ayudante Doctor» (Ministerio de Universidades, 2023, 8; cf. Moreno Gené, 2024, 78; Molina Navarrete, Ballester Laguna, Caro Muñoz, 2024).

Se trata de una modalidad de contratación temporal (máximo 6 años, 8 años para las personas con discapacitad) y con dedicación a tiempo completo, concebida para «las personas que ostenten el título de Doctora o Doctor sin necesidad de acreditación» [artículo 78.1, letra a), LOSU], a diferencia del régimen anterior, que preveía la necesidad de una acreditación también para esta figura.

Emerge, por lo tanto, el perfil de un contrato concebido para quien empieza su trayectoria académica, más accesible (sin acreditación) y con la finalidad de «desarrollar las capacidades docentes y de investigación y, en su caso, de transferencia e intercambio del conocimiento (...)» [artículo 78.1, letra b), LOSU].

Por lo demás, se prevé una limitación cuantitativa en el desarrollo de las tareas docentes, no pudiendo el/la PAD impartir clases en medida superior a las 180 horas lectivas por curso académico, en la óptica de favorecer la compatibilización de la docencia con la investigación, de cara a la eficaz preparación para la futura acreditación a Profesor/a Permanente Laboral.

4. LA VÍA DE ACCESO A LA CARRERA ACADÉMICA: DOS CUESTIONES INTERPRETATIVAS DE INTERÉS EN MATERIA DE FORMACIÓN INICIAL DEL PDI

Precisamente con respecto a esta primera etapa de la carrera académica en sentido estricto, efectivamente varias son las cuestiones interpretativas que pueden surgir del estudio crítico de las relativas normas contenidas en la LOSU. Entre otras, merece destacar algunas que parecen especialmente interesantes.

Primariamente, cabe preguntarse si a la figura de PAD pueda o no acceder una persona que tenga la condición de Profesor/a Permanente Laboral (análogo discurso vale también con respecto al Profesorado Titular de Universidad o a las personas pertenecientes al cuerpo de las/os Catedráticas/os de Universidad). En otros términos, ¿puede un/a Profesor/a dar "marcha atrás" en su trayectoria académica? La cuestión, que podría aparecer *prima facie* de secundaria importancia, resulta en vez de significativo impacto práctico, ya que resulta haberse planteado, en concreto, en diferentes ocasiones, con resultados diferentes.

A la pregunta anterior, se considera oportuno dar respuesta negativa, básicamente por las siguientes razones esenciales.

En primer lugar, porque, en caso contrario, se produciría un sustancial desajuste entre la realidad y la peculiar causa mixta, que caracteriza la "nueva" figura de Profesor/a Ayudante Doctor/a, consagrada por la LOSU como contrato con una fuerte connotación formativa: de hecho, resulta evidente que un/a Profesor/a Permanente Laboral (y más aún un/a Profesor/a Titular o un/a Catedrático/a, obviamente) no tiene necesidad alguna de conseguir una formación docente que el artículo 78.1, letra b), define expresamente como "inicial": «Para el desarrollo de su capacidad docente, las Profesoras y Profesores Ayudantes Doctores deberán realizar, en el primer año de contrato, un curso de formación docente inicial cuyas características serán establecidas por las universidades, de acuerdo con sus unidades responsables de la formación e innovación docente del profesorado» [artículo 78.1, letra b), LOSU].

La formulación literal de la norma resulta tan clara como para excluir una eventual argumentación *en contra* de la tesis que aquí se defiende, según la cual podría afirmarse que el Profesorado Universitario todo, en su conjunto, manifiesta constantemente una necesidad formativa permanente: la formación docente que el/la PAD tiene la obligación de recibir es, de hecho, evidentemente inicial, para las personas principiantes de la carrera académica, sin perjuicio de que también ostente ese carácter inicial la recibida por el Personal Investigador Predoctoral en Formación (Requena Montes, 2021). Por lo demás, esta lectura resulta plenamente confirmada también por la previsión -una vez transcurridos los tres primeros años del contrato- de una «evaluación orientativa del desempeño de las Profesoras y los Profesores Ayudantes Doctores, que podrá encargarse a las agencias de calidad competentes. Esta evaluación tendrá como objetivo valorar el progreso y la calidad de la actividad docente e investigadora y, en su caso, de transferencia e intercambio del conocimiento del profesorado, que deberán conducirle a alcanzar los méritos requeridos para obtener la acreditación necesaria para concursar a una plaza de profesorado permanente una vez finalizado el contrato» [artículo 78.1, letra e), LOSU].

Así que puede afirmarse que -como muy oportunamente hecho por algunas Universidades, en la práctica- quien ya se encuentra en una categoría superior no puede acceder a la figura de PAD, ya que, en estos supuestos, faltaría totalmente tanto finalidad formativa como la proyección hacia el futuro acceso a una plaza de Profesorado Permanente.

En segundo lugar, se considera oportuno dar respuesta negativa a la pregunta anteriormente presentada (¿puede un/a

Profesor/a indefinido/a dar marcha atrás en su trayectoria académica, presentándose a una plaza de PAD?), por motivos de carácter sistemático-generales, siendo la hipótesis contraria evidente y abiertamente contrastante con el mismo espíritu de la LOSU, que «tiene como uno de sus objetivos prioritarios la eliminación de la precariedad en el empleo universitario y la implantación de una carrera académica estable y predecible» (Exposición de Motivos, II, LOSU).

Pues bien, la idea de "previsibilidad" de la carrera académica a la que se refiere el Legislador lleva implícitamente consigo la idea de una trayectoria que puede proyectarse solo hacia adelante, progresando y no retrocediendo.

Si se permitiera el "transito" de un contrato indefinido (el de PPL) a uno temporal (el de PAD), se daría básicamente un sustancial paso atrás en la «normalización de la contratación laboral del colectivo del profesorado universitario» (Moreno Gené, 2023, 7).

Otro perfil merecedor de consideración se refiere a la dimensión intertemporal LOU/LOSU: parece interesante, de hecho, preguntarse qué régimen normativo encuentra aplicación en el caso de plazas de PAD convocadas con anterioridad a la entrada en vigor de la LOSU -y, por lo tanto, al amparo de la anteriormente vigente LOU (Ley Orgánica de Universidades)- pero cuyo contrato haya sido firmado posteriormente a la misma entrada en vigor de la LOSU.

Al respecto, la interpretación que se defiende considera que, para la identificación de la normativa aplicable -es decir LOU o LOSU- a los supuestos en cuestión, hay que mirar más que a la fecha de publicación de la convocatoria, a la fecha de firma del relativo contrato.

De hecho, en apoyo de esta interpretación, se señala la Disposición Transitoria 5ª ("Adaptación de determinadas figuras vigentes de personal docente e investigador laboral") de la misma LOSU que, en su apartado 1, prevé: «El personal docente e investigador con contrato de carácter temporal a la entrada en vigor de esta ley orgánica permanecerá en su misma situación hasta la extinción del contrato y continuará siéndole de aplicación las normas específicas que correspondan a cada una de las modalidades contractuales vigentes en el momento en que se concertó su contrato de trabajo (...)» (Disposición Transitoria 5.1, LOSU).

Más en particular, con especifica referencia a las/os Profesoras/es Ayudantes Doctoras/es, el apartado 2 de la Disposición Transitoria 5ª de la LOSU dispone: «A los profesores y profesoras que, a la entrada en vigor de esta ley orgánica, estén contratados como Ayudantes Doctores/as y que, al finalizar su contrato, no hayan obtenido la acreditación para la figura de Profesor o Profesora Permanente Laboral, se les prorrogará su contrato un año adicional» (Disposición Transitoria 5.2, LOSU).

Así que, del tenor literal de la norma, por lo tanto, parece correcto afirmar que, en la elaboración del régimen transitorio de la LOSU, el Legislador ha querido identificar -expresamente para el Profesorado Laboral en general y para los Ayudantes Doctores en particular- la existencia de un contrato de trabajo a la fecha de entrada en vigor de la LOSU, como elemento necesario para la aplicación de la LOU en lugar de la LOSU.

Además, hay que considerar también que esta última podría considerarse como norma más favorable para las/los PAD, contemplando una duración del contrato más amplia (6 años en lugar de 5 años) y una carga docente reducida, funcional a garantizar la compatibilización de la actividad docente con el desarrollo de tareas investigadoras, de cara a la futura acreditación a Profesor/a Permanente Laboral [artículo 78.1, letra c), LOSU].

5. ENTRE DERECHO Y OBLIGACIÓN, LA FORMACIÓN CONTINUA DEL PDI EN EL SISTEMA DE ACREDITACIÓN ESTATAL A LOS CUERPOS DOCENTES UNIVERSITARIOS Y EN EL ANTEPROYECTO DE LEY DEL ESTATUTO DEL PERSONAL DOCENTE E INVESTIGADOR

A la luz de los aspectos hasta aquí considerados, puede afirmarse que el Profesorado Universitario tiene el derecho y, al mismo tiempo, la obligación de formarse permanentemente, a lo largo de toda su trayectoria profesional, considerándose la formación continua una acción esencial, de cara a la consecución de objetivos de excelencia en la actividad académica en general y docente en particular.

Este último perfil constituye de alguna manera el ámbito privilegiado con respecto al cual se proyecta la formación objeto de estudio, que tiene que ser específicamente orientada a la erogación de una docencia de calidad, a pesar de tener que contribuir holísticamente a la mejora integral del multifacético perfil profesional del PDI.

Efectivamente, una consideración crítica de la formación continua del Personal Docente e Investigador impone abrazar un planteamiento intrínsecamente holístico, integrado y transversal, que no se limite al solo perímetro de la -aunque fundamental- docencia.

Las Universidades tienen que planificar, elaborar y poner en marcha programas formativos, que actualicen los conocimientos y las competencias del Profesorado, desde un punto de vista tanto transversal a las diferentes áreas de conocimiento, como específico a las determinadas áreas de conocimiento. En concreto, los programas pueden comprender cursos, seminarios, talleres, *workshop* y actividades de otra naturaleza, que contribuyan a la mejora de la calidad de la actividad académica en su conjunto.

Por lo demás, la importancia estratégica que la formación continua del Profesorado reviste en el marco de una visión sistemática de la Universidad contemporánea resulta confirmada por un dato que no parece secundario: la formación es parte del conjunto de méritos evaluables de cara a la consecución de la acreditación estatal a los cuerpos docentes universitarios, tanto de Profesor/a Titular de Universidad como de Catedrática/o de Universidad, conforme a los "Criterios de evaluación y requisitos mínimos de referencia de los méritos y competencias requeridos para obtener la acreditación de acuerdo con lo establecido por el real decreto 678/2023, de 18 de julio, por el que se regula la acreditación estatal para el acceso a los cuerpos docentes universitarios y el régimen de los concursos de acceso a plazas de dichos cuerpos", publicados por la Agencia Nacional de Evaluación de la Calidad y Acreditación (ANECA) el 20 de marzo de 2024 (ANECA, 2024).

Efectivamente, la formación del Profesorado ya se toma en consideración en el Real Decreto 678/2023, de 18 de julio, por el que se regula la acreditación estatal para el acceso a los cuerpos docentes universitarios y el régimen de los concursos de acceso a plazas de dichos cuerpos que, en su Anexo sobre "Evaluación de méritos y competencias", incluye las "actividades de formación a lo largo de la vida" entre los méritos tomados en consideración para la valoración de la experiencia docente, a efectos de acreditación.

Pues bien, coherentemente con este planteamiento, los criterios de evaluación de ANECA a los que se hace referencia, desarrollan la previsión del RD 678/2023, previendo que, en el marco de los "Criterios de evaluación y requisitos mínimos de referencia de los méritos y competencias de docencia", dentro del apartado "Experiencia docente", se valoran las actividades de formación a lo largo de la vida, entendidas como «toda actividad formativa impartida, ya sea con reconocimiento de créditos ECTS o no, en cualquier formato diferente a la formación oficial de Grado, Máster o Doctorado. Así, se incluyen, entre otros, la organización o impartición de cursos de verano, títulos propios, microcredenciales, cursos de formación, cursos masivos online (MOOCs u otras variantes impartidas desde la propia institución o a través de plataformas), aulas de mayores etc., ya estén destinados al estudiantado propio o al de empresas, asociaciones, colegios profesionales u otras instituciones» (ANECA, 2024, 11).

Además, en el apartado "Calidad de la actividad docente e innovación", se valora tanto la «participación en actividades formativas para la mejora docente en función de su diversidad, duración, calidad, relevancia y resultados e impactos logrados. Por ejemplo, y sin ánimo de exhaustividad: cursos, talleres o seminarios, sea en técnicas, herramientas o metodologías que enriquezcan la docencia de la persona solicitante. Se valorará particularmente la efectiva puesta en práctica posterior en la docencia reglada de los conceptos cubiertos por estas actividades de formación», como la «impartición de actividades formativas para la mejora docente análogas a las descritas en el apartado anterior, en función de su diversidad, duración, calidad, relevancia, y resultados e impactos logrados» (ANECA, 2024, 13).

Precisamente la participación -por así decirlo, activa o pasiva- en procesos formativos dirigidos a la mejora de la calidad docente se valorará diferentemente en función de que la acreditación sea al cuerpo de Profesores/as Titulares de Universidad o Catedráticas/os de Universidad: en el primer caso, se valorará más la recepción de la formación (hasta 15 puntos, frente a los 5 máximos de las actividades formativas impartidas), mientras que, en el segundo caso, será la impartición de la formación que tendrá un peso más relevante (hasta 15 puntos, frente a los 5 máximos de las actividades recibidas).

Pues bien, el reconocimiento de la importancia que la participación en actividades formativas -con diferentes formas- tiene de cara a la consecución de la acreditación estatal a los cuerpos docentes de Profesor/a Titular de Universidad y de Catedrática/o de Universidad se pone evidentemente como incentivo a la formación, confirmando el carácter que la misma formación continua del Profesorado Universitario tiene como derecho y no solo como obligación.

Por lo tanto, también a la luz de las previsiones de ANECA en materia de formación a las que se ha hecho hasta aquí referencia, parece evidente que la formación continua proyectada hacia la mejora (igualmente continua) constituye objeto de un derecho del mismo Profesorado Universitario, al que corresponde la obligación de la Universidad de poner en marcha actividades formativas adecuadas a las necesidades tanto generales, como propias de cada área de conocimiento.

Tomando en cuenta las modalidades, la naturaleza y los contenidos de las "actividades formativas" en palabra, procede destacar que especialmente heterogéneo es el horizonte de las iniciativas formativas posibles: cursos de formación, de especialización y actualización, laboratorios, talleres y seminarios centrados en temáticas de innovación docente y educativa en sentido amplio, etc.

De todas formas, cabe preguntarse si las tipologías de actividades formativas a las que se acaba de hacer referencia puedan, de alguna manera, considerarse como las únicas modalidades a través de las cuales se pueda desarrollar la formación continua del PDI. La cuestión constituye evidentemente sólo una manifestación de otra, mucho más amplia y compleja, que se refiere a la misma dimensión ontológica de "cómo" se forma el Profesorado Universitario, a lo largo de su trayectoria académica.

Por supuesto, no es esta la ocasión para proponer ni un estudio de corte pedagógico sobre el tema, ni una reflexión que se proyecte hacía el terreno de la innovación educativa. De todas formas, se considera oportuno poner en luz un dato central: los planes y programas de formación autónomamente elaborados por las diferentes Universidades no agotan el conjunto de posibles “soluciones” formativas.

De hecho, al lado de la participación en cursos, seminarios y talleres de corte -por así decirlo- pedagógico, procede mencionar el papel absolutamente clave que otras acciones esenciales juegan en el día a día de un/a Profesor/a Universitaria/o: se hace aquí referencia a la asistencia a conferencias, seminarios, congresos, jornadas, que permiten actualizar continuamente el núcleo científico objeto de la actividad, tanto docente como investigadora, del PDI, sin descuidar tampoco el ámbito de la transferencia del conocimiento.

En definitiva, puede decirse que el Profesorado Universitario está comprometido con la formación permanente de manera integral: esta constituye, por un lado, un derecho del PDI a acceder a recursos y programas de actualización y, por otro, una obligación, funcional a asegurar la calidad formativa en su conjunto y el progreso continuo del saber.

Pues bien, esta peculiar doble naturaleza jurídica de la formación del Profesorado Universitario puede apreciarse también proyectando la mirada hacia la dimensión *de jure condendo* de la cuestión objeto de estudio.

De hecho, merece tomar brevemente en consideración las referencias al complejo e intricado tema de la formación continua del Personal Docente e Investigador, contenidas en el borrador de anteproyecto de Ley del Estatuto del Personal Docente e Investigador (se hace aquí referencia a la última versión que ha podido consultarse, publicada con fecha 30 de abril de 2024).

Efectivamente, como la misma Ley Orgánica del Sistema Universitario prevé en su Disposición Final decima (expresamente dedicada al “Estatuto del Personal Docente e Investigador”), «En el plazo de seis meses desde la entrada en vigor de esta ley orgánica el Gobierno presentará al Congreso de los Diputados un proyecto de Ley del estatuto del personal docente e investigador universitario» (DF 10, LOSU).

A pesar de haberse ampliamente superado el plazo indicado en la norma, el proceso de elaboración de un Estatuto del PDI sigue su trayectoria de desarrollo que, en el momento en el que el presente estudio se publica, todavía no ha llegado a cumplimiento.

Pues bien, mirando al texto de la última versión del borrador que se ha podido examinar en el marco de la presente investigación, cabe destacar la importancia del artículo 5, que sistematiza el conjunto de "Derechos individuales del personal docente e investigador".

De hecho, la norma pone en luz, entre otros, el derecho a la «formación continuada y la actualización permanente de sus capacidades y de sus conocimientos, que les faciliten un ejercicio académico eficaz de las funciones que le son propias como personal docente e investigador» [artículo 5.1, letra f), borrador de anteproyecto de Ley del Estatuto del Personal Docente e Investigador.

De todas formas, el contenido de este derecho constituye al mismo tiempo objeto también de un específico deber del PDI, que el mismo borrador de anteproyecto de Ley del Estatuto del Personal Docente e Investigador presenta en los siguientes términos: «actualizar y perfeccionar su formación científica para la mejora de la actividad investigadora, y la metodología docente que utiliza en el desarrollo de su actividad de formación del estudiantado» [artículo 7.1, letra d), borrador de anteproyecto de Ley del Estatuto del Personal Docente e Investigador].

Por supuesto, se trata de reflexiones que pueden ser de momento solo esbozadas, tratándose de un borrador de trabajo y siendo, por lo tanto, necesario esperar la aprobación de la Ley del Estatuto del Personal Docente e Investigador, para argumentar un razonamiento orgánico y sistemático.

6. PROPUESTAS CONCLUSIVAS: ¿CÓMO ESTRUCTURAR LA ARQUITECTURA DEL SISTEMA FORMATIVO DEL PROFESORADO? ESTUDIO DE CASO: LA ARQUITECTURA DE LA FORMACIÓN DEL PROFESORADO EN LA UNIVERSIDAD DE CÓRDOBA

Como corolario del estudio crítico hasta aquí desarrollado con respecto al marco normativo vigente en materia de formación -tanto inicial, como continua- del Profesorado Universitario, parece de interés proponer algunas pinceladas críticas sobre un posible estudio de caso, del que -siguiendo en el razonamiento *de jure condendo*- pueden extraerse pistas de reflexión, en óptica propositiva sobre cómo construir (a nivel universitario, por supuesto, v. *supra*) una arquitectura eficaz de la formación continua del Profesorado Universitario.

Efectivamente, a la luz de la centralidad de la autonomía que cada Universidad tiene en el diseño y en la planificación de un plan formativo propio dirigido al PDI, resulta interesante analizar solamente algunos de los aspectos más relevantes de la arquitectura reglamentaria elaborada en materia en la Universidad de Córdoba (UCO), institución académica a la que pertenece el autor del presente trabajo.

Pues bien, se hace aquí referencia al Reglamento 1/2018, de Consejo de Gobierno, de Formación del Profesorado de la Universidad de Córdoba, que, a pesar de ser elaborado en la vigencia de la derogada Ley Orgánica 6/2001, de 21 de diciembre, de Universidades (LOU), presenta un planteamiento de la formación del PDI, que resulta plenamente coherente y actual, también a la luz del marco regulador previsto en la LOSU.

Y es precisamente en el signo de esta continuidad, que las normas del Reglamento de la Universidad de Córdoba al que se hace referencia cobran especial relevancia, resultando actuales también a la luz de la reforma del sistema universitario.

Ahora bien, antes de centrar la atención en el Reglamento 1/2018 de Formación del Profesorado de la Universidad de Córdoba, cabe destacar que el artículo 3, letra e), del Decreto 212/2017, de 26 de diciembre, por el que se aprueba la modificación de los Estatutos de la Universidad de Córdoba, aprobados por Decreto 280/2003, de 7 de octubre, prevé -siguiendo estrictamente la formulación de la norma legal de referencia- que «la Universidad de Córdoba, junto a las que puedan serle expresamente atribuidas y con respeto al marco legal vigente, asume las siguientes competencias: (...) la selección, formación y promoción del personal docente e investigador (...)».

Pues, es precisamente asumiendo esta competencia en materia de formación -expresamente «considerada tanto un derecho (...) como un deber del profesorado» (preámbulo, Reglamento 1/2018, de Consejo de Gobierno, de Formación del Profesorado de la Universidad de Córdoba)- que el Reglamento 1/2018 pretende desarrollar la disciplina de la materia, manteniendo una diferenciación clara entre formación inicial y formación permanente, reguladas separadamente, pero armónicamente.

Con respecto al primer perfil, se contempla un «Programa de Formación Docente para Profesorado Novel, esta aspira a facilitar la iniciación del profesorado novel en la tarea docente a través de un proceso de inducción con acompañamiento experto, pero siempre en el contexto de su propia práctica docente. Así, la Universidad de Córdoba busca consolidar un plan de formación inicial docente y, por otra parte, introducir la inducción como método formativo básico en esta etapa profesional inicial».

En relación con el segundo perfil, cabe destacar como la arquitectura de la formación permanente se articula, en la Universidad de Córdoba, en una estructura bipartita: por un lado, la formación "generalista" y, por otro, la formación "específica" para cada Centro.

Así, «a la formación generalista se orientan los Programas de Formación Docente en Competencias Transversales y de Formación Docente en Competencias Instrumentales, que deben servir también como introductorios a aquella otra formación más específica» (preámbulo, Reglamento 1/2018, UCO). Entre las competencias instrumentales, el Reglamento UCO destaca como prioritarias en los procesos del aprendizaje a lo largo de la vida (comúnmente definido como *lifelong learning*), las habilidades digitales y el plurilingüismo.

Diferentemente, la formación permanente de carácter específico se estructura en la UCO en un "Programa de Formación Docente en Centros": «un programa que pretende contextualizar y desarrollar las competencias que son objeto de formación en los programas generalistas. Se trata de un programa que, potencialmente, permite una mejor detección de las necesidades formativas, una mayor implicación del profesorado y una garantía más elevada de estabilidad de las mejoras logradas. Mediante este programa se pretende, además, que los Centros y los Departamentos asuman un mayor protagonismo y corresponsabilidad en la gestión de lo que se considera un pilar básico de la calidad de la docencia y de la investigación: la formación de su profesorado» (preámbulo, Reglamento 1/2018, UCO).

Sin entrar en un análisis pormenorizado del Reglamento UCO en palabra, puede afirmarse que el planteamiento sistemático de la formación del PDI que se presenta en el mismo resulta plenamente coherente y en línea con el planteamiento de la LOSU en materia, presentándose un modelo realmente integrado y multinivel, que favorece «la asunción compartida de la responsabilidad de la formación entre el Vicerrectorado competente, los Centros y los Departamentos» y resulta estructurado de una manera realmente idónea a conseguir objetivos de sensibilización del PDI «sobre la necesidad del aprendizaje profesional docente e investigador a lo largo de la vida laboral, favoreciendo su integración con la práctica docente e investigadora en los contextos específicos de la misma» (artículo 22, Reglamento 1/2018, UCO).

REFERENCIAS BIBLIOGRÁFICAS

ANECA (2024). *Criterios de evaluación y requisitos mínimos de referencia de los méritos y competencias requeridos para obtener la acreditación de acuerdo con lo establecido por el real decreto 678/2023, de 18 de julio, por el que se regula la acreditación estatal para el acceso a los cuerpos docentes universitarios y el régimen de los concursos de acceso a plazas de dichos cuerpos*, www.aneca.es/documents/20123/53669/Criterios200324_anexos.pdf (fecha de última consulta: 12 de junio de 2024).

Ballester Laguna, Fernando (2024). "El Personal Docente e Investigador de las Universidades públicas un año después de la entrada en vigor de la Ley Orgánica 2/2023, de 22 de marzo, del Sistema Universitario", en *Net21*, 17, 1-6.

Ballester Laguna, Fernando (2023). "Algunos apuntes sobre la ordenación de la carrera académica en la LOSU", en *Net21*, 13, 1-9.

Harari-Kermadec Hugo (2019). *Le classement de Shanghai. L'Université marchandisée*, Le bord de l'eau, Lormont.

Ministerio de Universidades (2023). *Contenidos principales de la gobernanza y la carrera académica en la Ley Orgánica del Sistema Universitario*, www.universidades.gob.es/wp-content/uploads/2023/03/Contenidos_Principales_de_la_LOSU.pdf, (fecha de última consulta: 17 de mayo de 2024).

Molina Navarrete, Cristóbal; Ballester Laguna, Fernando y Caro Muñoz, Ana (Dirs.) (2024). *Nuevas reglas de contratación laboral para las Universidades: personal de investigación y docente e investigador*. UJA Editorial.

Moreno Gené, Josep (2024). *Las modalidades de contratación laboral del profesorado y del personal investigador en las universidades públicas*. Atelier.

Moreno Gené, Josep (2023). "Ley Orgánica del Sistema Universitario: ¿el fin de la cultura de la temporalidad y la precariedad laboral en las Universidades públicas?", en *Net21*, 13, 1-7.

Ordine, Nuccio (2017). *Clásicos para la vida. Una pequeña biblioteca ideal*, Acantilado.

Requena Montes, Óscar (2021). "Argumentos en torno a la indemnización por fin de contrato predoctoral. Comentario a la STS, Sala de lo Social, núm. 903/2020, de 13 de octubre", en *Revista Española de Derecho del Trabajo*, 240.

Romero Burillo, Ana María, Moreno Gené, Josep (Coords.) (2010). *El personal docente e investigador laboral de las Universidades Públicas: aspectos legales y negociación colectiva*, Bomarzo.

Valverde Asencio, Antonio José (2024). "El personal docente e investigador laboral", en Horgué Baena, Concepción (Coord.), *La nueva ordenación de las universidades: estudios sobre la Ley Orgánica 2/2023 del sistema universitario*, Iustel, 419-464.